圓相으로 펼치는 부처의 世界

良志 著

원상으로 펼쳐지는 부처의 세계

生 남청

서(序)

원상의 유래를 용수보살(龍樹菩薩, 150?~250?)에서 유래한 다고 『조당집』1)(952)과 영명연수(永明延壽, 904~975)의 『종경록』(961)2)에 기록하고 있다. 그리고 『조당집』3)과 『인천안목』(1168?) 등에 혜충국사(惠忠國師, ?~775)가 탐원에게 전하고 그 다음은 앙산(仰山, 803~887)에게 원상97개를 전했다고 기록하고 있다.4)

---

1) 『祖堂集』卷20(B25, pp.668b13~669a5), "是故龍樹在南印土, 則爲說法, 對諸大衆而現異相, 身如月輪, 當於坐上, 唯聞說法, 不見其形. 彼衆之中, 有一長者, 名曰提婆, 謂諸衆曰. 識此瑞不. 衆曰. 非其長聖, 誰能辯耶. 爾時提婆心根宿靜, 亦見相默然契會, 乃告衆曰. 今此瑞者, 師現佛性, 非師身者, 無相三昧, 形如滿月, 佛性之義, 語猶未訖, 師現本身."

2) 『宗鏡錄』卷97(T48, p.938b13~29), "第十四祖龍樹尊者, 行化到南印土. 彼國人多修福業, 不會佛理, 唯行小辯, 不具大智, 及問佛性. 而云, 布施, 我求福業, 非解佛性, 汝會佛性, 爲我說之. 師曰. 汝欲學道, 先除我慢, 生恭敬心方得佛性. 衆曰. 佛性大小. 師曰. 非汝所知, 非說大小. 若說大小, 卽是大小, 非佛性也. 彼衆曰. 我欲棄小辯歸于大海, 龍樹卽爲說法, 對大衆而現異相, 身如月輪, 當於座上, 唯聞說法, 不覩其形, 彼衆有一長者, 名曰提婆, 謂諸衆曰. 識此瑞不. 彼衆曰. 非其大聖, 誰能識也. 爾時提婆, 心根宿淨, 亦見其相, 默然契會. 乃告衆曰. 師現佛性之義, 非師身者, 無相三昧, 形如滿月, 佛性之義也. 語未訖, 師卽現本身, 座上說偈曰. 身現滿月相, 以表諸佛體, 說法無其形, 用辯非聲色. 又傳法偈云. 爲明隱顯法, 方說解脫理, 於法心不證, 無瞋亦無喜."

3) 『祖堂集』卷3(B25, p.357b10~13), "供奉又問. 如何是實相義. 師曰. 將虛底來. 對曰. 虛底不可得. 師曰. 虛底尙不可得, 問實相作什摩. 師又時見僧來. 以手作圓相, 圓相中書曰字. 僧(無對)."

4) 『人天眼目』卷4(T48, pp.321c9~322a18), "圓相: 因起 圓相之作, 始於南陽忠國師, 以授侍者耽源, 源乃讖記傳於仰山. 遂目爲潙仰宗風, 明州五峯良和尙, 嘗製四十則, 明敎嵩禪師, 爲之序稱道其美. 良曰. 總有六名, 曰圓相, 曰暗機, 曰義海, 曰字海, 曰意語, 曰默論. 耽源謂仰山曰. 國師傳六代祖師圓相, 九十七箇, 授與老僧國師示寂時, 復謂予曰, 吾滅後三十年, 南方有一沙彌, 到來大興此道, 次第傳授, 無令斷絕. 吾詳此讖事在汝躬, 我今付汝, 汝當奉持. ※仰山旣得遂焚之. 源一日又謂仰山曰. 向所傳圓相, 宜深祕之. 仰曰. 燒却了也. 源云. 此諸祖相傳至此, 何乃燒却. 仰曰. 某一覽已知其意, 能用始得不可執本也. 源曰. 於子卽得, 來者如何. 仰曰. 和尙若要重

4

그 이후에는 『조당집』의 순지장에 사대팔상, 양대사상, 사대오상과 삼편성불에 대하여 기록하고 있다. 그리고 지겸(志謙, 1145~1229)의 『종문원상집(宗門圓相集)』에 더 자세하게 기록하고 있으며, 허일방각(虛一方覺)의 『종문현감도』(1607)5)와 삼산등래(1614~1685)의 『오가종지찬요』(1703)6)에 더 다양하게 기록하고 있으나 형상이 똑같지는 않다. 여기에서는 『조당집』의 「오관산서운사화상」장과 지겸의 『종문원상집(宗門圓相集)』을 토대로 역주하겠다.

원상(圓相)의 명칭에 대하여 6가지로 설명을 하고 있는데 첫

錄一本, 仰乃重錄呈似, 一無差失. 耽源一日上堂, 仰山出衆作〇相, 以手托起作呈勢, 却又手立, 源以兩手交拳示之. 仰進前三步, 作女人拜. 源點頭仰便禮拜, 此乃圓相所自起也. 暗機: 仰山親於耽源處, 受九十七種圓相, 後於溈山處, 因此〇相頓悟. 後有語云. 諸佛密印豈容言乎. 又曰. 我於耽源處得體, 溈山處得用, 謂之父子投機. 故有此圓相, 勘辨端的. 或畫此◉相乃縱意, 或畫㊟相乃奪意, 或畫㊟相乃肯意, 或畫〇相 乃許他人相見意, 或畫㊟相, 或點破或畫破. 或擲却或托起, 皆是時節因緣, 纔有圓相. 便有賓主生殺縱奪機關眼目隱顯權實, 乃是入 垂手. 或開眼, 師資辨難, 互換機鋒, 只貴當人大用現前矣." ※(仰山…差失) 91字[大], 遂將其本過與山 山接得一覽 便將火燒却 耽源一日問 前來諸相甚宜秘惜 山曰當時看了便燒却也 源曰吾此法門無人能會 唯先師及諸祖師諸大聖人 方可委悉子 何得焚之 山曰慧寂 一覽已知 其意但用 得不可執本也 源曰然雖如此於子 卽得後人信之不及 山曰和尙 若要重錄 不難卽重 集一本呈上 更無遺失源曰然 ; 『禪林僧寶傳』卷27(X79, p.544c3~4), "明教嵩禪師 禪師名契嵩, 字仲靈, 自號潛子."; 『續傳燈錄』卷11(T51, p.535c10), "五峯普良禪師". ; 『湛然圓澄禪師語錄』卷6(X72, p.803c14~19), "問如何是圓相. 師曰, 大燒餠. 問如何是暗機, 師曰, 凌霄峰. 問如何是義海, 師曰, 半山亭. 問字海與義海是同是別. 師曰, 別則兩箇, 不別一雙. 問如何是意語. 師曰, 啞子呪人. 問如何是默論. 師曰, 溫伯見孔子. 問如何是回互. 師曰, 孝子諱爺." ; 양화상은 圓相(불성), 暗機(不明自顯설명하지 않아도 자연히 드러나는 것), 義海(불법의 모든 의미가 모두 들어 있음), 字海(學과 字義 둘을 합쳐 字學이나 字海라고 함, 언어문자가 모두 들어 있음), 意語(자신의 일체법이 있는 것), 默論(언어문자로 표현하지 않고 아는 것)의 의미가 있다는 것으로 97종의 원상이 있다고 기록하고 있다.

5) 『宗門玄鑑圖』(X63, p.750b1)의 「仰山九十六種圓相圖」참조요.
6) 『五家宗旨纂要』卷3(X65, p.276c1).

째는 원상(圓相)이라하고 둘째는 의해(義海), 셋째는 암기(暗機), 넷째는 자학(字學, 字義), 다섯째는 의어(意語), 여섯째는 묵론(默論)이라고 하고 있다.

원상(圓相)은 명칭에 모든 것이 포함되어 있으므로 언어문자를 초월한 대승이 되어야 알 수 있는 것이다. 원(圓)은 모가 나지도 않고 둥글며 원만하므로 원(圓)을 이(爾)라고도 부르며 눈이나 귀로 알고 알지 못하는 진여의 지혜로 생활하는 모두를 원상이라고 하고 있다. 그래서 원상을 법이(法爾)라고 하며 진여(眞如)라고 하는 것이다. 그래서 이것을 암기, 의해, 자의(자해, 자학), 의어, 묵론, 원상이라고 하는 것이다.

즉 원상을 암기(暗機)라고 하는 것은 대승의 경지를 말하는 것으로 염화미소나 이심전심의 경지이므로 돈오돈수이고 불립문자이기에 암기라고 하는 것이다.

또 원상을 의해(義海)라고 하며 식자삼매(識字三昧)라고 하는 것은 반야의 바른 의미를 파악하여 아무리 사용하여도 다하는 것이 없는 이것은 대승으로 사용하기 때문이다.

자의문(字義門, 字學과 字海)은 불법(佛法)을 바르게 알고 대승으로 들어가는 문(門)이라는 뜻이다. 원상에서 불법의 올바른 뜻을 깨달아 최상승의 여래로 살아가기를 바라는 것이므로 경전과 같다는 것을 설명하고 있다. 즉 언어문자로 설명하여 깨달아 살아가는 것이나 이 도상의 의미를 파악하여 깨달아 살아가는 것과 같다는 것을 설하고 있다. 대승에서부터는 이심전심이고 염화미소라는 것을 설하여 불립문자를 원상으로 나타내지만 구경에는 이것도 버려야 하기에 허공에다 원상을 그려서 버리곤 하는 것이다.

의어(意語)라고 한 것은 석존의 초전법문과 경전이 일체법을 설한 방편이지만 자신이 능단하면 진실이 모두 드러나므로 원상으로 제시한 것이다. 즉 원상을 능단으로 알지 못하면 방편의 도구로 다시 전락하게 되어 원상이 다시 언어문자라는 도구가 되는 것이다.

　묵론(默論)은 언어문자를 뛰어넘어 생활하게 하는 것으로 이름조차도 남기지 않는 몰종적을 말하는 최상승의 설법을 묵론(默論)이라고 하며 원상으로 표현한 것이다.

　경전은 석존이 소승을 대승으로 제도(濟度)하기 위한 법문을 후대에 결집한 것으로 방대하여 그 뜻을 전달하기 어려우므로 원상으로 표현한 것이다. 즉 실담자를 산스크리트어로 표기하여 전한 것을 진언이라고 하여 중요시한 것은 불법(佛法)이 사라지는 것을 염려하였기 때문이다. 그래서 불법의 내용을 소승이 아닌 대승으로 알아야 하는 것이므로 아뇩다라삼먁삼보리의 마음에서 불퇴전하는 반야의 지혜를 구족해야 하는 것이다. 그러므로 견성하여 성불하는 것의 내용을 언어문자로 표현한 것이 경전이며 그 전체의 뜻을 원상으로 표현한 것이다.

　이 『종문원상집』은 『종문통요집』, 『수능엄경』, 『조당집』, 『경덕전등록』, 『인천안목』, 『종문통요정속집』과 초기의 경전 등을 인용하고 선사들이 원상으로 선문답한 것을 지겸이 편집하여 제작한 것이다. 원상의 의미를 분석해보면 본성(本性, 佛性)은 원래 적정(寂靜)하지만 이것을 능견하지 못하고 소견하면 천차만별이 있는 것이다. 그래서 법안(法眼)이 있어야 혜안(慧眼)이 있게 되어 불안(佛眼)을 사용할 수 있는 것이다. 즉 이것은 삼지(三智)로 관조(觀照)하는 진여의 지혜가 경계지성(境界之性)

이 되어 이것을 자유자재하게 사용하는 것을 원이삼점(圓伊三點, 법신·반야·해탈)을 사용하는 것이 된다. 원상을 법이(法爾)나 이(爾)로 원이삼점 등으로 표현하며 자연(自然)이나 천연(天然)이라고 하기도 하며 여래(如來), 여여(如如), 여시(如是), 진여(眞如), 중도(中道) 등으로 나타낼 수 있다. 법안과 혜안을 구족하여 불안(佛眼)이 있어 공덕(功德)이 있어야 한다고 하는 것을 원상으로 제시하고 있다. 그래서 원상의 유래를 석존이나 용수에서 찾지 않고 육조나 혜충 등에서 찾으려고 하면 적서(嫡庶)의 법계를 따지게 되어 대승과 최상승의 불법과는 어긋나게 된다.

지겸(志謙, 1145~1229)이 원상으로 위앙종의 종풍을 드러낸 것은 고려시대에도 불법(佛法)이 사라지는 것을 염려하여 순지의 사상과 명주향산지도화상(明州香山智度和尙)의 원상 40여개를 첨가하여 제작한 것이다. 그리고 마지막에 오봉보량선사(五峯普良禪師)의 40개라는 말만 기록되어 있으나 실제로 사용하였는지는 모른다. 이 원상들의 내용을 보면 대장경은 언어문자로 불법(佛法)을 제시한 것인데 이것의 내용을 원상으로 제시하여 불법(佛法)을 설하고 있는 것이라는 것이 새로운 시도라하겠다. 이미 97개의 원상이 있었다고 한 것을 기초로 하여 위앙종의 종풍을 홍포한 것이라고도 할 수 있다. 하지만 이것은 순지화상의 출현을 이미 예견하여 원상이 지겸에 이르러 흥하게 될 것이라는 것을 말하고 있었다고 볼 수 있다. 이것은 다른 말로 하면 동방의 작은 신라에서 시작하여 고려로 불법(佛法)이 계승되어 흥할 것을 예견했다고 볼 수 있다. 이런 것 때문에 원상의 제작에 여러 설들이 있는 것이다.

지겸은 고려의 간화선에서 공안이나 언어문자는 육진에 속하는 것이므로 자신이 육근과 육진에서 바른 법안(法眼)을 체득하여 대승으로 나아가지 않으면 모두가 소승의 늪에서 벗어나지 못한다고 하고 있다. 그러므로 현대에도 공안에 허물이 있는 것이 아니고 소승의 안목인 석공(析空)에 문제가 있는 것이므로 체공(體空)으로 대승의 안목을 구족해야 소승의 늪에서 빠져나올 수 있는 것이다.

지금도 공안을 화두라고 잘못 알고 있는 것과 여래를 일불사상(一佛思想)으로 아는 것과 육도윤회나 신통을 잘못 아는 것부터 전환하여 바른 안목을 구족 해야 하는 것이다. 고려의 지겸 정각국사(靜覺國師)가 불법(佛法)이 사라질 것을 걱정하여 이렇게 원상을 복원하여 제시한 것을 숙명이라고 해야 할 것이다. 여기에서 대승으로 나아가 촉목시도가 부처라고 주장하는 것을 질책하는 것은 최상승의 여래로 살아가기를 바라는 것이다.

불기 2569년 9월　양지 합장

차 례

※ 약자: 高麗大藏經(K), 韓國佛教全書(H), 大正新脩大藏經(T), 卍新纂續藏經(X) 大藏
經補編(B) 印順法師佛學著作集(Y) 大藏經補編(B) 永樂北藏(P) 中華大藏經(C) 國家圖
書館善本佛典(D) 嘉興大藏經(J) 正史佛教資料類編(ZS) 乾隆大藏經(L) 藏外佛教文獻
(ZW)

Ⅰ. 순지화상

1. 순지화상과 원상(圓相)

五冠山瑞雲寺和尙[7](오관산서운사화상)

五冠山 瑞雲寺和尙, 嗣仰山寂禪師, 師諱順之, 俗姓朴氏, 浿
江人也. 祖考並家業雄豪, 世爲邊將, 忠勤之譽, 遺慶在鄕. 母昭
氏, 柔範母儀, 芬芳閭里. 懷娠之日, 頻夢吉祥, 免服之時, 卽多
異瑞. 昔賢知(如)此, 今又徵焉. 及乎竹馬之期, 漸有牛車之量,
凡爲嬉戲, 必表殊常. 已至十歲, 精勤好學, 屬詞詠志, 卽見凌
雲, 剖義談玄, 如同照鏡. 旣登弱冠, 道牙早熟, 猒處喧譁之地,
長遊靜默之中. 遂乃懇告二親, 將隨緇侶, 志不可奪, 所天容許.
便投五冠山剃髮. 仍適俗離山, 受具足戒. 行同結草, 心比護鵝.

오관산서운사화상(五冠山瑞雲寺和尙)
오관산서운사화상(五冠山瑞雲寺和尙, 807? . 837?~893?)[8]은

---

7) 『祖堂集』卷第二十 江西下卷第七曹溪第六代法孫(『조당집』20권 강서의 마
   조문하 7권 조계6조의 법손)
8) 순지(順之):『祖堂集』卷20(B25, p.668a2~14), "五冠山瑞雲寺和尙嗣仰山寂
   禪師, 師諱順之. 俗姓朴氏, 浿江人也. 祖考並家業雄豪, 世爲邊將, 忠勤之
   譽, 遺慶在鄕. 母昭氏, 柔範母儀, 芬芳閭里. 懷娠之日, 頻夢吉祥. 免腹之
   時, 卽多異瑞. 昔賢知此, 今又徵焉. 及乎竹馬之期, 漸有牛車之量. 凡爲嬉
   戲, 必表殊常, 已至十歲, 精勤好學. 屬詞詠志, 卽見凌雲. 剖義談玄, 如同照
   鏡. 旣登弱冠, 道牙早熟. 猒處喧華之地, 長遊靜默之中, 遂乃懇告二親, 將
   隨緇侶. 志不可奪, 所天容許, 便投五冠山剃髮, 仍適俗離山受具足戒, 行同
   結草, 心比護鵝. 因遊公岳, 忽遇神人邀請, 化成宮闕, 若兜率天, 說法應緣,
   倏焉殄滅. 若非德至行圓, 孰能致感如此也.";『祖堂集』卷20(B25, p.680a
   3~4), "和尙享年六十五遷化也, 諡號了悟禪師眞原之塔.";『景德傳燈錄』

16

앙산혜적(仰山慧寂, 803~887)의 법(法)을 계승하였고, 화상(和尙)의 휘(諱)는 순지(順之)이며 속성(俗姓)은 박(朴)씨이고 패강(浿江, 대동강이나 평안도 지역으로 예성강(禮成江)의 패강진(浿江鎭))사람이다. 조부(祖父)때부터 가업이 융성한 지방의 호족(豪族)을 계승하여 대대로 변방의 장수[邊將]⁹⁾로서 충성스럽고 근면하다는 명성(名聲)이 고을에 후세(後世)에까지 칭찬이 자자했었다. 어머니 소(昭)씨는 부덕(婦德)을 구족한 어머니이며 그 위의(威儀)가 고을에서 모범이 되었다. 임신했을 때에 자주 길몽(吉夢)을 꾸었고 태어날 때에는 특별한 상서(祥瑞)가 있었다. 옛 현성(賢聖)들도 이와 같았는데 지금 또 그와 같은 일이 일어난 것이었다. 죽마(竹馬)의 놀이를 할 나이에 점차로 대승의 기량¹⁰⁾을 갖추기 시작하여 일반적으로 장난을 하면 항상 표현이 예사롭지 않았다. 10살이 되자 학문을 아주 좋아하여 물으면 본심(本心)으로 말하여서 청운(靑雲, 고매)한 경지의 말을 하는 것이 이치를 분석하여 현지(玄旨)를 말하는 것으로 심

卷12(T51, p.294a26~b1), "新羅五觀山順支本國號了悟大師. 僧問, 如何是西來意, 師豎拂子. 僧曰. 莫遮箇便是, 師放下拂子, 問以字不成八字不是, 是什麽字, 師作圓相示之. 有僧於師前佇五花圓相, 師畫破別作一圓相." ;『祖堂集』卷20에 의하면 정확한 생몰연대는 미상이고 65세에 입적한 것으로 기록되어 있다. 신라의 스님으로 속성은 박(朴)씨이며 신라 패강(浿江)출신이다. 휘(諱)는 순지(順之)이며 시호는 요오선사(了悟禪師) 탑호(塔號)는 진원(眞原)이며 20세경에 오관산에 출가하여 속리산에서 구족계를 받고 헌안왕 3년(859)에 입당(入唐)하여 앙산혜적(仰山慧寂)에게 참문하고 불법을 계승하였다. 경문왕 14년(874)경에 송악군(松嶽郡)의 신도 원창왕후와 그의 아들인 위무대왕(威武大王)의 청에 의하여 오관산(五冠山) 용암사(龍巖寺)에 가서 주지(住持)하며 표상현법(表相現法)과 삼편성불론(三遍成佛論)으로 불법을 선양(宣揚)하고 이후에 용암사(龍巖寺)를 서운사(瑞雲寺)로 이름을 바꿨다. 『景德傳燈錄』에는 '五觀山順支'라고 기록하고 있다.
9) 패강지역의 장수라는 것을 변방의 장군이었다고 설명하고 있다.
10) 우거지량(牛車之量): 『法華經義記』卷4(T33, p.620c2~3), "菩薩斷習淨盡, 知見圓明運用最勝, 取譬牛車." 대승의 자질이 있음을 비유한 것으로 법화경의 양.사슴.소의 수레를 말함.

경(心鏡, 본심)에 비추는 것과 같았다. 약관(弱冠, 20살)이 되자 도아(道牙, 도의 근간)가 이미 익어지기 시작하여 시끄러운 곳에 있기를 싫어하고 조용한 곳에서 사유하는 것을 좋아하였었다.

그리하여 마침내 부모님에게 출가(出家)하기를 간절하게 고하니 그 뜻을 꺾을 수가 없어서 허락하였다. 바로 오관산(五冠山)에 가서 삭발하여 출가하였다. 그런 후에 이내 속리산(俗離山)(의 법주사)으로 가서 구족계를 받았다. 그의 계행(戒行)은 결초비구(結草比丘)11)와 같았고 마음은 호아(護鵝)비구12)와 같

---

11) 『大莊嚴論經』卷3(T04, p.268c9~11), "今者何爲 盡欲殺害. 比丘之法 不得傷草, 今若以草繫諸比丘, 彼畏傷故 終不能得 四向馳告." ; '행동결초(行同結草)'라는 것은 '초계비구(草繫比丘)'를 말하는 것으로 '결초비구(結草比丘)'는 불살생계를 자이나교의 계율에 비유하여 설하고 있다.

12) 『大莊嚴論經』卷11 (T04, p.319a20~b2), "復次, 護持禁戒, 寧捨身命 終不毀犯. 我昔曾聞. 有一比丘 次第乞食, 至穿珠家 立於門外. 時彼珠師 爲於國王 穿摩尼珠. 比丘衣色 往映彼珠 其色紅赤. 彼穿珠師 卽入其舍 爲比丘取食. 時有一鵝 見珠赤色 其狀似肉, 卽便吞之. 珠師持食 以施比丘, 尋卽覓珠 不知所在. 此珠價貴 王之所有, 時彼珠師 家旣貧窮 失王貴珠. 以心急故. 語比丘言. 歸我珠來. 爾時比丘 作是思惟, 今此珠者 鵝所吞食, 若語彼人 將必殺鵝 以取其珠. 如我今者 苦惱時至. 當設何計 得免斯患."(다음의 금계(禁戒)를 호지하기 위하여 차라리 나의 신명(身命)을 버리더라도 (捨) 계(戒)를 끝까지 범하지 않아야 한다. 내가 지난날 들었다. 어느 비구가 순서대로 탁발[乞食]을 하다가 보석에 구멍을 뚫는 집[穿珠家]의 문밖에 도착하여 서 있었다. 그 때에 보석에 구멍을 뚫는 사람이 국왕의 보석에 구멍을 뚫고 있었는데 이 비구(比丘)스님 옷의 색이 그 구슬에 비치어서 그 색이 붉은색으로 되었다. 그 보석에 구멍을 뚫어 꿰는 사람이 그 비구에게 공양을 하기 위하여 집안으로 들어갔는데 그 때에 그곳에 있던 거위가 붉은 색으로 보이는 국왕의 보석을 고기인 줄 알고 바로 삼켜 버렸다. 그 주사(珠師)가 그 비구에게 드릴 공양을 가지고 와서 보시(布施)하고는 보석을 찾으니 그 보석을 찾을 수가 없었다. 이 보석은 국왕의 것인데 그때의 그 주사(珠師)는 아주 가난하였기 때문에 국왕의 귀중한 보석을 잃어버리게 되었으니 마음이 아주 급하게 되었다. 그래서 이 비구(比丘)에게 말하였다. 내가 구멍을 뚫던 보석을 돌려주시오. 그때에 비구(比丘)는 생각(思惟)하였다. 지금 이 보석을 거위가 음식인 줄 알고 먹었다고 한다면 저 사람은 분명히 거위를 죽여서 그 보석을 가질 것이고 내가 말을 하지 않는 다면 고통과 괴로움(苦惱)이 나에게 올 것이다. 마땅히 어떤

은 마음으로 파계(破戒)를 하지 않고 수행했다.

因遊公岳, 忽遇神人邀請, 化成宮闕 若兜率天, 說法應緣, 倏
焉殄滅. 若非德至行圓, 孰能致感如此也. 洎乎大中十二年, 私發
誓願, 擬遊上國. 隨入朝使 利涉雲溟, 乘一隻之舡(船), 過萬重
之浪, 曾無懼念, 不動安禪. 逕到仰山慧寂和尙處, 虔誠礼(禮)
足, 願爲弟子. 和尙寬介(爾)笑曰. '來何遲? 緣何晩? 旣有所志,
任汝住留.' 禪師不離左右, 諮稟玄宗, 若顔回於 夫子之下, 如迦
葉於 釋尊之前. 彼中禪侶, 皆增歎伏. 乹(乾)符初, 松岳郡 女檀
越 元昌王后 及子威武 大王施 五冠山龍嚴寺, 便往居焉. 今改
瑞雲寺也.

그런 후에 공악(公岳)을 유산(遊山)하는데 홀연히 신인(神人)
을 만나서 요청(邀請)을 받아 그곳에 가니 바로 궁궐이 되어
도솔천(兜率天)과 같았는데 설법을 인연에 따라 하니[應緣] 갑
자기 사라져 버렸다. 만약에 덕이 지극하고 행이 원만하지 않
으면 능히 이와 같은 감화를 누가 할 수 있었겠는가?

대중(大中)12년(858)에는 홀로 서원을 세워 중국[上國, 당]에
가기를 원하였다. 그리하여 사신을 따라가면서 먼 바다에서 한
배에 타고 만경창파(萬頃蒼波)를 건너는데도 조금도 두려워하
지 않고 선정(禪定)에 들어 편안하였다.

방편을 사용하여야 이 환란을 면할 수 있을까라고 생각하였다.) ; 주사가
이 스님을 묶어놓고 때려서 피가 나오자 거위가 피를 빨아 먹으니 주사가
거위를 죽였다. 그래서 실토를 한 것으로 거위를 살리기 위한 인욕행을
비유한 것임.

도착하자마자 앙산혜적(仰山慧寂, 803~887)[13]의 처소에 가서 정성을 다하여 발에 예배하고 제자가 되기를 원(願)하였다. 앙산선사께서 관대하게 웃으면서 말했다. "어찌 이렇게 늦게 왔는가? 어찌도 이렇게 인연이 늦는가? 이미 뜻한 바가 있으니 그대는 마음대로 머무시게." 순지화상(順之和尙)께서 앙산(仰山)의 곁을 떠나지 않고 현지(玄旨)의 종풍(宗風)을 계승한 것에 대하여 묻는 것이 마치 안회(顔回, B.C.521~B.C.490, 공자의 첫째 제자)가 공자 곁에 있던 것 같았고 가섭이 석존(釋尊)의 앞에 있는 것 같아서 그 중에 있던 선려(禪侶, 선방의 대중)들이 모두 거듭 찬탄하였다.

건부(乾符, 874~879)연간의 초에 송악군(松岳郡)의 보살시주[檀越]인 원창왕후(元昌王后)[14]와 그의 아들 위무대왕(威武大

---

13) 앙산혜적: 『宋高僧傳』卷12(T50, p.783a28~b16), "釋慧寂, 俗姓葉, 韶州須昌人也. 登年十五懇請出家, 父母都不聽允止. 十七再求, 堂親猶豫未決, 其夜有白光二道, 從曹溪發來直貫其舍, 時父母乃悟是子至誠之所感也. 寂乃斷左無名指及小指, 器藉跪致堂階曰. 答謝劬勞如此, 父母其不可留捨之. 依南華寺通禪師下削染, 年及十八尙爲息慈, 營持道具行尋知識. 先見耽源, 數年良有所得. 後參大潙山禪師, 提誘哀之棲泊十四五載而足跋, 時號跛腳驅烏, 凡於商攉多示其相, 時韋冑就寂請伽陀. 乃將紙畫규圓相, 圓圍下注云. 思而知之落第二頭. 云不思, 而知落第三首, 乃封呈達, 自爾有若干勢以示學人, 謂之仰山門風也. 海棠摳衣得道者不可勝計, 往往有神異之者, 條來忽去. 人皆不測, 後勅追謚大師曰智通塔號妙光矣. 今傳仰山法示成圖相行于代也."; 『景德傳燈錄』卷11(T51, pp.282a27~283c26), "前潙山靈祐禪師法嗣(懷讓禪師第四世). 袁州仰山慧寂禪師韶州懷化人也. 姓葉氏, 年十五欲出家父母不許, 後二載師斷手二指跪致父母前. 誓求正法以答劬勞, 遂依南華寺通禪師落髮. 未登具卽遊方, 初謁耽源已悟玄旨. ... 於韶州東平山示滅, 年七十七, 抱膝而逝, 勅謚智通大師妙光之塔. 後遷塔于仰山."; 『袁州仰山慧寂禪師語錄』(T47, p.582a10~19), "袁州仰山慧寂禪師語錄. 徑山沙門語風圓信無地地主人郭凝之 編集. 師諱慧寂, 韶州懷化葉氏子. 年九歲, 於廣州和安寺投通禪師出家(卽不語通), 十四歲, 父母取歸, 欲與婚媾, 師不從, 遂斷手二指, 跪至父母前, 誓求正法以答劬勞, 父母乃許. 再詣通處而得披剃, 未登具, 卽游方, 初謁耽源, 已悟玄旨. 後參潙山, 遂升堂奧." 원본은 大日本續藏經五家語錄之內 ; 위산영우의 제자.
14) 고려 태조왕건의 조모.

20

王)15)이 오관산(五冠山)의 용화사(龍華斯)를 보시하여서 바로 가서 거주하게 되었다. 지금은 서운사(瑞雲寺)라고 개명(改名)하였다.

2. 사대팔상

師有時 表相現法, 示徒證理遲疾, 此中四對八相.

순지화상(順之和尙)께서 어느 때에 표상현법(表相現法)16)으로 대중들에게 진리를 증득하는데 지질(遲疾, 빠르고 늦음)이 있음을 제시했는데 이것의 내용으로 사대(四對)팔상(八相)을 제시했다.

1) 열반상과 견성성불상

此相者, 所依涅槃相, 亦名理佛性相. 与(與)群生衆聖, 皆依此相, 相雖不異, 迷悟不同, 故有凡夫, 有聖. 謂識此相者, 名爲聖人, 迷此相者, 名爲凡流. 是故龍樹 在南印土, 則爲說法, 對諸大衆 而現異相, 身如月輪, 當於坐上, 唯聞說法, 不見其形. 彼衆之中 有一長者, 名曰提婆, 謂諸衆曰. 識

---

15) 고려태조의 아버지.
16) 표상현법: 원상(圓相)의 형태로 불법(佛法)을 화두처럼 간략하게 설하고 있는 것.

此瑞不 衆曰. 非其長聖, 誰能辯耶 介(爾)時提婆 心根宿靜, 亦
見相, 默然契會, 乃告衆曰. 今此瑞者, 師現佛性, 非師身者. 無
相三昧, 形如滿月, 佛性之義. 語猶未訖, 師現本身座上.

이 〇상(相)[17]은 열반(涅槃)적정(寂靜)을 설명하는 열반상(涅
槃相)이고 또 논리적으로는 불성(佛性)을 설명하는 불성상(佛性
相)이다. 일체중생과 모든 성인(聖人)들이 모두 이 원상(圓相)
에 의지하여 살아가고 있는 이 원상(圓相)은 비록 다른 것은
아니지만 원상(圓相)을 사용하는 이들이 이것에 대한 미혹과
깨달음은 같지 않음으로 범부도 있고 성인도 있는 것이다. 이
원상(圓相)의 의미를 깨달아 아는 사람을 성인이라 하고 이 원
상(圓相)의 의미를 이해하지 못하여 미혹한 사람을 범부라고
한다. 그러므로 용수(龍樹)보살(菩薩)이 남쪽나라 인도에서 대
중에게 설법할 때에 이 이상한 원상(圓相)의 형태를 나타냈었
는데 몸이 둥근 보름달이 자리 위에 뜬 것 같았는데 오직 그의
설법 소리만 들리고 그의 모습은 보이지 않았다.

그때에 대중 가운데에 제바(提婆)라는 한 장자(長者)가 있었
는데 대중에게 말했다. 이 상서(祥瑞)에 대하여 알겠습니까?

대중이 말했다. 성인(聖人)과 같이 깨닫지 못했는데 누가 어
찌 능히 말할 수 있겠습니까?

그때에 제바(提婆)는 마음의 근원인 불심(佛心)으로 돌아가
열반(涅槃)적정(寂靜)의 경지가 되어 그 원상(圓相)을 친견(親
見)하니 묵연(黙然)하게 이 내용을 깨달아 계합하고는 대중에

---

17) 상(相): 여기에서 상(相)은 원상(圓相)을 말하는 것으로 불성(佛性)을 비
   유한 것으로 saṃjñā의 상(相, 想, 지식)과는 다른 뜻으로 형상(形相,
   nimitta)를 말함.

게 고하여 말했다. 지금의 이 상서(祥瑞)는 용수(龍樹)보살께서 불성(佛性)을 설명하여 나타낸 것이고 용수(龍樹)보살의 육신이 아니고 무상삼매(無相三昧)입니다. 그 형상이 둥근 보름달과 같은 것은 불성(佛性)을 올바르게 설명한 것이라는 말을 다하기도 전에 용수(龍樹)보살의 본래의 모습이 법좌(法座)위에 나타났다.

　偈曰.
　身現圓月相, 以表諸佛躰(體), 說法無其形, 用辯非聲色.
　若有人將此 月輪相來問, 相中心著 牛字對也.

　게송으로 설(說)했다.
　몸을 둥근 보름달과 같은 모습을 나타내시어,
　제불(諸佛)의 실체(實體)를 설한 것은,
　설법을 하지만 자신의 모습은 나타내지 않아야 한다는 것으로,
　진여의 지혜로 설하는 것은 대상경계[聲色]를 초월하여 설하여야 하네.
　만약에 장차 어느 사람이 이 둥근 보름달과 같은 원상(圓相)을 가지고 와서 질문을 하면 이 원상(圓相)의 중심에 우(牛)자(字)를 넣어 대답하면 된다.

《해설》 ○상(相)은 불성(佛性)을 나타내는 것이다. 누구에게나 불성이 있지만 자신이 깨달아 알지 못하면 우치한 중생으로

살아가는 것이지만 자신이 견성(見性)하여 진여의 지혜로 살아가는 사람을 성자라고 한다. 원(圓)이라는 것은 누구에게나 원만하다는 것을 말하는 것으로 속인의 원과 소승의 원과 대승의 원은 같다. 하지만 이것을 돈오(頓悟)하고 사용하는 것과 돈오하지 못한 것과는 엄청난 차이가 있는 것이다. 그래서 ○상(相)을 가져와 질문하면 우(牛)자를 넣은 '우식인초상(牛食忍草相)'인 ⊕상(相)으로 대답한다고 하고 있다.

此相者, 牛食忍草相, 亦名見性成佛相. 何以故, 經云. 雪山有草, 名爲忍辱, 牛若食者, 則出醍醐.[18] 又云. 衆生若能聽受, 諮啓大涅槃, 則見佛性. 故當知草喩妙法, 牛喩頓機, 醍醐喩佛. 如是則 牛若食草, 則出醍醐. 人若解法, 則成正覺. 故云 牛食忍草相, 亦名見性成佛相也.

---

18)『大般涅槃經』卷27(T12, pp.525c22～526a2), "善男子, 佛性亦爾, 一切衆生定當得成阿耨多羅三藐三菩提故, 是故我說一切衆生悉有佛性. 善男子, 雪山有草名爲忍辱, 牛若食者則出醍醐. 更有異草, 牛若食者, 則無醍醐, 雖無醍醐, 不可說言雪山之中無忍辱草. 佛性亦爾, 雪山者名爲如來, 忍辱草者名大涅槃, 異草者十二部經, 衆生若能聽受諮啓大般涅槃, 則見佛性. 十二部中雖不聞有, 不可說言無佛性也."(선남자여 불성도 이와 같아서 일체중생도 반드시 아뇩다라삼먁삼보리를 체득하여 성취할 수 있는 것이므로 일체중생 모두에게 다 불성이 있다고 내가 설하는 것이다. 선남자여, 설산에 약초가 있는데 이름을 인욕(忍辱)이라 하는데 소가 먹으면 제호가 나온다. 또 다른 약초가 있는데 소가 먹으면 제호가 없어지는데 비록 제호가 없더라도 설산에 인욕초가 없다고 말할 수 없는 것이다. 불성도 역시 이와 같은 것으로 설산은 여래를 말하는 것이고 인욕초는 대반열반을 의미하는 것이며 다른 약초라는 것은 12부경을 말하는 것이니 중생이 만약 대반열반에 대하여 묻고 들으면서 자신이 청수(聽受)하면 불성을 견성할 수 있다. 12부경 중에 불성이 있다는 말을 비록 듣지 못하였지만 그렇다고 불성이 없다고 말할 수는 없다.)

이 ⊕상(相)을 소가 인초(忍草)를 먹는 상(相)이라고 하는데 역시 이것은 견성성불(見性成佛)을 설명하는 상(相)이라고 부른다.

왜냐하면 경(經)에 말하였다.

설산(雪山)에 있는 약초(藥草)를 인욕(忍辱)의 풀이라고 부르는데 이것을 소가 만약에 먹으면 제호(醍醐)를 만들어 낸다.

또 말씀하셨다. 중생(衆生)이 만약에 대열반(大涅槃)에 대하여 묻고 가르침을 받아서 이것을 자신이 청수(聽受)하여 본심(本心)으로 깨달아 수지하면 불성(佛性)을 바로 깨달아 견성하게 된다.

그러므로 약초는 묘법(妙法)을 깨닫게 하기 위한 비유이며 소는 진여의 지혜를 깨달은 대승의 사람이 되기를 바라는 것을 비유한 것이고 제호(醍醐)는 진여의 지혜를 실천하는 부처가 되기를 바라는 비유인 것이다. 그러므로 이와 같이 하면 즉 소가 만약에 약초를 먹으면 제호(醍醐)를 만들어 내게 되는 것이다. 그래서 사람이 만약에 불법(佛法)을 깨달아 견성하면 바로 정각(正覺)을 이루게 되는 것이다. 그리하여 이 상(相)을 소가 인초(忍草)를 먹는 상(相)이라고 하며 역시 견성성불(見性成佛)하는 상(相)이라고 하는 것이다.

《해설》 '열반상(涅槃相)'과 '우식인초상(牛食忍草相)'이 서로 대(對)가 되는 것은 '이불성상(理佛性相)'을 '견성성불상(見性成佛相)'으로 설명하기 때문이다. 불성을 ○상(相)에 비유하여 진여의 이치를 설하여 돈오하게 하는 것이고 여기에서 의혹을 품으면 ⊕상(相)으로 대답해야 하는 것은 심우(心牛)가 자신의 불성(佛性)을 견성(見性)하여 성불해야 한다고 설하고 있다. 불성(佛性)을 자신이 찾지 못하면 누구에게 불성이 있든지 무슨 소용이 있겠는가? 그러므로 견성하여 성불해야 하기에 ○상(相) 안에 소가 들어 있는 것은 아무리 움직여도 불법의 테두리를 벗어나지 않아야 한다는 것을 설하고 있다. 이것은 소승으로 설명하면 조금도 불법(佛法)에 어긋나지 않아야 구속된 소승의 과(果)를 성취한 것이다.

질문하는 이가 ○상(相)을 가져와서 질문한다는 것은 자신의 불성을 돈오하지 못했다는 의미이므로 대승으로 견성해야 한다는 것을 제시하고 있다.

2) 삼승구공상과 노지백우상

 此相者, 三乘求空相. 何以故, 三乘人聞說眞空, 有心趣向, 未證入眞空, 故表圓相下 畵三牛也. 若將此相來問, 以漸次 見性成佛相對之.

이 ♀상(相)은 삼승(三乘, 성문·연각·보살)이 공(空)을 구하는 상(相)이다. 왜냐하면 삼승(三乘, 소승)들은 진공(眞空, 진여)[19]을 설하는 것을 들으면 지식의 마음을 가지고 마음을 찾으려 하므로 진공(眞空)의 참다운 진여의 지혜를 체득하지 못하는 것이다. 그러므로 원상(圓相)밑에다 우(牛)자(字) 세 개를

---

19) 『圓覺經大疏釋義鈔』卷7(X09, p.611b24〜c1), "眞空者, 卽靈妙心源. 但約不虛妄故言眞, 非色相故云空."

그려 넣는 것이다. 만약에 이 상(相)을 가지고 와서 질문을 한다면 점차로 견성성불(見性成佛)하는 상(相)으로 대답하겠다.

《해설》 소승이 ◯상(相)을 가져와 질문하는 모습을 '삼승구공상(三乘求空相)'으로 제시하고 있다. 소승이 공(空)을 구하는 것은 진공(眞空)을 구하는 것이므로 다시 '견성성불상(見性成佛相)'으로 제시하는 것이다. 앞의 '우식인초상(牛食忍草相)'과 같은 상(相)이지만 여기에서는 소승이 돈오점수해야 한다는 것을 설하고 있다.

此相者, 露地白牛相. 謂露地者 佛地, 亦名第一義空. 白牛者, 諮法身之妙慧也. 是故表一牛 入圓相也. 問. 何故月輪相下 著三獸. 又月輪相中心 著牛字對之耶. 答. 月輪相下三獸, 是表三乘. 月輪相中心一牛, 是表一乘. 是故擧權乘來, 現實入證對之. 問. 向前已說 月輪相中心著牛, 是牛食忍草相. 何故又言 月輪相中心 著牛者 露地白牛相也? 兩處皆是 同相同牛, 何故說文不同耶. 答. 說文雖別, 相及牛則不異. 問. 若也不異, 何故兩處 各現同相同牛耶. 答. 雖相及牛則不異, 見性遲疾不同故, 兩處各現 同相同牛. 問. 若論見性 遲疾各別者, 食忍草牛 与(與)露地白牛 誰遲誰疾耶. 答. 食忍草牛, 則明花(華)嚴會中 頓見實性之牛, 故疾. 露地白牛, 則明法華會中會三歸一牛, 故是故說 文雖則不同, 證理不異. 故擧同相同牛, 明理智不異, 不言 來處全同也.

이 ⊕상(相)은 노지백우(露地白牛)와 같은 상(相)이다. 노지(露地)라는 것은 불지(佛地, 부처의 경지)를 말하는 것이고 역시 제일의공(第一義空)[20]이다. 백우(白牛)라는 것은 법신(法身)의 미묘한 진여의 지혜를 자문(諮問)하는 것이다. 그러므로 소한 마리[一牛]를 원상(圓相)안에 넣어서 표시한 것이다.

어느 스님이 물었다.

무엇 때문에 월륜상(月輪相)아래에 세 마리의 소를 붙였습니까? 그리고 또 월륜상(月輪相)의 중심에 우(牛)자(字)를 넣어서 대답하였습니까?

대답했다. 월륜상(月輪相)아래에 세 마리의 소는 삼승(三乘, 성문·연각·보살)을 표현한 것이고 월륜상(月輪相)중심의 소(一牛)는 일승(一乘)을 나타낸 것이다. 그러므로 권승(權乘, 방편)을 들어서(擧) 설명한 것으로 지금 바로 실제로 깨달음[一乘]을 증득하여 성불할 수 있다는 것을 설명하는 대답이다.

어느 스님이 물었다.

이전에 설명하시기를 월륜상(月輪相)중심에 우(牛)자(字)를 넣은 것은 소가 인초(忍草)를 먹는 상(相)이라고 하셨습니다. 그런데 왜 또 월륜상(月輪相)중심에 우(牛)자(字)를 넣은 것을 노지백우(露地白牛)와 같은 상(相)이라고 하십니까? 두 개가 모두 같은 원상이고 같은 소인데 어찌하여 설명하는 문자는 같지

---

20) 『大智度論』卷31(T25, p.288b23~26), "第一義空者, 第一義名諸法實相, 不破不壞故, 是諸法實相亦空. 何以故, 無受無著故. 若諸法實相有者, 應受應著. 以無實故, 不受不著. 若受著者卽是虛誑." ; 『大般涅槃經疏』卷18(T38, p.142c6~7), "第一義空者, 眞卽是中中卽是眞, 名第一義空." ; 『中觀論疏』卷4(T42, p.53c25~28), "第一義空者, 涅槃名第一義. 涅槃亦空 名第一義空. 涅槃經云. 迦毘羅城空, 大般涅槃空. 故知諸法 未曾生死 亦非涅槃, 言忘慮絕也." ; 제법실상도 공이고 열반도 공이어서 진여의 지혜로 대승이 되어야 하는 것이다.

않습니까?

대답했다. 설명하는 문자는 비록 다르지만 원상(圓相)과 소는 다르지 않다.

어느 스님이 물었다. 만약에 다르지 않다면 어찌하여 두 개가 각각 같은 원상(圓相)과 같은 소로 나타낸 것입니까?

대답했다. 비록 원상(圓相)과 소가 다르지 않지만 견성(見性)하는데 빠르고 늦음[遲疾]이 차별이 있기 때문이므로 두 개에 다 각각 같은 원상(圓相)과 같은 소를 나타낸 것이다.

어느 스님이 물었다.

만약에 견성(見性)의 빠르고 늦음[遲疾]이 각기 다른 것을 말한 것이라면 소가 인초(忍草)를 먹는 것과 노지백우(露地白牛)에서 어느 것이 늦은 것이며 어느 것이 빠른 것입니까?

대답했다. 소가 인초(忍草)를 먹는 것은 화엄회상에서 진실한 불성(佛性)의 이치를 바로 명백하게 친견한 것이므로 빠른 것이다. 노지백우(露地白牛)는 법화회상에서 삼승(三乘)이 깨달아 일승(一乘)으로 돌아가는 이치[會三歸一]21)를 깨달은 것이 명백하므로 언어문자로 설명하는 형태는 비록 같지 않지만 이치[理]를 증득하는 것은 다르지 않는 것이다.

그러므로 같은 원상(圓相)에 같은 소를 들어[擧] 이치와 지혜는 명백하여 다른 것이 없지만 그것의 근원이 전적으로 같다고 말한 것이 아니다.

---

21) 『法華玄論』卷1(T34, p.363b16~17), "夫會三歸一者本令二乘趣佛道." ; 『大乘玄論』卷3(T45, p.43b4~6), "會三歸一者, 會彼三行歸一佛乘. 故云汝等所行是菩薩道也." ; 『折疑論』卷1(T52, p.797a6), "會三歸一者, 會三乘歸於一乘. 捨權從實者, 乃從淺至深, 捨小而歸大也." ; 『三藏法數』卷15(B22, p.332c7~9), "會三歸一者, 會合聲聞緣覺菩薩三乘而歸於一佛乘也."

《해설》 '삼승구공상(三乘求空相)'과 '노지백우상(露地白牛相)'
이 대(對)가 되는 것은 삼승이 공(空)을 구한다고 하는 것은
자신이 견성을 하여 삼승이 되었으면서도 자신의 마음으로 진
공(眞空)을 구하기 때문에 돈오점수의 소승 수행자가 되는 것
이다. 그래서 '노지백우상'으로 ⊕상을 다시 제시하는 것은
○상(相) 안의 심우(心牛)는 대승이 되어서 항상 어디에서나
유유자적한 한도인의 생활을 해야 한다. 그러나 여기에서 소
승은 진공을 구하여도 유심(有心)으로 구하기에 구하기 어려
우므로 분(犇)자를 ○상(相) 아래에 둔 것이고 대승은 무심(無
心)으로 구하기에 ⊕상을 다시 제시하여 '노지백우상'이라고
하는 것은 삼승인 백우가 돈오돈수의 대승으로 나아가야 한다
는 것을 설하는 것으로 원상을 머리 위에 두고 있는 것이기에
다시 '견성성불상'을 제시한 것은 돈오점수에서 대승으로 나아
가기를 바라고 있기 때문이다. 즉 같은 사람이지만 소승의 진
공을 구한다는 마음을 쉬게 하려고 다시 이것을 제시한 것이
다.

3) 계과수인상과 인원과만상

此相者, 契果修因相. 何以故, 初發心住, 雖成正覺,
而不尋衆行. 慧等佛地, 行不過位, 故表此相也. 古人
云. 履踐如來 所行之跡. 則此相也. 若有人將 此相來
問, 又作月輪相中心 著卍字對之.

이 Ó상(相)은 과(果)를 인(因)에 계합하게 수행하는 '계과수인상(契果修因相)'이다. 왜냐하면 초발심(初發心)을 발하여 체득하면 비로소 정각(正覺)을 이루었으므로 중생들의 행(行)에는 장애가 없을 것이다. 지혜는 부처의 경지와 동등하게 되었지만 행(行)은 아직 이 지위를 초월하여 벗어나지 못하였으므로 이 상(相)으로 표현한 것이다.

고인(古人)이 말하였다. "여래께서 행한 자취를 따라 수행한다."[22]라고 한 것이 이 상(相)이다. 만약에 어느 스님이 이 상(相)을 가지고 와서 묻는다면 다시 월륜상(月輪相)의 중심에 만(卍)자(字)를 넣어서 대답하겠다.

《해설》 출가 수행자들이 불법(佛法)을 조금도 어기지 않는 승가(僧家)이므로 부처의 행리처(行履處)[23]를 따라 동등하게 수행해야 하는 것을 '계과수인상(契果修因相)'이라고 한 것이다. 그러나 Ó상(相)이 심우(心牛)의 아래에 있다는 것은 소승의 수행자가 조금도 어긋나지 않게 수행하여 대승으로 나아가야 하는 마음이 있기에 이것으로 물어 오면 만(卍)자(字)를 넣어서 '인원과만상(因圓果滿相)'으로 대답한다고 한 것이다.

---

22) 『景德傳燈錄』卷9(T51, p.269c7~8), "然依佛戒修身, 參尋知識漸修梵行, 履踐如來所行之迹."; 『維摩經疏』卷6(T85, p.418a29~b3), "履踐如來所行之跡者, 卽是十地, 通卽一切神通三昧皆是佛跡, 別卽末後金剛三昧是其佛跡, 十地順行故云履踐如來所行之跡也."
23) 『汾陽無德禪師語錄』卷1(T47, p.601b28~29), "問如何是諸佛行李處. 師云. 直下無生路, 行時不動塵, 恁麼則謝師方便也."

此相者, 因圓果滿相[24])也. 問. 何故月輪相上頭 著牛字來, 月輪相中心 著卍字對之. 答. 月輪相上頭 著牛者, 契果修因相. 日輪相中心 著卍字, 因圓果滿相. 擧因來, 現果對之.

이 ㉞상(相)은 수행[因]이 원만하여 불과(佛果)가 충만한 상(相)이다.

어느 스님이 물었다.

어찌하여 월륜상(月輪相) 위에다 우(牛)자(字)를 넣은 것의 대답을 월륜상 중심에 만(卍)자(字)를 넣은 것으로 대답하는 것입니까?

대답했다. 월륜상(月輪相)위에 우(牛)자(字)를 붙인 것은 불과(佛果)에 계합하게 수행하는 상(相)이다. 일륜상(日輪相)중심에 만(卍)자(字)를 넣은 것은 수행이 원만하여 불과(佛果)가 충만한 상(相)이다. 수행[因]을 들어[擧] 물어 와서 불과(佛果)를 나타내는 것으로 대답한 것이다.

《해설》 '계과수인상(契果修因相)'의 대답을 '인원과만상(因圓果滿相)'이라고 한 것은 부처의 행리처를 따라 수행하는 소승에서 다음단계인 부처의 행리처를 따라 행하는 소승이 아닌 자신의 불법(佛法)을 실행하는 대승이 되어야 한다고 이 상(相)을 제시하고 있다. 즉 정해진 불법(佛法)에 맞게 수행하는 삼승에

---

24) 『阿彌陀經要解便蒙鈔』卷2(X22, p.860b15~17), "報身因圓果滿者, 萬行之因圓, 萬德之果滿, 名得菩提, 故論成."；『大乘本生心地觀經』卷1(T03, p.295a3), "因圓果滿成正覺."；『金剛經疏記科會』卷7(X25, p.454a19~20), "罪滅者, 罪障旣盡, 漸漸修行, 因圓果滿, 自然爲佛."

서 자신의 불법(佛法)을 체득하여 실천하는 대승은 부처의 마음인 만(卍)이 원상(圓相) 속에 있다는 것으로 조금도 불법에 어긋나지 않게 한도인으로 자유자재하게 살아가기 때문이다.

4) 구공정행상과 점증실제상

 此相者, 求空精行相. 謂門前草庵 菩薩求空故, 經云. 三乘祇 修菩薩行, 難忍能忍, 難行能行. 求心不歇, 故 表此相也. 若有人將 此相來問, 月輪相中心 著王字對 之.

이 상(相)은 공(空)을 구(求)하여 부지런히 수행하는 구공정행상(求空精行相)이다. 문전(門前)의 초암(草庵)에서 보살(菩薩)이 공(空)을 구(求)하기 때문에 경(經)에 말씀하기를 "삼아승지겁 동안 보살행을 닦아서 참기 어려운 것을 능히 참고 행하기 어려운 것을 능히 행하는 것이다."라고 하였다. 이렇게 구하는 마음을 쉬지 않기 때문에 이 상(相)으로 표현한 것이다. 만약에 어느 스님이 이 상(相)을 가지고 와서 묻는다면 월륜상(月輪相)중심에 왕(王)자(字)를 넣어서 대답하겠다.

《해설》 '구공정행상(求空精行相)'은 보살이 문 앞에서 공(空)을 구하는 것으로 육바라밀을 수행하지만 조금도 게을리 하지 않고 육바라밀을 수행하는 소승의 수행자이다. 심우(心牛)가 공

(空)을 구한다는 마음이 있기에 원상(圓相)을 머리에 이고 있는 모습이다. 이 구한다는 마음 없이 육바라밀을 조금도 어긋나지 않게 실천해야 대승으로 나아갈 수 있다. 그래서 이 상(相)으로 물어 오면 ○상(相)의 중심에 왕(王)자(字)를 넣어서 '점증실제상(漸證實際相)'으로 대답한다고 하는 것이다.

 此相者, 漸證實際相. 何以故, 若有菩薩 經劫修行, 壞四魔賊, 始得無漏眞智, 證入佛地, 更無餘習所恒. 似聖王 降伏群賊, 國界安寧, 更無怨賊所怛. 故表此相也.

이 ⊕상(相)은 실제(實際, 진리)를 점차로 증득하는 점증실제상(漸證實際相)이다. 왜냐하면 만약 어느 보살이 여러 겁(劫)을 수행하여 사마(四魔)의 도적을 파괴해야 비로소 무루(無漏)의 바른 지혜를 체득하고 불지(佛地)를 증득하여야 다시는 남은 습성이 항상(恒常)하지 않게 되는 것이다. 이것은 마치 성왕(聖王)이 많은 도적들을 항복시켜서 국가가 평안하면 다시는 도적들의 원성에 두려움이 없게 되는 것이다. 그러므로 이 상(相)으로 표현한 것이다.

《해설》 '구공정행상(求空精行相)'의 대(對)인 '점증실제상(漸證實際相)'에서 보살이 대승으로 나아가는 관문에 사마(四魔)의 도적25)이 장애가 된다고 설하고 있다. 삼승이 수행하면서 대승

---

25) 『生經』卷4(T03, p.97a7~9), "其毒神者, 謂四魔, 行毒求富, 謂諸魔天, 惡鬼神輩, 日日迎婦." ; 『大方等大集經』卷15(T13, p.105c11~17), "善男子, 云何菩薩破諸怨敵去離四魔者. 若菩薩翹勤修習, 觀五陰如幻, 得離陰魔. 觀諸法

으로 나아가지 못하는 것이 이런 마장 때문인 것이다. 보살이 진공(眞空)에 집착을 하여서 더 나아가지 못하기에 심왕을 체득하여 돈오점수하여 실제(實際)를 모두 증득한 후에 훈습이 되어 소승의 사견(四見)이 없게 되어야 대승으로 나아갈 수 있다고 설하고 있다. 보살이 보살마하살로 나아가는 법을 이렇게 제시하고 있다.

3. 양대사상

此下兩對四相遣虛指實.

다음의 양대사상(兩對四相)은 허망(虛妄)한 번뇌 망념을 제거하고 실제(實際)을 직지(直指)하게 하는 것이다.

性淨故, 得離煩惱魔. 觀一切法從緣生性不成就故, 得離死魔. 觀一切法緣所莊嚴是無常敗壞相故, 得離天魔. 菩薩如是觀故得離四魔, 發趣菩提終不懈息, 所有障菩提魔業, 菩薩皆能遠離." ; 『大般涅槃經集解』卷17(T37, p.444c15∼17), "四魔者, 魔經魔律魔師及魔弟子也. 魔以二事亂法, 一以形亂, 二以說亂."; 『維摩經義疏』卷1(T38, pp.920c25∼921a6), "凡有二種, 一者四魔, 二者八魔. 四魔者, 一煩惱魔, 爲生死因. 二天魔, 爲生死緣. 陰死二魔, 是生死果, 陰爲其通, 死爲其別, 故因有內外. 果有通別, 故立四也. 言八魔者, 四同上說, 復有無常無我無樂無淨, 破佛果四德, 故名爲魔. 小乘不以爲患, 故不說之. 依大乘義, 入煩惱魔攝. 言降伏者, 小乘見四諦降煩惱魔, 入無餘涅槃, 降於死陰, 以神通呪術, 伏彼天魔. 大乘降伏者, 得無生忍, 降煩惱魔. 得法身故, 降於陰魔. 得無生忍及法身, 故降死魔. 得無動三昧, 降於天魔."; 『摩訶止觀』卷5(T46, p.50b23∼c3), "三障四魔者, 普賢觀云. 閻浮提人三障重故, 陰入病患是報障, 煩惱見慢是煩惱障, 業魔禪二乘菩薩是業障. 障止觀不明靜塞菩提道, 令行人不得通至五品六根清淨位, 故名爲障. 四魔者, 陰入正是陰魔, 業禪二乘菩薩等是行陰名爲陰魔. 煩惱見慢等是煩惱魔. 病患是死因名死魔. 魔事是天子魔. 魔名奪者, 破觀名奪命, 破止名奪身. 又魔名磨訛, 磨觀訛令黑闇, 磨止訛令散逸, 故名爲魔."; 대승으로 나아가는데 장애가 되는 마장을 번뇌마, 음마, 사마, 천마로 설하고 있다.

1) 상해견교상과 식본환원상

此相者, 想解遣敎相. 謂若有人 依佛所說 一乘普法, 善能討尋, 善能解脫, 實不錯謬, 而不了 自己理智, 全依他人所說, 故表此相也. 若有人將 此相來問, 則袪上頭牛字對之.

이 상(相)은 생각과 견해를 일으키는 지식의 가르침[敎]을 버리는 '상해견교상(想解遣敎相)'이다. 만약에 어느 사람이 부처님께서 말씀하신 일승(一乘)의 평등한 법에 의하여 교학을 잘 연구하고 잘 해석하면 실로 잘못 아는 일이 없겠지만 자기의 이지(理智)를 요득(了得)하지 못하면 모두 타인의 설법에 의지하기 때문에 이 상(相)으로 표현한 것이다. 만약에 어느 사람이 이 상(相)을 가져와 묻는다면 원상(圓相)위의 우(牛)자(字)를 제거하여 대답하겠다.

《해설》 '상해견교상(想解遣敎相)'은 교학의 번뇌 망념을 제거하기를 바라는 것으로 심우를 상(相)위에 둔 것인데 이것은 일승의 대승인은 아무 문제가 없지만 소승들은 본래인을 구하고자 하는 마음이 있으므로 이 상(相)으로 물어 오면 우(牛)자를 제거하고 '식본환원상(識本還源相)'인 상(相)으로 대답한다고 설하고 있다. 불요의경에 의지하지 말라고 하는 것이다.

此相者, 識本還源相. 經云. 迴神住空窟, 降伏難調伏. 解脫魔所縛, 超然露地坐, 識陰般涅槃26)者. 卽此相也.

이 상(相)은 근본(本)을 깨달아 근원(源)으로 돌아가는 상(相)이다. 경전에 다음과 같이 설하고 있다. 정신을 돌이켜 공(空)의 궁전[窟]에 거주하니 조복하기 어려운 것을 능히 항복시킨다. 마(魔)의 속박에서 해탈하여 초연히 노지(露地, 깨달음의 경지)의 좌도량에서 오온(五蘊, 五陰)이 공(空)이라는 완전한 열반(涅槃)을 깨닫게 된다. 이렇게 깨닫는 것이 이 상(相)이다.

《해설》 '상해견교상(想解遣敎相)'의 대(對)인 '식본환원상(識本還源相)'은 일승의 대승인은 구한다는 마음이 없으므로 자신의 불법(佛法)으로 생활하지만 소승들은 여래의 행리처에 의지해야 하기에 심우(心牛)를 제거해야 하는 것이다. 그러므로 다음에 "단제기병 이부제법(但除其病 而不除法)"이라고 하며 자신을 놓치는 경우를 염려하고 있다. 요의경에 의지해야 하는 것을 설하고 있다.

---

26) 『金剛三昧經』(T09, p.368c15~20), "佛言. 如是. 何以故, 一切衆生本來無漏, 諸善利本, 今有欲刺, 爲未降伏. 無住菩薩言. 若有衆生未得本利, 猶有採集, 云何降伏難伏. 佛言. 若集, 若獨行, 分別及以染, 迴神住空窟, 降伏難調伏, 解脫魔所縛, 超然露地坐, 識陰般涅槃."(불이 말했다. 그렇다. 왜냐하면 일체중생도 본래 무루이어서 모두가 근본적으로 유익하게 하지만 지금 오욕락이 심신을 괴롭게 하기 때문에 아직도 항복시키지 못하고 있다. 무주보살이 물었다. 만약 어느 중생이 아직 본각을 체득하지 못하고 오히려 집착이 있다면 어떻게 어려운 것을 항복시켜야 하겠습니까?" 불이 말했다. 만약에 집착을 하여 혼자 행하면 대상경계를 분별하는 번뇌 망념에 물드는데 신령한 마음을 돌이켜 공으로 돌아가면 조복하기 어려운 것도 항복시킬 수 있어 마군의 속박에서 해탈하여 초연히 노지(露地)의 좌도량에서 오온이 공이라는 완전한 열반을 깨닫게 된다.)

問. 何故袪上頭牛字, 不袪圓相中心 人字耶. 答. 圓相中心 人字者, 表理智. 上頭牛字者, 喩人想解. 若有人雖 依教分析 三藏教典, 而未顯 自己理智者, 盡是想解. 想解不生, 則理智現前. 故袪上頭牛字, 不袪圓相 中心人字. 是故經云. 但除其病, 而不除法.27)

어느 스님이 물었다.

어찌하여 원상(圓相)위에 있는 우(牛)자(字)만 제거하고 원상(圓相)중심에 있는 인(人)자(字)는 제거하지 않습니까?

대답했다. 원상(圓相)중심에 있는 인(人)자(字)는 이지(理智, 無漏智, 본성과 지혜, 진여와 지혜)를 표현한 것이다. 원상(圓相)위의 우(牛)자(字)는 본래인(本來人)을 깨닫게 하는 생각과 견해[想解, 방편]이다.

만약에 어느 사람이 비록 교법에 의하여 삼장(三藏)의 경전을 분석하였더라도 자기의 이지(理智, 진여의 지혜)가 나타나지 않으면 모두가 생각과 견해[相解]가 된다. 이 생각과 견해(想解)가 생기지 않아야 이지(理智)가 현전(現前)하는 것이다. 그러므로 원상(圓相)위에 있는 우(牛)자(字)를 제거하고 원상(圓相)중심에 있는 인(人)자(字)는 제거하지 않는 것이다. 그러므

---

27) 『般若心經疏』(X26, p.596b24~c4), "問曰. 菩提涅槃, 是有情所歸之處, 二乘小果言無, 信有之矣. 大乘極果, 何得言無. 答. 菩提涅槃, 是衆生妄心執有, 妄心旣遣, 體離有無. 但除其病, 而不除法. 卽眞如妙體, 出在有無之外, 病卽有情執心妄分別耳."(물었다. 보리열반은 유정이 돌아갈 곳인데 이승의 소과는 없다고 말하며 믿음이 있어야 한다고 한다. 대승극과는 없는 것을 얻었다고 합니다. 대답했다. 보리열반은 중생의 망심의 집착이 있는 것인데 망심을 이미 버렸으면 그 체는 유무를 벗어난 것이다. 그러므로 단지 그 병만 제거하고 법은 없애지 않는 것이다. 즉 진여의 묘체는 유무를 벗어나 출세하는 것으로 병은 유정이 집착하는 마음으로 분별 망상하는 것이다.)

로 경전에 설하고 있다. 단지 그 병(病)만 제거하고 그 법은 제거하지 않는 것이다.

《해설》 여기에 다시 '식본환원상(識本還源相)'을 설하면서 "단제기병 이부제법(但除其病 而不除法)"[28]이라고 하는 것은 자신을 놓치고 자신을 찾는 어리석음을 범하지 못하게 하고 있다. 언어문자와 말에 집착하여 구하려고 하는 소승들은 요의경과 불요의경을 판단하지 못하여 이와 같은 오류를 범할 수 있다는 것을 지적하고 있다. 망념의 병만 제거하면 청정한 자신이 나타나게되는 것인데 자신 자체까지도 없어야 병도 없어진다는 착각을하는 것은 잘못이다.

問. 何故不許凡人 依敎學法耶. 答. 若是智者 依敎, 何用識心, 凡人依敎無益. 問. 諸佛所說 三藏經典 有所用不. 答. 不是不許 依敎悟入. 依敎想解, 祇是虛妄. 是故佛告阿難. 雖復憶持十方如來 十二部經 淸淨妙理 如恒河沙, 只益戲論. 當知依敎想解無益. 問. 何故敎云, 聞佛敎者, 盡成聖果. 又云. 一毫之善, 發跡駐佛. 答. 約上根人 依敎便悟, 直現理智, 決定明了. 若約

---

28) 『佛說維摩詰經』卷1(T14, p.526a26~28), "吾爲衆人作自省法, 觀以除其病而不除法, 亦不除其本病所生, 知其根本而爲說法." ; 『維摩詰所說經』卷2(T14, p.545a16~19), "但除其病, 而不除法, 爲斷病本而敎導之. 何謂病本, 謂有攀緣, 從有攀緣, 則爲病本. 何所攀緣, 謂之三界." ; 『金剛經纂要刊定記』卷4(T33, p.204b1~2), "則安解諸法空義, 將知但除其病不除其法, 此遮一向離言者也." ; 『法華玄義釋籤』卷18(T33, p.947b11~13), "但除其病者, 病謂執權爲實. 法謂一切權法, 執權之病若除. 卽此權法是實, 是故除病不須除法." ; 『妙法蓮華經玄贊』卷9(T34, p.822b13~14), "此意說眞, 非體實無, 但非體定空, 但除其病而不除法故." ; 『楞嚴經纂註』卷2(X15, p.157a13-14), "卽所謂但除其病而不除法, 故下會通藏性, 以會妄歸眞也."

下根 依敎不悟, 想解無益. 此下根人依敎 動種待後世者, 誰言無益. 聞佛敎者, 盡成聖果. 一毫之善, 發跡駐佛. 何況廣學經論, 及講說者.

어느 스님이 물었다.

어찌하여 범부들에게는 경전[敎]으로 불법(佛法)을 배우는 것을 허락하지 않습니까?

대답했다.

만약에 지혜가 있는 대승의 사람은 경전[敎]에 의지하여도 무슨 식심(識心, 지식, 알음알이, 중생심)을 내겠는가만 범부들은 경전[敎]에 의지하여 공부를 하여도 아무 이익도 없는 것이다.

어느 스님이 물었다. 그렇다면 제불(諸佛)이 설(說)하신 삼장(三藏)의 경전(經典)도 쓸모가 없는 것 아닙니까?

대답했다. 경전[敎]에 의지하여 깨달아 체득하는 것을 허락하지 않는 것이 아니다. 경전[敎]에 의지하여 상해(想解, 식심)29)를 일으키는 것을 허망하다고 하는 것이다. 그래서 부처님이 아난(阿難)에게 말씀하셨다. 그대가 비록 다시 시방(十方)여래(如來)가 설하신 12부경과 청정하고 미묘한 진리를 항하사(恒河沙)의 모래같이 많이 기억하여 알아도 하여도 단지 희론(戲論)만 더하게 되는 것이다. 단지 경전[敎]에 의지하여 아는 것으로 상해(想解, 식심)를 일으키는 것이니 이익이 없는 것이다.

어느 스님이 물었다.

왜 경전[敎]에 말씀하신 부처님의 가르침을 들은 사람들이

---

29) 『四分律疏飾宗義記』卷7(X42, p.221b5~7), "曾得一乘想解者, 謂曾過去假想眞理, 種大乘因也變成小感者, 如本業瓔珞經等, 舍利弗因於過去施眼緣故. 退菩提心, 是其事也."

끝내 모두가 성과(聖果)를 이루게 된다고 하셨습니까? 또 말씀하시기를 아주 작은 털끝만큼의 선행(善行)이라도 하면 부처의 경지에 머무른다고 하셨습니까?

대답했다. 이것은 상근기(上根器)의 사람이 경전[敎]에 의지하면 바로 깨달아 진여의 지혜[理智]가 올바르게 나타나서 결정적으로 명백하게 요달하게 된다.

그러나 만약에 하근기(下根器)의 사람은 경전[敎]에 의지하여도 깨닫지 못하니 상해(想解, 식심)를 하여도 아무 이익이 없는 것이다. 이와 같은 하근기의 사람이 경전[敎]에 의지하여 수행하여 후세에 공덕의 종자를 대비하는 것이라면 누가 이익이 없다고 말하겠는가?

부처님의 가르침은 듣기만 하여도 끝내 모두 성과(聖果)를 이루게 된다. 아주 작은 털끝만큼의 선행(善行)이라도 하면 부처의 경지에 머무르는 것인데 왜 하물며 경론(經論)을 널리 배우고 또 설법(講說)하는데 어찌 성과(聖果)를 이루지 못하겠는가?

《해설》 상근기의 대승의 수행자는 경전을 보거나 들어도 요의경으로 이해하므로 식심에 망념이 생기지 않지만 하근기의 사람들은 자신의 생각으로 이해하려고 하여서 불요의경이 되므로 아무 이익이 없다고 한 것이다. 그리고 조금의 선행을 하거나 경전을 듣기만 하여도 끝내는 성과(聖果)를 이루게 된다고 한 것은 깨닫게 되는 원인이 되기 때문에 이익이 없다고 말하지 않는다고 하고 있다. 이것은 깨달음을 이루지 못한 중생들에게 깨닫기를 바라는 자비심이고 깨달은 사람에게는 돈오점수의 수행을 하라는 것이며 그래서 대승의 사람들은 이런 이익이 있다고 설하고 있다. 그러므로 상해를 버리는 상(相)이라고 설하고 있다. 그리고 상해를 버리는 법에 대하여 견성하여 근원으로 돌아가라고 ⊕상(相)을 제시하고 있다.

2) 미두인영상과 배영인두상

此相者 迷頭認影相. 何以故, 若有人 不了自己 佛及淨土, 信知他方佛, 淨土, 一心專求 往生淨土, 見佛聞法, 故勤修善行, 念佛名号(號) 及淨土名相, 故表此相也. 志公笑云. 不解卽心卽佛, 眞似騎驢覓驢者. 卽此相也. 若有人將 此相來問, 則袪圓相下 牛字對之.

이 ⊕상(相)은 머리를 잘못 알고 그림자를 인정하는 미두인영상(迷頭認影相)이다. 왜냐하면 사람들은 자기의 부처와 정토(淨土)를 요달(了達)하지 못하고 타방의 부처와 정토만 있다고 믿어서 일심으로 (타방의) 정토에 태어나서 부처를 친견하고 불법(佛法)을 듣기 위하여 열심히 선행을 닦고 부처님의 이름과 정토의 명상(名相)만 염불(念佛)하므로 이 상(相)으로 표시한 것이다. 지공(志公)이 웃으며 말했다. 마음이 바로 부처라는 것을 알지 못하는 것으로 나귀를 타고 나귀를 찾는 것과 같은 사람이다. 이것이 바로 이 상(相)이다.

만약에 어느 사람이 이 상(相)을 가져와 묻는다면 원상(圓相) 아래에 있는 우(牛)자(字)를 제거하고 대답하겠다.

《해설》 '미두인영상(迷頭認影相)'은 범부(凡夫) 중에서 외범(外凡)의 경우를 설하는 것으로 자신의 부처와 불법(佛法)을 견성(見性)하지 못한 경우를 설하고 있다. 자신의 오온(五蘊)이 공(空)이라는 것을 견성(見性)한 소승(小乘)이 이렇게 할 수는 없을 것이다. 자신이 자신을 찾지 못하였으므로 나귀를 타고 나귀를 찾는다고 설한 것일 것이다. 그래서 이 상(相)을 가져와 질문한다면 '배영인두상(背影認頭相)'으로 대답한다고 설하고 있다. 이 말은 찾는다고 생각하는 심우(心牛)를 제거하면 된다고 설하고 있다.

此相者, 背影認頭相. 問. 何故祛下頭牛字, 不祛圓相中心 人字耶. 答. 衆生未發眞智, 未達眞空, 故專求他方 淨土及佛, 往生淨土, 見佛聞法. 衆生若迴光發智, 達得眞空, 自己佛及淨土 一時齊現, 不求心外 淨土佛, 故不祛圓相 中心人字, 祛下牛字也. 問. 如何是 自己佛及 自己淨土. 答. 衆生若發眞智, 達得眞空, 卽眞智是佛, 空是淨土. 若能如是躰(體)會, 何處更求 他方淨土及佛也. 是故經云. 將聞持佛佛, 何不自聞聞.[30]

이 ⊘상(相)은 그림자를 배반하고 자신의 머리를 바로 인식

---

30) 『宗鏡錄』卷43(T48, p.667b25~28), "祖佛大意, 貴在心行, 探義徇文, 只益戲論. 所以文殊訶阿難云. 將聞持佛佛, 何不自聞聞. 爭如一念還原, 深諧遣旨.";『景德傳燈錄』卷28(T51, p.449a2~5), "若更不會不如且依古語好, 他古人見上座百般不得. 所以垂慈向汝道, 將聞持佛佛, 何不自聞聞. 無事珍重.";『古尊宿語錄』卷34(X68, p.225c18~19), "故曰將聞持佛佛 何不自聞聞. 外求有相佛 與汝不相似."

한 상(相)이다.

어느 스님이 물었다. 어찌하여 원상(圓相)아래의 우(牛)자(字)만을 제거하고 원상(圓相)중심의 인(人)자(字)는 제거하지 않습니까?

대답했다. 중생들이 진실한 지혜[眞智]를 깨닫지 못했기 때문에 진공(眞空)을 통달하지 못하고 오로지 타방(他方)의 정토와 부처를 구하여 그 타방(他方)의 정토(淨土)에 태어나서 부처를 친견하고 설법을 들으려하고 있는 것이다. 만약에 중생들이 회광반조(回光返照)하여 지혜를 깨닫고 진공(眞空)임을 통달하면 자기의 부처와 정토가 일시(一時)에 모두 나타나서 마음 밖의 정토와 부처를 구하지 않게 되므로 원상(圓相)중심의 인(人)자(字)는 제거하지 않고 원상(圓相)아래의 우(牛)자(字)만을 제거하는 것이다.

어느 스님이 물었다.

무엇이 자기의 부처와 자기의 정토(淨土)입니까?

대답했다. 중생들이 만약에 진실한 지혜[眞智]를 깨달아 진공(眞空, 진공묘유)31)을 통달하면 진지(眞智)가 바로 부처이며 공

---

31) 진공묘유(眞空妙有): 『般若心經略疏連珠記』卷1(T33, p.558a21~22), “則是眞空妙有離斷常之中道也.”; 『宗鏡錄』卷12(T48, p.483b17~22), “故說眞空妙有, 各有四義, 約理望事. 卽眞空四義, 一廢己成他義, 卽依理成事門. 二泯他顯己義, 卽眞理奪事門. 三自他俱存義, 卽眞理非事門. 四自他俱泯義, 卽眞理卽事門, 由其卽故, 而互泯也.”; 『宗鏡錄』卷46(T48, p.688a25~b1), “一者, 能證淨分依他, 是其妙有, 智起惑盡, 名曰眞空, 妙有眞空, 正處中道. 二者, 能證有爲, 是其妙有, 所證眞理, 名曰眞空, 妙有眞空, 正處中道. 三者, 唯於法身上說本來實性, 名爲妙有, 卽此實性, 便是眞空, 妙有眞空, 正處中道.”; 『頓悟入道要門論』(X63, p.21a4~7), “答. 心有染卽色, 心無染卽空. 心有染卽凡, 心無染卽聖. 又云. 眞空妙有故卽色, 色不可得故卽空. 今言空者, 是色性自空, 非色滅空. 今言色者, 是空性自色, 非色能色也.”; 진여(眞如)의 지혜로 실상을 바로 볼 수 있는 안목을 구족한 것을 묘유(妙有)라고 하는 것이다. 진공(眞空)과 묘유(妙有)는 체공의 대승

(空)이 정토인 것이다. 만약에 이와 같이 체(體, 躰)를 깨달으면 어디에서 다시 타방정토와 부처를 구하겠는가? 그러므로 경(經)에 말씀하시기를 "어찌 부처의 불법을 듣고 불경은 수지하면서 어찌하여 자신의 듣는 성품을 듣고도 깨닫지 못하는가?"라고 하신 것이다.

《해설》 '배영인두상(背影認頭相)'으로 '미두인영상(迷頭認影相)'에 대한 대답을 한 것은 자신의 본성을 알지 못하여서 찾는 것만 제거하면 되므로 아래의 심우(心牛)를 제거한 것이다. 잘못된 지식의 영상(影像)만 배반(背叛)하면 된다는 것을 말하고 있다. 즉 자신이 진여의 지혜를 체득하지 못하여 견성하지 못한 것이고 견성하지 못하였기에 부처와 정토를 외부에서 구하는 외범(外凡)이 되는 것이다. 외범이 내범(內凡)이 되면 부처와 정토는 자신의 안으로 돌아오게 되므로 자신의 영상을 배반하라고 하고 있다. 그래서 "장문지불불 하부자문문(將聞持佛佛何不自聞聞, 불법을 들어서 부처에 대하여 알고 있으면서 어찌하여 자신의 듣는 자성을 알지 못하는가?)"이라고 하며 자신을 놓치고 자기의 지식으로 외부에서 부처를 구하는 것을 질책하고 있다. 이것은 자신의 등에 아이를 업고 아이를 찾는 격으로 자신이 자신을 찾는 것이다. 즉 아난이 아무리 많은 경전을 수지하여 독송하였더라도 다시 더 수행하여 대승이상으로 깨닫고 경전의 결집에 참여한 것이 이것이다.

을 말하는 것으로 진여의 지혜로 생활하는 것을 말하는 것이다.

4. 사대오상

又此下四對五相.

또 이 아래에는 사대(四大)오상(五相)을 설하고 있다.

1) 거함색개상

○(⊖)32) 此相者, 擧函索蓋相, 亦名半月待圓相. 若有人將 此相來問, 更添半月對之. 此則問者 擧函索蓋, 答者 將蓋著函, 函蓋相稱, 故已現圓月相也. 圓相則表 諸佛躰(體)也.

이 ○(⊖)상(相)은 함(函)을 들고는 뚜껑을 찾는 상(相)이고 역시 반월(半月)이 둥근 달이 되기를 기다리는 거함색개상(擧函索蓋相)이라고도 말한다. 만약에 어느 사람이 이 상(相)으로 묻는다면 다시 반월(半月)을 첨가하여 대답하겠다. 이것은 묻는 사람이 함(函)을 들고 뚜껑을 찾는 것으로 대답하는 사람은 뚜껑을 가지고 함(函)에 씌우는 것으로 함과 뚜껑이 서로 완전히 맞으므로 원월상(圓月相)이 이미 나타난 것이다. 원상(圓相)은

---

32) 『人天眼目』卷4(T48, p.322b13~16), "⊖此相謂之擧函索蓋相, 亦名半月待圓相. 若將此相問之, 更添半月對之. 乃曰. 擧函索蓋, 答者以蓋覆函. 故曰函蓋相稱, 以現圓月相也."; '五冠了悟和尙與仰山立玄問玄答'에는 ⊖상으로 되어 있음.

제불(諸佛)의 체(軆)를 나타내는 것이다.

《해설》 '거함색개상(擧函索蓋相)'은 ◐상(相)에서 ◯상(相)이 이루어지기를 바라는 것이다. 즉 자신이 자신의 불성(佛性)을 견성(見性)하지 못하였으므로 자신을 찾는 것을 설명하고 있다. 견성하지 못한 사람을 비유하여 설하고 있다. 견성은 불성을 공(空)으로 정확하게 아는 것이므로 체공이 되어야 한다는 것을 설하는 것으로 다시 ◯상(相)으로 대답하고 있다.

2) 파옥멱계상

 此相者, 把玉覓契相. 若有人將 此相來問, 圓月中心 著某對之. 此則問者把玉覓契, 故答者 識珠便下手.

이 ◯상(相)은 옥(玉, 心月, 본심)을 가지고서 계합을 찾는 파옥멱계상(把玉覓契相)이다. 만약에 어느 사람이 이 상(相)으로 묻는다면 둥근 달의 상(相)중심에 모(某)자(字)를 넣어서 대답하겠다. 이것은 묻는 사람이 옥(玉)을 가지고 계합을 찾고 있으므로 대답하는 사람이 대승의 보주임을 알고 바로 손을 놓기 때문이다.

《해설》 '파옥멱계상(把玉覓契相)'은 자신이 불성(佛性)을 가지고 불법(佛法)에 계합하였는가를 찾는 것이므로 공(空)이 무엇인가를 파악하였으나 정확하게 알지 못하고 소승의 경지에서 벗어나기를 구하는 모습이라고 할 수 있다. 그러므로 대승인이 ⭕상(相)의 테두리 안에서 대답을 하는 것이므로 모(某)자(字)를 넣어서 대답한다고 설하고 있다. 그런즉 모(某)자(字)를 일반인이 아무거나 넣을 수는 없는 것이다. 그래서 대승인은 진여의 지혜로 입전수수(入廛垂手)하여 바로 생활하는 것이라고 의역한 것이다.

3) 조입색속상

　　　此相者, 釣入索續相. 若有人將 此相來問, 某字邊添, 著人字對之. 此則問者 釣入索續, 故答續成寶器也.

이 🔘상(相)은 낚싯대를 물속에 드리우고 후계자를 찾는 조입색속상(釣入索續相)이다. 만약에 어느 사람이 이 상(相)을 가져와 아무글자나 어디에든지 첨가하여 묻는다면 그곳에 인(人)자(字)를 넣어 대답하겠다. 이것은 묻는 사람이 낚싯대를 물속에 드리우고 후계자를 찾고 있기 때문에 대답하는 사람은 후계자가 실제로 법기(法器)가 되기를 바라는 것이다.

《해설》 조입색속상(釣入索續相)은 사(厶, 我, 자신)가 ⭕상(相) 안에 들어 있는 것이므로 대승인이 불법을 계승할 사람을 구한다고 한 것이다. 그러므로 이 상(相)이나 이 상(相)에 무슨 글자를 첨가하여 물어오더라도 인(人)자(字)를 넣어 묻는 그 사람이 본래인 이라는 것을 말하고 있다. 그러므로 계승할 후계자를 찾는다고 설한 것이다.

4) 이성보기상

  此相者, 已成寶器相. 若有人將 此相來問, 又作圓月相中心 著土字對之.

이 ⑱상(相)은 이미 실제로 보기(寶器)를 이룩한 이성보기상(已成寶器相)이다. 만약에 어느 사람이 이 상(相)을 가져와 묻는다면 또 둥근 달의 중심에다 토(土)자(字)를 넣어 대답하겠다.

《해설》 '이성보기상(已成寶器相)'은 부처가 원상 안에 들어 있으므로 보기(寶器)가 완성된 대승을 초월한 최상승인이므로 원상 안에 토(土)자를 넣은 ⊕상(相)으로 대답하는 것은 모두가 불성(佛性)의 심지(心地)가 있다는 것을 제시하고 있다. 즉 선지식이 이심전심의 즉심즉불을 설하여 소승에서 언하 돈오하여 대승으로 살아가길 바라고 제시한 것이다.

5) 현인지상

　　此相者[33], 玄印旨相, 迥然超前現衆相, 更不屬敎意
所攝. 若有人似 个對面付, 果然不見. 故三祖云. 毫釐
有錯, 天地玄隔. 然不無玄會之, 誰能識此相也. 若是
其人, 見而諳會, 如子期聽 伯牙之琴, 提婆見龍樹之相. 不是其
人, 對面不識, 似巴人聞 白雪之歌[34], 鶖子入淨名之會, 假使後
學 根機玄利, 將是則頓曉, 如鷄把卵, 啐啄同時. 相性遲鈍者,
學而難曉, 似盲人相色 而轉錯耳.

　이 ◑상(相)은 현지(玄旨)에 계합하는 현인지상(玄印旨相)이
다. 앞에 나타낸 여러 상(相)을 멀리 초월하여 다시는 교의(敎
意)에 속박되지 않는 것이다.

---

33) 『五家宗旨纂要』卷3(X65, p.277b20∼23), "此名玄印玄旨相, 獨脫超前衆
相, 不著敎意所攝. 若是靈利底, 對面分付, 擬之則不見也. 三祖云. 毫釐有
差, 天地懸隔. 苟不具眼, 焉能辨此."

34) 『肇論疏』卷2(T45, p.183a2∼7), "客有歌於郢中者, 其始曰下里巴人, 國
中屬而和者數千人. 其爲陽阿薤露, 國中屬而和者數百人. 其爲陽春白雪,
國中屬而和者數十人. 引商引羽 雜以流徵, 屬而和不過數人. 是其曲彌高,
和彌寡也."(어느 객이 영중에서 처음에 하리파인(下里巴人, 통속적인 사
람)의 노래를 부르니 그 소리를 알아듣는 사람이 수천 명이었다. 그 다음
으로 양아해로(陽阿薤露)를 노래로 부르니 화답하는 사람이 수백 명이었
다. 그 다음으로 양춘백설가를 부르니 아는 사람이 수십 명이었다. 다음은
상음(商音, 궁상각치우의 상)을 가늘게 하고 우음(羽音, 궁상각치우의 우)
으로 새기듯이 하여 치음(徵音, 궁상각치우의 치)으로 흐르듯이 노래하니
아는 사람이 몇 명에 불과 했다. 이것은 곡조가 높아질수록 아는 사람이
더욱 적다는 것이다.) ; 『四分律行事鈔批』卷2(X42, p.634b10∼16), "如
有善琴者, 鼓琴於都市, 陽春白雪之曲, 和者三五. 爲巴里之曲, 和者數萬,
所謂曲彌高和彌寡也. 有云. 宋玉對楚王曰. 客有歌於郢中者, 其始曰下里
巴人, 國中屬而和者數千人. 其爲陽阿薤露, 國中屬而和者數百人. 爲陽春
白雪, 國中屬而和者數十人. 引商刻羽, 雜以流徵, 國中屬而和者, 不過數
人. 是以曲彌高和彌寡也."

만약에 어느 사람은 이러한 경지를 면전에 가져다주어도 전혀 알지 못한다. 그러므로 삼조(三祖, 승찬)께서 말씀하시기를 "털끝만큼이라도 어긋나면 하늘과 땅처럼 아주 멀어지게(玄隔) 나누어진다."고 하였다. 그러나 현지(玄旨)가 없으면 알 수 없는 것이니 누가 능히 이 상(相)을 알겠는가?

만약에 그런 사람이라면 보자마자 깨달아 알게 되니 마치 종자기(鐘子期)[35]가 백아(伯牙)의 거문고 소리를 듣고 아는 것과 같고 또 제바(提婆)가 용수(龍樹)의 모습을 보는 것과 같다. 만약에 그런 사람이 아니라면 대면(對面)하여도 알지 못하는 것이지만 깨닫는 것은 마치 하리(下里)파인(巴人, 시골사람)으로 설하면 듣고 아는 사람이 많지만 백설곡(白雪曲, 고귀한 노래)을 부르면 알아듣는 이가 적은 것과 같아, 추자(鶖子, 舍利子, 舍利弗)가 유마(淨名)의 법회에서 깨달은 것과 같으니 가령 후학(後學)들이 근기(根機)가 영리한 사람이라면 이것을 바로 밝게 깨닫게 되어 닭이 알을 품고 있다가 알에서 깨어날 때를 맞춰서 어미 닭이 계란을 쪼아서[啐啄同時] 병아리가 태어나게 하는 것과 같다.

상성(相性)에 게으르고 둔한 사람은 배워도 깨닫기 어려운 것이 마치 맹인(盲人)이 물체의 색을 보는 것과 같아 실상을 바로 알기는 어려운 것이다.

《해설》 '현인지상(玄印旨相)'인 ☺상(相)은 불법(佛法)을 계승한 것이므로 불법에 조금도 어긋나지 않아야 하는 것이다.

---

35) 종자기(鐘子期): 『열자』 탕문편에 나오는 것으로 백아(伯牙)가 거문고를 연주하면 종자기(鐘子期)는 조용히 듣고 백아가 거문고를 타는 마음을 알아들었다는 지음(知音)이나 이심전심을 설명하기 위한 비유.

줄탁동시(崒啄同時)한 것이 언하돈오로 계합하여 대승으로 나아간 것이라고 ˙설명하고 있다. 즉 소승이 대승으로 깨달아 나아간 것이기에 불퇴전이라고 설하고 있다. 토(土)자의 의미는 심지(心地)가 원상을 벗어나지 않는 것이기에 불퇴전이다. 그리고 사리불과 파인의 노래를 제시한 것이 소승에서 대승으로 나아간 것을 설명하기 위한 것이다. 사리불은 소승이지만 파인은 속인들이 쉽게 아는 노래이므로 누구나 이것을 노래할 수는 있지만 고귀한 내용을 이해하는 것은 어렵다는 것을 설명하고 있다. 그래서 '백설지가(白雪之歌)'라는 말을 인용한 것은 누구나 할 수 있다는 것을 파인에 비유한 것이고 쉽게 알아듣지 못한다고 석가의 제자인 사리불이 유마에게 설법을 듣고 깨달은 것을 비유하여 설명한 것이다. 이것은 이심전심을 말하는 것으로 염화미소와 같이 줄탁동시의 계합이 되어야 된다는 것으로 천성부전의 경지를 설하고 있다. 이것은 소승이 되는 깨달음이 아니고 대승의 계합을 말하는 것이므로 대비구나 보살마하살을 말하는 것으로 아라한이 되었다는 것을 말한다. 아라한의 경지는 자신이 아라한이라는 생각도 하지 않는 것이라고 『금강경』에 다음과 같이 설하고 있다.

수보리여, 아라한의 경지를 체득한 사람은 자신이 아라한과를 얻었다는 마음을 가지겠는가? 수보리가 대답했다. 세존이시여, 그렇지 않습니다. 왜냐하면 아라한은 실제로 삼계의 업인 번뇌 망념이 생사하는 법이 없기 때문에 이름을 아라한이라고 하는 것입니다. 세존이시여, 만약에 아라한 자신이 내가 아라한이 되었다는 마음을 가지면 바로 사상(四相)에 집착하는 것이 되기 때문입니다. 세존이시여, 부처님께서 말씀하실 때에 제가 번뇌 망념이 없는 무쟁삼매36)를 체득했고 그런 사람들 중에 '제일이욕아라한'이라고 하신 것은 제가 삼계의 번뇌를 벗어난 아라한이 되었다는 생각도 하지 않기 때문입니다. 세존이시여, 제가 만약에 아라한도를 얻었다는 생각을 하였다면 세존께서는 수보리가 무쟁삼매를 제일 잘 실천하는 수행자라고 하시지 않으셨을 것입니다. 수보리가 진실로 아라한이라는 마음을 가지지 않고 아라한도를 실천하기 때문에 수보리를 아란야(무쟁삼매)를 제일 잘 실천하는 수행자라고 하신 것입니다.

須菩提, 於意云何, 阿羅漢能作是念, 我得阿羅漢道不. 須菩提言. 不也世尊. 何以故, 實無有法 名阿羅漢. 世尊, 若阿羅漢作是念, 我得阿羅漢道, 即爲著我人衆生壽者. 世尊, 佛說 我得無諍三昧 人中最爲第一, 是第一離欲阿羅漢. 我不作是念, 我是離欲阿羅漢. 世尊, 我若作是念, 我得阿羅漢道, 世尊則不說 須菩提 是樂阿蘭那行者. 以須菩提 實無所行, 而名須菩提, 是樂阿蘭那行.37)

---

36) 『金剛經音釋直解』(X25, p.171c12~14), "無諍者, 隨順無違也. 三昧, 梵語, 此云正受, 心不受一法是也. 阿蘭那者, 梵語, 此云卽無諍也. 須菩提離三界, 欲證四果法得無諍三昧, 體悟眞空." ; 『金剛經略疏』(X25, p.158a15~19), "佛說得無諍三昧者, 以其解空, 則彼我俱忘, 能不惱衆生, 亦能令衆生不起煩惱故也. 又云人中最爲第一者, 以人中四相未除, 故皆有諍, 今既無諍, 是人中最爲第一也." ; 『金剛經采微』卷1(X24, p.614a17~20), "世尊, 佛說我得無諍三昧, 人中最爲第一, 是第一離欲阿羅漢. 所以空生述佛稱歎者. 天親云. 爲明勝功德故, 爲生深信故, 勝功德者, 即無諍三昧也." ; 『銷釋金剛經科儀會要註解』卷4(X24, p.692b1~2), "言無諍者, 一念不生, 諸法無諍也. 梵語三昧, 此云正定, 離諸邪定故也." ; 『金剛經註解』卷2(X24, p.777b13), "僧若訥曰. 無諍者, 涅槃經云. 須菩提住虛空地." ; 범본의 'araṇāvihāriṇām'을 ㉠無諍三昧 ㉰無諍住, 'araṇāvihāriiti'를 ㉠阿蘭那行 ㉰無諍住라고 하고 있다. ㉠는 구마라집, ㉰은 현장의 약호로 함.

37) 『金剛般若波羅蜜經』(T08, p.749c6~15)

5. 삼편성불

師有時說　三遍成佛篇. 於中有三意, 云何爲三. 一者證理成佛,
二者行滿成佛, 三者示顯成佛.

오관산서운사화상(五冠山瑞雲寺和尙, 順之)께서 때때로 삼편
성불론(三遍成佛論)을 설(說)하셨다. 여기에는 세 가지의 뜻이
있는데 무엇이 세 가지의 성불(成佛)인가 하면 다음과 같다.
　첫째는 증리성불(證理成佛, 언하에 회광반조하여 견성하고
성불)이고,
　둘째는 행만성불(行滿成佛, 문수의 지혜로 보현의 행을 수행
하여 성불)이며,
　셋째는 시현성불(示顯成佛, 견성하여 진여의 지혜로 생활하
는 것이 성불)이다.

1) 증리성불

言證理成佛者, 知識言下　迴光返照　自己心源　本無一物, 便是
成佛, 不從萬行　漸漸而證, 故云證理成佛. 是故經云. 初發心時,
便成正覺. 又古人云. 佛道不遠, 迴心卽是. 卽此義也. 此證理成
佛中, 若說體性, 都無一物. 通論三身, 不無一佛二菩薩. 雖有三
人, 而今見性成佛. 故得成佛, 功在文殊. 故古人云. 文殊是諸佛
母. 所謂諸佛　從文殊生, 故言文殊者, 卽實智也. 一切諸佛, 因
其實智　而證菩提, 是故文殊　是諸佛母耳.

증리성불(證理成佛)이라고 말하는 것은 선지식이 설하는 말씀의 언하(言下)에 자신을 회광반조(回光返照)하여 자기의 본래심의 근원(心源)에는 본래부터 한 물건도 없음을(無一物) 정확하게 깨닫는 것을 바로 성불(成佛)이라고 하며 온갖 만행(萬行)을 점차로 증득하는 것이 아니므로 증리성불(證理成佛)이라고 한다.

그러므로 경전(經典)에 말하고 있다. 초발심(初發心, 아뇩다라삼먁삼보리심을 발하는 것)하는 것이 바로 정각(正覺)을 이루는 것[38]이라고 한다.

또 고인(古人)이 말했다. 불도(佛道)는 멀리 있는 것이 아니고 마음을 회광반조(回光返照)하면 불도(佛道)를 이룬다고 하신 것이 바로 이 뜻이다.

이 증리성불(證理成佛)중에서 만약에 체성(體性)을 말한다면 무일물(無一物)이나 삼신(三身)을 통틀어 논한다면 일불(一佛)과 두 보살이 없지는 않다. 비록 이 삼신(三身)이 있으나 지금 당장에 견성성불(見性成佛)하는 것이므로 성불(成佛)이라는 그 공(功)은 문수(文殊)에게 있는 것이다.

그러므로 고인(古人)이 말했다.

문수(文殊)가 제불(諸佛)의 어머니이다.

---

38) 『妙法蓮華經玄義』卷5(T33, p.734b14~16), "初發心時便成正覺, 了達諸法眞實之性, 所有聞法不由他悟."；『大方廣佛華嚴經疏』卷19(T35, p.643a24~26), "既言知一切法, 卽心自性, 則知此心卽一切法性, 今理現自心, 卽心之性已備無邊之德矣."；『大方廣佛華嚴經疏』卷19(T35, p.643b1~5), "又不由他悟是自覺也. 知一切法是覺他也. 成就慧身爲覺滿也. 成就慧身必資理發, 見夫心性豈更有他. 若見有他安稱爲悟, 既曰心性自亦不存, 寂而能知名爲正覺."；『華嚴一乘成佛妙義』(T45, p.776c1~2), "初發心時便成正覺(卽得阿耨菩提), 知一切法眞實之性(卽心自性), 具足慧身(成就慧身)不由他悟."；『宗鏡錄』卷1(T48, p.415a18~19), "擧一心爲宗, 照萬法爲鑑矣."

제불(諸佛)이라고 말하는 것은 문수(文殊, 지혜)로부터 태어나는 것이기 때문에 문수(文殊)라는 것은 실지(實智, 진여의 지혜)인 것이다. 일체(一切)의 제불(諸佛)은 그 실지(實智)에 의하여 보리(菩提)를 증득(證得)하기 때문에 문수(文殊)를 제불(諸佛)의 어머니라고 말하는 것이다.

《해설》 '증리성불('證理成佛)'에서 이사(理事)의 논리를 주장하며 이(理)만 하여도 견성할 수 있다는 것을 설하고 있다. 즉 이 말은 언하에 회광반조하여 자성을 견성하면 성불할 수 있다고 설하고 있는 것이다. 소승으로 견성하는 법이므로 점수(漸修)를 하지 않아도 어느 누구나 자신의 근원(根源)을 회광반조하기만 하면 된다는 것이다. 이것을 여기에서는 문수의 지혜라고 하고 있다. 여기에서 소승이 되는 지혜와 소승이 대승이 되는 것을 오해하여 제불(諸佛)이란 목적에만 떨어져 있으면 문수를 제불의 어머니라고 하지 않았을 것이다. 이것은 어느 누구나 자신이 진여의 지혜를 체득하여야 견성하여 소승이 되고 이것을 시작으로 하여 대승으로 나아갈 수 있기 때문이다. 그래서 '초발심시변성정각'이라는 말을 한 것은 견성을 하는 것이 불도(佛道)이므로 불도(佛道)는 멀리에 있는 것이 아니므로 회광반조를 말하고 있다. 이렇게 견성하고 점수(漸修)하는 것을 말하고 있는 것이지 견성하는 방법을 점수(漸修)하라고 하지는 않고 있다. 그런데도 아직까지 불도(佛道), 견성(見性), 깨달음 등의 언어문자에 떨어져 점수(漸修)하면 언젠가는 깨달을 수 있다고 착각하는 경우가 있다. 이것은 '회심즉시(迴心卽是)'에서 회심(迴心, 回心)을 회광반조(回光返照)라고 하였는데 마음을 본래의 마음으로 돌이킨다는 것을 회광(回光)이라고 한 것이다. 그리고 반조(返照)라고 한 것은 지금의 마음을 공(空)으로 돌이킨 본래의 마음으로 관조(觀照)하여 중생심에서 불심(佛心)으로 전환하라고 하는 것이다. 그러므로 견성하는 법을 점수(漸修)하는 것이라고 하는 것이고 소승(小乘)이 돈오점수하는 만행을 요구하지 않아도 된다고 설하고 있다. 그래서 다음에 바로 '행만성불(行滿成佛)'을 주장하고 있다.

결론을 말하면 증리성불(證理成佛)은 법신불이며 소승은 견성하여 훈습하고는 성불하여야 되는 것이고, 만약에 대승이 들으면 언하에 돈오하여 바로 최상승으로 나아가 실천하면 된다.

2) 행만성불

言行滿成佛者, 雖已窮其眞理, 而順普賢行願, 歷位廣修 菩薩之道, 所行周偹(備), 悲智圓滿, 故云行滿成佛也. 故古人云. 行到處卽 是從來處. 是故明知 所行已周, 還至本處, 本處者卽理也. 此行滿成佛 所證之理, 不異於前證理成佛之理. 理雖不異, 行因至果, 故云行滿成佛也. 此行滿成佛中, 若擧果德, 但以普賢行成佛道, 論三身 亦有一佛二菩薩. 雖有三人, 而今別取 行滿成佛, 故得成佛, 功在普賢. 故古人云. 普賢是 諸佛父也, 所謂諸佛 從普賢生, 故言普賢者, 卽萬行也. 一切諸佛 因其萬行 而證菩提, 是故普賢 是諸佛父耳.

행만성불(行滿成佛)이라고 말하는 것은 비록 이미 진리의 근원을 깨달았지만 보현(普賢)의 행원(行願)을 따라서 보살도를 널리 두루 닦아서 그 행(行)이 모두 구비되어 자비와 지혜가 원만해야 하므로 행만성불(行滿成佛)이라고 말하고 있다.

그러므로 고인(古人)이 말씀하신 수행하여 도달한 곳이 바로 본래의 온 곳이라고 한 것이 바로 이것이므로 분명히 두루 원만하게 수행하여 본래의 그 곳에 도달한 것이 이것이라는 것을 알면 본처(本處)라는 것은 심원의 진리[理]인 견성(見性)을 말하는 것이다.

이 행만성불(行滿成佛)은 심원의 진리를 증득하는 것으로 앞의 증리성불(證理成佛)의 이치와 다르지 않다. 이치는 비록 다르지 않지만 수행을 인(因)으로 하여 깨달음의 결과에 도달하게 하므로 행만성불(行滿成佛)이라고 말하는 것이다. 이 행만성불(行滿成佛)중에서 만약에 과덕(果德)을 들어(擧) 말하면 단지 보현행(普顯行)을 하여 불도(佛道)를 이루는 것으로 삼신(三身)을 논하면 역시 일불(一佛)과 두 보살이 있다. 비록 이 세 사람이 있지만 지금은 별도로 행만성불(行滿成佛)만 취하는 것이므로 성불(成佛)의 공(功)은 보현(普賢)에게 있는 것이다.

그러므로 고인(古人)이 말씀하시기를 보현(普賢)을 제불(諸佛)의 아버지라고 하신 것은 소위 말하는 제불(諸佛)은 보현(普賢)의 행으로 태어나기 때문에 보현(普賢)이라고 말하는 것으로 만행(萬行)이라고 한다. 일체의 제불(諸佛)이 보현(普賢)의 만행(萬行)으로 보리(菩提)를 증득하는 것이므로 보현(普賢)을 제불(諸佛)의 아버지라고 말하는 것이다.

言一佛二菩薩者, 遮那是理, 文殊是智, 普賢是行. 此理智行,
三人同體 故一不可捨也. 又一佛二菩薩 互爲主伴. 以本體無上
遮那爲主. 以見性智功, 文殊爲主. 以萬行福力, 普賢爲主. 是故
李通玄云. 一切諸佛, 皆以文殊, 普賢二大士 成佛菩提也. 又云.
文殊 普賢, 爲諸佛作 少男長子. 故知三人 互爲主伴耳.

일불(一佛)과 두 보살이라고 말하는 것은 이치로는 비로자나
불의 법신(法身)을 일불(一佛)이라고 말하는 것이고, 문수(文
殊)보살의 지혜와 보현(普賢)보살의 자비행을 두 보살이라고
말하는 것으로 이것을 이지행(理智行)이라고 하며 이 세 사람
[一佛 二菩薩]은 동체(同體)이기 때문에 하나도 버릴 수가 없
다.

또 일불(一佛)과 두 보살은 서로 주객(主客)이 되는 것으로
본체(本體)에서는 무상(無上)한 비로자나법신이 주(主)가 되고
견성(見性)하는 지혜의 공덕(功德)으로는 문수보살(文殊菩薩)이
주(主)이고 만행(萬行)으로 보리(菩提)를 증득하는 복력(福力)으
로는 보현보살(普賢菩薩)이 주(主)이다.

그러므로 이통현(李通玄, 646~740)[39]이 말하는 것에 의하면
일체의 제불(諸佛)은 모두 문수(文殊)와 보현(普賢) 이 두 보살
로서 불보리(佛菩提)를 이룩되는 것이라고 하였다. 또 말하였
다. 문수(文殊)와 보현(普賢)은 제불(諸佛)을 위하여 소남(少男)

---

39) 『新華嚴經論』卷3(T36, p.739a11~22), "一佛, 二文殊, 三普賢, 佛表果
德無言. 當不可說不可修不可得不可證, 但因成果自得. 文殊因位可說, 以
此說法身果德. 勸修普賢自行可行, 行其行海充滿法界故, 用此三德將爲利
樂衆生. 文殊成讚法身本智, 普賢成其差別智之行德. 一切諸佛皆依此二尊
者以爲師範,而能成就大菩提之極果. 或說普賢爲長子, 爲建行成滿衆生故,
或說文殊爲小男. 爲盧遮創始發心證法身本智佛性之首, 爲最初證法身本智
佛性, 爲初生諸佛聖性智慧家故也."

과 장자(長子)가 되었다. 그러므로 이 세 사람은 서로 주객이
되는 것이다.

《해설》 '행만성불(行滿成佛)'에서 문수와 보현을 어머니와
아버지에 비유하여 견성한 지혜로 만행을 하여야 부처가 된다
고 설하고 있다. 여기에서는 앞의 '증리성불(證理成佛)'에서 견
성하여 만행을 하는 돈오점수를 해야 성불하게 된다고 설하고
있다. 이것은 견성하지 못한 사람이나 견성한 사람들이 나아갈
방향을 제시한 것이고 또 부처는 문수와 보현에 의하여 탄생하
는 것이라는 것을 설하고 있다. 행만성불(行滿成佛)은 법신을
익혀 체득한 보신불인데 문수의 지혜를 체득한 보현이라고 설
하고 있다. 그러므로 문수와 보현은 두 사람이 아니고 한사람
이 되는 것이다. 그리하여 다음의 화신불을 시현성불이라고 설
하고 있다.

3) 시현성불

言示顯成佛者, 如前證理行滿, 自行成佛已畢, 今爲衆生 示顯
成佛, 八相成道矣. 言八相者, 從兜率天退, 入胎住胎, 出胎出
家, 成道轉法輪, 入涅槃等, 八相成佛, 故云示顯成佛. 當知八相
成道 是報化非眞. 是故經云. 如來不出世, 亦無有涅槃, 以本願
力故, 示顯自在法, 此經報化佛中 指眞佛也. 又經云. 吾從成佛
已來, 經無量阿僧祇劫. 故知釋迦如來, 無量劫前 已成行滿大覺,
而爲衆生故, 示顯始成正覺. 今此釋迦, 是賢劫千佛之中 第四佛

也. 過去莊嚴劫中 一千佛, 現在賢劫中 一千佛, 未來星宿劫中
一千佛. 如是三劫中, 一切諸佛 出現於世, 攝化群生, 相傳授記,
分毫不錯矣.

시현성불(示顯成佛)이라고 말하는 것은 앞의 증리성불(證理
成佛)과 행만성불(行滿成佛)로서 자신이 수행하여 이미 성불(成
佛)하고는 지금부터는 중생(衆生)을 위하여 성불(成佛)하는 모
습을 나타내 보이는 것을 팔상성도(八相成道)라고 한다.

팔상(八相)이라고 하는 것은 도솔천(兜率天)에서 내려와 마야
부인의 태(胎)중에 들어가 태(胎)중에 머무르고, 태(胎)에서 탄
생하고, 출가(出家)하고, 성도(成道)하여 법륜(法輪)을 펼치고,
열반(涅槃)에 드시는 등을 팔상(八相)으로 성불(成佛)하는 것이
므로 성불(成佛)을 나타내 보이는 시현성불(示顯成佛)이라고 말
하는 것이다.

마땅히 팔상성도(八相成道)에서 말하는 보신(報身)과 화신(化
身)이고 진신(眞身)이 아님을 잘 알아야 한다. 그러므로 경(經)
에 말씀하시기를 여래(如來)는 출세(出世)하는 것이 아니고 역
시 열반(涅槃)도 없다고 한 것은 본원력(本願力)이 있기 때문에
자유자재한 법을 나타내는 것[40]이라고 한 이 경(經)에서는 보
신불(報身佛)과 화신불(化身佛)중에서 진불(眞佛)을 말한 것이
다.

또 경(經)에 말씀하시기를 내가 성불(成佛)한 것은 이미 무량
(無量)아승지겁(阿僧祇劫)이 지났다라고 하셨다. 그러므로 석가

---

40) 『大方廣佛華嚴經』卷14(T09, p.485c2∼5), "如來不出世, 亦無有涅槃, 以
   本大願力, 顯現自在法. 是法難思議, 非心之境界, 究竟彼岸智, 乃見諸佛
   境."

여래는 무량(無量)아승지겁(阿僧祇劫)이전에 벌써 행만(行滿)의 대각(大覺)을 이루었고 중생들을 위하여 정각(正覺)을 이루는 모습을 나타내 보인 것을 알 수 있다.

지금 석가여래는 현겁(賢劫)의 천불(千佛)가운데에서 4번째 부처님이다.41) 과거의 장엄겁(莊嚴劫)에 천불(千佛)이 있고 현재의 현겁(賢劫)중에 천불(千佛)이 있고 미래의 성수겁(星宿劫)중에 천불(千佛)이 있다. 이와 같은 세 종류의 겁에서 일체의 제불(諸佛)께서 세상에 출현(出現)한 것은 모든 중생들을 이끌어 교화하시고 불법(佛法)을 계승하고 수기(授記)하시어 털끝만큼도 어긋남이 없게 하기 위함이다.

歡看敎典, 推尋古跡, 通觀一人 成佛方樣, 應知三遍成佛耳.
伏請欲磨(歷)佛位者, 略看筌蹄, 却自思惟 前佛後佛, 皆同此路,
如人行路 新舊同轍. 故記而之也.

경전(經典)을 잘 간경(看經)하며 고인(古人)들의 자취를 잘 추심(推尋)하면서 성인[一人]께서 성불(成佛)하신 과정을 잘 관찰하면 삼편성불(三遍成佛)하는 도리를 마땅히 알게 될 것이다. 바라건대 부처의 지위를 연마(鍊磨)하려는 사람은 불법(佛法)의 방편[筌蹄]을 잘 파악하여 스스로 사유(思惟)하되 이전의 부처나 이후의 부처도 모두 이와 같이 수행한 것으로 사람들이 수행하는 것은 지금이나 옛날이나 똑 같은 방법임을 잘 알아야

---

41) 『六祖大師法寶壇經』(T48, p.361b26~29), "今以七佛爲始, 過去莊嚴劫, 毘婆尸佛, 尸棄佛, 毘舍浮佛. 今賢劫, 拘留孫佛, 拘那含牟尼佛, 迦葉佛, 釋迦文佛, 是爲七佛."

한다.

　그러므로 이와 같이 기록한 것이다.

《해설》 '삼편성불(三遍成佛)'에서 견성하고 진여의 지혜로
생활하는 것은 부처라는 이름도 붙일 수 없는 것이라고 하고
있다. 그러나 지표를 남겨 후대의 수행자들이 불법을 계승하게
한 것이다.

　"증리성불(證理成佛), 행만성불(行滿成佛), 시현성불(示顯成佛)."
에서 첫째는 자신의 마음을 회심하여 무일물이라는 것을 자각
하기만 하면 견성하는 것이고, 그 다음은 견성하여 소승이 되
었으면 문수의 지혜로 보현의 행으로 돈오돈수의 수행을 하는
것이고, 마지막은 이런 수행을 하면서 부처라는 마음도 갖지
말고 수행하여야 하기에 여래는 출세하는 것이 아니고 열반도
없다고 최상승을 설하고 있다.

　이렇게 견성하는 방법과 견성한 후에 실천하는 것이 삼승이
돈오점수(頓悟漸修)하는 것이고 이렇게 하여 대승으로 나아가
최상승이 되어야 하는 것이다. 이것을 도상으로 표현한 것으로
깨닫고 나서 어떻게 수행해야 하는 방향을 제시하고 있다.

　시현성불(示顯成佛)에서 석가모니를 숙명보살로 설명한 것은
그 당시의 사회 상황에서 교화하기 위한 방편이었을 것이다.
그러나 이것을 현대에서도 유신론(有神論)으로 설명한다고 하
면 무아사상에 배치되는 것이다. 순지가 만약에 진실로 이렇게
설하였다고 한다면 순지의 사상이 의심 되는데 다음의 실제편
에서 "자신의 본성(本性)을 깨닫지 못하였다면 삼계(三界)에 윤
회(輪廻)하면서 인연에 따라 과보를 받게 된다."라고 설하고 있

다. 그러므로 깨달으면 윤회의 과보는 사라지게 되는 것이다.

6. 삼편성불의 내용

師有時說三遍, 於中有三意. 第一 頓證實際篇, 第二 迴漸證
實際篇, 第三 漸證實際篇.

오관산서운사화상(五冠山瑞雲寺和尚, 順之)께서 어느 때에
삼편성불론(三遍成佛論)을 설(說)하셨는데 여기에는 세 가지의
뜻이 있는데 첫째가 돈증실제편(頓證實際篇)이고 둘째가 회점
증실제편(迴漸證實際篇)이며 셋째가 점증실제편(漸證實際篇)이
다.

1) 돈증실제

廣野中有一仙人, 名曰該通, 爲大衆說. 若有衆生, 無始已來
不悟性地, 輪迴三界, 隨緣受報. 忽遇智者 演說眞敎, 頓悟性地,
便成正覺, 不依漸次, 故名爲頓證實際. 是故經云. 雪山有草, 名
曰忍辱, 牛若食者, 卽出醍醐, 是其意也.

광야(廣野)에 해통(該通)이라고 하는 한 선인(仙人)이 있었는
데 대중에게 설법을 했다. 만약에 중생(衆生)들이 태어나서 지
금까지[無始以來, 한량없는 과거부터 지금까지] 자신의 본성(本

性)을 깨닫지 못하였다면 삼계(三界)에 윤회(輪廻)하면서 인연에 따라 과보를 받게 된다. 그러나 홀연히 불법(佛法)의 지혜를 구족한 사람을 만나 진실(眞實)한 불법(佛法)의 가르침으로 설법하는 것을 듣고 바로 본성(本性)을 깨달으면 바로 정각을 이루게 되는 것이므로 점차(漸次)로 수행하여 깨닫는 것이 아니어서 돈증실제(頓證實際)라고 말한 것이다.

그러므로 경(經)에 설하는 것으로 설산(雪山)에 인욕(忍辱)이라고 하는 약초가 있는데 소가 먹으면 바로 제호(醍醐)가 나온다고 하는 것이 바로 이 뜻이다.42)

《해설》 견성하여 성불하는 법은 올바른 선지식을 만나 자각하면 바로 견성하는 것이라는 것을 다시 설하고 있다. 견성하는 방법은 선지식을 만나 자신의 마음을 돌이키면 되는 것이라고 하고 있다. 그러므로 견성하는 것을 점수라고 하지 않고 돈증(頓證)이라는 말을 사용한 것이다. 즉 자각이나 정각하는 것을 견성이라고 한 것은 '초발심시변성정각'의 각주에서 설명하였듯이 요달제법(了達諸法)은 지일체법(知一切法)이고 진실지성(眞實之性)은 즉심자성(卽心自性)이라고 한 것이 견성이라는 말이고, 또 '발아뇩다라삼먁삼보리심'하는 것이 바로 정각이라는 것[初發心時便成正覺(卽得阿耨菩提)]도 점수하여야 견성하는 것이 아니라는 말이 된다. 그리고 정각하여 견성하면[知一切法眞實之性(卽心自性)] 혜신을 구족하게 되는 것[具足慧身(成就慧身)]이 바로 법신이 되는 것이므로 다른 방법의 깨달음

---

42) 『大般涅槃經』卷29(T12, p.539a9~13), "善男子, 衆生佛性, 不一不二, 諸佛平等猶如虛空, 一切衆生同共有之. 若有能修八聖道者, 當知是人則得明見. 善男子, 雪山有草名曰忍辱, 牛若食之則成醍醐, 衆生佛性亦復如是."

이 없다[不由他悟]라고 설한 것을 인용하고 있다.

衆中有一隱士, 名曰智通, 啓仙人曰. 信知群品 自有性地, 又一切智者, 演說眞敎, 不爲一人. 何以故 同聞眞敎, 悟与(與)不悟 各各不同. 仙人告隱士言. 衆生雖有 自性淸淨 圓明之躰(體), 背本逐末, 多劫多時, 受別異身, 根性利鈍不等. 故同聞眞敎, 悟与(與)不悟 各各不同, 不是智者 說眞敎禍. 故經云. 猶如明淨日, 瞽者莫能見, 無有智慧心, 終不能見.

대중(大衆)가운데 있던 지통(智通)이라는 한 은사(隱士)가 선인(仙人)에게 물었다. 중생들이 자신의 본성이 있다는 것을 자신이 확신하고 또 불법(佛法)의 지혜를 구족한 모든 성자(聖者)들이 진실(眞實)한 불법(佛法)의 가르침으로 설법하는 것은 알아듣는 한사람의 성자(一人)를 위한 것은 아닐 것입니다. 왜냐하면 진실(眞實)한 불법(佛法)의 가르침으로 설법하는 것을 모두 같이 들어도 깨닫고 깨닫지 못하는 것은 각각 같지 않기 때문입니다.

선인(仙人)이 은사(隱士)에게 대답했다. 중생(衆生)들이 비록 자성(自性)이 청정(淸淨)한 원명(圓明)한 본체(本體)를 가지고 있지만 근본(根本)의 본성을 등지고 지말(枝末)의 중생심을 추종하며 오랜 세월동안[多劫多時]에 각각의 사람들이 살아왔기 때문에 가진 근성(根性)의 영리하고 우둔한 것이 같지 않기 때문이다. 그러므로 진실(眞實)한 불법(佛法)의 가르침으로 설법하는 것을 같이 들어도 깨닫고 깨닫지 못하는 것이 각각 같지 않은 것은 불법(佛法)의 지혜를 구족한 성인(聖人)이 진실한 가르침을 설한 것에 문제가 있는 것은 아닌 것이다.

그러므로 경(經)에 말하고 있다. 비유하면 맑고 밝은 불법(佛法)의 지혜[日, 해]를 어리석은 사람[瞽者, 맹인]이 보지 못하는 것처럼 지혜(智慧)를 구족하고자 하는 마음이 없으면 끝내 불법(佛法)을 견성하여 친견할 수 없는 것이다.

隱士啓仙人曰. 諦觀高指, 旦尋來言, 智者說法, 不爲一人, 悟與不悟, 唯在愚智. 然則愚智本來 各各不同, 說法有何所用. 仙人告隱士言. 汝今諦聽, 吾爲汝說. 智人不是本悟, 愚人不是長迷. 愚人忽悟 眞說智人 不是外來. 若也不用眞敎, 愚爭成智人. 若也不用眞敎, 何處辯得利鈍.

은사(隱士)가 선인(仙人)에게 물었다. 고명한 가르침을 명확하게 보고[諦觀] 밤을 새워 가며 하신 말씀을 생각하여 보니 불법(佛法)의 지혜를 구족한 성자가 설법(說法)하는 것은 한 사람의 성자를 위한 것이 아니므로 깨닫고 깨닫지 못하는 것은 오직 어리석고 지혜 있는 사람에게 있는 것이겠습니다. 그러면 어리석고 지혜가 있는 사람은 본래 각각 다른데 설법(說法)을 하여도 무슨 소용이 있겠습니까?

선인(仙人)이 은사(隱士)에게 고(告)하여 말했다. 그대는 지금 명확하게 내가 그대에게 설하는 것을 본성으로 들으시기 바랍니다. 지혜로운 사람도 본래부터 깨달은 것이 아니고 어리석은 사람도 영원히 미혹한 것은 아니다. 어리석은 사람이 홀연히 깨달으면 지혜가 있는 사람이라고 말하는 것으로 지혜가 외부에서 오는 것은 아니다. 만약에 진실한 불법(佛法)의 가르침[眞教]에 의지하지 않는다면 어찌 어리석은 사람이 지혜로운 사람으로 되겠습니까? 만약에 진실한 불법의 가르침에 의지하지 않는다면 어찌 영리하고 우둔함을 판단하겠습니까?

是故衆生 若是根鈍者, 再聞眞教, 不曉性地. 衆生若是利根者, 忽聞眞教, 頓曉性地, 便是智人也, 何處愚智有隔. 是故當知 凡聖不隔, 根有利鈍. 智者說法, 亦不爲一人, 猶如母鷄抱卵, 衆卵皆發, 贊窠不發. 可卽母鷄 唯不愛衆 卵愛贊窠. 是則發与(與)不發, 唯在卵性, 不是母鷄 抱卵之禍. 一切智者 亦復如是, 廣爲大衆 演說眞教. 根利者頓曉, 根鈍者不曉, 可則智者 唯愛利根, 不愛鈍根. 是卽曉与(與)不曉, 唯在根性, 不是智者 說教之禍. 是故經云. 所有聞法 不由他悟. 然卽知假方便, 智者常說妙法. 悟与(與)不悟, 此在學人, 不在智者.

그러므로 중생(衆生)들이 만약에 근기(根機)가 우둔하면 진실한 불법의 가르침[眞教]을 거듭해서 들어도 자신의 본성(性地)을 밝히지 못하는 것이다. 중생(衆生)들 중에 만약에 근기가 영리한 사람이 있으면 어느 날 진교(眞教)를 들으면 성지(性地)를 바로 깨닫게 되어 바로 지혜로운 사람이 되는 것인데 어디에 어리석은 사람과 지혜로운 사람의 차이가 있겠습니까?

그러므로 범부와 성인은 차별이 없는 것이고 근기(根機)에 영리하고 우둔함만 있는 것이라는 것을 마땅히 알아야 한다.

지혜를 구족한 성인이 설법(說法)하는 것은 역시 지혜 있는 한 사람만을 위한 것이 아닌 것이 비유하면 어미 닭이 알을 품은 것과 같아서 모든 알 들이 모두 깨어나야 하는데 둥지에서 깨어나지 못하는 것도 있는 것이다. 즉 가히 어미 닭이 오직 모든 알들을 동등하게 사랑하지 않고는 둥지에서 깨어나게 할 수 있겠는가?

즉 깨어나고 깨어나지 못한 것은 오직 그 알(계란)의 본성(本性)에 있는 것이지 어미 닭에게 있는 것은 아니듯이 알을 품어서 생긴 잘못[禍]은 아닌 것이다.

모든 지혜로운 성자도 역시 이와 같아서 대중(大衆)을 위하여 널리 불법의 진실 가르침[眞敎]을 설하는 것이다. 근기가 영리한 사람은 바로 깨달아 알 것이며 근기가 우둔한 사람은 깨닫지 못하는 것인데 지혜로운 성자가 오직 근기(根機)가 영리한 사람만 사랑하고 근기(根機)가 우둔한 사람은 사랑하지 않겠는가? 그러므로 깨닫고 깨닫지 못하는 것은 근성(根性)에 있는 것이지 지혜로운 성자가 가르침을 설(說)해서 생긴 문제[禍]는 아닌 것이다.

그래서 경(經)에 설하고 있다. 법(法)을 들어서 깨닫는 것은 타인의 깨달음에 의한 것이 아니라 자각하는 것이다. 그러므로 설하는 것이 거짓 방편으로 설한다는 것을 알면 지혜가 있는 사람은 묘법(妙法, 佛法)을 항상 설하는 것이라는 것을 알게 된다. 그러므로 깨닫고 깨닫지 못하는 것은 학인(學人)에게 있는 것이지 지혜로운 사람[聖人]에게 있는 것은 아니다.

隱士問曰. 衆生若是利根, 忽聞眞敎, 言下慧發, 頓悟性地, 此是何人. 仙人答曰. 此是智照文殊.

은사(隱士)가 물었다.

중생(衆生)이 만약에 근기가 영리하면 홀연히 진실한 불법의 가르침[眞敎]을 들으면 언하(言下)에 지혜가 생겨서 바로 본성을 깨닫게 된다고 하는데 이 사람은 어떤 사람입니까?

선인(仙人)이 대답했다.

이 사람은 자신의 진여의 지혜로 문수(文殊)의 지혜를 관조(觀照)할 줄 아는 사람이다.

隱士問曰. 文殊智照在何處. 仙人答曰. 文殊智照, 是在性之(地).

은사(隱士)가 물었다.

문수(文殊)의 지혜를 관조(觀照)하는 것이 무엇입니까?

선인(仙人)이 대답했다.

문수의 지혜를 관조하는 것은 자신의 본성에 있는 진여의 지혜인 것이다.

隱士問曰. 照智与(與)性地 同異若何. 仙人答曰. 智照与(與)性地 不同不異.

은사(隱士)가 물었다.

진여의 지혜로 관조(觀照)하는 본성은 같습니까? 다릅니까?

선인(仙人)이 대답했다.

진여의 지혜로 관조하는 본성은 같지도 다르지도 않다.

隱士問曰. 智照与性地 不同不異, 其義如何. 仙人答曰. 智照是能證之人, 性地是所證之法, 故不無能所. 是故古人云. 以此無知之般若, 證彼無相之眞諦. 故智与性不同. 又能證智照 無知, 所證性地無躰, 不有能所. 是故古人云. 智窮眞際, 能所兩亡. 故智照与性地 不異照. 隱士智通 聞仙人說, 奉契高指, 頓決疑網也. 于時該通仙人 爲大衆說. 先爲智通 已說見性. 若論衆行, 不必如此.

은사(隱士)가 물었다.

진여의 지혜로 관조(觀照)하는 본성이 같지도 다르지도 않다는 그 뜻은 무엇입니까?

선인(仙人)이 대답했다.

진여의 지혜로 관조(觀照)하는 것은 자신이 능히 깨달음을 증득한 사람이고 본성은 그 사람 자신이 불법(佛法)을 증득한 것이므로 능소(能所)가 없는 것은 아니라고 한 것이다.

그러므로 고인(古人)은 말했다. 이 무지(無知)의 반야(般若)로 저 무상(無相)의 진제(眞諦)를 증득한다고 한 것은 지혜와 본성(本性)은 같은 것은 아닌 것이다.

또 자신이 능히 진여의 지혜로 무지(無知)를 관조(觀照)하여 증득하면 본성의 본체가 없다는 것을 깨닫게 되는 것이므로 능소(能所)가 있는 것이 아니다.

그러므로 고인(古人)은 말했다. 지혜로 진제(眞際, 眞如實際, 진여의 체)를 궁극적으로 다 깨달으면 능소(能所)가 모두 없게 되는 것이라고 한 것은 진여의 지혜로 관조(觀照)하는 것과 본성으로 관조(觀照)하는 것이 다른 것은 아니다.

은사(隱士)지통(智通)이 선인(仙人)이 설법하는 것을 듣고는 고명한 가르침에 계합하여 의혹들이 해결되어 깨닫게 되었다.

그때에 해통(該通)선인(仙人)이 대중(大衆)을 위하여 설하였다. 먼저 지통(智通)에게 견성(見性)에 대하여 설(說)하였다. 만약에 중행(衆行)에 대하여는 이와 같이 논할 필요가 없는 것이다.

《해설》 견성하면 누구나 동등한데 견성하는 근기가 다른 것을 무지(無知)의 반야를 자신이 증득해야 하는 것이 견성이므로 자신이 자신을 회심(迴心)하지 않으면 안 되는 것이다.

此衆中有遊子, 名曰行通, 啓仙人曰. 見性如此, 衆生若何. 仙人告遊子言. 若有衆生 忽聞眞敎, 頓見性地, 不住此處, 隨緣行 自利利他悲智, 故名爲衆行.

이때에 대중(大衆)가운데 있던 행통(行通)이라는 유자(遊子)가 선인(仙人)에게 물었다.

견성(見性)을 이와 같이 하면 중생(衆生)은 어떻게 중행(衆

行)을 해야 합니까?

　선인(仙人)이 유자(遊子)에게 대답했다. 만약에 중생이 홀연히 불법의 진실한 가르침을 듣고 본성을 바로 견성하면 이것에 집착하여 머무르지 않고 인연에 따라 자리이타(自利利他)의 지혜로 자비행(慈悲行)을 하기 때문에 중행(衆行)이라고 말하는 것이다.

　遊子啓仙人曰. 我等曾聞 仙人演說法, 忽聞眞敎, 頓悟性地, 名爲智照文殊, 今承仙人說, 頓悟性地, 不住此處, 隨緣行 自利利他悲智, 故名爲衆行. 行此行者, 此是何人. 仙人答曰. 行此行者, 寄位普賢. 遊子問曰. 普賢大士, 寄何等位. 仙人答言. 寄因五位 乃至果位. 雖寄此位, 不住此位. 衆行行時, 三等普賢. 遊子問曰. 寄位於因位 乃至果位 何等名爲 三等普賢. 仙人答曰. 一者出纒普賢, 二者入纒普賢, 三者果後普賢.

　유자(遊子)가 선인(仙人)에게 물었다. 우리들이 일찍부터 선인(仙人)께서 설법(說法)하시는 것을 들었는데 홀연히 불법의 진실한 가르침[眞敎]을 듣고 바로 본성을 깨닫는 것[頓悟]을 지혜로 문수(文殊)를 관조(觀照)한다고 하셨습니다. 그런데 지금 선인(仙人)의 말씀에 의하면 바로 본성을 깨닫고는 이것에 집착하여 머무르지 않고 인연에 따라 자리이타(自利利他)의 지혜로 자비행(慈悲行)을 하기 때문에 중행(衆行)이라고 하였습니다. 그러면 이와 같은 자비행을 실천하는 수행자는 어떤 사람입니까?

선인(仙人)이 대답했다.

이와 같은 자비행을 실천하는 수행자는 보현(普賢)의 지위에 해당한다.

유자(遊子)가 물었다.

보현(普賢)대사(大士)는 어느 지위에 속합니까?

선인(仙人)이 대답했다.

인(因)은 오위(五位)에 의지하여 과위(果位)에 도달한다. 비록 이 지위(地位)에 의지는 하였지만 이 지위에 머무르지는 않는다. 중행(衆行)을 행(行)할 때에 세 등급의 보현(普賢)이 있다.

유자(遊子)가 물었다.

인(因)의 지위에서 과위(果位)에 이르기까지 무엇을 세 등급의 보현(普賢)이라고 하는 것입니까?

선인(仙人)이 대답했다. 첫째는 출전보현(出纏普賢)이고 두 번째는 입전보현(入纏(纏)普賢)이며 세 번째는 과후보현(果後普賢)이다.

(1) 출전보현

遊子問曰. 此三普賢 勝劣等級 其義如何. 仙人答言. 此三普賢 勝劣等級, 其義不同. 謂所言出纏普賢者, 見性之後, 行於衆行. 對前万境, 不無瞥起之心. 已達心源, 不滯幻化之境. 故古人云. 不無所斷(斷)之障, 還有能斷之智.

유자(遊子)가 물었다.

이 세 등급의 보현(普賢)에서 우열(優劣)로 등급을 나눈 것은 무슨 뜻입니까?

선인(仙人)이 대답했다. 이 세 등급의 보현은 우열(優劣)로 등급을 나눈 뜻이 같지 않습니다. 소위 출전보현(出纏普賢)이라고 하는 것은 견성(見性)한 후에 중행(衆行)을 행(行)하는 것이다. 면전(面前)에 만경(万境)을 대하면 별안간 일어나는 망념이 없지는 않을 것이다. 그러나 이미 마음의 근원을 통달하였기 때문에 환화(幻化)의 경계에 빠지지 않는다.

그러므로 고인(古人)은 말했다. 끊어야 할 장애가 없지는 않으나 도리어 자신이 번뇌 망념을 끊을 수 있는[能斷]의 지혜가 있게 된다.

遊子問曰. 古人云, 若發能證之智, 全無所斷(斷)之障, 其義如何. 仙人答曰. 若發能證之智, 全無所斷之障者, 此是文殊斷惑. 何以故, 文殊當性之時, 躰中不有異相故. 今言, 不無所斷之障, 還有能斷之智. 此是普賢斷惑. 何以故, 普賢歷位之時, 不無斷惑成德故. 是故兩人 斷惑成德不同. 不會兩人 斷惑成德, 相爭斷惑 成德之義.

유자(遊子)가 물었다.

고인(古人)이 말하는 만약에 자신이 능히 깨달음의 지혜를 증득하면 대상으로 끊어야 할[所斷] 장애는 아무것도 없다고 한 그 뜻은 무엇입니까?

선인(仙人)이 대답했다. 만약에 능히 깨달음의 지혜를 증득하면 대상으로 끊어야 할[所斷] 장애는 아무것도 없다고 하는 것은 문수(文殊)의 지혜로 자신의 미혹을 끊는 것[能斷]이기 때문이다. 왜냐하면 문수(文殊)의 지혜로 본성을 견성하면 체(體, 躰)중에는 상(相, 지식)이 있는 것이 아니기 때문이다. 지금 말하는 것은 대상으로 끊어야 할[所斷] 장애가 없는 것은 아니지만 도리어 자신이 능히 끊을 수 있는[能斷] 지혜가 있는 것이다. 이것은 보현(普賢)의 행을 행하는데 대한 미혹을 끊는 것을 말하는 것이다. 왜냐하면 보현(普賢)이 여러 지위(地位)에서 보살행을 행할 때에 미혹을 끊고 덕(德)을 이루는 것이 없지는 않았던 것이다.

그러므로 이 두 보살은 미혹을 끊고 덕(德)을 이루는 것은 같지 않다. 이 두 보살이 미혹을 끊고 덕(德)을 이루는 것에 대하여 알지 못하면 미혹을 끊고 덕을 이루는 이치에 대하여 서로 논쟁하게 되는 것이다.

遊子問曰. 已知文殊 斷惑如此. 若論普賢斷惑, 斷現行耶, 斷習氣耶. 仙人答言. 若言普賢位中, 全無現行煩惱, 普賢寄位斷惑, 此是習氣煩惱.

유자(遊子)가 물었다. 이미 문수(文殊)가 미혹을 끊는 것이 이와 같다는 것을 알겠습니다. 만약에 보현(普賢)이 미혹을 끊는 것을 논한다면 현행(現行)을 끊는 것 입니까? 습기(習氣)를 끊는 것입니까?

선인이 대답했다. 만약에 보현(普賢)의 지위(地位)로 말한다면 현행(現行)의 번뇌(煩惱)는 전혀 없는 것이므로 보현(普賢)의 지위(地位)에 의지하여 미혹을 끊는 것은 습기(習氣)의 번뇌(煩惱)인 것이다.

遊子問. 現行與習氣, 如何普賢 全無現行之惑, 唯有習氣之障. 仙人答言. 凡夫對境起心, 不識前境後境, 作業卽是現行. 智者對境起心, 知境虛幻, 不滯前境, 習氣. 故是普賢 是見性之後 行行之人, 故前無現行之惑, 唯有習氣之障. 若無習氣可斷(斷), 何用難忍能忍. 若無悲智成佛, 何用難行能行. 雖行悲智 二門所作依躰(體)成行. 是故古人云. 所作皆依性, 修成功德林. 終無取寂意, 唯有濟群心. 行悲悲廣大, 用智智能深. 利他兼自利, 少聖詎能任. 然卽知出纏普賢, 衆行悲智 而依躰修行. 又細說普賢衆行, 卽行布圓融齊現, 斷惑成德俱有, 自利利他雙修, 智門悲門並成. 言行也, 繁興大用, 起必全眞. 言行相也, 不無依位斷惑. 位高則習氣漸薄, 行廣則悲智增深. 從十住 乃至十地, 出縄(纏)菩提已滿也.

유자(遊子)가 물었다.

현행(現行)과 습기(習氣)가 무엇이기에 보현(普賢)에게 현행(現行)의 미혹은 전혀 없고 오직 습기(習氣)의 장애만 있다고 하는 것입니까?

선인(仙人)이 대답했다. 범부(凡夫)가 대상경계를 대하면 중생심의 마음이 생기는데 전후(前後)의 경계에 대하여 견성하여 정확하게 알지 못하기 때문에 업(業)을 짓는 것이 현행(現行)이다. 견성하여 지혜가 있는 이는 대상경계를 대하여 중생심의 마음이 일어나면 그 경계가 허망한 환(幻)이라고 깨달아 알기 때문에 앞의 경계의 습기에 빠지지 않는다. 그러므로 보현(普賢)은 견성(見性)을 하고 나서 자비행을 행하는 사람이고 앞에 말한 현행(現行)의 미혹은 없고 오직 습기의 장애만 있는 것이다.

만약에 끊어야 할 습기(習氣)가 없다면 왜 참기 어려운 것을 능히 참아야할 필요가 있겠는가? 만약에 자비와 지혜로 성불(成佛)할 수 없다면 무엇 때문에 행하기 어려운 자비행을 능히 해야 행할 필요가 있겠는가? 비록 자비와 지혜를 행한다고 하지만 이 두 가지를 하는 것[所作]은 본체에서 행(行)하는 것이다.

그러므로 고인(古人)은 말했다. 하는 것[所作]은 모두 본성에 의지하는 것이고 수행하여 공덕림(功德林)을 이루는 것이다. 끝내 열반적정(涅槃寂靜)을 성취 하고자 하는 뜻은 없고 오직 중생심의 망심(妄心)을 제도(濟度)하고자 하는 것이다. 자비행을 하니 자비(慈悲)는 광대하여지고 진여의 지혜로 실천하니 지혜는 더욱 심오해지는 것이다. 이타(利他)와 자리(自利)를 겸해서 하는 것을 소성(少聖)이 어찌 능히 자유자재 하겠는가?

그러므로 출전보현(出纏普賢)은 중행(衆行)을 자비와 지혜로 행하는 것은 본체에 의지하여 수행하는 것이라는 것을 알 수 있다.

또 자세하게 보현(普賢)의 중행(衆行)을 설명하여 보면 행포(行布, 次第)와 원융(圓融)을 동등하게 나타내고 미혹을 끊어 덕(德)을 이루는 것을 모두 구족하여 자리이타(自利利他)를 쌍수(雙修)하여 지혜의 문과 자비의 문을 같이 이루는 것이다.

행(行)을 말하면 반야의 지혜를 사용하는 것이니 일어나면 반드시 모두가 진여의 지혜가 된다. 행상(行相)을 말하면 지위에 의하여 미혹을 끊는 것이 없지는 않으나 지위(地位)가 높으면 습기(習氣)는 점점 얇아지고 행(行)이 넓어지면 자비와 지혜는 더욱 깊어진다. 십주(十住)에서 십지(十地)의 경지에 도달하면 출전(出纏, 속박에서 벗어남)의 보리(菩提)가 이미 원만해진 것이다.

《해설》 견성한 소승으로서 돈오점수하는 것에서 현행과 습기의 미혹을 단절하는 것에서 현행은의 미혹은 견성하였기에 없고 습기만 남아 있는데 이것의 미혹이 아직 제거되지 않았다고 하고 있다. 견성하면 소단은 제거된 것이고 능단의 지혜가 있으므로 오랜 습기의 미혹을 단절하는 중행을 출전보현(出纏普賢)이라고 하며 자비와 지혜로 행하는 것이라고 하고 있다. 이것은 공가중이나 지관쌍수, 정혜쌍수를 행하는 것으로 본성에 의지하여 수행하는 방법을 설하고 있다.

(2) 입전보현

所言入纏普賢者, 一切群品中 同類大悲是. 前出纏普賢位中, 廣行悲智 而自利利他行故, 不無斷惑 成德之功. 雖斷惑成德之功, 出纏已滿, 而不信出纏 無患之處, 故於四生六趣 廣行大悲, 同斷化物, 之(德)名入纏普賢. 以此入纏 化物之德, 与前出纏 成行之功, 二心功齊平等, 故名爲等覺. 悲智圓滿, 故名爲等覺. 不取出纏入纏, 不取大智 大悲, 故名爲妙覺. 雖不取悲智 出纏入纏, 若論果德, 無行不取, 無位不收也.

입전보현(入纏普賢)이라고 하는 것은 일체(一切)중생(衆生)중에서 동류(同類)대비(大悲)를 하는 사람은 앞의 출전보현(出纏普賢)의 지위에서 자비와 지혜로 자리이타(自利利他)의 수행을 널리 행하므로 미혹을 끊고 공덕(功德)을 이루는 것이 없지는 않다. 비록 미혹을 끊고 공덕(功德)을 이룬다고 하더라도 출전보현(出纏普賢)이 이미 원만하게 되어 출전(出纏)후에 근심이 없는 것을 믿지 않기 때문에 사생(四生)육취(六趣)에서 대비(大悲)를 널리 행하며 미혹을 같이 끊으면서 중생을 교화하는 것을 입전보현(入纏普賢)이라고 한다.

이와 같이 입전보현(入纏普賢)으로 중생을 교화하는 공덕(功德)과 앞의 출전보현(出纏普賢)으로 수행한 공덕의 이 두마음이 평등하므로 등각(等覺)이라고 하는 것이다. 자비와 지혜가 원만하면 등각(等覺)이라고 말하는 것이다. 출전(出纏)과 입전(入纏)에 집착하지 않고 대지(大智)와 대비(大悲)에도 집착하지 않아야 묘각(妙覺)이라고 말하는 것이다.

비록 자비(慈悲)와 지혜(智慧), 입전(入纏)과 출전(出纏)에 의지하지 않고 과덕(果德)을 논한다면 취(取)하지 않을 행(行)이 없고 거두지 않을 지위(地位)가 없는 것이다.

《해설》 입전보현(入纏普賢)은 출전보현(出纏普賢)으로 속박에서 해탈하였지만 완전한 체득을 하지 못하므로 중생제도의 자비를 실천하는 등각이라고 설하고 있다. 이렇게 입전(入纏)과 출전(出纏)에 의지하지 않고 생활하며 실천하는 것이 대승의 묘각이라고 하고 있다.

(3) 과후보현

所言果後普賢者, 遍行三昧是也. 謂妙覺位中, 雖不取出纏入纏 大智大悲, 而不住此, 還向出纏入纏 大智大悲, 逆順縱橫, 於諸位中 同類同心. 亦不定守一位, 隨緣任運, 廣作大悲, 於諸類中, 何位定不受, 於能作能受, 不作不受, 故名爲果後普賢也. 若取此人所行者, 未會此人行處也. 所言三等普賢者, 不是三人, 一人行行, 依行勝劣大義, 三等普賢也.

과후보현(果後普賢)이라고 하는 것은 삼매(三昧)를 두루 행하는 것이다. 묘각(妙覺)의 지위(地位)에서 출전(出纏)입전(入纏)과 대지(大智)대비(大悲)를 취(取)하지도 않고 이 자리에도 머무르지 않고 출전(出纏)입전(入纏)과 대지(大智)대비(大悲)를 향(向)하면서 모든 지위에서 종횡무진(縱橫無盡)하며 중생과 같이 하면서 제도하는 것[異類中行]이다.

역시 고정된 깨달음의 지위에 머무르지 않고 인연에 따라 임운자재하고 대자비를 널리 행하니 모든 중생(衆生)중에서 어느 고정된 지위를 받아들이지 않으며 능히 짓고 받아들이는 것에서 짓고 받는 것이 없으니 이름을 과후보현(果後普賢)이라고 말하는 것이다.

만약에 이 사람이 행하는 것을 취(取)하려고 한다면 이 사람의 행처(行處)를 깨닫기는 어려운 것이다. 그러므로 세 등급의 보현(普賢)이라고 하는 것은 세 사람이 아니라 한 사람이 보살행을 행하는 그 행(行)의 승열(勝劣)을 큰 뜻에서 세 등급의 보현으로 나타낸 것이다.

《해설》 과후보현(果後普賢)이라는 것은 출전(出纏)입전(入纏)에서 견성하고 대승으로 나아가야 그 다음의 경지인 몰종적의 실천을 해야 여래가 되는 것이라고 방법을 설하고 있다.

所言一人者, 初頓證實際之時 卽文殊, 今隨緣行行之時 卽普賢, 故名爲一人也. 此是通取 內證外化也. 若以內證 外化不同, 故文殊 普賢兩人. 若以通取 能證所證 及衆行不同, 卽爲三人也. 此大敎意說也. 謂大經題云. 大方廣者, 所說之法, 故卽遮那是也. 佛者, 能證之人也, 故卽文殊是也. 華嚴者, 隨緣之行, 故普賢是也. 此旦一佛二菩薩 卽爲三人也. 若欲修行 普賢行者, 先窮眞理, 隨緣行行, 卽今行与(與) 古跡相應, 如似閑(閉)門造車, 出門合轍耳.

한 사람이라고 말하는 것은 처음에 실제(實際)를 증득한 것(頓證實際)이 문수(文殊)의 지혜이고 지금 그 지혜로 수연행(隨緣行)을 실천하는 것이 보현(普賢)의 중행(衆行)이므로 이것이 한 사람이 하는 것을 말한다. 이것은 안으로는 실제(實際)로 견성하여 증득하는 것이고 밖으로는 중행으로 제도하는 것을 통틀어 말한 것이다. 만약에 안으로 증득하는 것과 밖으로 교화하는 것이 같지 않으면 문수(文殊)와 보현(普賢)두 사람으로 되는 것이다. 만약에 증득(證得)하는 사람과 증득(證得)해야 할 진리와 중행(衆行)을 같이 통틀어 취하지 못하면 세 사람이 되는 것이다.

이것을 대교(大敎)의 뜻이라고 설(說)하는 것이다. 대경(大經, 대방광불화엄경)의 제목에 대방광(大方廣)이라고 한 것은 설(說)하는 불법(佛法)은 법신비로자나이다. 그리고 불(佛)이라고 하는 것은 진여의 지혜를 실제(實際)로 증득한 사람으로 문수(文殊)를 말하는 것이다. 화엄(華嚴)이라고 하는 것은 수연행(隨緣行)을 실천하는 것으로 보현(普賢)의 행을 말한다. 이것을 일불(一佛)과 두 보살이므로 세 사람이라고 말한 것이다. 만약에 보현(普賢)의 중행을 수행하고자 하면 먼저 진리를 끝까지 궁구하고 수연행(隨緣行)을 행하여 지금 자신의 수행과 과거 조사(祖師)들의 수행한 종적과 상응(相應)해야 하는 것이 마치 폐문(閉門)하고 수레를 만들어서 출문(出門)하면 수레바퀴가 맞아야 가는 것과 같아야 한다.

《해설》 '돈증실제'에서는 견성하고 성불하는 방법에 대하여 자세하게 설하고 있다. 문수와 보현이 합하여야 부처가 되는 것을 '대방광불화엄'으로 설하고 있다. 문수와 보현과 석가가 한사람이라고 설하고 있다. 견성하고 소승으로 돈오점수하는 방법을 출전보현·입전보현·과후보현으로 설명하고 있다. 출전보현(出纏普賢)은 견성은 하여 능단의 지혜는 있지만 오랜 습기의 미혹을 단절하는 중행을 하여야 지혜와 자비가 구족되는 것이라고 점수하는 수행방법을 설하는 것이다. 그리고 입전보현(入纏普賢)은 출전보현(出纏普賢)으로 과거의 오랜 습기는 단절할 수 있지만 완전한 체득을 하지 못하므로 중생제도의 자비를 실천해야 하는 등각이라고 설하고 있다. 이렇게 입전(入纏)과 출전(出纏)에 의지하지 않고 과후보현(果後普賢)으로 생활하며 실천하는 것이 대승의 묘각이라고 하고 있다.

2) 회점증실제

時該通仙人 爲大衆說法. 若有衆生, 無始已來, 不悟性地, 輪迴三界. 聞三乘漸敎, 悟三乘法, 三界患故, 有三乘人. 此忽聞眞敎, 迴成妙惠, 窮證實際, 故名爲 迴漸證實際也. 是故古人云. 門前三駕車 是權乘, 露地白牛 方明實證[43], 卽其意也.

그때에 해통(該通)선인(仙人)이 대중(大衆)을 위하여 설법(說法)을 했다. 만약에 중생이 무시이래(無始以來)로 성지(性地, 본성)를 깨닫지 못하여 삼계(三界)에서 윤회(輪廻)하는 것이다. 그리고 삼승(三乘)의 점교(漸敎)를 듣고 삼승법(三乘法)을 깨달아도 삼계(三界)에서 우환이 되는 삼승(三乘)의 사람이 있는 것이다. 그러나 홀연히 이 진교(眞敎)의 설법을 듣고는 돌이켜 묘혜(妙慧)를 이루어 돈증실제를 궁극적으로 증득하는 것을 회점

---

43) 『新華嚴經論』卷1(T36, p.722c16~18), "以法華經會三乘權學來歸佛乘實法界故, 門前三駕且受權乘, 露地白牛方明實德." ; 『華嚴經合論簡要』卷1(X04, p.838b8~11), "如法華經中, 門前三駕, 且示權門. 露地白牛, 方明正敎. 佛乘唯有一, 無二亦無三. 二三門外之權宗, 方明露地之實敎."

증실제(迴漸證實際)라고 말하는 것이다. 그러므로 고인(古人)이 말하였다. 문전(門前)에 있는 세 대의 수레는 방편[權乘]이고 노지백우(露地白牛)가 일승(一乘)이 되어야 비로소 실제로 분명하게 증득한 것이라고 한 것이 바로 이 뜻이다.

《해설》 회점증실제편(迴漸證實際篇)에서는 삼승이 대승으로 나아가야 노지백우의 경지가 된다고 설하고 있다. 삼승인 성문·연각·보살이 되어도 아직은 우환이 있으므로 이것을 벗어난 노지백우가 일승이 되어야 한다고 하고 있다.

隱士智通 啓仙人曰. 此迴漸證實際之者, 与彼頓證實際之人, 同異如何. 仙人答曰. 雖先已落三乘, 不在三乘, 故來處玄殊, 而今迴漸證實際, 故与彼頓證實際者不異. 是故古人云. 百川歸大海, 無百川名. 三乘歸一乘, 無三乘名也. 然卽知此 迴漸證實際之人, 与(與)彼頓證之人不異也. 莫愁迴漸与頓證同異, 自迴隨緣之心, 還照實際之理也. 隱士智通 奉領眞說, 寂然無言也.

은사(隱士)인 지통(智通)이 선인(仙人)에게 물었다.
이 회점증실제(迴漸證實際)를 증득한 사람과 그 돈증실제(頓證實際)를 증득한 사람은 같습니까? 다릅니까?
선인(仙人)이 대답했다. 비록 먼저 삼승(三乘)에는 빠져 있으나 삼승(三乘)에 머물러 있지 않기 때문에 온 곳은 심오하게 특별한 곳이므로 지금 회점증실제(迴漸證實際)라고 한 것이지 그 돈증실제(頓證實際)를 증득한 사람과 다르지는 않다.

그러므로 고인(古人)이 말했다. 모든 하천(河川)의 물은 큰 바다로 흘러가면 모든 하천의 물이란 이름은 없어지듯이 삼승(三乘)에서 일승(一乘)으로 돌아가면 삼승(三乘)이라는 이름도 없어진다. 그러므로 이 회점증실제(迴漸證實際)를 증득한 사람과 그 돈증실제(頓證實際)를 증득한 사람은 다른 사람이 아닌 것이다. 회점(迴漸)과 돈증(頓證)이 같고 다르다는 마음을 내지 말고 자신이 인연에 따라 마음을 돌이켜 진여의 지혜로 현실을 관조해야 한다.

은사(隱士)인 지통(智通)이 진설(眞說)을 깨닫고는 적연(寂然)하게 되어 말이 없었다.[44]

于時遊子行通 啓仙人曰. 我等曾聞 仙人演說, 若有衆生 頓證悟性地, 不住此處, 隨緣行行, 名爲衆行, 行此行者, 名爲普賢. 今此迴漸證實之後, 有人行衆行耶, 無人行衆行耶. 仙人答曰. 不無行衆行者. 所以者何, 迴漸證實者, 卽露地白牛. 故白牛運轉, 不住露地, 故不無行衆行人. 所言露地白牛者, 露地是所證之法, 故卽遮那是也. 白牛是能證之人, 故卽是文殊是也. 白牛運轉 不住此處, 故卽普賢是也. 普賢所行, 卽是衆行也. 二篇大意如此, 汝自諦觀, 同異自看耳.

---

44) 무언(無言): 『維摩經略疏垂裕記』卷10(T38, p.841a10~12), "文殊以無言, 言於無言者如經云. 如我意者於一切法無言無說名入不二也."; 『涅槃經疏私記』卷9(X37, p.100b11~12), "一顯諸法無言者, 此光是理體之本, 故四菩薩展轉無言, 如淨名杜口等, 皆顯不思議也."; 『禪家龜鑑』(X63, pp.737c24~738a2), "以無言至於無言者禪也, 以有言至於無言者敎也. 乃至心是禪法也, 語是敎法也."; 진리를 말로 표현할 수 없다는 것으로 언어문자를 벗어난 것.

이때에 유자(遊子)행통(行通)이 선인(仙人)에게 물었다. 우리들이 이전에 듣기로는 선인(仙人)께서 연설하실 때에 만약에 중생이 바로 본성을 깨달아 견성하면 그 자리에 머무르지 않고 수연행(隨緣行)을 행하는 것을 중행(衆行)45)이라고 하는데 이런 행(行)을 행하는 사람을 보현(普賢)이라고 하셨습니다. 지금 이 회점증실제(迴漸證實際)를 증득한 후에도 중행(衆行)을 행하는 사람이 있습니까? 중행(衆行)을 하는 사람이 없습니까?

선인(仙人)이 대답했다.

중행(衆行)을 행하는 것이 없는 것은 아니다. 왜 그런가 하면 회점증실제(迴漸證實際)를 증득한 사람을 노지백우(露地白牛)라고 한다. 백우(白牛)는 운전(運轉)하는 사람이므로 노지(露地, 깨달음의 경지)에 머무르지 않으므로 중행(衆行)을 한다는 마음 없이 하는 사람이므로 없는 것은 아니라고 하는 것이다. 소위 말하는 노지백우(露地白牛)에서 노지(露地)는 증득해야할 법(法)이므로 청정법신인 비로자나불을 말한다. 백우(白牛)는 자신이 법을 증득하는 사람이므로 문수(文殊)의 지혜를 말한다. 백우(白牛)는 이 지혜로 운전(運轉)하는 사람으로 이것에 집착하지 않으므로 보현(普賢)이라고 한다. 보현(普賢)이 행하는 것을 중행(衆行)이라고 한다.

두 편의 큰 뜻은 이와 같으므로 그대들은 자신이 스스로 진제를 잘 관하여[諦觀]46) 같고 다름을 잘 살펴보아야 한다.

---

45) 『大乘密嚴經疏』卷3(X21, p.158c18~19), "行衆行者, 頌得陀羅尼乃至首楞嚴諸大三昧, 名爲衆行." ; 『大乘本生心地觀經淺註』卷8(X21, p.105c12~15), "速圓衆行者, 速圓揀非漸修, 衆行揀非偏悟. 所謂一修一切修, 一斷一切斷, 一成一切成, 一證一切證, 由是衆行既圓, 故疾得阿耨菩提, 此皆圓頓上乘之旨也." ; 『止觀輔行助覽』卷1(X55, p.866b15~17), "經. 一行隨於衆行. 一行者, 金剛三昧也. 衆行者, 經云, 能破一切煩惱, 又能隨一念中變身如佛. 又能斷恒沙衆生煩惱. 又能一音說法令衆生各解."

《해설》 노지백우로 회점증실제(迴漸證實際)를 설명하고 있다. 노지(露地)는 법신이므로 불법(佛法)을 말하는 것이다. 그러므로 공가중으로 설명하면 노지는 공(空)에 속한다. 백우는 문수의 지혜를 증득해야 하므로 가(假)에 속한다. 백우가 중행을 해야 하므로 보현이라고 하는 것은 대승의 중도를 실천하는 것을 설하고 있다. 이 말은 소승이 중행을 하는 것을 말하므로 점증실제로 회향한다고 하고 있다. 그러므로 소승에서 노지백우가 중행을 한다는 마음 없이 일승으로 나아가야 한다고 깨닫고 나서 대승의 돈오돈수(頓悟頓修)하는 실천방법을 설하고 있다.

3) 점증실제

時該通仙人 爲大衆說. 若有衆生, 無始已來, 不悟性地, 輪迴三界, 隨緣受報. 忽聞漸敎, 信解漸發, 寄因六位[47], 經三祇劫, 難忍能忍, 難行能行, 斷惑成德, 始得無漏眞智, 露現法身, 故名

---

46) 『金剛三昧經論』卷2(T34, p.988b16~17), "此中二諦觀者, 遣俗觀眞故, 卽是正體智之方便."；『楞嚴經講錄』卷5(X15, p.75c22~23), "諦觀者, 審實而觀也. 諸有爲相, 卽根塵識法也."；『仁王經疏法衡鈔』卷3(X26, p.455b17~19), "修諸諦觀者, 十地菩薩 修十度行 遊二空觀 然爲降伏 二乘者故 故四五六地 如次傍修 菩提分法 諦緣生觀."

47) 『大乘百法明門論』(T31, p.855b23~25), "分爲六位. 一遍行有五, 二別境有五, 三善有十一, 四煩惱有六, 五隨煩惱有二十, 六不定有四."；『法華玄義釋籤』卷10(T33, p.887a10~12), "纓珞六位者, 謂十住習種性, 十行性種性, 十向道種性, 十地聖種性, 等覺性, 妙覺性, 應往四敎本中尋."；『金剛三昧經論』卷3(T34, p.991b10~12), "始從十信乃至等覺, 如是六位所有諸行, 皆是一覺之所攝成."；『涅槃經疏私記』卷4(X37, p.198b17), "六位者, 六卽判得醍醐, 故云肥膩, 譬佛性等."；『四分律行事鈔批』卷12(X42, p.962c2), "六位者, 謂是六聚也."；『成唯識論集解』卷7(X50, p.758a7~10), "六位者, 卽徧行別境善煩惱隨煩惱不定也. 此六位心所, 是離心之外而別有自性乎. 是卽心之分位差別而別無自性乎."

爲漸證實際也. 是故古人48)云. 信根生一念, 諸佛盡應知, 修因
於此日, 證果未來時. 三大僧祇劫, 六度久安施, 薰成無漏種, 方
号(號)不思議, 是其意也.

이때에 해통(該通)선인(仙人)이 대중(大衆)에게 설법했다. 만
약에 중생들이 무시이래(無始以來)로 본성(本性)을 깨닫지 못하
여 삼계에 윤회하면서 인연 따라 과보를 받고 있다. 홀연히 점
교(漸敎)의 가르침을 듣고는 믿어서 깨닫는 마음이 생겨 수행
을 육위(六位)에 의지하면서 삼아승지겁 동안 참기 어려운 일
을 능히 참고 행하기 어려운 일을 능히 행(行)하며 미혹을 끊
고 덕(德)을 이루어 비로소 무루(無漏)의 진지(眞智)를 체득하
면 법신(法身)이 나타나게 되므로 점증실제(漸證實際)라고 말하
는 것이다. 그러므로 고인(古人)은 말했다. 신근(信根)에 일념
(一念)이 생겨 모든 것을 제불(諸佛)과 같은 지혜로 알고 지금
수행하는 것이 인(因)이 되면 앞으로 과위(果位)를 증득하게 된
다. 삼아승지겁 동안 육바라밀을 행하여 변하지 않고 훈습하여
단절되지 않게 수행하는 것을 부사의(不思議)하다고 한 것이
이 뜻이다.

---

48) 『梁朝傳大士頌金剛經』(T85, p.2c8~16), "當知是人不於一佛二佛三四五
佛而種善根, 已於無量千萬佛所種諸善根, 聞是章句, 乃至一念生淨信者.
須菩提, 如來悉知悉見是諸衆生, 得如是無量福德. 彌勒頌曰. 信根生一念,
諸佛盡能知, 生因於此日, 證果未來時. 三代經多劫, 六度久安施, 薰成無漏
種, 方號不思議."; 『金剛經註解』卷1(X24, p.771a18~b1), "傅大士頌曰.
信根生一念, 諸佛盡能知, 脩因於此日, 證果未來時. 三大經多劫, 六度欠安
施, (證道歌曰. 六度萬行體中圓. 註云. 六度者, 布施度慳貪, 持戒度毀犯,
忍辱度嗔恚, 精進度懈怠, 禪定度昏散, 智慧度愚癡) 熏成無漏種.(阿毗達磨
論云. 漏者令心連注, 流散不絕, 故名爲漏. 僧問清平和尚曰. 如何是有漏.
平曰. 笊籬. 僧曰如何是無漏. 平曰. 木杓) 方號不思議. 李文會曰. 得如是
無量福德者, 此謂如來知見衆生, 無諸妄念, 心常清淨, 敬信其法, 所得智慧
勝妙功德, 不可測量."

《해설》 신근에 일념이 생긴다는 것은 『금강경』의 "이와 같은 사람은 일불·이불·삼·사·오불과 같은 종성의 선근만 있는 것이 아니라 이미 무량한 천만 부처가 가진 종성의 선근이 있어서 이와 같은 경전의 말씀을 듣게 되면 일념으로 청정한 (부처로 살아가고자 하는 위대한 원력을 세운 대승)보살이 되는 것이다. 수보리여, 여래는 진실로 (자신이 진여의 지혜로 자성이 불성이라고) 알고 (자신이 불법에 맞게) 친견하여 생활하는 것을 말하는 것이어서 모든 중생들도 이와 같이 (여시한 진여의 지혜를) 체득하여야 무량한 복덕이 있게 된다.(是人 不於 一佛二佛三四五佛 而種善根, 已於無量 千萬佛所 種諸善根, 聞是章句, 乃至一念 生淨信者. 須菩提, 如來悉知悉見, 是諸衆生 得如是無量福德.)"의 내용을 설하고 있다.

時隱士智通 啓仙人曰. 今此漸證實際之人, 頓悟實際之人, 同異如何. 仙人告隱士言. 雖漸頓不同, 而終歸一耳. 所以者何, 小川歸海, 全同一味. 漸解歸源, 豈有兩般也. 是故漸頓雖異, 歸源無二耳. 隱士智通 奉仙人敎, 不生異解, 退身默然也.

이때에 은사(隱士)인 지통(智通)이 선인(仙人)에게 물었다. 지금의 이 점증실제(漸證實際)를 증득한 사람과 돈오실제(頓悟實際)를 증득한 사람은 같습니까? 다릅니까?

선인(仙人)이 은사(隱士)에게 대답했다. 비록 점(漸)과 돈(頓)은 같지 않지만 결국은 견성인 깨달음으로 돌아간다. 왜냐하면 작은 하천의 물이 바다로 가면 모두가 한 맛이 되는 것과 같다. 점차로 깨달아 증득하여 근원(根源)인 견성하게 되는 것이므로 어찌 두 가지가 있겠는가?

그러므로 점돈(漸頓)이 비록 다르지만 근원(根源)으로 돌아가는 것이므로 둘이 없다고 한 것이다. 은사(隱士)지통(智通)이 선인(仙人)의 가르침을 받들고는 다른 견해를 가지지 않고는 물러나 묵연(黙然)하게 깨달았다.

于時遊子行通 啓仙人曰. 於前篇中, 聞仙人說 頓證實際後有行人, 此篇所明 漸證實際之者, 漸證實際 已後有行人耶. 仙人答曰. 雖不無行行, 不同前篇所明者. 頓證實際已後, 隨位行時, 出纏入纏, 乃至果後 三等普賢行. 今此漸證實際篇意者, 依漸敎方便, 經三僧祇, 修菩薩行, 始得無漏眞智. 此無漏眞智, 露現法身, 故名爲漸證實際. 漸證實際已後, 雖不無行行, 而全依位 等級故, 是故不同 前篇所明也.

이때에 유자(遊子)행통(行通)이 선인(仙人)에게 물었다. 전편(前篇)에서 선인(仙人)께서 돈증실제(頓證實際)를 증득한 후에도 중행(中行)을 하는 사람이 있다고 말씀하신 것을 들었는데 이편(此篇)에서는 점증실제(漸證實際)를 증득한 사람에 대하여 밝히시고 계신데 점증실제(漸證實際)를 증득한 이후에도 중행(中行)하는 사람이 있겠습니까?

선인(仙人)께서 대답했다. 비록 중행(衆行)을 행하는 것은 없지는 않으나 전편(前篇)에서 밝힌 것과 같지는 않다. 돈증실제(頓證實際)증득한 이후에 지위에 따라 중행(衆行)하는 것은 출전(出纏)과 입전(入纏) 그리고 과후(果後)의 세 등급이 보현행(普賢行)을 하는 것이다. 지금 이 점증실제편(漸證實際篇)의 뜻은 점교(漸教)의 방편으로 삼아승지겁 동안 보살행을 수행해야 비로소 무루(無漏)의 진지(眞智)를 체득하게 되는 것이다. 이 무루(無漏)진지(眞智)를 체득해야 법신(法身)이 나타나므로 점증실제(漸證實際)라고 말하는 것이다. 점증실제(漸證實際)를 증득한 이후에도 비록 중행(衆行)하는 것은 없지는 않으나 모든 것이 지위(地位)의 등급(等級)에 의지하므로 전편(前篇)에서 밝힌 돈증실제(頓證實際)와는 같지 않다고 하는 것이다.

《해설》 돈증실제는 소승의 보살도를 실천해야 하는 것을 보현행으로 설한 것이라면 점증실제에서는 보살도를 실천하여 무루의 진지를 체득해야 법신이라고 하고 있다. 그러므로 여기에서는 십지보살의 지위에서 7지에서 8지의 지위로 나아가는 것으로 소승에서 대승보살로 나아가는 법을 설하고 있다고 볼 수 있다. 이것은 소승들이 진공을 추구하므로 대승의 체공(體空)을 설하는 것이다.

遊子問曰. 曾聞前兩篇中, 俱明能證之人, 所證之法, 乃至隨緣行人, 各各有名. 此篇中還 有能證所證 及隨緣行人名耶, 請爲指出. 仙人答曰. 不無能證所證 及隨緣行人名也. 謂能證之人者, 即是無漏眞智, 亦報身佛是也. 所證之法者, 即是實際, 亦名法身佛是也. 行之人即 是無漏眞智, 不守果位, 隨緣利物, 名爲行人, 亦名化身佛是也.

유자(遊子)가 물었다. 앞에 들은 두 편에서는 증득하는 사람과 증득해야 할 법(法) 그리고 수연행(隨緣行)을 행하는 사람에 대하여 각각의 명칭이 있다는 것을 모두 밝혔다고 들었습니다. 이편(此篇)에서도 증득하는 사람과 증득해야 할 법(法) 그리고 수연행(隨緣行)을 행하는 사람의 명칭이 있습니까? 청하오니 설하여 주십시오.

선인(仙人)이 대답했다. 증득하는 사람과 증득해야할 법(法) 그리고 수연행(隨緣行)을 행하는 사람의 명칭이 없지는 않다. 증득하는 사람에 대하여 설명하면 곧 무루(無漏)의 진지(眞智)이고 역시 보신불(報身佛)이라고 한다. 증득해야할 법(法)이라고 하는 것은 곧 실제(實際)이고 역시 법신불(法身佛)이라고 말한다. 수연행(隨緣行)을 행하는 사람이라고 하는 것은 곧 무루(無漏)의 진지(眞智)를 체득한 사람이 과위(果位)를 고수하지 않고 인연 따라 중생을 이롭게 하는 보살도를 실천하므로 이름을 중행(衆行)하는 사람이라고 하며 역시 화신불(化身佛)이라고 말한다.

《해설》 견성하고 나서 실천하는 방법으로 법신·보신·화신으로 다시 설하고 있다. 불법(佛法)을 법신불이라고 하며 무루의 진지(眞智)인 불법(佛法)을 증득한 사람을 보신불이라고 하며 이 보신불이 수연행을 행하면 화신불이라고 하고 있다. 그러므로 이 삼신불은 한사람인 것이지 세 사람이 아닌 것이다. 그래서 견성하고 나서 돈오점수를 해야 대승으로 나아갈 수 있는 것이다. 무루의 훈습이 되는 것을 점증실제편(漸證實際篇)에서 점교(漸敎)의 방편으로 삼아승지겁 동안 보살행을 수행해야 비로소 무루(無漏)의 진지(眞智)를 체득하여 대승으로 나아간다고 하는 것이 된다. 이 말은 소승에서 대승으로 나아가는 것은 쉽지가 않다는 것을 의미한다. 그 다음에 과위를 고수하지 않고 수연행을 행하는 이를 화신불이라고 하는 것은 조도(鳥道)를 실천하는 의미를 이렇게 표현한 것으로 생각된다. 여기에서는 보살을 소승보살과 대승보살로 구분을 하지 않고 설하고 있는 것으로 보여 진다. 석공과 체공으로 설하지는 않지만 체공으로 나아가야 대승에서 부처로 나아갈 수 있다는 것을 이렇게 설하고 있는 것으로 보여 진다. 이 시대에는 보살과 보살마하살을 소승보살과 대승보살로 구분하지 않고 석공이라는 말 대신에 진공이라고 하고 있다. 법신·보신·화신에 대하여 불법(佛法) 자체를 법신불이라고 하고 있고 불법을 익힌 것을 보신불이라고 하며 무루의 진지를 체득한 사람이 과위를 고수하지 않고 보살도를 실천하는 사람을 화신불이라고 하고 있다. 여기에서 "不守果位 隨緣利物"이라고 하는 것을 두고 조도(鳥道)라는 말을 사용한 것인데 화신불이 중행을 한다는 것이 순지가 대승으로 설하고 있다고 생각된다.

和尙享年 六十五遷化也. 諡號了悟禪師 眞原之塔.

순지(順之)화상(和尙)께서 향년(享年) 65세에 입적했다. 시호(諡號)는 요오(了悟)선사(禪師)이며 탑호(塔號)는 진원(眞原)이다.

II. 지겸의 종문원상집

1. 지겸의 비명(碑銘)49)

故華藏寺住持王師定印大禪師追封靜覺國師碑銘 奉宣述(입적하신 화장사 주지이며 국왕의 스승인 정인대선사를 정각국사로 추봉하는 비명(碑銘)을 왕명을 받들어 만들다.) - 이규보

夫道本自如, 孰抑揚是. 要之 世與人而已矣. 蓋人能弘道, 非道弘人. 人固難得, 而閱千百世, 儻一値焉. 則世與人二者相須, 而後道行焉. 況道之最者曰禪, 非若膠於文句者, 而直見自家所有一靈印耳. 降及叔世, 妄執鉗固, 不知佛是吾物, 捨而之外, 認賊爲子者多矣. 道不終否, 世將 復古. 於是乎有眞人出焉, 與道吻合, 得正法眼藏, 陶鑄生靈者, 緊我國師是已.

무릇 도(道)는 본래부터 자신에게 여여(如如)하게 있는 것인데 누가 도(道)를 억제하고 선양(宣揚)하겠는가? 요구하는 것은 세상과 사람이 그렇게 할 뿐이다. 대개 사람이 능히 도(道)를 널리 홍포(弘布)하여 사용하는 것이지 도(道)가 사람을 홍포하는 것은 아니다. 올바른 사람 만나는 것은 진실로 어려운 것이니 천백 년 만에 어쩌다가 진정한 사람을 만나게 되었다. 즉 세상과 사람 둘이 서로 비로소 상견한 이후에 도(道)를 행하게

---

49) 東國李相國全集卷第三十五/碑銘 ; 동국이상국집<고려시대 사료DB>
https://db.history.go.kr/goryeo/level.do?itemId=mudg&levelId=mudg
_039&types=o [25.06.18. 검색][네이버 한국사 데이터베이스 db.history.
go.kr>goryeo])

되는 것이다. 하물며 도(道)에서 최고라고 하는 것이 선(禪)인데 문구(文句)의 집착을 벗어난 것으로 자기가 소유한 불성(佛性)의 신령한 무생법인(無生法忍)을 바로 직견(直見, 직접친견)해야 하는 것이다. 숙세의 업연에 끄달려서 망집(妄執)을 고수하여 부처가 바로 나의 자신이라는 것을 모르고 자신을 버리고 밖에서 도적을 자식으로 오인(誤認)하여 외부에서 찾는 이들이 많았다. 그러나 도(道)란 끝까지 옹색하지 않은 것이어서 세상은 장차 원래대로 돌아가게 되었다. 이에 진인(眞人)이 출세하여 도(道)와 계합하고 정법안장(正法眼藏)을 체득하여 살아있는 생령(生靈, 살아 있는 부처)을 만드시는 이가 바로 우리 국사(國師)인 것이다.

國師姓田氏, 諱志謙, 字讓之. 系出靈光郡 太祖功臣雲騎將軍諱宗會, 而光廟朝, 擢第龍頭, 官至樞密院使諱拱之之六代孫也. 皇曾祖諱溉, 檢校大子詹事. 皇祖諱德普, 大倉署令. 皇考諱毅, 檢校大子詹事. 皇妣南宮氏, 良醞令榮之女也. 母夢梵僧至家請寄宿, 因而有娠, 及生, 骨相峻爽, 機神英邁, 弱不好弄, 常若有思念者. 忽遇異僧曰, 此子塵中無着處, 師自是斷葷腥, 年甫九歲, 懇求出家. 十一, 就禪師嗣忠祝髮, 明年, 就金山寺戒壇受具.

국사의 성(姓)은 전씨(田氏)이고 휘(諱)는 지겸(志謙)이며 자(字)는 양지(讓之)이다. 출신은 영광군(靈光郡)의 태조공신(太祖功臣)인 운기장군(雲騎將軍)으로 휘가 종회(宗會)인 사람의 후손이며 광묘조(光廟朝)에 장원으로 급제하여 추밀원사(樞密院使)까지 지낸 사람으로 휘(諱)가 공지(拱之)인 사람의 6대손이다. 황증조부의 휘는 개(漑)로 검교 태자첨사(檢校太子詹事)이고 황조부의 휘는 덕보(德普)로 대창서영(大倉署令)이며 황고(皇考)의 휘는 의(毅)로 검교 태자첨사이다. 황비(皇妣)는 남궁씨(南宮氏)로 양온영(良醞令) 영(榮)의 딸이다.

어머니의 꿈에 범승(梵僧)이 집에 와서 하룻밤 쉬어가기를 청하였는데 그것으로 인하여 임신하여 아이를 낳으니 뼈대가 뛰어나 용맹하고 근기와 정신이 영특하고 뛰어나서 어려서도 희롱하기를 좋아하지 않고 항상 사유하는 자와 같았다. 그러던 중에 홀연히 비범한 스님을 만났는데 그 스님이 말하였다. 이 아이는 세속에서는 있을 곳이 없습니다. 국사는 이때부터 오신 채와 육식을 끊고는 나이 겨우 아홉이 되니 출가(出家)하기를 간절하게 원하였다. 그리하여 열한 살이 되니 선사(禪師)사충(嗣忠)에게 나아가 삭발하고 출가하였으며 그 다음해에 금산사(金山寺)의 계단(戒壇)에서 구족계(具足戒)를 받았다.

師天資警悟, 淹貫外典, 以此潤色. 故凡於問對詞辯, 捷疾如機發箭激, 不可遏已. 一時公卿名儒韻士, 想望風彩, 願與之交焉, 自少已有宿望如此. 明廟卽祚元年, 始擧禪選. 時內侍鄭仲壺掌選, 夢神人告曰. 明日得王者師. 是日師中焉. 舊諱學敦, 是年, 遊三角山, 宿道峯寺, 夢山神告曰. 和尙名志謙, 何用今名, 遂改焉.

국사는 천성적으로 자질이 영특하여 빨리 알아듣고 외전(外典)에도 학식이 높았으며 이것으로 문장을 더욱 윤색(潤色)하게 하였다. 이것으로 인하여 모든 부분에서 묻고 대답하는데 말하고 변론하는 것이 민첩하고 빠르기가 마치 활의 시위를 떠난 화살과 같아서 당할 이가 없었다. 그때에 공경(公卿), 명유(名儒), 운사(韻士)들이 그의 풍채(風彩, 가풍과 학식)를 존경하여 교류하기를 원하였으니 어려서부터 이와 같은 명망(名望)이 이미 있었다. 명묘(明廟) 원년(元年, 1171)에 비로소 승과(僧科)의 선선(禪選)를 거행하였다. 이때에 내시 정중호(鄭仲壺)가 장선(掌選, 인재를 뽑는 일)을 관장하였는데 꿈속에 신인(神人)이 말하기를 "내일 왕[王者]의 스승을 얻을 것이다."라고 하였었는데 마침 이날에 국사가 과거에 합격하였다.

국사의 이전의 휘(諱)는 학돈(學敦)이었는데 그해에 삼각산(三角山)에서 유유자적하며 도봉사(道峯寺)에서 하룻밤 자는데 꿈에 산신(山神)이 말하였다. 화상(和尙)의 이름은 지겸(志謙)인데 어찌하여 지금까지 이 이름을 사용하는가? 그리하여 이름을 개명하게 된 것이었다.

大定己酉, 始住登高寺, 明昌四年, 批除三重大師. 七年, 加禪師, 泰和四年, 又加大禪師. 師旣名聞四方, 凡內外有開禪會, 輒請師主盟. 師亦以荷擔宗乘, 傳法度人爲己任. 承安四年, 移住郁錦寺. 是年, 進禮郡設禪會, 請指南者, 上命師赴焉. 是會也, 縣令李中敏夢, 天人告曰. 淨佛國土, 何圄圄不空耶. 及覺, 遍體流汗. 躬至獄門, 罪無輕重, 皆原之. 聞者莫不驚歎. 泰和戊辰, 旱甚, 上迎入內道場說法, 至五日不雨. 師憤之, 乃禱佛曰. 佛法不自行, 須憑國主, 今若不雨, 靈應何存. 無幾何, 甘澍霶霈. 時號和尙雨.

　대정(大定, 대정29) 기유년(1189, 명종19)에 등고사(登高寺)에 주지(44)를 하였으며, 명창(明昌, 명창4) 계축년(1193, 명종23)에 삼중대사(三重大師)에 임명되었고, 명창7년(1196, 명종26년)에는 선사(禪師)가 되었으며, 태화(泰和, 태화4) 갑자년(1204, 신종7)에는 대선사(大禪師)가 되었다. 국사의 명성은 이미 사방에 알려지니 일반적으로 내외의 선회(禪會)가 있을 때면 번번이 국사를 청하여 설법을 주관하게 하였다. 국사도 역시 종승(宗乘)을 가지고 전법하며 사람을 제도하는 일을 하였다.

　승안(承安, 승안4) 기미년(1199, 신종2)에 욱금사(郁錦寺)의 주지가 되었다. 이 해(1199)에 진례군(進禮郡)에서 선회(禪會)를 개설(開設)하여 주관할 사람을 청하니 왕이 국사에게 나아가서 하시기를 청하여 임명하였다. 이 선회(禪會)가 있을 때 현령(縣令) 이중민(李中敏)의 꿈에 천인(天人)이 나와서 말하였다. 청정한 불국토에 어찌 감옥을 비우지 않는가? 이 말을 듣고 이중민은 꿈을 깨니 온몸에 땀이 흘렀다. 그래서 자신이 몸소 감옥에 가서 죄인들의 죄의 경중(輕重)을 가리지 않고 모두 사면하여 주었다. 이 소문을 들은 이들이 모두 찬탄하였다.

　태화(泰和, 태화8) 무진년(1208, 희종4)에 가뭄이 심하였는데 왕이 국사를 입내하여 도량(道場)에서 설법하게 하여 5일째가 되어도 비가 내리지 않으니 국사가 괴로워하며 불전에 나아가

가뭄이 해결되기를 원하며 말하였다. 불법은 저절로 행해지는 것이 아니고 반드시 국왕의 힘에 의하여 행해지는 것인데 지금 만약 비가 오지 않는다면 신령한 영험이 어디에 있다고 하겠습니까? 그랬더니 얼마 지나지 않아 단비가 많이 내렸다. 그때에 그 비를 화상우(和尙雨)라고 하였다.

師至孝, 凡得檀施, 苟有異饌, 先送孀母, 然後敢自食. 一日聞母亡, 遂於帝釋前禱曰. 母若算窮, 願以子壽代之. 未幾, 家僮馳報夫人已起. 時以爲孝感所致. 泰安辛未, 移住國淸寺. 崇慶二年, 康王卽祚, 循祖宗舊例, 欲得釋門重望爲師. 時晉康公當國, 爲上遴選. 凡於兩宗五敎, 求可以承當大任者, 無出師右, 遂以師薦焉. 上遣重臣, 請行摳衣之禮, 師上表固讓. 上復遣使, 敦諭至再三, 師不獲已受請. 上特遣上將軍盧元崇等兩使, 就所寓普濟寺, 備禮封崇. 受冊訖, 遂入大內, 親受師禮. 上以廣明寺近帝闕, 請住焉. 申以居頓寺爲本寺, 充香火之費.

국사는 효성도 지극하여 일반적으로 시주를 받아도 특이한 음식이 있으면 홀어머니에게 먼저 보내고 나서 자신이 먹었다. 어느 날 하루는 어머니가 돌아가셨다는 소식을 듣자 제석전(帝釋前)에서 다음과 같이 기원하였다. 만약 어머니의 수명이 다 되었다면 이 자식의 수명으로 대신하겠다고 하였다. 그러자 얼마 지나지 않아 가동(家僮, 심부름하는 아이)이 와서 어머니께서 깨어났다고 알려왔다. 그 당시 효도가 감응한 것이라고 하였다.

태안(泰安, 대안3) 신미년(희종7, 1211) 국청사(國淸寺)의 주지가 되었다. 숭경(崇慶, 숭경2) 계유년(강종2, 1213)에 강왕(康王)이 즉위(임신년)하자 조종(祖宗)의 옛날부터 내려오던 관례[舊例]에 따라 석문(釋門)의 신망이 높은 스님[重望者]을 찾아서 국사를 삼으려고 하였다. 이때에 진강공(晉康公, 崔忠獻)이 국정을 담당하고 있어 왕을 위하여 스승으로 간택하게 되었다. 일반적으로 양종(兩宗, 조계·천태, 화엄·천태, 자은·천태, 선·교)과 오교(五敎, 열반·법성·계율·화엄·법상)를 감당할 만한 스님을 찾았지만 스님보다 뛰어난 스님이 없었으므로 마침내 국사를 천거하게 되었다. 왕이 중신(重臣)을 보내어 예를 다하여 청하였으나 국사가 왕에게 상소(上疏)하여 강력하게 사양하였다. 왕이 다시 사자(使者)를 보내어 재삼 왕이 간곡하게 부탁[敦諭]하니 스님이 부득하여 요청을 수락하였다.

왕이 특별히 상장군(上將軍)인 노원숭(盧元崇)과 두 사자를 스님이 계시는 보제사(普濟寺)로 보내어 예를 갖추어 책봉하고자 하였다. 스님께서 허락하고 나서 대궐에 입내(入內)하여 친히 국사의 예우를 받았다. 왕이 대궐과 가까운 광명사(廣明寺, 개성 만월동 소재)의 주지하기를 청하였고 거듭 거돈사(居頓寺, 강원도 원주 소재)를 본사(本寺)로 하고 향화(香火)의 경비를 충당하게 하였다.

秋八月, 上不豫, 師亦發背疽. 門人等請禱, 師厲色曰. 上體不安, 而子幸有疾, 切欲移之身, 汝將禱耶. 上升遐, 今上嗣位, 以寧考師, 復崇師禮, 恩遇益縟. 晉康公亦割捨愛子, 剃度爲門人,

其餘士大夫亦爾. 門弟之盛, 近古未之有也. 貞祐五年, 忽謂門人
曰. 吾起寒門, 至爲王者師, 於分足矣, 豈可貪冒恩寵, 久留輦轂
耶. 遂上書乞退甚篤, 上不得已允之. 以花藏寺境地淸勝, 薪水贍
足, 請下安於此. 將行也, 晉康公邀餞, 公出拜, 親扶腋上階. 及
上道, 贈寶馬, 又遣門客等衛行. 師雖在千里, 上之眷意不已, 屢
遣近臣問安, 其贐餉亦無虛月矣.

입추지절 8월이 되어 왕의 몸이 불편하고 국사도 등창이 생
겼다. 문인들이 신명에 기원하기를 청하니 국사가 불편한 기색
으로 말하였다. 왕의 몸이 불편하고 나도 질병이 있는데 왕의
질병을 내가 짊어지려는 마음이 간절한데 그대들은 내가 낫기
를 기원하려고 하는가? 왕이 승하하고 지금의 왕(고종)이 왕위
를 계승하니 부왕인 영고(寧考)의 스승이므로 다시 국사로 예
를 다하여 존경하여 은총과 지우(知遇)가 더욱 성대하였다. 진
강공도 사랑하는 아들을 그에게 보내어 삭발하고 문인이 되게
하였으며 또 그의 사대부들도 역시 그렇게 하게 하였다. 그래
서 그의 제자들의 많음이 근래에 없던 일이었다.

정우(貞祐 정우5) 정축년(고종4, 1217)에 문인에게 말하였다.
나는 구차하고 문벌(門閥)이 없는 집안에서 태어나 왕의 스승
까지 되었는데 이것으로 나의 분수에 만족한데 어찌 은총을 탐
내어 왕궁에 오래 머무를 수 있겠는가? 하고는 마침내 왕에게
상소하여 간곡하게 물러나기를 원하니 왕은 부득이하여 윤허하
였다.

화장사(花藏寺)의 경지(境地)가 청정하고 훌륭하며 땔감과 물
이 넉넉하므로 그곳으로 내려가서 치료하며 지내고자 하였다.

내려가려고 하니 진강공이 송별식을 하고 진강공이 가서 예배하고 친히 국사를 부축하여 상계(上階)하였다. 그리고 떠나니 보마(寶馬)를 증정하고 또 문객(門客)등을 보내어 국사를 호위하게 하였다.

국사가 비록 천리나 멀리 떨어져 있었으나 왕이 그리워하는 마음이 그지없어 자주 가까운 신하를 보내어 문안하였고 예물과 선물을 보내는 것 역시 거르는 달이 없었다.

下寺之十三年己丑六月十五日, 震雷暴作, 大石崩落. 是日, 師示微疾. 七月二日, 晨起盥洗, 召門人玄源, 裁書三道, 囑國王及今相國晉陽公高僧松廣社主, 告以長邁. 寫訖良久曰. 今日行未便, 迨後日洒別. 遂就寢至八日, 忽起告衆曰. 定光寂寂, 慧日明明, 法界塵寰, 臍輪頓現. 有僧問故人云. 後夜月初明, 吾將獨自行, 作麼生是和尙獨行處. 答曰. 蒼海闊白雲閑, 莫將毫髮着其間. 言訖, 叉手當胸, 翛然坐逝, 顔如傅粉, 脣色丹潤. 遠近無不奔赴瞻禮. 上聞訃震悼, 命近臣將作少監 趙光就及日官等 監護喪事. 遂茶毗于寺之西岡, 拾靈骨葬于登禪山之麓, 仍降制贈諡靜覺國師, 享年八十五, 僧臘七十五.

사찰에 내려온 13년인 기축년(고종16, 1229) 6월 15일에는 벼락과 천둥이 크게 일어나고 산사태로 큰 돌들이 무너져 떨어졌다. 이날 국사께서 미미한 병이 생겼다. 7월 2일 새벽에 일어나셔서 깨끗하게 씻으시고는 문인(門人)인 현원(玄源)을 불러 편지 세 통을 쓰게 하였는데, 국왕과 지금의 상국 진양공(晉陽

公)과 고승인 송광사 주지에게 부촉하기를 영원히 떠난다고 하였다. 쓰고 나자 양구(良久)하고 말씀하셨다. "오늘은 가는 것은 편안하지 못하니 후일에 이별하고 싶다." 8일까지 주무시더니 홀연히 일어나 대중에게 고하여 말하였다. "정광(定光)은 적적(寂寂)하고 혜일(慧日)은 분명하니 법계(法界)와 진환(塵寰)에 제륜(臍輪)이 홀연히 나타나네."

어느 스님이 고인이 말한 것으로 물었다. 이후의 밤에 달이 비로소 밝으면 내가 장차 혼자 간다고 하였는데 화상께서는 가실 곳이 어디입니까? 대답하셨다. 푸른 바다 광활하고 백운이 한가한 곳이다. 털끝만큼이라도 착각하지 마라.

말씀을 마치시고 두 손을 마주하여 가슴에 합장하시고 홀연히 앉아서 입적하셨는데 용안은 분을 바른 것 같고 입술은 붉게 윤이 났었다. 멀고 가까운 곳 없이 예배하러 달려가지 않은 이들이 없었다.

왕이 부음을 듣고 아주 슬퍼하며 아주 가까운 신하인 장작소감(將作少監) 조광취(趙光就)와 일관(日官)등에게 명령하여 장례하는 일을 감독하고 보살피게 하였다. 비로소 사찰의 서쪽 언덕에서 다비를 하고 영골(靈骨)을 수습(收拾)하여 등선산(登禪山)의 기슭에 장례를 치르고 나서 이내 시호를 제작하여 정각국사(靜覺國師)라고 하사하였는데 세수가 85세이며 승랍(僧臘)은 75세였다.

國師爲人, 略無緣飾, 因性循理而已. 雖歷住大伽藍, 每至齋時, 先衆而出, 手擎鉢立, 麤食淡羹, 與衆均味, 而未曾別開饌

食. 其精勤佛事, 雖盛寒酷熱, 略無欹傾倦怠之色. 此皆老境所難
而能行之. 嗚呼, 眞化身菩薩歟. 其感應靈異之事, 則雖或多焉,
皆道境之細, 而又恐後人以爲怪誕, 故於此不載. 門人大禪師廓
雲等聞于上曰. 師沒久, 碑猶未立, 是臣等所深疚. 請爲文者鑱諸
石, 以永其傳. 上命小臣文之, 仍賜額曰某碑, 臣未敢辭避, 謹再
拜銘之曰.

국사의 인품은 조금도 치장으로 꾸미는 일이 없이 본성의 순
리대로 살았다. 비록 대가람의 주지로 살고 있으면서도 매번
공양할 때마다 대중들보다 먼저 나아가서 발우를 들고 거친 밥
과 멀건 국을 대중들과 똑같이 먹고 특별한 반찬이나 식사를
하는 일이 없었다. 그는 불사(佛事)에 정성을 다하며 비록 매우
추운 날이나 매우 더운 날이라도 조금도 몸을 눕거나 게을리
하는 일이 없었다. 모든 일을 이렇게 하는 것이 주지를 그만
두고도 어려운 일을 자신이 행하였다. 오호라 진정한 화신보살
이었다. 이와 같은 감응(感應)이 신령한 일들이 비록 많았으나
모두가 도(道)의 경지에서 보면 미세한 것인데도 또 후세의 사
람[後人]들이 괴이하게 찬탄할까 염려하여 여기에는 이것을 모
두 다 기재하지는 않겠다.

문인(門人)인 대선사(大禪師) 확운(廓雲)등이 임금에게 상소
하여 말하였다. 국사께서 입적한지 오래되었으나 아직 비석을
세우지 않은 것을 소신들은 깊이 양심의 가책(呵責)으로 여기
고 있습니다. 문장가에게 청하여 비석에 모든 것을 새겨서 영
구히 전하게 하여 주십시오. 이렇게 하여 왕이 소신에게 명령
하여 문장을 짓게 하여 모비(某碑)라고 사액(賜額)을 하사(下

賜)하였다. 소신이 감히 사양하지 못하고 청정하게 재배하고 이와 같이 비명을 지었습니다.

達摩傳心兮 靈光東曜, 後學倒見兮 背鏡求照. 焯焯國師兮 揭日以行 一廓煙氛兮 昏朦皆法. 王出世兮 祖月重暉, 覺路司南兮 學者知歸. 門弟林林兮 親哺以乳, 又翼其彀兮 放之使飛. 種福滋久兮 流潤罔極, 天子屈尊兮 北面請益. 生爲帝範兮 卒作國師, 龜鑑斯亡兮 安所取則. 上命小臣兮 期以不晦, 臣拜刻銘兮 與山作配. 來者去者兮 騎行則下, 寧不拜佛兮 惟碑是拜.

달마가 전한 선법을 이심전심하여 신령한 불법(佛法)이 동방에 빛을 발휘하였는데,

후학들이 전도된 마음으로 바라보는 것이 심경을 등에지고 얼굴을 보려고 하네.

뛰어난 국사께서 진여의 지혜를 행하시니,

진여의 지혜에 의하여 주위의 모든 재앙과 어둡고 어리석은 모든 법이 사라졌네.

왕이 출세하니 조사의 심월이 다시 빛나고,

깨닫는 길을 지침으로 하여서 배우려는 자들의 귀의할 곳을 알게 하네.

문도와 제자들이 아주 많아도 친히 불법(佛法)을 설하고,

또 불법의 날개로 감싸주어 사자 새끼를 태어나게 하여 스스로 날수 있게 하네.

복덕의 근원이 영구히 늘어나게 하여 윤택함을 끝이 없이 흐

르게 하고,

천자도 존귀함을 보고 굴복하여 스승으로 모시고 배움을 청하네.

살아서는 왕의 모범(模範)이 되고 죽어서는 국사(國師)가 되었는데,

귀감(龜鑑)이 이와 같이 사라졌으니 어떻게 불법의 가르침을 받겠는가?

왕께서 소신(小臣)에게 명하여 국사(國師)의 업적이 사라지지 않게 기약하시니,

소신은 예배하며 비명(碑銘)을 새겨서 태산과 같이 짝하여 영원하기를 바라네.

이 비명 앞을 지나는 이들이여 말을 타고 가거든 바로 내리고,

부처님 전에 예배하여 불법을 깨닫지 못하였거든 이 비명(碑銘)에라도 예배하여라.

2. 『종문50)원상집』51) 역주

1) 위앙종의 유래

潙仰宗派云. 達磨第十世, 潙山靈祐禪師法嗣, 袁州仰山慧寂
通智禪師, 叅忠國師, 久爲侍者, 後造耽源之門.

위앙종의 문파에서 말했다. 달마(達磨)의 법을 계승한 10대
인 위산영우(潙山靈祐, 771~853)52)선사의 법(法)을 계승한 원

---

50) 종문(宗門): 『沙彌律儀要略述義』卷1(X60, p.272a22~b1), "戒律門. 釋. 戒,
卽十戒, 以制心爲本. 律, 卽法律, 以守護爲宗. 門者, 有能通之義, 雖云沙彌十
戒, 實能通至涅槃, 十方如來, 從此超出."; 『祖庭事苑』卷8(X64, p.430a9~
22), "謂三學者莫不宗於此門, 故謂之宗門. 正宗記略云, 古者謂禪門爲宗門,
亦龍木祖師之意爾, 亦謂吾宗門乃釋迦文一佛教之大宗正趣矣. 但其所謂宗門之
意義者, 散在衆經, 隱覆故今, 未如章章見于天下也. ... 乃知古者命吾禪門謂之
宗門, 而尊於教迹之外殊是也."; 『無門關』(T48, p.292b12~13), "佛語心爲
宗, 無門爲法門, 旣是無門, 且作麼生透, 豈不見道."; 여기에서 종문은 선문
(禪門)을 말함.

51) 『宗門圓相集』(H6, pp.71~89), "傳法沙門 志謙集錄". (底) 貞祐七年妙
峯庵刊本.

52) 위산영우(潙山靈祐): 『宋高僧傳』卷11(T50, p.777b17~c11), "釋靈祐,
俗姓趙, 祖父俱福州長溪人也. 祐卅年戲于前庭, 仰見瑞氣祥雲徘徊盤欝.
... 以大中癸酉歲正月九日盥漱畢, 敷座瞑目而歸滅焉. 享年八十三, 僧臘五
十九, 遷葬于山之右梔子園也. 四鎮北庭行軍涇原等州節度使右散騎常侍盧
簡, 求爲碑, 李商隱題額焉."; 『景德傳燈錄』卷9(T51, p.264b15~23),
"潭州潙山靈祐禪師者福州長谿人也. 姓趙氏, 年十五辭親出家, 依本郡建善
寺法常律師剃髮. 於杭州龍興寺受戒, 究大小乘經律. 二十三遊江西參百丈
大智禪師, 百丈一見許之入室, 遂居參學之首. 一日侍立百丈問誰. 師曰. 靈
祐. 百丈云. 汝撥鑪中有火否. 師撥云. 無火. 百丈躬起深撥得少火. 擧以示
之云. 此不是火. 師發悟禮謝陳其所解, 百丈曰此乃暫時岐路耳."; 『五燈會
元』卷9(X80, p.185a16~22), "福州長谿趙氏子. 年十五出家. 依本郡建善
寺法常律師, 剃髮於杭州龍興寺, 究大小乘教, 二十三遊江西, 參百丈, 丈一
見, 許之入室, 遂居參學之首, 侍立次. 丈問. 誰. 師曰. 某甲. 丈曰. 汝撥
爐中有火否. 師撥之曰. 無火, 丈躬起深撥得少火. 擧以示之曰. 汝道, 無這
簡聻. 師由是發悟, 禮謝陳其所解. 丈曰. 此乃暫時岐路耳."; 『佛祖綱目』

주(袁州)의 앙산혜적(仰山慧寂, 807~883)[53] 통지선사(通智禪師)는 혜충국사(南陽慧忠, ?~775)[54]를 참학하고 국사의 시자

卷33(X85, p.650c4~7), "靈祐. 住潙山, 敷揚宗教, 凡四十餘年. 達者不可勝數, 入室弟子四十一人. 大中七年正月日, 盥漱敷坐, 怡然而寂. 壽八十三, 臘六十四. 諡大圓禪師, 塔曰清淨○襄州常侍王敬初."

53) 앙산혜적(仰山慧寂): 『宋高僧傳』卷12(T50, p.783a28~b16), "釋慧寂, 俗姓葉, 韶州須昌人也. 登年十五懇請出家, 父母都不聽允止, 十七再求, 堂親猶豫未決. 其夜有白光二道, 從曹溪發來直貫其舍, 時父母乃悟是子至誠之所感也. 寂乃斷左無名指及小指. … 海衆摳衣得道者不可勝計, 往往有神異之者, 倏來忽去, 人皆不測, 後勅追諡大師曰智通塔號妙光矣. 今傳仰山法示成圖相行于代也."; 『景德傳燈錄』卷11(T51, pp.282a28~283c26), "袁州仰山慧寂禪師韶州懷化人也. 姓葉氏, 年十五欲出家父母不許, 後二載師斷手二指跪致父母前, 誓求正法以答劬勞. 遂依南華寺通禪師落髮, 未登具卽遊方, 初謁耽源已悟玄旨. 後參潙山遂升堂奧. … 於韶州東平山示滅. 年七十七, 抱膝而逝, 勅諡智通大師妙光之塔. 後遷塔于仰山."; 『禪宗正脉』卷5(X85, pp.446c14~447a3), "仰山慧寂禪師 初謁耽源, 已悟玄旨. 後參潙山, 遂昇堂奧. 耽源謂師曰. 南陽忠國師當時傳得六代祖師圓相, 共九十七箇, 授與老僧. 乃曰. 吾滅後三十年, 南方有一沙彌到來, 大興此教. 次第傳授, 無令斷絶. … 師曰. 和尚若要, 重錄不難, 卽重集一本呈上, 更無遺失. 源曰. 然. ○耽源上堂. 師出衆作此○相, 以手拓呈了, 却又手立, 源以兩手相交, 作拳示之. 師進前三步, 作女人拜, 源點頭. 師便禮拜."

54) 남양혜충(南陽慧忠): 『宋高僧傳』卷9(T50, p.762b12~28), "釋慧忠, 俗姓冉氏, 越州諸暨人也. 孰辨甲子, 或謂期頤之年, 肌膚冰雪神宇峻爽. 少而好學法受雙峯, 默默全眞心承一印. 行無住相歷試名山, 五嶺羅浮四明天目, 白崖倚帝紫閣摩穹, 或松下安居於九旬, 或 空息慮於三昧, 既懸明月之戒, 亦淨瑠璃之心, 已度禪定之門, 不起無生之見, … 上奏玄宗徵居香剎, 則龍興寺也."; 『景德傳燈錄』卷5(T51, pp.244a7~245a13), "西京光宅寺慧忠國師者越州諸暨人也, 姓冉氏. 自受心印居南陽白崖山黨子谷, 四十餘祀不下山門. 道行聞于帝里, 唐肅宗上元二年勅中使孫朝進, 齎詔徵赴京. … 師曰. 貧道去後有侍者應眞, 却知此事. 大歷十年(775)十二月九日右脅長往, 弟子奉靈儀於黨子谷建塔. 勅諡大證禪師. 代宗後詔應眞入內擧問前語, 眞良久曰. 聖上會麼. 曰不會. 眞述偈曰. 湘之南 潭之北 中有黃金充一國 無影樹下合同船 瑠璃殿上無知識."; 『傳法正宗記』卷7(T51, p.749c19~27), "大鑒之二世, 曰南楊慧忠國師, 越州諸暨人也, 姓冉氏. 得法於大鑒, 尋隱於南陽白崖山黨子谷, 凡四十餘年不出其山. 唐肅宗聞其風, 上元二年乃使其臣, 孫朝進馳詔, 及忠至京師, 賜肩輿上殿, 待以師禮. 然忠道力充甚, 智辯絶世. 雖以道規教帝者, 而無所畏惡, 沮折邪見輩, 雖難問萬端, 未嘗少爲之屈. 其所出法嗣五人, 一曰吉州耽源眞應者, 一曰鄧州香嚴惟戒者, 一曰開府孫知右者."; 『祖堂集』卷3(B25, pp.355a6~356a9), "慧忠國師嗣六祖, 姓冉, 越州諸暨縣人也. 其兒子在家時, 並不曾語, 又不曾過門前橋, 直到十六. 有一個禪師來, 纔望見走出過門前橋, 迎接禮拜. 通寒暄, 父阿孃眷

(侍者)로 오래 모시고 있다가 이후에 탐원(耽源)문하로 갔다.

耽源謂仰山曰. 國師當時, 傳得六代祖師, 圓相共九十七箇, 授與老僧, 曁臨滅時, 謂老僧曰. '吾滅後三十年, 南方有一沙彌到來, 大興此法, 次第傳授, 無令斷絕. 我今付汝, 汝當奉持.' 遂將其本, 過與仰山, 山接得一覽, 便將火燒却.

탐원화상(耽源和尙)께서 앙산(仰山慧寂, 807～883)에게 말했다. 혜충국사(慧忠國師, 675?～775)의 당시에 육조(六祖, 638～713)의 원상(圓相)을 체득(體得)하여 전해 받은 것과 함께 모두 97개를 입멸(入滅)하실 때가 되어서 노승(老僧)에게 주면서 말씀하셨다. 내가 입적(入寂)한 30년 이후에 남방(南方)에서 한 사미(沙彌)가 와서 이 법[此法]을 크게 일으킬 것이니 다음에 전수(傳授)하여 단절되지 않게 하고 내가 지금 그대에게 부촉하니 그대는 마땅히 봉지(奉持)하여라.

그 본(本, 원본, 圓相)을 앙산(仰山)에게 주니 앙산(仰山)이 받아 가지고는 일람(一覽)하여 체득(體得)하고는 바로 소각하였다.

屬, 遠近鄰舍總來驚訝曰. 不可思議. 這個兒子, 養來到十六, 並不曾見他語話, 又不曾見他過門前橋, 今日纔見和尙, 有如是次第, 恐是此兒子異於常人也. ... 祖曰. 我向你道莫出家. 子曰. 因什摩有此言. 祖曰. 你是聖明不動干戈六十年天子, 是你但造天子佛法爲主. 子曰. 啓師, 非但六十年, 百年天子也不要, 乞師慈悲, 容許某甲出家. 師便摩頂授記曰. 你若出家, 天下獨立佛. 便攝受."

耽源一日問. 前來諸相, 甚宜秘惜. 山曰. 當時看了, 便燒却
也. 源曰. 此法門, 無人能會, 唯先師及, 諸祖師, 諸大聖人, 方
可委悉, 因何燒却. 仰山曰. 慧寂一覽, 已知其意, 但然用得, 不
可執本也. 源曰. 然雖如此, 於子卽得, 後人信之不及.

탐원(耽源)화상이 어느 날 앙산(仰山)에게 물었다.

이전에 가져온 제상(諸相, 모든 相)들은 매우 중요한 비급(秘
笈)이므로 잘 간직해야 하는데 잘 가지고 있느냐?

앙산(仰山慧寂, 807~883)이 말했다.

그 당시에 보고 요달(了達)하여서 바로 소각하였습니다.

탐원(耽源)화상이 말했다.

이 제상(諸相, 97개 원상)의 법문(法門)을 자신이 깨달아 이
해한 사람이 아직까지 없고, 오직 옛 선사(先師)와 모든 조사
(祖師), 모든 큰 성인(聖人)들만 내용을 모두 알 수 있는 것들
인데 어찌하여 소각하였는가?

앙산(仰山)이 말했다.

혜적(慧寂)이 일람(一覽)하고는 이미 그 뜻을 모두 깨달아 알
았기에 단지 체득하여 사용만 하면 되는 줄 알았기 때문에 그
제상(諸相)에 집착할 필요가 없어서 소각하였습니다.

탐원(耽源)화상이 말했다.

비록 이와 같이 그대는 깨달았다고 하지만 후인들의 신심(信
心)은 그것에 미치지 못할 것이다.

仰山曰. 和尙若要, 重錄不難. 卽重集一本, 呈上耽源, 更無遺

失. 源曰. 然. 耽源上堂, 仰山出衆, 作此〇相, 以手托呈了, 却
又手立, 源以兩手相交, 作拳示之. 仰山進前三步, 作女人拜. 源
點頭, 仰山便禮拜.55)

앙산(仰山慧寂, 807~883)이 말했다.

탐원화상(耽源和尙)께서 만약에 제상(諸相)을 요구하신다면
다시 기록하는 것은 어렵지는 않습니다. 곧바로 다시 한 본(本)
을 만들어서 탐원화상에게 올리며 조금도 유실(遺失)한 것이
없습니다.

탐원화상이 말했다. 그렇구나.

탐원화상이 상당(上堂)하자 앙산(仰山慧寂, 807~883)이 대
중 앞으로 나와서 이 〇상을 그려서 손위에 올려 제시(提示)해
보이며 차수(叉手)하자 탐원(耽源)화상이 양손을 서로 잡고 주
먹을 쥐고는 들어서 제시(提示)해 보였다.

앙산(仰山慧寂, 807~883)이 앞으로 삼보(三步) 나아가서 여
자처럼 예배(禮拜)하였다.

탐원화상께서 머리를 끄덕이며 인가증명하니 앙산(仰山)이
바로 예배하였다.

---

55) 『袁州仰山慧寂禪師語錄』(T47, p.582a19~b4), "耽源謂師云. 國師當時
傳得六代祖師圓相, 共九十七箇, 授與老僧乃云. 吾滅後三十年, 南方有一
沙彌到來, 大興此教, 次第傳受, 無令斷絶. 我今付汝, 汝當奉持. 遂將其本
過與師, 師接得一覽便將火燒却. 耽源一日問. 前來諸相甚宜祕惜. 師云. 當
時看了便燒却也. 耽源云. 吾此法門無人能會, 唯先師及諸祖師, 諸大聖人
方可委悉, 子何得焚之. 師云. 慧寂一覽已知其意, 但用得, 不可執本也. 耽
源云. 然雖如此, 於子卽得, 後人信之不及. 師云. 和尙若要, 重錄不難. 卽
重集一本呈上, 更無遺失. 耽源云. 然. 耽源上堂, 師出衆作此〇相, 以手拓
呈了, 却又手立. 耽源以兩手相交作拳示之, 師進前三步作女人拜. 耽源點
頭, 師便禮拜."

112

《해설》 순지가 30년 후에 올 것을 미리 알고 예언한 기록으로 참기(讖記)라고 하는데 이것은 이후에 자기들이 기록하였을 가능성도 없지는 않다. 그리고 앙산(仰山)이 불법(佛法)의 내용이 모두 원상에 들어 있다고 자신의 마음을 손으로 그려서 손 위에 올려놓자 탐원(耽源)이 손을 서로 잡고 앙산과 자신이 계합하였다고 인가하고 있다.

2) 혜충국사와 원상에 대한 선문답

南陽忠國師見僧來, 以手作◯相, 圓相中書日字. 僧無對. 紫璘供奉白, 忠國師云. 某甲擬注思益經. 國師乃畫此相⊛云. 會麼. 供奉無語.56) 開先暹和尚代云. (第一張) 某甲不恁麼注.

남양(南陽)혜충국사(慧忠國師)57)께서 어느 스님이 오는 것을 보고는 손으로 원상(圓相, ◯相)을 그려 보이고 원상(圓相, ◯相) 가운데에 날 일(日)자를 그려 넣어 ⊕상(相)을 제시했다.

그 스님이 대답을 하지 못했다.

자린공봉(紫璘供奉)이 혜충국사(慧忠國師)에게 아뢰어 말했다.

제가 『사익경(思益經)』58)의 주석(注釋)59)을 하였습니다.

---

56) 『佛果圜悟禪師碧巖錄』卷5(T48, p.184a28~b5), "忠國師問紫璘供奉. 聞說供奉解註思益經, 是否. 奉云. 是. 師云. 凡當註經, 須解佛意始得. 奉云. 若不會意, 爭敢言註經. 師遂令侍者將一椀水七粒米一隻筋在椀上送與供奉. 問云. 是什麼義. 奉云. 不會. 師云. 老師意尙不會, 更說甚佛意."; 경전을 주석하려면 제법이 공이라는 이치를 알아야 한다는 것.

57) 『조당집』 혜충국사장 참조요.

혜충국사께서 이내 ◉상(相)을 그려 보이고는 말했다.

알겠습니까?

자린공봉이 대답을 하지 않았다.

개선(開先)섬(暹)화상(和尚)이 대신 대답하였다. (제1장)

저는 그렇게 주석을 달지는 않겠습니다.

《해설》 아공법유(我空法有)는 자신이 공(空)을 체득하였지만 불법(佛法)에 맞게 수행해야 한다는 사견(四見)의 집착이 남아 있는 석공(析空)으로 일불(一佛)의 진공(眞空)을 주장하는 것이고 아공법공(我空法空)은 공(空)을 체득하고 불법(佛法)을 대승의 체공(體空)으로 알고 살아가는 아라한이나 보살마하살과 대비구가 되어야 하는 것이다. 그래서 원이삼점(圓伊三點, 법신·반야·해탈)인 이 ❀상(相)이 원상 속에 들어 있는 것이다.

3) 마조와 원상에 대한 선문답

馬祖令地藏, 馳書上徑山. 山接書開, 見一◯相. 於中下一點. 忠國師聞擧云. 欽師猶被, 馬師惑. 雪竇云. 徑山被惑且置, 若將呈似國師, 別作箇什麽, 伎倆免被惑去. 有老宿云. 當時坐却, 便休. 亦有道. 但與劃破, 若與麽, 只是不識差, 敢謂天下老師, 各具金剛眼睛, 廣作神通變化, 還免得麽. 雪竇見處也, 要諸人共

---

58) 『사익경』은 『思益梵天所問經』(T15, pp.33a22~62a22)의 약칭이고 이역본으로 菩提流支, 『勝思惟梵天所問經』(T15, pp.62a26~96b27)과 竺法護, 『持心梵天所問經』(T15, pp.1a3~33a6)이 있다.

59) 세친(世親), 현명(賢明), 원징(圓澄)등의 주석서를 말함. 즉 설일체유부 등이 아공(我空)법유(法有)의 주장을 하는 것에 대하여 비판하는 것.

知. 只這馬師, 當時畫出, 早自惑了也.60) 有僧於馬祖前, 作四

畫, 上一畫長, 下三畫短云. 不得道一長三短. 離四句絶百非, 請

和尚, 荅某甲. 但畫一畫云. 不得道長短, 荅汝了也. 後有僧擧,

似忠國師, 國師云. 何不問我.

마조(馬祖, 709~788)61)께서 지장(地藏, 627~724)62)을 시

60) 『明覺禪師語錄』卷3(T47, p.687b29~c7), "擧. 馬大師令智藏馳書上徑山.
山接書開見一圓相, 於中下一點. 國師聞擧云. 欽師猶被馬師惑. 師云. 徑
山被惑且致, 若將呈似國師, 別作箇什麼伎倆, 免被惑去. 有老宿云. 當時坐
却便休亦有道, 但與劃破. 若與麼. 只是不識著, 敢謂天下老師. 各具金剛眼
睛廣作神通變化還免得麼. 雪竇見處也要諸人共知. 只者馬師, 當時畫出早
自惑了也."

61) 마조도일(馬祖道一): 『宋高僧傳』卷10(T50, pp.766a14~766c18), "釋道
一, 姓馬氏, 漢州人也. 華以喻性不植於高原, 浪以辯識發明於溟海. 生而凝
重虎視牛行, 舌過鼻準足文大字. 根塵雖同於法體, 相表特異於幻形. 既云在
凡之境, 亦應隨機之教. 方年稚孺 厭視塵躅 脫落愛取, 遊步恬曠. 削髮於資
州唐和尙, 受具於渝州圓律師 示威儀之旨 曉開制之端. 浣衣鍛金觀門都錯,
大龍香象羈絆則難. 權變無方機緣有待 聞衡嶽有讓禪師卽曹溪六祖之前後
也. ... 元和九年四月八日終, 春秋八十, 夏臘五十五. 卽遷于塔, 諫議大夫
韋綬, 追問藏言行編入圖經, 太守李渤請旌表, 至長慶元年諡大覺禪師云.";
『景德傳燈錄』卷6(T51, p.245c22~27), "懷讓禪師第一世 江西道一禪師漢
州什邡人也. 姓馬氏, 容貌奇異牛行虎視, 引舌過鼻, 足下有二輪文. 幼歲依
資州唐和尙落髮, 受具於渝州圓律師. 唐開元中習禪定於衡嶽傳法院, 遇讓
和尙, 同參九人唯師密受心印.";『五燈會元』卷3(X80, pp.70a15~71a6),
"南嶽讓禪師法嗣(第一世) 江西道一禪師 漢州什邡縣人也. 姓馬氏, 本邑羅
漢寺出家, 容貌奇異, 牛行虎視, 引舌過鼻, 足下有二輪文. 幼歲依資州唐和
尙落髮, 受具於渝州圓律師. 唐開元中, 習禪定於衡嶽山中, 遇讓和尙, 同參
六人, 唯師密受心印. ... 師入室弟子一百三十九人, 各爲一方宗主, 轉化無
窮. 師於眞元四年正月中, 登建昌石門山, 於林中經行, 見洞壑平坦. 謂侍者
曰. 吾之朽質, 當於來月歸茲地矣. 言訖而回, 既而示疾. 院主問. 和尙近日
尊候如何. 師曰. 日面佛, 月面佛. 二月一日沐浴, 跏趺入滅. 元和中, 諡大
寂禪師, 塔曰大莊嚴."

62) 지장(地藏): 『宋高僧傳』卷20(T50, pp.838c17~839a19), "釋地藏, 姓金
氏, 新羅國王之支屬也. 慈心而貌惡, 穎悟天然, 七尺成軀, 頂聳奇骨. 特高
才力 可敵十夫. 嘗自誨曰. 六籍寰中 三清術內, 唯第一義 與方寸合. 于時
落髮涉海捨舟而徒, 振錫觀方, 邂逅至池陽, 覩九子山焉, 心甚樂之, 乃逕造
其峯得谷中之地, 面陽而寬平. 其土黑壤其泉滑甘, 巖棲磵汲趣爾度日, 藏
嘗爲毒螫端坐無念. 俄有美婦人作禮饋藥云. 小兒無知願出泉以補過, 言訖

켜 상경산(上徑山 714~792)에게 편지를 보내게 했다. 상경산(上徑山)[63]이 편지를 받아보니 하나의 원상(圓相)만 있었다. 이 원상 아래에 한 획을 긋고 대답했다.

혜충국사(慧忠國師, 675?~775)가 이 말을 듣고 이것을 들어[擧] 말했다. 흠사(欽師, 徑山道欽, 714~792)[64]가 오히려 마조

不見, 視坐左右間潙潛然, 時謂爲九子山神爲湧泉資用也. ... 以貞元十九年夏, 忽召衆告別, 罔知攸往. 但聞山鳴石隕扣鐘嘶嗄, 如趺而滅, 春秋九十九. 其屍坐於函中, 洎三稔開將入塔, 顏貌如生, 擧昇之動骨節, 若撼金鎖焉. 乃立小浮圖于南臺, 是藏宴坐之地也. 時徵士右拾遺費冠卿序事存焉. 大中中僧應物亦紀其德哉." ; 『百丈淸規證義記』卷3(X63, p.402c8~18), "佛滅度一千五百年. 地藏降迹新羅國主家, 姓金, 號喬覺. 永徽四年, 年二十四歲祝髮, 攜白犬善聽, 航海而來, 至江南. 池州府東, 靑陽縣, 九華山, 端坐九子山頭. 七十五載, 至開元十六年, 七月三十夜成道, 計年九十九歲. 時有閔老閔公, 素懷善念, 每齋百僧, 必虗一位. 請洞僧(卽地藏也)足數, 僧乃乞一裟裟地. 公許, 衣遍覆九峯, 遂盡喜捨. 其子求出家, 卽道明和尙. 公後亦離俗網, 反禮其子爲師. 故今侍像, 左道明. 右閔公, 職此故也. 菩薩入定二十年, 至至德二年, 七月三十日. 顯聖起塔, 至今成大道場."

63) 『祖堂集』卷3(B25, p.351b7~12), "先徑山和尙嗣鶴林, 師諱道欽. 大歷年代宗請赴京師, 號國一禪師. 肅宗皇帝來禮師, 師見帝來遂起立. 帝曰. 大師見朕來因何起. 師曰. 檀越因什摩向四威儀中見貧道. 問. 如何是祖師西來意. 師曰. 汝問不當. 曰. 如何得當. 師曰. 待我死卽向汝道." ; 『조당집』에 의하면 선경산의 휘(諱)가 도흠이므로 상경산의 상(上)은 선(先)의 오자라고 사료됨.

64) 경산도흠(徑山道欽): 『宋高僧傳』卷9(T50, pp.764b14~765a12), "釋法欽, 俗姓朱氏, 吳郡崑山人也. ... 八年壬申十二月示疾, 說法而長逝. 報齡七十九, 法臘五十. 德宗賜謚曰大覺. 所度弟子崇惠禪師, 次大祿山顏禪師, 參學范陽杏山悟禪師, 次淸陽廣敷禪師. 于時奉葬禮者, 弟子實相常覺等. ... 各有碑碣焉." ; 『景德傳燈錄』卷4(T51, p.230a11~b1), "杭州徑山道欽禪師者, 蘇州崑山人也, 姓朱氏. 初服膺儒教, 年二十八玄素禪師遇之. 因謂之曰, 觀子神氣溫粹眞法寶也. 師感悟因求爲弟子, 素躬與落髮. 乃戒之曰. 汝乘流而行, 逢徑則止. 師遂南行抵臨安, 見東北一山, 因訪於樵子, 曰此徑山也. 乃駐錫焉. 有僧問. 如何是道. 師云. 山上有鯉魚, 水底有蓬塵. 馬祖令人送書到, 書中作一圓相. 師發緘於圓相中作一畫却封迴(忠國師聞乃云. 欽師猶被馬師惑)僧問. 如何是祖師西來意. 師曰. 汝問不當. 曰如何得當. 師曰. 待吾滅後卽向汝說, 馬祖令門人智藏來問, 十二時中以何爲境. 師曰. 待汝迴去時有信. 藏曰. 如今便迴去. 師曰. 傳語却須問取曹谿. 唐大歷三年, 代宗詔至闕下親加瞻禮, 一日師在內庭見帝起立. 帝曰. 師何以起. 師曰. 檀越何得向四威儀中見貧道. 帝悅. 謂忠國師曰. 欲錫欽師一名, 忠欣然奉詔, 乃賜號國一焉. 後辭歸本山. 於貞元八年十二月示疾說法而逝, 壽七

116

(馬祖)에게 인혹(人惑)을 당한 것이다.

설두(雪竇重顯, 980∼1052)65)께서 말했다. 경산(徑山)이 인혹(人惑)을 당한 것은 그만두고[且置] 만약에 국사(國師)께서 그렇게 받았다면 무슨 재량(伎倆)으로 인혹(人惑)을 면(免)하겠습니까?

어느 노숙(老宿)께서 말했다. 그 당시에 그 자리에서 좌선(坐禪)으로 오히려 바로 쉬어야 한다.

역시 어느 스님은 말하였다.

단지 원상에 일획을 그어서 만약에 주었다면, 단지 이것은 감히 천하의 노사(老師)들이 설명한 것을 차별로 알지 않는 것으로, 각기 금강의 안목(眼睛)을 구족하여 널리 신통변화를 부린 것이니, 도리어 벗어나서 체득해야 한다. 설두(雪竇)의 견처(見處)를 모든 이들이 다 같이 알아야 한다.

단지 저 마조(馬祖)대사께서 그 당시에 그림을 그린 것부터가 이미 스스로 인혹(人惑)을 요달(了達)한 것이 된다.

十有九. 勅諡曰大覺禪師."

65) 설두(雪竇):『續傳燈錄』卷2(T51, p.475a10∼17), "智門祚禪師法嗣. 明州雪竇重顯禪師. 遂寧府李氏子, 依普安院仁銑上人出家. 受具之後, 橫經講席, 究理窮玄. 詰問鋒馳 機辯無敵, 咸知法器, 貪指南遊首造智門. 即伸問曰. 不起一念 云何有過. 門召師近前, 師纔近前, 門以拂子驀口打. 師擬開口, 門又打. 師豁然開悟. 出住翠峯後遷雪竇.";『五燈會元』卷15(X80, pp.322a2∼323a9), "遂寧府李氏子, 依普安院仁銑上人出家. 受具之後, 橫經講席, 究理窮玄. 詰問鋒馳, 機辯無敵, 咸知法器, 僉指南遊, 首造智門. 即伸問曰. 不起一念, 云何有過. 門召師近前, 師纔近前, 門以拂子驀口打. 師擬開口, 門又打. 師豁然開悟. 出住翠峯, 後遷雪竇. ... 師曰. 平生唯患語之多矣. 翌日. 出杖屨衣盂散及徒衆. 乃曰. 七月七日復相見耳, 至期盥沐攝衣, 北首而逝. 塔全身於寺之西塢, 賜明覺大師.";『五燈嚴統』卷15(X81, p.127b9∼14), "明州雪竇重顯禪師. 遂寧府李氏子, 依普安院仁銑上人出家. 受具之後, 橫經講席, 究理窮玄. 詰問鋒馳, 機辯無敵, 咸知法器, 僉指南遊, 首造智門. 即伸問曰. 不起一念云何有過. 門召師近前, 師纔近前, 門以拂子驀口打. 師擬開口, 門又打. 師豁然開悟. 出住翠峯, 後遷雪竇."

어느 스님이 마조(馬祖)대사 앞에서 네 획을 그렸는데 위의 한 획은 길고 아래 세 획은 짧게 하고는 물었다. 한 획은 길고 세 획을 짧다고 말 할 수 없습니다. 사구(四句)를 여의고 백비(百非)를 끊고 마조화상께서 저에게 말씀하여 주시기 바랍니다.

단지 한 획을 긋고는 말씀하셨다.

장단(長短, 차별)이라고 말할 수는 없는 것이다. 이것으로 그대에게 대답을 하였다.

이후에 어느 스님이 이것을 들어(擧) 혜충국사에게 말하니 국사(國師)께서 말씀하셨다.

왜 나에게 묻지 않는가?

馬祖因僧叅次, 乃畫圓相 ◯ 云. 入也打, 不入也打. 僧纔入, 祖便打. 僧云. 和尙打某甲不得. 祖靠柱杖休去. 雪竇顯云. 二俱不了, 和尙打某甲不得, 靠却柱杖, 擬議, 不來劈資 便打.

마조(馬祖)에게 어느 스님이 참견(參見)하니 마조께서 원상(圓相)을 ◯ 이와 같이 그리고는 말했다.

◯[66]상(相)을 깨달아도 맞아야 되고(打), ◯상(相)을 깨닫지 못해도 맞아야 한다.

그 스님이 깨달았다고[入] 말하려 하자마자 마조(馬祖)께서 바로 바닥을 때렸다.

66) 원상(圓相): 시방(十方)삼세(三世)라는 법계(法界)를 원상(圓相)으로 표현. 원(圓)은 삼세(三世)의 시간을 나타내는 것이고, 공간은 시방(十方)을 나타내는 것. 하나의 원상(圓相)이 시방삼세를 포용하는 것. 시공간을 초월하는 것.

그 스님이 말했다.

마조화상께서는 저를 때려 제도하는 것은 불가능합니다.

마조(馬祖)께서 주장자(拄杖子)를 거두고 쉬었다(休去).

설두(雪竇)중현께서 말했다. 둘 다 요달(了達)하지 못하였다면 마조화상께서는 저를 때려 제도하는 것이 불가능하다고 하여 주장자를 거둔 것에 대하여 의의(擬議)하여 벽자(劈資)[67]하지 못하면 바로 때리겠다.

《해설》 법계(法界)를 초월하는 진여의 지혜는 몰종적이라고 질책하는 것이고 설두도 이것에 대하여 의심하는 것을 용납하지 않고 있다.

吉州耽源山, 眞應禪師, 辭國師, 歸省覲馬祖, 於地上作, 一圓相〇, 展坐具禮拜. 祖云. 子欲作佛去. 源云. 某甲不解捏目. 祖曰. 吾不如汝. 雪竇顯云. 然猛虎不食其子, 爭奈來言不豊. 諸人要識, 耽源麽. 只是箇. (第二張)藏身露影漢.

길주(吉州) 탐원산(耽源山)의 진응(眞應)선사(禪師)가 혜충국사를 하직하고는 깨달음(본성)으로 돌아가기 위해 마조(馬祖)를 찾아뵙고는 땅 위에 원상(圓相)을 이 〇처럼 그리고는 그 안에 좌구(坐具)를 펴고 예배하였다.

마조(馬祖)께서 말했다. 그대는 부처가 되고자 하는 것이다.

탐원이 말했다. 저는 안목(眼目)을 훼손시켜서 깨달으려는 번

뇌 망념을 일으킬 줄 모릅니다.

마조(馬祖)께서 말씀하셨다. 내가 그대만 못하구나.

설두 중현이 말했다. 그러나 맹호(猛虎)도 그 새끼를 잡아먹지 않는데 오는 말이 충분하지 못한 것은 어떻게 하겠는가? 그대들이 탐원의 경지를 알고자 하는가? 단지 일개 성자이다. (제2장) 장신(藏身, 법신)이 그림자[影漢]로 나타난 것이다.

《해설》 법신을 영상으로 아라한의 경지가 흔적을 남긴 것이다. 천성부전의 경지를 설하고 있다.

4) 탐원이 앙산을 원상으로 인가증명

『宗門統要集』云. 耽源因仰山入門, 畫一〇相, 以手托呈, 却又手而立, 師以兩手交過, 握拳示之, 仰山進前三步, 作女人拜. 師點頭而已.

『종문통요집』에는 다음과 같이 기록하고 있다.

탐원(耽源)에게 앙산(仰山)이 입문(入門)하여 하나의 〇원상(圓相)을 그려서 손으로 제시(提示)해보이며 차수(叉手)하고 서니 탐원(耽源)께서 양손을 서로 교차되게 하여 주먹을 쥐고는 들어서 제시(提示)해 보이니 앙산이 앞으로 삼보(三步) 나아가서 여자처럼 예배하였다.

탐원화상께서 머리를 끄덕이며 인가증명하여 마쳤다.

《해설》탐원(耽源)화상께서 머리를 끄덕이며 인가증명하니 앙산(仰山)이 바로 예배하였다.68)

5) 남전·귀종·마곡이 원상으로 선문답

南泉, 歸宗, 麻谷同去, 禮拜忠國師, 至路, 南泉於地上, 畵一圓相〇云. 道得卽去. 歸宗於圓相中坐, 麻谷便作女人拜. 泉云. 恁麽則不去也. 宗云. 是什麽心行. 雪竇顯頌曰. 由基箭射猿, 遶樹何大直. 千箇與萬箇, 是誰曾中的. 相喚相呼歸去來, 曹溪路上休登陟. 復云. 曹溪路坦平, 爲什麽休登陟.

남전(南泉), 귀종(歸宗), 마곡(麻谷)이 같이 혜충국사에게 예배하러 가는 도중(途中)에 남전(南泉)이 지상(地上)에다 원상(圓相)을 〇 이와 같이 하나 그리고는 말했다. 도(道)를 체득하면 가겠습니다. 귀종(歸宗)은 원상(圓相) 가운데에 앉았고, 마곡(麻谷)은 바로 여인처럼 예배했다.

남전(南泉)이 말했다. 그렇다면 갈 필요 없습니다.

귀종(歸宗)이 말했다.

이렇게 하는 것은 무슨 마음으로 하는 것인가?

설두중현이 게송으로 설했다. 유기(由基)69)가 활로 원숭이를 쏘았는데 나무를 돌아서 어찌 바르게 맞혔겠는가? 천개나 만개

---

68) 위의 내용은 "耽源上堂 仰山出衆 作此〇相 以手托呈了 却又手立 源以
兩手相交 作拳示之 仰山進前三步 作女人拜. 源點頭, 仰山便禮拜."으로
앞에 기록되어 있는 내용임.
69) 유기(由基): 양유기(養由基)가 원숭이를 쏘았는데 원숭이가 나무 뒤로 숨
었는데도 화살이 따라 돌아 정확히 맞혔다는 활을 잘 쏘는 유기의 고사.

라도 그 누가 일찍이 적중(的中)하였겠는가? 서로서로 소리치며 원래로 돌아가자고 하니 조계(曹溪)의 노상(路上)에는 올라가려고 하는 마음을 쉬어야 하는 것이다.

다시 말했다. 조계(曹溪)의 노상(路上)은 평탄(平坦)한데 왜 오르려는 마음을 쉬어야 하겠는가?

《해설》 남전, 귀종, 마곡을 깨닫지 못한 사람으로 보는 것과 이들을 깨달은 사람으로 아는 차이가 있다. 설두가 조계라는 말을 하지만 대승의 경지를 설하고 있는 것이다. 아라한은 하려고 하는 마음조차 쉬어야 한다는 것을 설하고 있다.

『宗門統要集』據此話至, 是什麼心行, 於是相喚廻.

『종문통요집』70)에서는 이것의 대화를 다음과 같이 말하여 이

---

70) 『宗門統要集』: 이 책은 종영(宗永)이 편찬한 것으로 이후에 宗永集.茂續集, 『宗門統要續集』을 증보함 ; 조명제(2010), 「『禪門拈頌集』의 편찬과 『宗門統要集』」, 『보조사상』(34), p.72. 에 의하면 "통요는 송대를 통해 널리 간행되어 유행하였으며 앞에서 서술한바와 같이 송대 선적 가운데 대표적인 문헌이다. 그러나 원대에 고림청무(古林淸茂)가증보한 『宗門統要續集』20권본이 명(明)초기에 남장(南藏)에 들어가 그 증보판이 권위를 가지면서 사용되었고, 또한 송대 이후 계속 등장한 다른 간편한 공안서가 유행하면서 통요는 사라지게 되었다."라고 하고 있다. ; 智楷, 『正名錄』卷2(B24, p.448b29~31), "宋建溪宗永 宗門統要集載 龍潭因緣三則, 一日靑原下第三世灃州龍潭崇信禪師. 嗣天皇悟師未出家時. 爲餠舗住在寺前, 日常供餠十枚上天皇. 皇受已卻留一餠與之 曰惠汝以蔭子孫. 師曰是某持來何返曰惠汝, 皇曰是汝持來復汝何咎. 師因有省, 遂投出家." ; 『宗門統要正續集』卷3(P154, p.568a9~b8), "師同歸宗麻谷去禮覲國師路次於地畫一圓相云道得卽去宗便於相中坐谷便作女人拜師云與麼則不去也宗云是什麼心行師於是相喚回. 翠巖芝云當時若見每人與一棒且圖天下太平. 續雲居錫云比來要禮國師南泉爲甚麼却相喚回且道古人意作麼生. 報慈遂云只如南泉與麼道是肯底語不肯底語. 五祖演云三人是慧炬三昧莊嚴王三昧." ; 『法界聖凡水陸大

렇게 하는 것은 무슨 마음으로 하는 것인가 하고는 같이 소리 치며 돌아갔다고 하고 있다.

《해설》 상환회(相喚廻)는 본심으로 돌아가 소승에서 대승을 체득했다는 것을 말하는 것으로 혜충국사를 만나고 만나지 않고의 문제는 아니다.

翠嵒芝云. 當時若見, 每人與一棒, 且圖天下大平.[71]

취암(翠嵒)[72] 지(芝)화상이 말했다. 그 당시에 만약 그것을

齋法輪寶懺』卷10(X74, p.1057a11~20), "一心奉請宗門統要續集(拜觀同上)宋建康沙門宗永集. 元保寧寺沙門清茂續集. 釋迦文佛 西竺應化聖賢 二十八祖 東土六祖 四祖旁出. 凡八世 五祖旁出. 凡三世 六祖下旁出. 凡二世 應化聖賢 未詳嗣法 亡名古宿 南嶽下凡十一世. 共二百四十八人. 五百五十三則機緣 青原下凡十世. 共二百六十四人. 五百五十四則機緣 續南嶽下至十八世. 共二百一十二則機緣 續青原下至十四世. 共四十七則機緣.";『大明重刊三藏聖教目錄』卷3(C106, p.782a8), "宗門統要續集(二十卷)";『宗門統要正續集』卷1(P154, p.466b3~8), "又七世而止投子天衣下起芙蓉楷圜照本逮石窓恭靈隱光又四世而止南嶽下十二世接逮十八世總二百八十六人見錄機緣二百一十二則青原下十一世接逮十四世總一百二十人見錄機緣四十七則爲宗門統要續集."

71) 『無異元來禪師廣錄』卷4(X72, p.255b15~18), "若待世尊生下時, 一手指天, 一手指地, 周行七步, 目顧四方. 自云. 天上天下惟吾獨尊, 便已納敗闕了也. 所以雲門大師云. 我當時若見, 一棒打死. 與狗子喫却, 貴圖天下大平.";『禪宗正脉』卷5(X85, p.460c11~14), "雲門. 云我當初若見, 一棒打殺與狗子喫却, 何以如此貴圖天下大平. 且道雲門恁麼說話, 有佛法道理也無. 雖然如此雲門祇具一隻眼. 久立珍重."

72) 취암(翠嵒, 翠巖):『傳法正宗記』卷8(T51, p.758c5~7), "大鑒之八世. 曰明州翠巖令參禪師, 其所出法嗣二人. 一曰杭州龍冊寺子興者, 一曰溫州佛嶼知默者.";『景德傳燈錄』卷18(T51, p.352c15~21), "明州翠巖永明大師令參, 湖州人也. 自雪峯受記止于翠巖大張法席. 問不借三寸請師道. 師曰. 茶堂裏貶剝去. 問國師三喚侍者意旨如何. 師曰. 抑逼人作麼. 問諸餘卽不問, 師默之. 僧曰. 如何擧似於人. 師喚侍者點茶來. 師上堂曰. 今夏與諸兄

보았다면 각자에게 일봉(一棒)을 때려서 잠깐사이에 천하를 태평하게 만들었을 것이다.

《해설》 한도인으로 살아가는 지혜로운 삶이 천하를 태평하게 하는 것이다.

6) 남전과 삼산·조주가 원상으로 선문답

南泉與杉山, 向火次乃云. 不用指東劃西, 本分事直下道將來. 杉以火筋, 挣向爐內. 泉云. 直饒如是, 猶較王老師, 一線道. 又如前問趙州, 州遂畫〇相, 中心下一點. 泉云. 直饒如是, 猶較王老師, 一線道.73)

弟語論. 看翠巖眉毛還在麼(長慶聞擧云. 生也.)" ; 『五燈會元』卷7(X80, p.156c11〜15), "安吉州人也. 僧問. 不借三寸, 請師道. 師曰. 茶堂裏貶剝去. 問. 國師三喚侍者, 意旨如何. 師曰. 抑逼人作麼. 上堂. 一夏與兄弟東語西話. 看翠巖眉毛在麼(長慶云, 生也. 雲門云. 關. 保福云. 作賊人心虛. 翠巖芝云. 爲衆竭力, 禍出私門)" ; 『教外別傳』卷7(X84, p.238b4〜6), "翠巖令參禪師(雪峯存法嗣) 明州翠巖令參永明禪師, 安吉州人也. 上堂曰. 一夏與兄弟, 東語西話, 看翠巖眉毛在麼."

73) 『景德傳燈錄』卷8(T51, p.258a8〜10), "師在方丈與杉山向火次, 師云. 不用指東指西, 直下本分事道來. 杉山插火著又手立. 師云. 雖然如是, 猶較王老師一線道." ; 『祖堂集』卷14(B25, p.566a3〜7), "師與南泉向火次, 南泉問師. 不用指東指西, 本分事直下道將來. 師便把火箸放下. 南泉云. 饒你與摩, 猶較王老師一線道. 南泉又問趙州, 趙州以手作圓相, 中心一點. 泉云. 饒你與摩, 猶較王老師一線道." ; 『聯燈會要』卷4(X79, p.39a1〜4), "師與杉山向火次, 師云. 不用指東劃西, 本分事直下道將來. 杉以火筋, 插向爐內. 師云. 直饒如是, 猶較王老師一線道. 又問趙州. 州劃一圓相, 於相中, 著一點. 師云. 直饒恁麼, 猶較王老師一線道." ; 『宗門統要正續集』卷3(P154, p.574a2〜6), "師與杉山向火次乃云不用指東畫西本分事直下道將來杉以火箸插向爐內師云直饒如是猶較王老師一線道又如前問趙州州遂畫圓相中心下一點師云直饒如是猶較王老師一線道."

남전(南泉)화상이 삼산(杉山)화상과 불을 쬐다가 말했다.

횡설수설하지 말고 불법(佛法)의 지혜로 본분사(本分事)를 바로 말해보시오.

삼산(杉山)이 부젓가락을 화로 안에 꽂았다.

남전(南泉)이 말했다.

설사 이와 같다고 해도 이 왕노사(王老師, 南泉)의 일선도(一線道)74)에는 미치지 못하네.

또 이와 같이 조주(趙州)에게 묻자 조주화상은 이 O원상(圓相)을 그리고 중심(中心)에 점을 하나 찍었다.

남전(南泉)이 말했다. 설사 이와 같다 하더라도 이 왕노사(王老師)의 일선도(一線道, 남전의 불법)에는 미치지 못하는 것이다.

《해설》 불은 번뇌 망념을 태우는 열반이므로 삼산이 자신이 부젓가락과 같다고 한 것이며 조주 역시 원상 속에 있는 자신을 표현한 것인데 남전이 인정하지 않은 것은 그것마저도 없어야 한다는 것을 설하고 있다. 열반적정의 경지를 벗어난 대승이 되어야 한다는 것을 말하고 있다.

南泉因普請, 入園取菜, 乃畫一O相, 圍却一株菜, 以標揷之, 語首座大衆曰. 輒不得動着, 每人下一轉語來. 是時大衆, 各呈見解, 未嘗有契, 泉以捧趁(趍)云. 這一隊漢, 無一箇有智慧, 喫却

---

74) 일선도(一線道): 남전의 독자적인 법문으로 스승이 제자를 위하여 제시하는 방편법문.

我多少, 菜不能與. 園頭出氣, (第三張) 乃踏倒標子, 曳着菜株
而歸.75)

　　남전(南泉)이 밭에 들어가서 채소를 캐다가 한 포기 채소의
주위로 하나의 ○원상(圓相)을 그리고 표시를 하여 두고는 수
좌와 대중에게 말했다. 절대로 표시를 건드리지 말고 채소를
채취하는 법을 각자가 일전어(一轉語)로 해 보아라. 그때 대중
들이 각기 견해(見解)를 드러내 보였으나 어느 하나도 계합하
지 못하자 남전(南泉)이 주장자를 들어 쫓으며 말했다. 이놈들
아! 일개성자의 지혜도 없으니 내가 채소를 조금도 너희들에게
줄 수 없구나. 원두(園頭)가 용기를 내어(제3장) 그 표시를 밟
아 넘어뜨리고는 채소를 채취하여 가지고 돌아왔다.

　　《해설》 소승들이 조금도 어기지 않고 수행하는 모습을 남전
이 대승으로 나아가게 설하고 있다. 원두가 남전에 구속되지
않고 자신의 의무를 행한 것이다.

7) 염관과 원상에 대한 선문답

鹽官一日, 喚侍者. 與我將犀牛扇子76)來. 侍者云. 扇子破也.

---

75) 『宗門統要正續集』卷3(P154, pp.579b8～580a3), "師因普請入園取菜乃畫
　　一圓相圍却一株菜以標插之語首座大衆云輒不得動著每人下一轉語來是時一
　　衆各呈見解未嘗有契師以棒趁云這一隊漢無一箇有智慧喫却我多少菜不能與
　　園頭出氣乃踏倒標子拽著菜株而歸."；『景德傳燈錄』卷7(T51, p.256a16～
　　19), "師入園取菜次, 師畫圓相圍却一株, 語衆云. 輒不得動著遮箇, 衆不敢
　　動. 少頃師復來見菜猶在. 便以棒趁衆僧云. 遮一隊漢無一箇有智慧底."
76) 『佛果圜悟禪師碧巖錄』卷10(T48, p.215c13～23), "鹽官一日喚侍者. 與我

126

官云. 扇子旣破, 還我犀牛兒來. 侍者無對. 投子云. 不辭將出, 恐頭角不全. 雪竇云. 我要不全底頭角. 石霜云. 若還和尙則無也. 雪竇云. 犀牛兒猶在. 資福畫一〇相, 於中書一牛字. 雪竇云. 適來爲什麼, 不將出. 保福云. 和尙年尊, 別請人好. 雪竇云. 可惜勞而無功. 又頌曰. 犀牛扇子用多時, 問著元來摠不知. 無限淸風與頭角, 盡同雲雨去難追. 復云. 若要淸風再覆, 頭角重生, 請禪客下一轉語. 問云. 扇子旣破, 還我犀牛兒來. 時有僧出云. 大衆叅堂去. 師喝云. 抛釣釣鯤鯨, 釣得箇蝦蟆. 便下座.

염관(鹽官)제안(齊安)이 어느 날 시자(侍者)를 불러 말하였다.

將犀牛扇子來. 此事雖不在言句上, 且要驗人平生意氣作略. 又須得如此藉言而顯, 於臘月三十日著得力, 作得主, 萬境撖然, 覤之不動. 可謂無功之功, 無力之力. 鹽官廼齊安禪師, 古時以犀牛角爲扇. 時鹽官豈不知犀牛扇子破. 故問侍者. 侍者云. 扇子破也. 看他古人, 十二時中常在裏許撞著磕著. 鹽官云. 扇子旣破, 還我犀牛兒來, 且道他要犀牛兒作什麼, 也只要驗人知得落處也無. 投子云. 不辭將出, 恐頭角不全.";『景德傳燈錄』卷7(T51, p.254a4~b5), "杭州鹽官鎭國海昌院齊安禪師者, 海門郡人也. 姓李氏. 生時, 神光照室. 復有異僧謂之曰. 建無勝幢. 使佛日回照者, 豈非汝乎. 遂依本郡雲琮禪師. 落髮受具. 後聞大寂行化於龔公山. 乃振錫而造焉. 師有奇相. 大寂一見, 深器異之. 乃命入室, 密示正法. 僧問, 如何是本身盧舍那佛. 師云, 與我將那個銅瓶來. 僧卽取淨瓶來. 師云, 卻送本處安置. 其僧送瓶本處了. 卻來再征前語. 師云, 古佛也過去久矣. ... 僧問大梅, 如何是西來意. 大梅云, 西來無意. 師聞乃云. 一個棺材, 兩個死屍.(玄沙云, 鹽官是作家.)師喚侍者者, 將犀牛扇子來. 侍者云, 破也. 師云, 扇子破, 還我犀牛兒來. 侍者無對.(投子代云, 不辭將去, 恐頭角不全. 資福代作圓相, 心中書牛字. ... 師問, 汝是誰. 對云, 法昕. 師云, 我不識汝. 昕無語. 師後不疾宴坐示滅. 敕謚悟空禪師.";『宗門統要正續集』卷3(P154, p.583a4~b2), "杭州塩官齊安國師一日喚侍者將犀牛扇子來者云破也師云扇子旣破還我犀牛兒來者無對. 投子同代云不辭將出恐頭角不全. 雪竇顯我要不全底頭角. 石霜諸代云若還和尙卽無也雪竇云犀牛兒猶在. 保福展代云和尙年尊別請人好雪竇云可惜勞而無功. 資福代作一圓相於中書牛字雪竇云適來爲甚不將出.";『古尊宿語錄』卷9(X68, p.56b6~8), "擧, 鹽官和尙喚侍者, 將犀牛扇子來. 者云. 扇子破也. 官云. 扇子旣破, 還我犀牛兒來. 者無語."

나에게 물소 뿔 부채[犀牛扇子]를 가져오너라.

시자(侍者)가 대답했다. 부채가 부서졌습니다.

염관이 말했다. 부채가 이미 부서졌으면 나에게 물소를 가져오너라.

시자(侍者)는 대답을 하지 못하였다.

투자(投子, 大同)께서 말했다.

오히려 물소를 잡아오는 것은 어렵지 않으나 뿔이 온전하지 못할까 염려됩니다.

설두(雪竇)께서 말했다.

나는 온전하지 못한 근본적인 뿔이 필요하다.

석상(石霜)께서 말했다.

만약에 화상(和尙)께서 돌려 달라고 하시면 없습니다.

설두스님이 말했다. 물소가 아직도 있었구나!

자복(資福)께서 이 〇원상(圓相)을 하나 그리고 그 가운데에 우(牛)자를 써넣었다.

설두(雪竇)께서 말했다. 방금 왜 잡아 오지 않았는가?

보복(保福)께서 말했다. 화상께서 연세가 많으시니 별도로 본래인에게 청(請)하시는 것이 좋겠습니다.

설두(雪竇)께서 말했다.

애석하게 노력은 했지만 공덕이 없구나.

또 게송으로 설(說)했다.

물소 뿔 부채를 많이 사용하였으나 물으면 대답하지 못하니 원래 모두 대상으로 알지 않는 것이네.

청풍(淸風)과 뿔은 무한하나 구름과 비가 모두 다하여도 추구하지 못하네.

다시 말했다. 만약에 청풍(淸風)이라는 것을 다시 무너뜨리고 뿔을 다시 생기게 하려면 선객(禪客)들에게 청하여 일전어(一轉語)를 하게 하여라.

물었다. 부채가 이미 부서졌다면 나의 물소를 가져오너라.

이때 어느 스님이 나와 말했다.

대중들이 모두 선당(禪堂)으로 갔습니다.

설두(雪竇)께서 게송으로 말했다.

낚시를 던져 고래를 잡으려다가 겨우 일개 하마(蝦蟆, 새우, 두꺼비)만 잡았구나 하고는 바로 자리에서 내려왔다.

《해설》 이 내용은 물소 뿔로 만든 부채인 '서우선자(犀牛扇子)'를 가지고 대화하는 내용이다. 여기에서 '서우선자'는 주장자나 '불자(拂子)'를 의미하는 것으로 자신의 불법(佛法)을 말하는 것이다. 시자에게 염관이 자신의 불법(佛法)을 가져오라고 하였는데 시자가 부서졌다고 하는 것에서부터 시작이다. 이것이 시자에게 간단한 심부름을 시킨 것과 시자자신의 불법(佛法)을 말하는 것으로 구분하면 후자일 것이다. 부채를 말하지만 부채를 만들 수 있는 물소를 잡아오라고 하니 시자는 더 난감한 일이 벌어진 것이다. 시자가 알고 대답을 하지 않은 것인지 모르고 대답을 하지 않은 것인지에 대한 논쟁인데 여기에서 시자자신의 불법(佛法)을 말하는 것이기에 자신의 물소라도 잡아와야 하는 것이다. 시자는 자신의 분신과도 같은 존재이므로 시자를 아무 것도 모르는 존재로 말하면 결국은 자신의 허물이 되는 것이다. 그래서 이 선문답이 여러 사람들에게 회자 되었던 것이다. 불자(拂子)나 주장자로 설하는 것은 자신의 불법(佛

法)을 찾아내게 하는 도구로 소승과 대승의 사람에게 맞는 방편으로 제도하여 한도인을 찾고 있는 것이다.

8) 회운과 초당의 원상에 대한 선문답

章敬寺, 懷惲禪師, 有小師行脚廻, 師問. 汝離此間, 得多少年耶. 小師曰. 離和尚左右, 將及八年. 師曰. 辨得箇什麼. 小師於地上, 畫一圓相〇. 師曰. 祇這箇, 別更有在. 小師, 乃畫破圓相, 便禮拜. 師曰. 不是不是.

장경사(章敬寺) 회운(懷惲, 754~815)[77]선사에게 어느 스님(小師, 少師, 제자)이 행각(行脚)하고 돌아오니 선사(禪師)께서 물었다. 그대가 이곳(此間, 깨달음의 경지)을 떠난 지 몇 년이

---

[77] 회운(懷惲): 『景德傳燈錄』卷7(T51, p.252c16~23), "師有小師行脚廻, 師問曰. 汝離此間多少年耶. 曰離和尚左右將及八年. 師曰. 辨得箇什麼. 小師於地畫一圓相. 師曰. 只遮箇更別有. 小師乃畫破圓相後禮拜. 僧問. 四大五蘊身中, 阿那箇是本來佛性. 師乃呼僧名, 僧應諾. 師良久曰. 汝無佛性. 唐元和十三年十二月二十二日示滅. 建塔于灞水. 勅諡大覺禪師大寶相之塔." ; 『宋高僧傳』卷10(T50, pp.767c25~768a12), "唐雍京章敬寺懷暉傳 釋懷暉, 姓謝氏, 泉州人也. 宿植根深出塵志遠, 迨乎進具乃尙雲遊, 貞元初禮洪州大寂禪師, 頓明心要時彭城劉濟頗德暉互相推證. 後潛岨峽山, 次寓齊州靈巖寺. 又移卜百家巖, 泉石幽奇. 苦於禪子請問繁雜, 上中條山行禪法, 爲法者躑跡而往, 蒲津人皆化之. 元和三年憲宗詔入於章敬寺毘盧遮那院安置. 則大曆中勅應天下名僧大德三學通贍者, 並叢萃其中, 屬誕辰多於此修齋度僧焉. 暉既居上院爲人說禪要. 朝寮名士日來參問. 復詔入麟德殿賜齋推居上座. 元和十年乙未冬示疾, 十二月十一日滅度. 春秋六十二. 越明年二月, 門人智朗志操等, 奉全身葬于灞橋北原. 勅諡大宣教禪師. 立碑于寺門. 嶽陽司倉賈島爲文述德焉." ; 『五燈會元』卷3(X80, pp.78c24~79a3), "小師行脚回, 師問曰. 汝離此間多少年邪. 曰. 離和尚左右將及八年. 師曰. 辨得箇甚麼. 小師於地畫一圓相. 師曰. 祇這箇, 更別有. 小師乃畫破圓相, 便禮拜. 師曰. 不是不是."

130

나 되었는가?

그 스님(小師, 제자)이 대답했다.

화상(和尙)의 곁을 떠난 지 8년이 되었습니다.

회운(懷惲)화상께서 물었다.

분명히 일개성자를 체득하였는가?

그 스님(小師)이 지상(地上)에 하나의 〇원상을 그렸다.

회운(懷惲)화상께서 물었다.

단지 이것인가? 또 다른 것이 있는가?

그 스님(小師)이 원상(圓相)을 지워 버리고 바로 예배했다.

회운(懷惲)화상께서 말했다. 아니다 틀렸다.

《해설》 깨달음의 경지를 원상이라고 설하고는 또 다른 것을 묻고 있기에 원상조차도 없어야 한다고 예배를 하고 있다. 그 다음의 '불시불시(不是不是)'의 내용은 후대에 첨가된 자료라고 생각된다. 이것은 『경덕전등록』의 "僧問. 四大五蘊身中, 阿那箇是本來佛性. 師乃呼僧名, 僧應諾. 師良久曰. 汝無佛性."에서 '여무불성(汝無佛性)'에서 '승문(僧問)'을 소사(小師)라고 생각하고 넣은 것이다. 여기에서 자기 자신마저도 없어야 한다는 것을 이름조차도 초월해야 한다는 것으로 설하고 있다. 오온(五蘊)이 공(空)이어야 한다는 것을 정확하게 꼬집고 있다. '불시불시(不是不是)'라고 한 것은 예배하는 행위초차도 초월해야 한다는 대승을 설하고 있다. 여기에서 대승과 최상승을 잘 판단해야 한다.

京兆草堂禪師, 僧問. 未有一法[78]時, 此身在何處. 師畫一〇相, 於中書身字.[79]

경조(京兆) 초당(草堂)선사(禪師)에게 어느 스님이 물었다.
일법(一法)도 없을 때에는 이 몸(此身)은 어디에 있습니까?
초당(草堂)선사께서 하나의 〇상(相)를 그리고는 그 가운데에 신(身)자를 썼다. 🖊

《해설》 법이란 인연법이므로 일법(一法)도 없다고 하면 자신이 진여의 지혜로 살아가는 모습을 원상속의 모습이라고 설명하고 있다. 물음이 소승으로 육신이 없으면 자신의 일법(一法)은 어디에 있을 것인가라는 질문에 대승으로 대답하고 있다. 소승으로 진공을 추구하는 모습에서 대승은 번뇌 망념만 없으면 원상을 벗어나지 않는 아라한으로 탄생한다고 설하는 것이다.

---

78) 일법(一法): 『般若心經略疏連珠記』卷2(T33, p.567b26~27), "一法者, 一味無差別法也." ; 『大方廣佛華嚴經隨疏演義鈔』卷28(T36, p.210a7~8), "無量者從一法生, 其一法者所謂無相." ; 『宗鏡錄』卷94(T48, p.925b15~19), "大方廣入如來智德不思議經云. 皆悉了達諸法實相, 自性平等, 猶如虛空. 又云. 於一法中, 了一切法, 無分別智, 常現在前. 釋曰. 一法者, 卽是自心. 此心爲諸法平等之性, 於自心性中了一切法, 有何分別." ; 『銷釋金剛經科儀會要註解』卷3(X24, p.688a2~3), "千法萬法皆從一法者, 此科, 一切賢聖, 皆以無爲法而有差別之."

79) 『宗鏡錄』卷7(T48, p.452a10~11), "世間未有一法, 不被無常吞." ; 『宗鏡錄』卷24(T48, p.553a19~20), "是以色爲所造, 心爲能造, 未有一法非是我心." ; 『景德傳燈錄』卷8(T51, p.262a21~24), "京兆草堂和尙. 自罷參大寂, 遊至海昌, 海昌和尙問. 什麼處來. 師云. 道場來. 昌云. 遮裏什麼處. 師云. 賊不打貧人家. 問. 未有一法時, 此身在什麼處. 師乃作一圓相於中書身字."

9) 본계와 방거사의 원상에 대한 선문답

本溪和尙, 師一日坐次, 龐公至. 師纔顧視, 公以拄杖, 畫一O
相. 師近前踏却, 公云. 恁麼不恁麼. 師亦畫圓相. (第四張) 公亦
近前踏却. 師云. 恁麼不恁麼. 公遂拋下拄杖而立. 師云. 來時有
杖, 去時無杖. 公云. 幸自圓成, 徒勞自視. 師拊掌云. 奇哉奇哉.
一無所得. 公拈拄杖便行. 師云. 看路看路.

본계화상(本溪和尙)이 어느 날 좌선(坐禪)을 하고 있는데 방
공(龐公, 방거사)이 왔다. 본계화상(本溪和尙)께서 돌아보자마
자 방공(龐公)이 주장자로 하나의 O상(相)을 그렸다. 본계화상
(本溪和尙)께서 가까이 가서 발로 지워버리니 방공(龐公)이 물
었다.

그렇게 하고 그렇게 하지 않아야 하는 것입니까[恁麼]?[80]

(방공이 말하기를 불성이 있다는 것을 주장하는 것이 틀렸다
는 것입니까?)

본계화상께서 역시 O상(相)을 그려 제시했다.

(제4장) 방공(龐公)도 역시 가까이 가서 발로 지워버렸다.

본계화상께서 말했다. 그렇게 하고 그렇게 주장하지 않아야
하는 것이다.

(본계화상은 불성이 있다는 주장을 했으면 원상을 없앤다는
마음도 버려야 하는 것이라고 설하고 있다.)

방공(龐公)은 비로소 주장자도 내던져 버리고 바로 섰다.

---

80) 임마(恁麼, 恁摩): 이와 같이, 그와 같이. 왜 어찌하여, 어떻게. 이 같은, 그
같은. 여(如)와 같은 동의어로 사용되며 진실을 말함. 옳은 얘기.

(불성이 있다는 주체도 버려야 한다는 것을 바로 깨달아 대승으로 나아갔다는 것이고 언하돈오의 감사의 인사를 하는 것이다.)

본계화상께서 말했다.

올 때는 주장자가 있었는데 갈 때는 주장자도 없구나!

방공(龐公)이 말했다. 자신의 망념(妄念)을 자각하면 원만하게 이루어지는 것인데 도로(徒勞, 고생하여 헛되이) 자신의 불성(佛性, 法身)을 보게 한 것입니다.

(언하돈오하면 그만인 것을 다시 가르쳐 주심에 대한 감사를 표현한 것.)

본계화상께서 손뼉을 치고는 말했다. 기특하고 기특하구나! 진여의 지혜는 얻는 것이 아닌 무소득(無所得)이다.

방공(龐公)이 주장자를 들고 곧바로 깨달아 실행(實行)했다.

본계화상께서 말했다. 지금현재 진여의 지혜로 항상 간(看)하며 살아가라[看路81)看路].

《해설》 원상으로 자신의 모습을 설명하자 원상도 없어야 한다는 것을 설하고 있다. 그래서 방거사가 원상을 그리는 도구인 주장자도 버리고 바로 선 자신이라고 말하자 올 때는 주장자를 가지고 왔었는데 이제는 주장자도 없다고 하는 것은 자신이 자각하면 되는데 다시 말할 필요가 없다고 감사의 표현을 하고

---

81) 로(路, 露):『大般涅槃經集解』卷19(T37, p.458a17~18), "正路者, 三歸也. 三歸是趣佛正路也.";『般若波羅蜜多心經略疏』(T33, p.555b2), "行此路者爲超路.";『說無垢稱經疏』卷2(T38, p.1020b6), "路者道也.";『圓覺經句釋正白』卷1(X10, p.657c12), "正修行路者, 發願斷障成就開悟.";『金剛般若波羅蜜經』(T08, p.752b28~29), "一切有爲法, 如夢幻泡影, 如露亦如電, 應作如是觀."

있는 것이다. 즉 자신이 용이 되어도 뱀의 비늘문양(紋樣)을 바꾸지 않는 것을 설하고 있다. 방거사가 원상이라는 깨달음에 떨어져 있는 소승에서 대승으로 전환하였다는 것을 본계화상이 인가한 내용이고 방거사가 대승으로 알아들었다는 것을 설명하고 있다. 그래서 항상 진여의 지혜로 생활하기를 바라고 있다. 여기에서 로(路)라는 것은 로(露)와 같은 것으로 지식과 지혜의 차이를 구분하지 못하면 길이나 이슬의 비유를 잘 살펴야 한다.

10) 위산의 원상에 대한 선문답

澤州大潙靈祐[82])禪師, 一日呈起如意, 復畫此◎◦相云. 有人道得, 便得此如意, 道道. 時有僧云. 此如意, 本不是知(和)尙底.

---

82) 위산영우(潙山靈祐): 『人天眼目』卷4(T48, p.321b14~18), "潙仰宗 師諱靈祐, 福州長溪*趙氏子. 得法於百丈海和尙, 初至大潙木食澗飮, 十餘年始得仰山慧寂禪師. 相與振興其道, 故諸方共稱曰潙仰宗."*(趙氏…仰宗)四十五字 (人也俗姓趙氏年十五辭親出家究大小乘經律二十三遊江西參百丈大智禪師發明大事出世住潙山後得仰山慧寂禪師父子無事不擧無事不知後來仰山道價大振諸方尊宿衆所推之潙仰宗耳) ; 『宋高僧傳』卷11(T50, p.777b17~c11), "釋靈祐, 俗姓趙, 祖父俱福州長溪人也. 祐卯年戲于前庭, 仰見瑞氣祥雲徘徊盤礬, 又如天樂淸奏眞身降靈, 衢巷諦觀耆艾莫測, 俄有華巓之叟, 狀類闍賓之人. ... 後相國裴公相親道合. 祐爲遭會昌之澄汰. 又遇相國崔公愼由, 崇重加禮. 以大中癸酉歲(854)正月九日盥漱畢, 敷座瞑目而歸滅焉. 享年八十三, 僧臘五十九. 遷葬于山之右梔子園也. 四鎭北庭行軍涇原等州節度使右散騎常侍盧簡, 求爲碑, 李商隱題額焉."; 『禪林寶訓音義』(X64, p.443a22~b2), "潭州潙山靈祐禪師, 福州長溪趙氏子. 嗣百丈懷海禪師. 一日上堂云. 老僧百年後, 向山下檀越家, 作一水牯牛, 右脇書五字, 潙山僧某甲. 當時喚作潙山僧, 却是水牯牛, 喚作水牯牛, 却是潙山僧. 畢竟喚作什麼卽得, 仰山出衆禮拜而退."; 『潙山警策註』(X65, p.468c9~15), "潙山, 在長沙府之寧鄕, 一名大潙山, 周百四十里, 潙水出焉. 故名, 禪師諱靈祐. 謚大圓. 本福州長溪趙氏子, 得法於百丈和尙. 典饌會中, 因司馬頭陀迹得是山. 機下踢翻淨瓶, 住山十有餘載, 後得仰山惠寂. 相與振發其道, 故稱潙仰宗. 自心淸淨名之禪, 萬有作則爲之師. 警則警其不勤, 策則策其不進."

師云. 得而無用. 僧云. 設擧(與)某甲, 亦無著處.[83]

 택주(澤州)의 위산영우(潙山靈祐, 771~853)선사께서 어느 날 여의주를 들고 다시 이 ◎상(相)을 그려보이고는 말했다.

 누구든지 말하여 체득하면 바로 이 여의주를 갖게 되는 것이니 말하여 보라.

 그때 어느 스님이 말했다.

 이 여의주는 본래 화상의 것이 아닙니다.

 위산영우선사께서 말했다.

 체득하여도 사용할 줄을 모르는 것이다.

 그 스님이 말했다.

 설사 제게 주신다고 하여도 역시 그것에 집착하지 않습니다.

---

83) 『摩訶般若波羅蜜經』卷26(T08, p.410a14~18), "何以故, 著者, 著法, 著處, 是三法皆不可得, 自性空故, 空不著空, 空中無著者 亦無著處. 何以故, 空中空相不可得. 須菩提, 是名不可得空, 菩薩住是中, 能得阿耨多羅三藐三菩提."; 『潭州潙山靈祐禪師語錄』(T47, p.581c15~24), "師, 一日呈起如意, 復畫此◎相. 有人道得, 便得此如意, 道道. 時有僧云. 此如意, 本不是和尚底. 師云. 得而無用. 又有僧云. 設與某甲, 亦無著處. 師因僧問. 從上諸聖, 直至如今, 和尚意旨如何. 師云. 目前是甚麼物. 僧云. 莫祇這便是麼. 師云. 阿那箇. 僧云. 適來祇對底. 師云. 爾擬那箇 去莫生事(자신의 종적이 아직 남아 있는 것도 버려야 하는 것. 蔣山勤云. 問頭太嶮答處太賒, 二俱不了). 僧問. 如何是百丈眞. 師下禪床叉手立. 云如何是和尚眞. 師却坐."; 『宗門統要正續集』卷6(P154, pp.683b5~684a10), "師一日呈起如意 復畫此◎相云 有人道得 便得此如意 道道 時有僧云 此如意本不是和尚底 師云 得而無用 又有僧云 設與某甲亦無著處 師示衆云 一切衆生 無佛性 鹽官示衆云 一切衆生 有佛性 鹽官會下有二僧遂特詣 師會下探之既到 所聞說法 莫測其涯 若生輕慢 一日在庭中坐次 見仰山來遂勸云 師兄切須勤學 佛法不得容易 仰遂作一圓相托呈 却拋向背後 復展兩手就 二僧索二僧茫然 不知所措 仰乃勸云 直須勤學 佛法不得容易珍重 便去二僧逮返鹽官 將行三十里 一人忽然有省 自歎云 當知 潙山云 一切衆生無佛性 誠不錯也 却回潙山一人 又行數里因渡水 亦有省自歎云 潙山道一切衆生無佛 性灼然有他與麼 道亦返潙山."

136

《해설》 '設擧(與)某甲(설거(여)모갑)' 여기에서 거(擧)는 여(與)자의 오자인 것으로 생각된다. '거(擧)'자로 하면 자신이 여의주를 가지고 시설하더라도 자신은 그것에 집착 없이 사용한다고 하는 것이 된다.

이 내용은 여의주가 주된 내용인데 영우가 이 ◎상(相)을 체득하면 여의주를 갖게 된다고 설하고 있다. 이 상(相)은 원상 속에 원상이 들어 있는데 외부에 원상이 하나 더 붙어 있는 상이다. 원상속의 원상이란 여의주가 원상 속에 있는 것이기에 자신의 마니보주가 불법(佛法)을 벗어나지 않는 것이므로 원상이 대승의 경지에 들어 있는 모습인데 옆에 원상이 하나 더 있다. 외부에 원상이 있다는 것은 제자를 제접하는 모습으로 이심전심의 줄탁동시(啐啄同時)를 설하고 있다고 볼 수 있다. 즉 자신이 의심하려고 하는 순간에 자신은 나타나는 것이므로 원상을 하나 더 그려서 제시하고 있다. 즉 자신이 있다는 사실도 없어야 한다는 것을 알려주기 위한 도상(圖相)이다.

盧員外問潙山. 三乘十二分敎, 是佛說不是. 師曰. 但一期方便. 外曰. 說三乘十二分敎, 是佛, 不是佛. 師曰. 悟卽是, 不悟卽非. 外曰. 阿誰是說, 三乘十二分敎底人. 師作此〇相, 乃托呈之. 外, 便禮謝.

노원외(盧圓外)가 위산(潙山)에게 물었다.
3승 12분교는 부처님이 설한 것이 아닙니까?
위산께서 말했다. 단지 일기(一期)84)의 방편이다.

외(外)가 물었다. 3승 12분교를 설(說)한 것이 부처님입니까? 부처님이 아닙니까?

위산께서 말했다. 깨달으면 맞고 깨닫지 못하면 아닌 것이다.

외(外)가 말했다.

누가 3승 12분교를 설(說)한 본래 그 사람[底人]입니까?

위산께서 이 ○상(相)을 그려서 제시(提示)했다.

외(外)가 바로 감사의 예배(禮拜)를 했다.

潙山上堂曰. 老僧百年後, 向山下檀越家, 作一頭水牯牛[85], 左脇下書字, 五箇曰, 潙山僧其(某)甲. 當恁麼時, 喚作潙山僧是.

---

84) 일기(一期): 일생동안 ; 『成唯識論』卷5(T31, p.25b28~c4), "又契經說, 無想有情 一期生中 心心所滅. 若無此識, 彼應無染, 謂彼長時 無六轉識. 若無此意 我執便無, 非於餘處 有具縛者 一期生中 都無我執. 彼無我執 應如涅槃. 便非聖賢 同所訶厭, 初後有故 無如是失."; 『宗鏡錄』卷52(T48, p.723c23~27), "又契經說. 無想有情, 一期生中, 心心所滅. 若無此識, 彼應無染, 謂彼長時 無六轉識. 若無此意, 我執便無. 乃至故應 別有染汚末那, 於無想天, 恒起我執, 由斯賢聖, 同訶厭彼."; 『成唯識論訂正』卷5(D23, p.466a5~7), "又契經說. 無想有情, 一期生中, 心心所滅. 若無此識, 彼應無染, 生之始終曰一期, 心心所滅."; 『四念處』卷3(T46, p.567b22~23), "此深得經意文義朗然. 然佛一期諸大經, 門門不同位位數異, 行人採用各異."; 『妙法蓮華經玄義』卷1(T33, p.681b16~17), "一期化導, 事理俱圓, 蓮華之譬, 意在斯矣."; 『楞嚴經秘錄』卷1(X13, p.47a13~16), "故喩如輪, 以己所證度入他心, 是爲之轉, 佛子助佛宣揚. 故云從佛轉輪. 如來一期化導, 有如是之教法可說, 有如是之衆生可度."

85) 『祖堂集』卷16(B25, p.596b10~12), "師云. 早是向我頭上汚了也. 卻問. 和尙百年後向什摩處去. 師云. 向山下檀越家作一頭水牯牛去."; 『佛果圜悟禪師碧巖錄』卷3(T48, p.165a12~15), "潙山道, 老僧百年後, 向山下檀越家, 作一頭水牯牛, 左脇下書五字云, 潙山僧某甲, 且正當恁麼時, 喚作潙山僧, 卽是喚作水牯牛, 卽是."; 『禪林寶訓音義』(X64, p.443a22~b2), "潭州潙山靈祐禪師, 福州長溪趙氏子. 嗣百丈懷海禪師. 一日上堂云. 老僧百年後, 向山下檀越家, 作一水牯牛, 右脇書五字, 潙山僧某甲, 當時喚作潙山僧, 却是水牯牛. 喚作水牯牛, 却是潙山僧, 畢竟喚作什麼卽得. 仰山出衆禮拜而退."

138

喚作水牯牛是. 仰山出衆, 禮三拜出去, 師便下座. 吉州資福曰.
當時但作此〇相, 拓呈之. 新羅和尙曰. 但作此⊕相, 拓呈之.
又曰. 同道者方知. 芭蕉徹和尙云. 但作此卍[86]相, 拓呈之. 又
曰. 說也說了也, 注也注了也, 悟取好. 乃述一偈云. 不是潙山不
是牛, 一身兩號實難酬. 離却兩頭應須道, 如何道得出常流.(第五
張)

위산(潙山)께서 상당(上堂)하여 말했다.

노승(老僧)이 입적(入寂)한 후에 산 아래 단월(檀越)가에서
한 마리 수고우(水牯牛)로 태어나서 왼쪽 배에 위산(潙山)의 승
(僧) 모갑[潙山僧某甲]이라는 다섯 글자가 쓰여 있다고 하면 마
땅히 그 당시에 위산(潙山)의 스님이라고 부르겠는가? 수고우
(水牯牛)라고 부르겠는가? 앙산(仰山)이 대중가운데에서 나와

86) 卍: 『潭州潙山靈祐禪師語錄』(T47, pp.581c25～582a2), "師上堂云. 老
僧百年後, 向山下作一頭水牯牛, 左脇下書五字云, 潙山僧某甲, 當恁麼時,
喚作潙山僧, 又是水牯牛. 喚作水牯牛, 又是潙山僧, 畢竟喚作甚麼卽得. 仰
山出禮拜而退(雲居膺云. 師無異號 資福寶. 代作一圓相拓起芭蕉清, 代作
此⊕相呈之. 又云. 同道者方知南塔涌云. 一千五百人善知識, 只得一半
芭蕉徹代, 當時作卍此相呈之. 又云. 說也說了, 註也註了. 悟取好保寧勇
云. 和尙一等是入泥入水."; 『列祖提綱錄』卷7(X64, p.48a6～14), "上堂.
老僧百年後, 向山下作一頭水牯牛, 左脇下書五字, 曰潙山僧某甲, 當恁麼
時, 喚作潙山僧, 又是水牯牛. 喚作水牯牛, 又是潙山僧, 畢竟喚作甚麼卽
得. 仰山出禮拜而退. 雲居膺代曰. 師無異號. 資福寶. 當時但作此〇相
拓呈之. 新羅和尙作此⊕拓呈之. 又曰. 同道者方知, 芭蕉徹作此卍[初衣佛]
相拓呈之. 又曰. 說也說了也, 注也注了也, 悟取好. 乃述偈曰. 不是潙山不
是牛, 一身兩號實難酬, 離却兩頭應須道, 如何道得出常流."; 『禪宗頌古聯
珠通集』卷15(X65, p.564b22～c5), "潙山示衆曰. 老僧百年後, 向山下作一
頭水牯牛, 左脇書五字, 曰潙山僧某甲, 此時喚作潙山僧, 又是水牯牛. 喚作
水牯牛, 又是潙山僧, 喚作甚麼卽得.(五燈會元於卽得下又云)仰山出禮拜而
退 雲居膺代曰. 師無異號 資福寶曰. 當時但作此〇相拓呈之 新羅和尙作
此⊕相拓呈之. 又曰. 同道者方知 芭蕉徹作此卍相拓呈之. 又曰. 說也說了
也, 注也注了也, 悟取好. 乃述偈曰. ..."

삼배(三拜)를 하고 가니 위산께서 바로 법좌(禪床)에서 내려왔다.

길주(吉州) 자복(資福)이 말했다. 그 당시에 단지 이 O상(相)만 그려서 제시(提示)하면 되는 것이다.

신라(新羅)화상(和尙, 順之)은 단지 이 ⊕상(相)만 그려 제시하면 되는 것이라고 말했다.

또 말했다.

동도(同道, 親見)가 되어야 비로소 알 수 있는 것이다.

파초(芭蕉) 철(徹)화상은 말했다.

단지 ⊛[初衣佛]상(相)만 그려 제시(提示)하면 된다.

또 말했다. 설(說)하는 것은 모두 설(說)하였고 주석(注釋)하는 것도 모두 주석(注釋)하였으니 자신이 깨달아야만 한다.

그리고 하나의 게송으로 서술하여 설(說)했다.

위산도 아니고 수고우(水牯牛)도 아니니,

일신(一身)을 두 가지로 대답하기 어렵네.

도리어 양쪽을 초월해서 말해야 마땅하니,

어떻게 말해야 상류(常流, 범부)[87]가 출세하여 체득하겠는가? (제5장)

《해설》 위산이 자신이 수고우라는 소로 환생한다고 가정하였을 때에 지금 자신을 어떻게 부르겠냐고 하니 앙산이 깨달아 알고 삼배를 한 것이다. 그리고 위산에 대하여 O이나 ⊕, ⊛

---

87) 상류(常流): 『楞嚴經正見』卷10(X16, p.739c7~9), "四者下行常, 餘無常. 謂色受想是無常性, 現見滅盡故. 行陰是常性, 現見常流故, 常流者是眞常性, 滅盡者是眞無常性也."; 『萬松老人評唱天童覺和尙頌古從容庵錄』卷3(T48, p.256c13~16), "第四十七則趙州柏樹 示衆云. 庭前柏樹, 竿上風幡, 如一華說無邊春, 如一滴說大海水, 閒生古佛, 逈出常流, 不落言思, 若爲話會."

140

으로 대답한 것이다. "상류자시진상성 멸진자시진무상성야(常流者是眞常性 滅盡者是眞無常性也)"에서 상류(常流)는 '색수상(色受想)'에 떨어져 과거의 추억을 먹고 사는 것이지만 이것이 다하여 없어지면 무상성(無常性)이 되어 출세(出世)하게 되는 것이다.

瀉山與仰山行次, 忽見面(面)前, 塵起祐曰. 面(面)前是什麼. 仰山近前看了, 却作此車相, 祐點頭.

위산(瀉山)께서 앙산(仰山)과 같이 길을 가다가 홀연히 면전(面前)에서 번뇌(塵)가 일어나는 것을 보고 물었다.

면전(面前)에 있는 것이 무엇인가?

앙산(仰山)이 가까이 가서 살펴보고는 도리어 車모양을 그려 보이니 위산영우선사께서 인가(點頭)하셨다.

《해설》거(車)字가 마멸되어 '車'자(字)로 되어 진 것이 아닌가 하고 판단되는데 이것은 가는 중이라고 대답한 것이다. 번뇌가 없다는 것을 말하고 있다. 즉 지금은 길을 가고 있을 뿐이지 무슨 번뇌 망념이 있겠습니까 하니 위산이 앙산을 인가한 것이다. 즉 이 말은 항상 진여의 지혜로 살아가는 모습을 직심(直心)으로 표현한 것이다. 그러므로 이 車 문자에 빠지면 안 된다.

潙山示衆曰. 一切衆生, 皆無佛性. 鹽官示衆曰. 一切衆生, 皆有佛性[88], 遂令二僧. 汝去看彼如何. 其僧依旨, 即到潙山, 聞潙山和尙擧揚, 莫測其涯. 因一日, 與仰山言話次, 乃勸仰山, 須是學佛法, 不得容易. 仰山乃作此 ◯ 相, 以手拓呈了, 却抛向背後, 遂展兩手, 就二僧索, 二僧罔措. 仰山曰. 吾兄直須學佛法, 始得不可容易, 便起去. 時二僧, 却廻鹽官, 行三十里, 一僧忽然有省, 乃曰. 潙山道, 一切衆生, 皆無佛性, 信之不錯, 便廻潙山. 一僧更前行數里, 因過水, 忽然有省, 自曰, 潙山道, 一切衆生, 皆無佛性, 酌然有他恁麽道, 亦廻潙山, 久依法席.[89]

---

88) 『大般涅槃經』卷6(T12, p.402c6〜10), “我爲肉眼諸衆生等, 說是四依, 終不爲於有慧眼者, 是故我今說是四依. 法者卽是法性, 義者卽是如來常住不變, 智者了知一切衆生悉有佛性, 了義者了達一切大乘經典.”;『大般涅槃經』卷7(T12, p.404c4〜6), “佛祕藏甚深經典, 一切衆生皆有佛性, 以是性故, 斷無量億諸煩惱結, 卽得成於阿耨多羅三藐三菩提, 除一闡提.”;『大般涅槃經』卷27(T12, p.524c12〜16), “莊嚴畢竟者, 六波羅蜜. 究竟畢竟者, 一切衆生所得一乘. 一乘者名爲佛性, 以是義故, 我說一切衆生悉有佛性. 一切衆生悉有一乘, 以無明覆故不能得見.”;『大般涅槃經』卷27(T12, p.525a6〜8), “一切衆生悉有佛性, 煩惱覆故不能得見, 十住菩薩雖見一乘. 不知如來是常住法, 以是故言 十地菩薩 雖見佛性 而不明了.”;『大般涅槃經』卷30(T12, p.802a6〜9), “一切衆生不退佛性 故名之爲有, 阿毘跋致故. 以當有故, 決定得故, 定當見故, 是故名爲 一切衆生 悉有佛性.”;『大般涅槃經義記』卷8(T37, p.829a19〜22), “一切衆生悉有佛性 不能見者明凡不見, 十住雖下擧聖顯凡. 十住菩薩 見上不了 何況凡夫. 上來廣說 首楞爲性 衆生不見.”;『宗鏡錄』卷2(T48, p.426b3〜7), “故法華經云. 十方佛土中, 唯有一乘法. 大涅槃經云. 師子吼者, 是決定說, 一切衆生, 悉有佛性. 又云. 衆生亦爾, 悉皆有心, 凡有心者, 悉皆當得阿耨多羅三藐三菩提.”;『維摩經文疏』卷9(X18, p.522b8〜9), “師子吼者說一切衆生悉有佛性佛性者大涅槃經明卽是大乘也.”

89) 『袁州仰山慧寂禪師語錄』(T47, p.583a22〜b8), “師侍潙山行次, 忽見前面塵起. 潙山云. 面前是甚麽. 師近前看了, 却作此 伞 相, 潙山點頭. 潙山示衆云. 一切衆生皆無佛性. 鹽官示衆云. 一切衆生皆有佛性. 鹽官有二僧往探問, 既到潙山, 聞潙山擧揚, 莫測其涯. 若生輕慢, 因一日與師言話次, 乃勸云. 師兄須是勤學, 佛法不得容易. 師乃作此◯相, 以手拓呈了, 却抛向背後, 遂展兩手就二僧索, 二僧罔措. 師云. 吾兄直須勤學, 佛法不得容易, 便起去. 時二僧却回鹽官, 行三十里, 一僧忽然有省. 乃云. 當知潙山道, 一切衆生皆無佛性, 信之不錯, 便回潙山. 一僧更前行數里, 因過水, 忽然有省. 自歎云. 潙山道, 一切衆生皆無佛性, 灼然有他恁麽道. 亦回潙山,

위산(潙山)께서 시중(示衆)하여 설(說)했다.

일체중생은 모두 불성(佛性)이 없다.

염관(鹽官)은 시중(示衆)하여 설(說)했다. 일체중생은 모두 불성(佛性)이 있다고 하며 두 스님에게 말했다. 그대들은 위산(潙山)으로 가서 그곳에서는 어떻게 하는지 잘 살펴보아라.

그 스님들이 그 뜻[玄旨]에 의하여 곧 위산으로 가서 위산(潙山)의 설법[擧揚]을 듣고는 그 경지를 헤아릴 수 없었다. 어느 날 앙산(仰山)과 대화를 하다가 앙산(仰山)에게 권(勸)하여 말했다. 반드시 불법(佛法)을 배워야 하는데 체득하는 것은 쉬운 것이 아닙니다.

앙산(仰山)이 이에 이 ◯상(相)을 그려서 제시하고는 도리어 뒤로 던지고 두 손을 펼치고는 두 스님에게 가서 찾으니 두 스님은 어리둥절하였다.

앙산(仰山)이 말했다.

여러분들은 반드시 불법(佛法)을 배워서 비로소 체득해야 하는데 정말 쉬운 일은 아닙니다하고는 바로 일어나 갔다.

그때에 두 스님은 도리어 염관(鹽官)에게로 30리쯤 돌아가다가 한 스님이 홀연히 깨달은 바가 있어서 말하기를 위산(潙山)께서 말씀하신 일체중생은 불성(佛性)이 없다고 하신 말씀도 어긋난 것이 아니다 하고는 바로 위산(潙山)으로 되돌아갔다.

다른 한 스님은 다시 앞으로 조금 더 가다가 개울물을 건너

久依法席.";『五燈嚴統』卷9(X80, p.738a9~15), "潙曰. 面前是甚麼, 師近前看了, 却作此◉相, 潙點頭. 潙山示衆曰. 一切衆生, 皆無佛性. 鹽官示衆曰. 一切衆生, 皆有佛性. 鹽官有二僧往探問, 既到潙山, 聞潙山擧揚, 莫測其涯, 若生輕慢, 因一日與師言話次. 乃勸曰. 師兄須是勤學, 佛法不得容易. 師乃作此◯相, 以手拓呈了, 却抛向背後, 遂展兩手, 就二僧索, 二僧罔措."

다가 홀연히 깨닫고 스스로 말하기를 위산(潙山)께서 말씀하신 일체중생은 불성(佛性)이 없다고 하셨는데 분명 다른 말씀도 있었을 것이라고 하고는 역시 위산(潙山)으로 되돌아가 오래도록 위산의 법석(法席)을 의지하였다.

《해설》 일체중생이 불성이 있다고 한 것은 중생이 깨달아 소승에서 대승이 되었을 경우에 있는 것이다. 위산이 말한 소승이하의 범부들은 불성이 없는 것이다. '일체중생개유불성(一切衆生皆有佛性)'이나 '일체중생실유불성(一切衆生悉有佛性)'에서 일체중생이라는 말에서 모든 중생이 모두 불성이 있다는 말만 듣고 아무 중생이나 불성이 있다고 말하고 있는 것이다. 여기에서 말한 중생은 중생이 깨달아 대승이 되었을 경우를 두고 한 말이다. 왜냐하면 모든 중생들이 아무나 깨달으면 되기 때문이다. 그러나 깨닫지 못한 중생들은 불성이 없는 것이다. 그런데 불성이 있다고 하는 것은 깨달아 대승이 될 수 있다는 가능성을 말한 것이다. 가능성만 있는 것이지 실제는 없는 것이다. 그래서 불성을 일승이나 대승만 있다고 강조하고 있는 것이다. 중생들은 무명에 가려있어서 불성을 친견하여 체득할 수 없는 것이다. 그래서 중생이 아뇩다라삼먁삼보리(무상정등정각)를 체득하여 소승에서 대승으로 나아간 중생에게 불성이 있다고 한 것이다. 위산이 말한 일체중생은 모두 불성이 없다고 한 것은 대승이나 일승이 아닌 경우를 말한 것이다. 염관이 일체중생이 모두 불성이 있다고 말한 것도 일체중생이 대승으로 나아갔을 때에 모두에게 불성이 있는 것이기 때문에 제자들에게 위산에게 가서 더 수행하라고 한 것이다.

潙山坐次, 仰山入來, 師以兩手, 相交示之. 山作女人拜, 師云. 如是如是.[90]

위산(潙山)께서 좌선(坐禪)하고 있는데 앙산(仰山)이 들어오자 위산(潙山)께서 양손을 서로 교차되게 하여 보였다.
앙산(仰山)이 여인처럼 예배하자 위산(潙山)께서 말했다.
그래 옳다.

《해설》 이심전심(以心傳心)으로 서로 인가증명하며 긍정하는 것을 손으로 표현 한 것이다.

11) 앙산의 원상에 대한 선문답

仰山住洪州觀音院, 一日坐次, 忽有僧在 仰山面前禮拜. 仰山亦不顧, 僧禮拜起, 遂問. 和尙還識字否. 山曰. 粗識些小. 僧於面前, 畫一畫. 山乃添爲十字, 僧又添成卍字. 山畫一〇相圍卍字. 僧右旋一匝, 翹一足於, 仰山前, 作樓至佛勢. 山曰. 是諸佛護念, 汝亦如是, (第六張) 吾□[91](亦)如是. 僧曰. 善哉善哉. 本

90) 여시여시(如是如是): 타인을 인가증명하거나 말을 이해하여 긍정이나 찬성하는 뜻. ; 『妙法蓮華經文句』卷8(T34, p.114a5~7), "如是如是者, 一如法相是, 二如根性是也. 皆是眞實也, 如法相說故言眞實也." ; 『金剛般若經依天親菩薩論贊略釋秦本義記卷上』(T85, p.119c6~7), "言如是如是者, 謂上所說正是其義故名如是如是, 卽印可之詞也."

91) 『五燈嚴統』卷9(X80, p.739a23~b8), "師坐次, 有僧來作禮, 師不顧. 其僧乃問. 師識字否. 師曰隨分. 僧乃右旋一匝曰, 是甚麼字. 師於地上書十字酬之. 僧又左旋一匝曰, 是甚字. 師改十字作卍字. 僧畫此〇相, 以兩手拓, 如脩羅掌日月勢, 曰是甚麼字. 師乃畫此㊫相對之. 僧乃作婁至德勢. 師曰. 如是如是. 此是諸佛之所護念, 汝亦如是, 吾亦如是. 善自護持. 其僧禮謝,

謂來東土, 禮文殊, 如今却見, 小釋迦. 禮拜而退. 出門後, 騰空而去. 因此人號, 小釋迦.

앙산(仰山)이 홍주(洪州)의 관음원(觀音院)에 거주(居住)할 때 어느 날 좌선하고 있는데 홀연히 어느 스님이 와서 살펴보고는 앙산(仰山)의 면전(面前)에서 예배를 했다. 앙산(仰山)이 역시 돌아보지 않으니 그 스님은 예배하고 일어나서 물었다.

화상(和尙)께서는 문자를 아십니까?

앙산(仰山)이 대답했다. 아주 조금 압니다.

그 스님이 앙산(仰山)의 면전(面前)에다 일(一)자를 그었다. 앙산(仰山)이 한 획을 첨가하여 십(十)자를 만드니 그 스님 또 첨가하여 만(卍)자를 만들었다. 앙산(仰山)이 하나의 〇상(相)을 만(卍)자 둘레에 그렸다.92) 그 스님이 오른쪽으로 한 바퀴를 돌고 앙산(仰山)의 면전(面前)에서 한발을 들고는 누지불(樓至佛)93)처럼 하였다.

騰空而去. 時有一道者見, 經五日後遂問師. 師曰. 汝還見否. 道者曰. 某甲見出門騰空而去. 師曰. 此是西天羅漢, 故來探吾道."

92) 『祖堂集』卷20(B25, p.670a8~12), "〇, 此相者, 因圓果滿相也. 問. 何故月輪相上頭 著牛字來, 月輪相中心 著卍字對之. 答. 月輪相上頭 著牛者, 契果修因相. 日輪相中心 著卍字, 因圓果滿相. 舉因來, 現果對之."

93) 누지불(樓支佛):『妙法蓮華經』卷1(T09, p.4b10~11), "最後成佛者, 名曰燃燈.";『彌勒經遊意』(T38, p.266c23~24), "現在賢劫有千佛, 最初佛名 拘樓孫佛, 最後佛名樓至佛也.";『萬松老人評唱天童覺和尙頌古從容庵錄』卷5(T48, p.276c4~9), "仰山星移斗轉, 改十字作卍字. 梵語修羅此云非天, 梵語羅睺此云障蔽, 以手障日月故, 此僧畫圓相, 如修羅掌日月勢, 九十七種圓相, 名爲修羅三昧. 梵語樓至此云啼泣. 賢劫千佛, 爲千王子, 末後得籌, 最後成佛.";『一切經音義』卷11(T54, p.375b23), "樓由(亦名樓至皆梵語訛也卽賢劫中菩薩最後成佛者是也經自解云樓由晉言涕泣卽密迹金剛也.)";『金剛經註解』卷2(X24, p.778b16~17), "陳雄曰. 八王子, 皆師妙光, 得成佛道. 而其最後成佛者, 名曰然燈.";『法苑珠林』卷20(T53, p.430b18~19), "此中千佛者, 始從拘樓孫佛爲首, 下至樓至, 於賢劫中次第成佛.";『大梵天王問佛決疑經』卷2(X01, p.439c22~24), "是故從毗婆尸佛, 至於我,

146

앙산(仰山)이 말했다. 이것은 제불(諸佛)이 호념(護念)하시는 것이고 그대 역시 그렇고 (제6장) 나 역시 그렇다.

그 스님이 말했다. 훌륭합니다. 원래는 동토(東土)에 와서 문수(文殊)에게 예배할 생각이었는데 지금 도리어 소석가(小釋迦)를 친견(親見)하였습니다. 라고 하고는 예배하고 물러가서 문을 나간 후에는 허공으로 날아갔다. 이로 인하여 사람들이 앙산을 소석가(小釋迦)라고 불렀다.

《해설》 이 ㉞상(相)은 순지의 사대(四對)팔상(八相)에 나오는 것으로 '계과수인상(契果修因相)'의 대답을 '인원과만상(因圓果滿相)'이라고 한 것은 부처의 행리처를 따라 수행하는 소승에서 다음단계인 부처의 행리처를 따라 행하는 소승이 아닌 자신의 불법(佛法)을 실행하는 대승이라고 이 상(相)을 제시하니 누지불의 모습을 한 것 때문에 소석가라고 하고 있다. 삼승에서 자신의 불법(佛法)을 체득한 대승은 불심인 만(卍)이 원상(圓相)속에 있는 것이므로 앙산을 자유자재하게 살아가는 한도인이라고 한 것이다.

『宗門統要集』云. 仰山一日, 忽見異僧, 乘虛而至, 作禮而立於前, 師問. 近離甚處. 曰. 早辰離西天. 師云. 何大遲生. 曰. 游山翫水. 師云. 神通妙用, 不無闍梨, 佛法須還老僧. 曰. 特來東土禮文殊, 却遇小釋迦.94) 遂出西天, 具(貝)多葉與師作禮, 乘雲

從我亦至慈氏佛, 從慈氏佛展轉, 至最後樓至佛."
94) 『袁州仰山慧寂禪師語錄』(T47, p.586a22~27), "有梵師, 從空而至. 師云. 近離甚處. 云. 西天. 師 云. 幾時離彼. 云. 今早. 師云. 何太遲生. 云.

騰空而去.95)

『종문통요집』에는 다음과 같이 기록되어 있다.

앙산(仰山)이 어느 날 홀연히 이국의 스님이 허공으로 와서 예배하고 면전(面前)에 서니 앙산이 물었다. 근래에 어디에서 왔는가?

그 스님이 대답했다. 아침 일찍 서천(西天)에서 왔습니다.

앙산이 물었다. 왜 이렇게 지체(遲滯)되었는가?

그 스님이 대답했다. 유산완수(游山翫水)96)하였습니다.

앙산이 말했다. 그대[闍梨]의 신통묘용이 없지는 않지만 불법

遊山翫水. 師云. 神通遊戲則不無, 闍黎佛法, 須還老僧始得. 云. 特來東土禮文殊, 却遇小釋迦. 遂出梵書貝多葉與師. 作禮, 乘空而去. 自此號小釋迦."

95) 『禪林類聚』卷12(X67, pp.76c23~77a3), "仰山寂禪師一日忽見異僧乘虛而至, 作禮而立於前. 師問近離甚處. 云早晨離西天. 師云何太遲生. 云遊山翫水. 師云. 神通妙用則不無闍黎, 佛法須還老僧. 僧云. 特來東土禮文殊, 却遇小釋迦. 遂出西天貝多葉與師, 作禮乘雲騰空而去."; 『拈八方珠玉集』卷3(X67, p.690c5~16), "擧仰山一日, 忽見異僧乘虛而至, 作禮而立於前. 山便問. 近離甚處. 僧云. 早晨離西天. 山云. 何太遲生. 僧云. 遊山翫水. 山云. 神通妙用, 即不無闍梨, 佛法須還老僧始得. 僧云. 特來東土禮文殊, 却遇小釋迦. 遂出西天貝多葉, 與山作禮, 乘雲騰空而去. 佛果拈云. 驅耕夫之牛, 奪飢人之食, 是從上來爪牙. 這羅漢, 具許多神通妙用, 到仰山面前, 直得目瞪口咕. 何故, 鶴有九皐難翥翼. 馬無千里謾追風正覺云. 胡磨猢猻入布袋. 佛海云. 仰山奪食驅耕手脚. 又更點胷, 被脚踏虛空漢. 只輕輕一杓惡水潑之, 便懾懾懦懦休去, 喚他作神通妙用得麼."; 『宗門統要正續集』卷7(P154, pp.709a5~709b1), "師一日 忽見異僧 乘空而至 作禮而立於前 師問 近離甚處 僧云 早辰離西天 師云 何太遲生 僧云 游山翫水 師云 神通妙用 不無闍梨 佛法須還老僧 僧云 特來東土禮文殊 却遇小釋迦 遂出西天貝多葉與師 作禮乘雲而去."

96) 유산완수(游山翫水): 자연 속에서 노니는 것. ; 『祖庭事苑』卷7(X64, p.420 b3~7), "一日. 有梵僧負貝葉造師. 師問. 近離甚處. 曰. 早別西天. 師曰. 太遲生. 曰. 游山翫水. 師曰. 神通不無你, 佛法未夢見. 曰. 來此禮文殊, 却遇小釋迦, 語訖隱去. 師住仰山. 神異具它傳. 大中十三年, 韋宙中丞爲師創洪州觀音院居之."

(佛法)은 반드시 노승에게 돌아와서 체득해야 할 것이다[佛法須還老僧始得].

그 스님이 말했다. 특별히 동토(東土)에 와서 문수에게 예배하려 했는데 도리어 소석가(小釋迦)를 만나게 되었습니다하고는 서천(西天)으로 가면서 패다엽(貝多葉)[97]을 앙산(仰山)에게 주고는 예배를 하고 구름을 타고 허공으로 갔다.

《해설》 이 이야기는 서천의 스님이 허공에서 왔다고 하는 것은 소승의 석공에 떨어져 유산완수(游山翫水)를 할 줄 아는 신통묘용이 있는 것이 부처가 아니라는 것을 말하고 있다. 즉 아무리 신통묘용이 있어도 대승의 체공을 체득하지 못하면 안된다는 것을 지적하고 있다. 그래서 문수를 친견하려고 했는데 소석가(小釋迦)를 만났다고 하면서 패엽경을 전했다고 하는 것은 석가의 불법(佛法)인 경전의 원본을 전했다고 하는 것이다.

東林揔(摠)[98]云. 諸方商量, 如麻似粟盡道, 這碧眼胡兒, 來無

---

97) 패다엽(貝多葉): 패엽경 ; 『梵網經菩薩戒本疏』卷6(T40, p.654a4), "謂貝多葉皮爲木皮也." ; 『佛祖統紀』卷43(T49, p.398c8〜9), "貝多葉菩提樹葉." ; 『楞嚴經箋』卷9(X11, p.1094c14), "經是樹葉, 貝多葉也." ; 『法華經顯應錄』卷1(X78, p.42c20〜21), "三曰天竺貝多葉心經, 大隋時梵僧攜來贈與智者."

98) 동림총(東林摠): 황룡혜남(黃龍慧南)의 법을 계승. ; 『佛祖歷代通載』卷19(T49, p.674a15〜b14), "江州東林常總禪師, 生劍州尤溪施氏, 母夢男子頎然色如金握白芙蓉三柄以授之, 但一柄得, 餘委地, 覺而娠. 後誕三子, 伯仲皆不育, 總其季也. 年十一依寶雲寺文兆法師出家, 又八年落髮, 詣建州大中寺契恩律師受具. 初至吉州禾山禪智材公, 材有人望, 延之不留, 聞南禪師之道依歸宗, 久之無所得而去. 歸宗火, 南遷石門南塔. 又往從之. 及南公自石門遷黃蘗積翠以至黃龍, 總皆在焉. 二十年之間, 凡七往返. 南佳其勤勞稱於衆, 總自負密記, 決志大挔濟北之宗, 洪州太守榮公修撰請住泐

蹤去無跡, 直是光前絶後. 若不是仰山也, 難爲縱奪. 諸禪德殊不知, 這碧眼胡兒, 騰空而來, 騰空而去, 一生只在, 虛空裏作活計, 有什广(麼)光前絶後. 大小仰山, 被他將兩杓惡水[99], 驀頭澆了也. 當時集雲峰下, 自有正令, 何不施行. 大衆且道. 作广(麼)生是正令, 咄.[100]

동림(東林)의 총(摠, 摠)화상(1025〜1091)이 말했다. 제방에서 상량(商量)하는 이 모두가 삼(麻)나무나 좁쌀(粟)과 같이 아주 많이 말하기를 저 벽안(碧眼)달마의 오고간 종적이 없는 것에 대하여 말하는 것은 곧바로 광전절후(光前絶後, 前無後無)[101]라고 한다. 만약에 앙산(仰山)이 아니었다면 자유스럽게

潭, 或謂馬祖再來也. 道俗爭先願見, 元豐三年詔革江州東林律居爲禪, 觀文殿學士王公詔出南昌, 欲延寶覺心公. 心學摠自代, 摠知宥道去千餘里, 檄諸郡期必得之. 得於新淦殊山窮谷中, 遂應命, 其徒相謂曰. 遠公嘗有記曰. 吾滅七百年後, 有肉身大士, 革吾道場, 今符其語矣. 摠之名聞天子, 有詔住相國智海禪院, 摠固稱山野老病不能奉詔. 然州郡敦遣急於星火, 其徒又相語曰. 聰明泉適自涸矣. 凡兩月而得旨, 如所乞, 就賜紫伽黎, 號廣惠. 其徒又相語曰. 聰明泉復湧沸矣. 元祐三年徐國王奏, 號照覺禪師. 摠於衲子有大緣, 槌拂之下衆盈七百, 叢席之盛, 近世所未有也. 六年八月示疾, 九月二十五日浴罷安坐而化. 十月八日全身葬于雁門塔之東. 世壽六十七, 坐四十九夏.";『禪宗正脉』卷9(X85, p.517c21〜22), "東林常摠照覺禪師 久依黃龍, 密授大法決旨, 出住泐潭. 次遷東林, 皆符讖記."

99)『了菴清欲禪師語錄』卷3(X71, p.328b16〜18), "山僧與諸人點出, 只浴得這箇. 不浴那箇, 是第一杓惡水. 把將那箇來, 是第二杓惡水, 這兩杓惡水. 無古無今, 無高無下, 一時潑出了也."

100)『聯燈會要』卷8(X79, p.75c14〜19), "東林摠云. 諸方商量, 如麻似粟, 盡道. 碧眼胡兒, 來無蹤去無跡, 直是光前絶後. 若不是仰山, 也難爲縱奪. 殊不知騰空而來, 騰空而去, 一生只在虛空裏, 作活計. 大小仰山, 被他兩杓惡水澆了也. 當時集雲峰下, 自有正令, 何不施行, 大衆且道, 作麼生是正令.";『宗門統要正續集』卷7(P154, p.709b1〜8), "東林摠云 諸方商量 如麻似粟 盡道 這碧眼胡兒 來無蹤去無迹 直是光前絶後 若不是仰山 也難爲縱奪 諸禪德 殊不知這 碧眼胡兒 騰空而來 騰空而去 一生只在虛空裏 作活計 有什麼光前絶後 大小仰山 被他將兩杓惡水驀頭澆了也 當時集雲峯下 自有正令 何不施行 大衆且道 作麼生是正令 咄."

체득(縱奪)하기 어려웠을 것이다. 여러 선덕(禪德)들은 저 벽안(碧眼)의 달마가 허공에서 왔다가 허공으로 가는 것을 대상으로 알지 말아야 하는데 일생(一生)을 단지 허공(虛空)속에서 알음알이[活計]를 하니 그 무슨 광전절후(光前絕後, 沒蹤跡)가 있겠는가?

어쨌든[大小] 앙산(仰山)도 그에 의하여 양표악수(兩杓惡水)를 갑자기 머리에 뒤집어쓴 것이다. 당시에 집운봉(集雲峰)문하에서 정법이 있었는데 왜 시행을 하지 않았는가? 대중들이 말해보라. 어떻게 하는 것이 정법을 행하는 것인가? 돌(咄, 할)!

《해설》 달마가 '래무종거무적(來無蹤去無跡)'이라고 하는 것은 종적 없이 왔다가 흔적 없이 사라지는 것이라는 뜻이다. 그 다음 '등공이래등공이거(騰空而來騰空而去)' 공(空)에서 왔다가 공(空)으로 가는 것에 대하여 제방에서 상량하는 사람들이 무수하게 많지만 석공(析空)의 한계를 벗어나지 못한다고 하는 것이다. 이것은 무종(無蹤)과 무적(無跡)을 공래(空來)와 공거(空去)에서 공(空)으로 설하고 있다. 여기에서 석공으로 이해하면 아무리 상량해도 해결될 수 없는 진공(眞空)을 추구하는 것이 된다. 이것은 양무제에 대하여 달마가 말한 무공덕(無功德)이라는 말 때문에 9년간이나 면벽한 사건과 같은 것이다. 소승으로 대승의 경지를 이해한다고 하는 것은 알음알이일 뿐이다.

---

101) 광전절후(光前絕後): 전무후무한 것이라고 말하는 것이다. 이것은 몰종적(沒蹤跡)의 의미로 석공(析空)으로 알던 것을 체공으로 알아야 하는 것이다. ;『袁州仰山慧寂禪師語錄』(T47, p.585c17~18), "仰山可謂光前絕後, 雲門雖然提綱宗要, 鉗鎚天下衲僧, 爭奈無風起浪, 諸人還識這僧麼. 親從廬山來." ;『宗門拈古彙集』卷1(X66, p.9b10~11), "世尊善答. 可謂光前絕後, 若是那一通, 總未夢見在."

그러므로 체공(體空)으로 설명하여야 지금 있는 그대로가 공(空)이 되어 청정하게 다시 살아나는 것이다.

師一日坐次, 有僧來作禮, 山不顧, 其僧乃問, 師識字不. 山云. 隨分[102]). 僧乃右旋一匝云, 是什麽字. 山於地上, 書十字誂之. 僧又左旋一匝云. 是什麽字. 山改十字, 作卍字. 僧畫一〇, 以兩手托, 如脩羅掌, 日月勢云, 是什麽字. 山乃畫一〇, 圍却卍字. 僧乃作樓至勢. 山云. 如是如是. 此是諸佛之所護念, 汝亦如是, 吾亦如是.[103]) (第七張)

---

102) 『四分律行事鈔資持記』卷2(T40, p.264b1~2), "隨分者顯非頓脫, 卽處處義也.";『華嚴一乘法界圖』(T45, p.714a12), "隨分者, 未滿義故.";『何一自禪師語錄』卷1(J39, p.773c25), "隨分者些子也."

103) 『宏智禪師廣錄』卷2(T48, p.25b12~21), "擧僧問仰山. 和尙還識字否. 山云隨分. 僧乃右旋一匝云, 是什麽字. 山於地上書箇十字. 僧左旋一匝云, 是甚麽字. 山改十字作卍字. 僧畫一圓相, 以兩手托, 如脩羅掌日月勢云. 是什麽字. 山乃畫一圓相, 圍却卍字. 僧乃作樓至勢. 山云. 如是如是. 汝善護持. 頌曰. 道環之虛靡盈, 空印之字未形, 妙運天輪地軸, 密羅武緯文經. 放開捏聚, 獨立周行, 機發玄樞兮, 靑天激電, 眼含紫光兮, 白日見星.";『楞嚴經宗通』卷1(X16, p.764a22~b5), "昔仰山坐次, 有僧來作禮, 山不顧. 其僧乃問山識字否. 山曰. 隨分. 僧乃右旋一匝曰, 是甚麽字. 山於地上書十字酬之. 僧又左旋一匝曰, 是甚麽字. 山改十字作卍字. 僧畫此〇相, 以兩手拓如脩羅掌日月勢, 曰是甚麽字. 山乃畫此卍相對之. 僧乃作婁至德勢. 山曰. 如是如是, 此是諸佛之所護念, 汝亦如是, 吾亦如是.";『宗範』卷2(X65, p.333b7~11), "僧問仰識字否. 答隨分. 僧右旋一匝, 曰是甚字. 仰地上書十字. 僧又左旋一匝, 曰是甚字. 仰改十作卍. 僧畫〇相以兩手拓, 如脩羅掌日月勢, 曰是甚字. 仰畫卍相. 僧作婁至德勢. 仰曰. 如是如是, 此諸佛所護念, 善護持, 僧禮謝騰空去.";『宗門統要正續集』卷7(P154, p.715b2~9), "師一日坐次有僧來作禮師不顧其僧乃問師識字不師云隨分僧乃右旋一帀云是什麽字師於地上書十字誂之僧又左旋一帀云是什麽字師改十字作卍字僧畫圓相以兩手托如脩羅擎日月勢云是什麽字師畫一圓相圍却卍字僧乃作婁至勢師云如是如是此是諸佛之所護念 汝亦如是 吾亦如是."

앙산(仰山)이 어느 날 좌선하고 있는데 어느 스님이 와서 예배를 하여도 앙산(仰山)이 돌아보지 않자 그 스님이 물었다.

앙산(仰山)께서는 글자[字]를 아십니까?

앙산(仰山)께서 대답했다. 분수에 맞게 압니다.

그 스님이 오른쪽으로 한 바퀴를 돌고 물었다.

이것이 무슨 자(字)입니까?

앙산(仰山)께서 지상(地上)에 십(十)자(字)를 써서 대답했다.

그 스님이 또 왼쪽으로 한 바퀴를 돌고 물었다.

이것은 무슨 자(字)입니까?

앙산(仰山)께서 십(十)자(字)를 고쳐 만(卍)자(字)로 만들었다.

그 스님이 하나의 〇상(相)을 그려서 양손으로 아수라(阿修羅)가 해와 달을 손바닥에 쥐고 내미는 자세를 하고 물었다.

이것이 무슨 자(字)입니까?

앙산(仰山)께서 〇상(相)을 만(卍)자(字) 둘레에 그렸다.

이에 그 스님이 누지불(樓支佛)처럼 하였다.

앙산(仰山)께서 말했다. 그렇다. 이것은 제불(諸佛)께서 호념(護念)하시는 것이고 그대도 역시 그렇고 나 역시 그렇다.(제7장)

《해설》 불심(佛心)을 언어문자 대신에 도상(圖相)으로 나타내어 설하고 있다. 좌우로 한 바퀴를 돈다는 것은 모든 것이라는 뜻으로 십(十)을 쓴 것은 소승불교라는 뜻이고 만(卍)자(字)를 쓴 것은 자신의 불심은 대승이라고 하니 이 〇상(相)을 제시한 것은 원만하다는 것이다. 그래서 이 ㊊상(相)을 제시하고 있다. 그래서 서로의 마음이 계합하였다고 하는 것이다.

『宗門統要』[104) 據此因然至, 吾亦如是, 汝善護持. 善哉善哉,
好去. 其僧禮謝, 騰空而去. 時有一道者見後, 經五日遂問. 師
云. 汝還見否. 者云. 某甲見出門, 騰空而去. 師云. 此是西天羅
漢, 故來探吾道. 者云. 某甲雖覷種種三昧, 不辨其理. 師云. 吾
以義爲汝解釋. 此是八種三昧, 是覺海變, 爲義海體同. 然此義
合, 有因有果, 卽是(時)異時, 捻(摠)別不離隱身三昧也.[105)

---

104) 종문통요(宗門統要): 『建州弘釋錄』卷1(X86, p.553b16), "宋建陽宗永禪
師(出宗門統要)"; 『正史佛教資料類編』卷8(ZS01, p.550a12), "僧宗永『宗
門統要』十卷"; 『閱藏知津』卷1(J31, p.794a10), "宗門統要續集(二十卷北
作二十一卷) (南漢惠北扶傾綺)"

105) 『萬松老人評唱天童覺和尙頌古從容庵錄』卷5(T48, p.276c13~26), "吾
亦如是. 汝善護持. 善哉善哉. 好去. 其僧禮謝了. 騰空而去. 時有一道者,
曾見經五日來問. 仰云. 汝還見否. 者云. 某正見出門騰空而去. 仰云. 此是
西天羅漢故來探吾. 者云. 某雖覷種種三昧, 不辨其理. 仰云. 吾以義爲汝解
釋. 此是八種三昧, 是覺海變爲義海, 其體則同. 然此義有因有果, 卽時異
時. 總別不離隱身三昧也. 所以道. 涅槃心易得. 差別智難明. 試看, 天童
如何下手. 頌云. 道環之虛靡盈(擔雪塡河) 空印之字未形(切忌彫刻) 妙運
天輪地軸(權衡在手) 密羅武緯文經(將相全才) 放開捏聚(睦州猶在) 獨立
周行(老氏復生) 機發玄樞兮靑天激電(措手不及) 眼含紫光兮白日見星(照破
四天下)"; 『楞嚴經宗通』卷1(X16, p.764b5~17), "善自護持. 其僧禮謝,
騰空而去. 時有一道者見, 經五日後, 問山. 山曰. 汝還見否. 道者曰. 某甲
見, 出門騰空而去. 山曰. 此是西天羅漢, 故來探吾道. 道者曰. 某雖覷種種
三昧, 不辨其理. 山曰. 吾以義爲汝解釋. 此是八種三昧, 是覺海變爲義海,
體則同然. 此義合有因有果, 卽時異時, 總別不離隱身三昧也. 若知仰山覺海
變爲義海三昧, 則佛胸卍字涌出寶光, 亦不思議中妙用耳, 必以護妙微密性
淨明心爲本. 潙山嘗問仰山. 妙淨明心, 汝作麼生會. 仰曰. 山河大地, 日月
星辰. 潙曰汝祗得其事. 仰曰和尙適來問甚麼. 潙曰. 妙淨明心. 仰曰. 喚作
事得麼. 潙曰. 如是如是. 只緣仰山會得妙淨明心, 得淸淨眼. 故識字三昧,
迥出尋常."; 『宗門統要正續集』卷7(P154, pp.715b9~716a6), "汝善護持
善哉善哉好去 其僧禮謝騰空而去時有一道者見後經五日遂問云汝還見不
者云某甲見出門騰空而去師云此是西天羅漢故來探吾道者云某甲雖覷種種三
昧不辨其理師云吾以義爲汝解釋此是八種三昧是覺海變爲義海體同然此義合
有因有果卽時異時總別不離隱身三昧也."

『종문통요집』에서는 이 인연을 거론하고는 나 역시 그러하다 라고 하고는 그대도 잘 호지(護持)하였구나. 훌륭하고 훌륭하다 잘 가거라. 그 스님이 감사의 예배를 하고 허공(虛空)속으로 갔다.

그때에 어느 수행자(一道)106)가 이것을 친견(親見)하고는 5일 이 경과한 이후에 비로소 물었다.

앙산이 대답했다. 그대도 친견하였는가?

그 수행자가 대답했다.

저는 그가 문을 나가서 허공 속으로 가는 것을 친견하였습니다.

앙산(仰山)께서 말했다. 그는 서천(西川)의 아라한으로 나에게 도(道)를 찾으려고 왔던 것이다.

그 수행자가 말했다. 제가 비록 각각의 삼매(三昧)를 다 보았지만 이 도리는 모르겠습니다.

앙산께서 말했다. 내가 그대를 위하여 이 뜻에 대하여 해석(解釋)하여 주겠다. 이것은 8종류의 삼매(三昧)로 각해(覺海, 깨달음)가 변하여 의해(義海, 도리)가 되었는데 본체(本體)는 같다. 그러므로 이것은 뜻이 합하여진 것[義合]으로 인(因)이

---

106) 일도(一道): 『大般涅槃經』卷25(T12, p.515b10~13), "菩薩了知一切衆生皆歸一道. 一道者謂大乘也. 諸佛菩薩爲衆生故, 分之爲三, 是故菩薩信順不逆."; 『大方等大集經』卷30(T13, p.210c23~26), "又一道者, 菩薩獨一無有伴侶. 已於阿耨多羅三藐三菩提能大莊嚴, 以自力勢精進攝取, 畢竟自修不假他作."; 『大般涅槃經義記』卷9(T37, p.866a27~b1), "言一乘者乘行一也. 言一道者道法一也. 言一行者是乘體也. 言一緣者道法體也. 法是行緣故名爲緣, 據大攝小, 其唯一故皆當作佛."; 『大毘盧遮那成佛經疏』卷17(T39, p.758b12~15), "一道者卽是一切無礙人. 共出生死直至道場之道也. 而言一者, 此卽如如之道, 獨一法界故言一也. 於此一道中, 而分別種種差別, 猶如無量岐路皆至寶所, 殊街同歸也."; 『一乘佛性究竟論』(X55, p.492a6~7), "涅槃經云. 一切衆生, 皆歸一道. 一道者, 大乘也. 諸佛菩薩, 爲衆生故, 分之爲三."

있으니 과(果)도 있는 것이고 곧 바로인 지금과 이시(異時, 시간만 달리할 뿐 같은 것)인 것이고 총별(總別)[107)]에서 은신삼매(隱身三昧)[108)]를 벗어나지 않는 것이다.

《해설》 공(空)을 석공(析空)으로 알고 진공(眞空)을 추구하면 영원히 은신삼매(隱身三昧)는 알 수가 없는 것이 된다. 은신삼매(隱身三昧)를 묘정명심(妙淨明心)이라고 한 것은 체공(體空)을 체득했기 때문이다. 모든 것을 체공으로 알면 있는 그대로가 공(空)이 되어 중생이 여래이고 번뇌가 보리이므로 이것을 대승(大乘)이라고 한다.

有一梵僧, 來叅仰山, 山於地上畫○相. 僧近前添作○相, 以脚抹却, 山展兩手. 僧拂袖便去.[109)]

---

107) 총별(總別): 『大智度論』卷31(T25, p.292b29~c6), “一切諸法性有二種, 一者總性, 二者別性. 總性者, 無常.苦.空.無我.無生無滅.無來無去.無入無出等. 別性者, 如火, 熱性. 水, 濕性. 心爲識性, 如人喜作諸惡, 故名爲惡性. 好集善事, 故名爲善性. 如『十力經』中說, 佛知世間種種性. 如是諸性皆空, 是名性空.”；『成唯識論述記』卷2(T43, p.279c12~13), “生者是總, 性者是別.”；『成唯識論掌中樞要』卷1(T43, p.614b13~14), “一心境性, 二事理性, 三別總性, 四證旨性.”；『菩薩戒本宗要』(T45, p.917a16~17), “略有二門, 一總性攝門, 二別相攝門.”；『楞嚴經疏解蒙鈔』卷3(X13, p.608a18), “是總性別性無故, 名爲性空.”
108) 『萬法歸心錄』卷3(X65, p.419c15~19), “問. 圓相中書牛字, 佛字, 人字仏字, 十字, 萬字, 一点, 一畫, 半月, 缺月, 等等不一, 是何義旨. 答曰. 垂手接人, 明呈暗合, 不離體用, 理事實主, 生殺縱奪, 權實隱顯, 同異總別, 暗印本心. 此謂密義隱身三昧. 須是實悟, 洞徹此機. 義解之徒, 卒難頓曉.”
109) 『袁州仰山慧寂禪師語錄』(T47, p.586c3~5), “師因一梵僧來參, 師於地上畫半月相, 僧近前添作圓相, 似脚抹却. 師展兩手. 僧拂袖便出.”

어느 한 범승(梵僧)110)이 와서 앙산(仰山)을 참배(參拜)하니 앙산(仰山)이 지상(地上)에다 ○상(相)을 그렸다. 그 스님이 가까이 와서 ○상(相)을 하나 더 그리고는 도리어 발로 지워 없애니 앙산(仰山)이 양손을 펴서 제시했다[展兩手].111) 그 스님이 소매를 털고 바로 가버렸다.

《해설》 범승과 앙산이 모두 원상으로 자신들의 세계를 펼치는 것이다. 범승이 원상을 모두 지운 것은 조도의 경지를 제시하고 있다. 그래서 입전수수의 자비로 양손을 펼친 것이다.

仰山冥目坐次, 有一僧潛至, 仰山前立. 山開眼見, 乃於地上畫此○相示之. 僧無對. 統要曰. 遂於地上, 作○相下書水字, 顧視其僧, 僧無對.112)

앙산(仰山)께서 눈을 감고[冥目, 본래심의 眼目]는 좌선(坐禪)하고 있을 때에 어느 스님이 조용히 와서 앙산(仰山)의 면전(面前)에 섰다. 앙산(仰山)께서 눈을 떠서 보고는 지상(地上)

---

110) 범승(梵僧): 서천(西天)의 스님.
111) 전양수(展兩手): 입전(立廛)수수(垂手)와 같은 뜻으로 중생교화의 방편.
; 『景德傳燈錄』卷11(T51, p.284c6~8), "有人問. 蚯蚓斬爲兩段兩頭俱動, 佛性在阿那頭. 師展兩手(洞山別云. 問底在阿那頭)"
112) 『袁州仰山慧寂禪師語錄』(T47, p.587a1~2), "師閉目坐次, 有僧潛來身邊立. 師開目, 於地上作此⑩相, 顧視其僧, 僧無語.";『景德傳燈錄』卷11(T51, p.283b16~20), "師閉目坐次, 有僧潛來身邊立, 師開目於地上作一圓相, 相中書水字顧視其僧, 僧無語. 師携一杖子. 僧問什麼處得. 師便拈向背後. 僧無語.";『宗門統要正續集』卷7(P154, p.710b6~8), "師因[目*(宜/八)]坐次有僧潛來身邊立師開目見遂於地上作一圓相相下書一水字顧視其僧僧無對." *冥目

에 ○상(相)을 그려 제시(提示)하였다.

그 스님이 대답을 하지 못하였다.

『종문통요』에는 다음과 같이 말하고 있다. 지상(地上)에 ○상 (相)을 그리고 안에 수(水)자(字)를 쓰고 그 스님을 돌아보니 그 스님은 대답을 하지 못했다.

師一日因 潙山, 以兩手相交過, 各撥三下, 却竪一指. 師亦以 兩手相交過, 各撥三下, 却向胸(臆)前, 仰一手, 覆一手, 以目瞻 視, 潙山休去.[113]

어느 날 앙산(仰山)이 오는 것을 보고 위산(潙山)께서 양손을 서로 잡았다가 각각 세 번 털고는 도리어 손가락 하나를 세웠 다.

앙산(仰山)이 역시 양손을 서로 잡았다가 각각 세 번 털고는 도리어 가슴을 향하여 한손을 위로 하고 한 손은 아래로 하고 치우치지 않는 안목(眼目)으로 바라보니 위산(潙山)이 그만 두 었다.

---

113) 『袁州仰山慧寂禪師語錄』(T47, p.583c9～12), "潙山一日見師來, 卽以 兩手相交過, 各撥三下, 却竪一指. 師亦以兩手相交過, 各撥三下, 却向胸 前, 仰一手, 覆一手, 以目瞻視, 潙山休去." ; 『宗門統要正續集』卷7(P154, p.719b4～6), "師一日因潙山以兩手相交過各撥三下却竪一指師亦以兩手相 交過各撥三下却向臆前仰一手覆一手以目瞻視潙山休去." ; 『明覺聰禪師語 錄』卷12(L158, p.184b6～12), "仰山一日因潙山和尙以手相交過各撥三下 却竪一指仰亦以兩手相交過各撥三下却向胸前竪一指覆一手以目視瞻潙山休 去. 拈云 圓機體用 密旨無差 暗去明投 明來暗合 雖則父子 經文緯武 射 策全施 檢點將來 大似靴裏動指."

《해설》 불법(佛法)은 하나라는 위산의 설법에 차별분별의 앙복(仰覆, 아래와 위)이 없는 안목(眼目)을 앙산이 대답하고 있는 것.

僧問仰山. 師還識字也無. 仰山曰. 隨分. 僧畫此〇相托呈. 山以衣袖拂之. 僧又作此〇相拓呈. 山以兩手, 作背拋勢. 通錄舊本云. 山以衣袖拂之, 僧又作此〇相拓呈, 山以兩手, 作背拋勢. 統要云. 僧又作半日相托呈, 師以兩手, 作背拋勢. 僧以目視之, (第八張) 師低頭. 僧遶師一匝. 師便打, 僧遂出.[114]

어느 스님이 앙산(仰山)에게 물었다.

앙산(仰山)께서는 문자를 아십니까?

앙산(仰山)께서 말했다. 분수에 맞게 압니다[隨分].

그 스님이 이 〇상(相)을 그려서 제시(提示)하였다.

앙산(仰山)께서 옷소매를 뿌리쳤다.

그 스님이 또 이 〇상(相)을 만들어 제시하였다.

앙산께서 양손으로 받아서 등 뒤로 던지는 자세를 하였다.

통록(通錄)의 구본(舊本)에는 다음과 같이 말하고 있다.

---

114) 『萬松老人評唱天童覺和尙頌古從容庵錄』卷5(T48, p.276b5~9), "又僧禮拜了, 仰不顧. 僧問和尙. 還識字否. 仰曰. 隨分. 僧畫〇相托呈, 仰以衣袖拂之. 僧又作半月相托呈, 仰以兩手作背拋勢. 僧以目視之. 仰低頭. 僧遶師一匝. 仰便打. 僧遂出." ; 『五燈會元』卷9(X80, p.189c11~14), "便問. 和尙還識字否. 師曰. 隨分. 僧以手畫此〇相拓呈, 師以衣袖拂之. 僧又作此〇相拓呈, 師以兩手作背拋勢. 僧以目視之. 師低頭. 僧遶師一匝. 師便打. 僧遂出去." ; 『宗門統要正續集』卷7(P154, p.715a8~b1), "師因一僧叅便問和尙還識字不師云隨分僧以手畫圓相托呈師以衣袖拂之僧又作半月相托呈師以兩手作背拋勢僧以目視之師低頭僧遶師一帀師便打僧遂出."

앙산께서 옷소매를 뿌리치니 그 스님이 또 ○상(相)을 그려 제시하자 앙산께서 양손으로 받아서 등 뒤로 던지는 자세를 하였다.

통요(統要)에는 다음과 같이 말하고 있다. 그 스님이 또 반원상(半圓相)을 그려 제시하자 앙산께서 양손으로 받아서 등 뒤로 던지는 자세를 하였다. 그 스님이 눈으로 자세히 살펴보니 (제8장) 앙산(仰山)께서 고개를 숙여 인가했다. 그 스님이 앙산의 주위를 한 바퀴 돌았다. 앙산(仰山)께서 바로 바닥을 때리니 그 스님은 나갔다.

《해설》 원상으로 자신의 마음을 제시하니 그 마음은 소승이라고 소매를 뿌리치니 다시 원상을 그려 제시하였다. 그러자 앙산이 받아서 던져버리니 그 스님이 그 마음을 파악하여 대승으로 나아갔다는 것을 인가한 것이다.

僧問仰山. 和尙尋常見, 僧問禪問道, 便畫○相, 中間或書字, 意在於何, 請慈悲爲說. 師曰. 這箇也是閑事, 汝忽然會得也, 不從外來. 若也不會, 決定不失. 我今問汝. 參禪學道, 諸方老宿, 向汝身上, 指那箇是汝佛性. 爲復道, 語底是, 默底是, 爲復揔是, 揔不是. 汝若認語底是, 如盲摸象耳鼻牙. 若取默底是, 無思無念是, 摸着象尾. 若不語, 不默底是中道, 摸着象背. 若道揔是, 摸着象四足. 若道揔不是, 抛本象, 落在空見. 如是諸盲, 皆言見象, 祇於象上, 名邈差別. 汝若透得六句, 不要摸象, 最爲第一. 莫道如今鑒覺是, 亦莫道不是. 所以祖師云. 菩提本無是, 亦

無非菩提. 更覓菩提處, 終身累劫迷. 又云. 本來無一物, 何處惹
塵埃.115)

어느 스님이 앙산(仰山)에게 물었다.

앙상화상께서는 선(禪)과 도(道)를 묻는 스님들을 보면 항상
바로 ○상(相)을 그리고 그 안에 글자를 쓰시는데 그 뜻이 무
엇인지 자비를 베푸시어 설(說)해 주십시오.

앙산(仰山)께서 말씀하셨다. 그것[這个, 道]은 다 한사(閑
事)116)이니 그대가 홀연히 깨달아 체득하면 외부에서 들어오는
것이 아니다. 만약 깨닫지 못하면 반드시 물러서서는 안 된다.

내 이제 너에게 묻겠다.

참선하는 수행자와 제방의 노숙(老宿)들이 그대의 신상(身上)
의 어디를 지시하며 그대의 불성(佛性)이라 하던가? 이와 같이
말하면 다시 대답을 해야 옳은가 아니면 침묵해야 옳은가 또
다시 모두가 옳다고 해야 하겠는가 아니면 모두가 아니라고 해
야 하겠는가? 그대가 만약에 말하는 것이 옳다고 인정한다면

---

115) 『佛果圜悟禪師碧巖錄』卷10(T48, pp.217c17~218a4), "全象全牛瞖不
    殊. 衆盲摸象, 各說異端, 出涅槃經. 僧問仰山, 和尙見人問禪問道, 便作一
    圓相, 於中書牛字, 意在於何. 仰山云. 這箇也是閑事, 忽若會得, 不從外
    來. 忽若不會, 決定不識. 我且問爾. 諸方老宿, 於爾身上, 指出那箇是爾佛
    性, 爲復語底是, 默底是. 莫是不語不默底是. 爲復總是. 爲復總不是. 爾若
    認語底是, 如盲人摸著象尾. 若認默底是, 如盲人摸著象耳. 若認不語不默
    底是, 如盲人摸著象鼻. 若道物物都是, 如盲人摸著象四足. 若道總不是, 拋
    本象落在空見. 如是衆盲所見, 只於象上名邈差別. 爾要好, 切莫摸象. 莫道
    見覺是, 亦莫道不是. 祖師云. 菩提本無樹, 明鏡亦無臺, 本來無一物. 爭得
    染塵埃. 又云. 道本無形相, 智慧卽是道. 作此見解者, 是名眞般若. 明眼人
    見象得其全體, 如佛見性亦然."
116) 한사(閑事): 번뇌망념 없이 살아가는 모습. ;『古尊宿語錄』卷20(X68, p.13
    6a19), "閑者直然閑, 事事無窮盡." ;『禪林僧寶傳』卷30(X79, pp.552c24~
    553a2), "彥周曰. 如何是閑事. 答曰. 參禪學道是. 於是彥周開悟. 良久曰. 大
    道甚坦夷, 何用許多言句葛藤乎."

맹인(盲人)이 코끼리의 귀와 코와 상아를 더듬는 것과 같다. 만약에 침묵하는 것을 옳다고 취한다면 무사(無思)와 무념(無念)이 옳은 것이 되어 코끼리의 꼬리를 잡으려고 찾는 것이다. 만약에 말을 하지도 않고 침묵하지도 않는 가운데를 도(道)라고 한다면 코끼리 등에서 찾으려고 하는 것이다. 만약에 모두가 도(道)라고 한다면 코끼리의 네 다리에서 찾으려고 하는 것이 된다. 만약에 모두가 도(道)가 아니라고 한다면 본래의 코끼리를 포기 하는 것으로 공견(空見)에 떨어진 것이다. 이와 같은 모든 맹인(盲人)들이 모두 코끼리를 보았다고 말하지만 단지 코끼리의 실제 외관의 모습과는 아주 많은 차이가 있다. 그대가 만약에 이 육구(六句)를 초월할 수 있다면 코끼리를 더듬어 볼 필요 없이 최고가 될 것이다. 도(道)는 지금 살펴 깨닫는 것이라고도 하지 말고 역시 도(道)는 지금 살펴 깨닫는 것이 아니라고도 하지 말라. 그러므로 조사께서 말씀하셨다. 보리(菩提)는 본래 있는 것이 아니니 역시 보리(菩提)가 아닌 것이 없다. 다시 보리(菩提)가 있는 곳을 찾으면 종신(終身)토록 미혹하게 된다. 또 말씀하셨다. 본래 무일물(無一物)이니 어느 곳에 번뇌가 있겠는가?

《해설》 도(道)를 한사(閑事)라고 하며 이 〇상(相)으로 제시하고 있다. 이것은 진여의 지혜로 살아가는 모습을 한도인이라고 하는 것과 같다. 그래서 그대의 불성(佛性)이 어디에 있는지 묻는 것으로 스스로 체득해야 하는 것이라고 하며 본래무일물을 제시하고 있다.

仰山欲順寂時, 數僧侍立, 師乃有頌示之. 一二二三子, 平目復仰視, 兩口一無舌, 卽是吾宗旨.[117]

앙산(仰山)께서 입적(入寂)할 때에 몇몇의 스님들이 임종을 지키고 있는데 앙산(仰山)께서 게송(偈頌)을 제시(提示)하였다.
여기에 있는 여러 제자들도,
평목(平目, 일반적인 안목)으로 다시 우러러 보면서,
언어문자로 여러 말을 하지만 진여의 지혜는 무설토이니,
이것을 돈오(頓悟)하는 것이 바로 나의 종지(宗旨)이네.

《해설》 여기에서 유설토(有舌土)와 무설토(無舌土)에 대하여 설하는 것으로 소승(小乘)의 유설토로서는 이해하기 어렵다고 대승(大乘)의 무설토를 설하고 있다. 소승에서 대승으로 나아가는 것이 앙산의 종지(宗旨)라고 설하고 있다.

---

117) 『袁州仰山慧寂禪師語錄』(T47, p.588a11~17), "師, 接機利物, 爲宗門標準. 再遷東平, 將順寂,數僧侍立, 師以偈示之云. 一二二三子, 平目復仰視. 兩口一無舌, 卽是吾宗旨. 至日午陞座辭衆, 復說偈云. 年滿七十七, 無常在今日, 日輪正當午, 兩手攀屈膝. 言訖, 以兩手抱膝而終, 閱明年, 南塔涌禪師遷靈骨歸仰山, 塔於集雲峯下, 諡智通禪師妙光之塔.";『人天眼目』卷4(T48, p.323a17~28), "仰山臨終付法偈, 一二二三子, 平目復仰視. 兩口無一舌, 此是吾宗旨. : 龍潭智演爲四頌 : 一二二三子, ⊕牛字淸風起, ⊛佛來勘不就, ⊘人乃爭綱紀. 平目復仰視, 兒孫還有異, 未辨箇端倪, 出門俱失利. 兩口無一舌, 止止不須說, 西天僧到來, 烏龜喚作鱉. 此是吾宗旨, 揚聲囉囉哩, 鏡智出三生, 吹到大風止"

12) 위산과 원상에 대한 선문답

襄州王常侍, 叅潙山, 潙山供養主來, 常侍問. 山中和尙, 近日有何言句. 主曰. 有僧問, 如何是, 祖師西來意, 和尙擧拂子. 侍曰. 秖如和尙 意作麼生. 主曰. 借色明心, 附物顯理. 侍曰. 下官卽不怹麼. 主曰. 常侍且道, 和尙意作麼生. 侍作此○相荅. 主廻擧似潙山, 潙山點頭曰. (第九張) 是他却會此事. 遂擧向仰山, 仰山曰. 終是俗氣不除. 潙山曰. 子又作麼生. 仰山於地上, 畫此○相了, 以脚抹却, 便出去. 潙山呵呵大笑. 統要, 仰山却畫一圓相, 於中書日字, 却以脚抹着.118)

양주(襄州)의 왕상시(王常侍)119)가 위산(潙山)선사를 참견(叅見)하러 가는데 위산(潙山)의 공양주가 오는 것을 보고 왕상시가 물었다.

---

118) 『禪林類聚』卷7(X67, p.42a1~9), "大潙祐禪師因令僧馳書上王常侍, 王看書了乃問和尙近日有何言句. 僧云. 有僧問如何是祖師西來意, 師竪起拂子. 王云彼中兄弟如何商量. 云. 借色明心, 附物顯理. 王云不是這箇道理, 上座快回山去好. 某甲有回書到和尙處, 僧得書遂回持上師. 師拆開見中畫一圓相內寫箇日字. 師云誰知千里外有箇知音. 仰山侍次乃云, 雖然如是, 也秖是箇俗漢. 師云子又作麼生. 仰却畫一圓相於中書箇日字. 却以脚抹著. 師乃大笑."

119) 왕경초상시(王敬初常侍): 위산영우(潙山靈祐)의 법을 계승함. ; 『祖堂集』卷19(B25, p.660b6~8), "王敬初常侍嗣潙山. 因見米和尙來, 公豎起筆. 米和尙云. 還解判得虛空不, 天官抛筆案上, 便入宅, 更不出見, 米乃致疑." ; 『景德傳燈錄』卷11(T51, p.286a4~13), "襄州王敬初常侍 視事次, 米和尙至, 王公乃擧筆. 米曰. 還判得虛空否. 公擲筆入廳 更不復出. 米致疑, 至明日憑 鼓山供養主 入探其意. 米亦隨至 潛在屏蔽間偵伺. 供養主 才坐問云. 昨日米和尙 有什麼言句 便不得見. 王公曰. 師子嚬人 韓獹逐塊. 米師竊聞此語, 卽省前謬. 遽出朗笑曰. 我會也 我會也. 嘗問一僧. 一切衆生還有佛性也無. 僧云. 盡有. 公指壁畫. 狗子云. 遮箇還有也無. 僧無對. 公自代云. 看嚬著."

164

이 산중(山中)의 위산(潙山)화상께서는 요즘 어떤 언구(言句)로 설법하여 교화하고 있습니까?

공양주가 대답했다.

어느 스님이 위산화상에게 무엇이 달마조사가 서쪽에서 오신 뜻입니까 하고 물으면 위산화상께서는 불자(拂子)를 들어 제시하십니다.

왕상시가 물었다.

단지 위산화상께서 그렇게 하신 그것의 뜻은 무엇입니까?

공양주가 대답했다.

대상경계(色)를 방편으로 하여 불심(佛心)을 밝힌 것이고, 사물(物)에 의지하여 진리를 나타낸 것입니다.

왕상시가 말했다.

하관(下官, 겸손한 말)은 그렇게 생각하지 않습니다.

공양주가 물었다.

왕상시(王常侍)께서 위산화상의 뜻이 무엇인지 말씀해 주십시오.

왕상시(王常侍)가 ○상(相)을 그려 제시하여 대답했다.

공양주가 돌아가 이것을 들어(擧) 위산(潙山)화상에게 말씀드리니 위산(潙山)께서 긍정[點頭]하고는 말씀하셨다.(제9장)

그가 도리어 이 일을 깨달은 것이다.

마침내 앙산(仰山)에게 들어(擧) 말하니 앙산(仰山)이 말했다.

끝까지(終) 속기(俗氣)를 버리지 못한 것입니다.

위산(潙山)께서 물었다.

그대는 어떻게 생각하는가?

앙산(仰山)이 지상(地上)에 ○상(相)을 그리고는 발로 도리어 지워버리고 바로 나갔다.

　위산(潙山)께서 하하(呵呵)! 하고 크게 웃었다.

　『종문통요』에는 다음과 같이 말하고 있다.

　앙산(仰山)이 하나의 원상(圓相)를 그리고는 그 안에 일(日)자(字)를 쓰고 도리어 발로 그것을 지워버렸다.

　《해설》 〇상으로 자신의 견해를 설하고 있다. 공양주와 왕상시, 위산, 앙산의 도(道)를 소승에서 대승으로 유설토와 무설토를 설하고 있다. 〇상을 지워버리는 행동이 자신의 몰종적의 모습을 나타내고 있다.

　韋相公, 就潙山和尙, 覓偈子, 潙山曰. 覿面相呈, 猶是鈍漢, 豈況□(瑙)[120]於紙墨. 相公却就仰山覓, 仰山於紙上, 畫此〇相, 於下注曰. 不思而知之, 是第二頭, 思而知之, 是第三首. 相公謝之.[121]

---

120) □字體或似[瑙]{編} (『한국불교전서』6, p.74. 중20.)

121) 『袁州仰山慧寂禪師語錄』(T47, p.584c20~23), "師因韋宙就潙山請一伽陀. 潙山云. 覿面相呈猶是鈍漢, 豈況形於紙墨. 韋乃就師請, 師於紙上畫一圓相. 註云. 思而知之, 落第二頭. 不思而知, 落第三首." ; 『景德傳燈錄』卷11(T51, p.282b15~18), "韋宙就潙山請一伽陀. 潙山曰. 覿面相呈猶是鈍漢, 豈況形於紙筆. 乃就師請, 師於紙上畫一圓相. 注云. 思而知之落第二頭, 不思而知落第三首." ; 『宗鑑法林』卷40(X66, p.523a16~19), "仰山因韋宙就潙山請一伽陀, 潙曰覿面相呈猶是鈍漢. 豈況形於紙墨. 韋乃就師請, 師於紙上畫一圓相. 注曰. 思而知之, 落第二頭. 不思而知, 落第三首." ; 『祖堂集』卷18(B25, pp.638b13~639a3), "相公就潙山乞偈子, 潙山云. 覿面相呈, 猶是鈍漢, 豈況上於紙墨. 又就師乞偈子, 師將紙畫圓相, 圓相中著. 某字謹答. 左邊思而知之, 落第二頭. 右邊不思而知之, 落第三首. 乃封與相公." ; 『宗門統要正續集』卷7(P154, p.705a6~9), "師因韋宙就潙山請一伽陀潙云覿面相呈猶是鈍漢豈況形於紙墨韋乃就師請師於紙上畫一圓相註云思而知之落第二頭不思而知落第三首."

위상공(韋相公)이 위산(潙山)화상(和尙)을 찾아와 게송(偈頌)을 요청하니 위산(潙山)께서 말씀하셨다.

얼굴을 보고 서로 나타내어도 오히려 어리석어 모르는데 어찌 하물며 지묵(紙墨)으로 쓴 것을 중요하게 하려 하십니까?

위상공(韋相公)이 도리어 앙산(仰山)을 찾아가 앙산(仰山)에게 게송(偈頌)을 요청하니 종이에 이 ○상(相)을 그리고는 그 아래에 주(注)를 달아 말했다.

그 뜻을 생각하지 않고[不思議]를 안다고 하면 제 이두(第二頭, 차별)에 떨어진 것이고 그 뜻을 사의(思議)하여 안다면 제 삼수(第三首, 알음알이의 중생심)에 떨어진 것입니다.

상공(相公)이 사례(謝禮)를 하고 물러갔다.

《해설》 도(道)를 언어문자로 알려고 하는 것을 위산이 지금 얼굴을 보고 말하면서도 알지 못하면서 언어문자인 지식으로 알려고 하는 것을 질책하고 있다. 앙산은 ○상(相)으로 대답을 하고 사량 분별하지 않으면 제 이두(삼수)에 떨어진 것이고 사량하면 제 삼수(이두)에 떨어진 것이라고 하고 있다. 사량 분별하는 범부와 소승에서 사량 분별을 초월한 대승을 설하며 최상승의 제 일구를 설하고 있다. 이두와 삼수를 바꿔서 말을 하지만 제 일구에서 깨달아 체득하지 못하면 어긋난다고 하는 것이다.

13) 육상공과 앙산의 원상에 대한 선문답

陸相公, 往廣州赴任, 經過洪州驛中安泊, 乃問從者. 此間有什

麼, 名德尊宿. 對曰. 有觀音院, 知宗大師, 甚有道價, 居衆千餘
人. 相公遂於紙上, 畫此○相封了, 令人馳來. 仰山開封見, 即於
相下面書云. 思而知之, 是第二頭, 不思而知之, 是第三首.[122]
却封納. 相公開見, 却來相訪.

　육상공(陸相公)이 광주(廣州)에 부임하러 가다가 홍주역(洪州
驛)에 머물면서 수행원에게 물었다. 이곳에는 유명한 대덕스님
이 계시는가?

　수행원이 대답했다.

　관음원(觀音院)에 계시는 지종(知宗)대사께서 도(道)가 매우
높아서 거주하는 대중들이 천여 명이나 됩니다.

　상공(相公)이 종이에 이 ○상(相)을 그리고는 밀봉하여 사람
을 시켜 관음원으로 보냈다.

　앙산(仰山)께서 그 편지를 개봉하여 보고는 곧 그 ○상(相)
아래에 글을 써서 말했다.

　사의(思議)하여 안다고 하면 제이두(第二頭)이고 부사의(不思
議)를 안다고 하여도 제 삼수(第三首)입니다. 그리고는 도리어
봉하여 다시 보냈다.

---

122) 『袁州仰山慧寂禪師語錄』(T47, p.584c5～6), "不思而知, 落第二頭. 思
　　而知之, 落第三首."; 『袁州仰山慧寂禪師語錄』(T47, p.584c22～23), "思
　　而知之, 落第二頭. 不思而知, 落第三首."; 『圓悟佛果禪師語錄』卷6(T47,
　　pp.740c27～741a1), "靈山話月語密難藏曹溪指月, 心眞莫測, 倒却門前刹
　　竿著, 已落第二頭. 金剛階下蹲, 神龜火裏走, 猶落第三首. 只如未有佛祖已
　　前, 還有恁麼時節麼."; 『景德傳燈錄』卷21(T51, p.377c16～19), "僧問.
　　擬即第二頭不擬即第三首, 如何是第一頭. 師曰收. 僧問. 古人斷臂當爲何
　　事. 師曰. 我寧可斷臂. 問. 如何是學人眼. 師曰. 須知我好心."; 『圓覺經
　　夾頌集解講義』卷12(X10, p.377b6), "知而無知, 是第二頭. 不知而知, 落
　　第三首."; 『列祖提綱錄』卷24(X64, p.194a22～b1), "諸佛出世是第二頭,
　　祖師西來是第三首. 饒你向威音那畔　別立生涯, 百草頭邊　全明殺活. 布袋
　　裏老鴉子　未知有出身一路在, 作麼生是出身一路."

상공(相公)이 그 편지를 개봉하여 보고는 도리어 스님을 찾아왔다.

《해설》 앞의 내용인데 사의(思議)와 부사의(不思議)을 바꿔서 기록하고 있다.

14) 무등과 왕상시의 원상에 대한 선문답

鄂州無等禪師, 嘗謁王常侍, 纔退出門, 王乃召云. 和尙, 師廻首, 王遂扣露柱三下. 師以手作此〇相, 復三撥之, 便歸.

악주(鄂州)의 무등(無等)선사(禪師)가 왕상시(王常侍)를 찾아뵙고 물러나 문(門)을 나가자마자 왕상시(王常侍)가 이내 불렀다. 화상(和尙)! 하고 부르니 무등(無等)선사(禪師)가 머리를 돌리자 왕상시(王常侍)가 노주(露柱)를 세 번 두드렸다.
무등(無等)선사(禪師)는 손으로 〇상(相)을 그리고는 다시 세 번 지우고는 바로 돌아갔다.

《해설》 불법(佛法)을 이심전심으로 표현하고 있는데 왕상시가 노주를 세 번 두드린 것과 원상을 세 개 그리고 다시 지운 것을 동일하게 알고 서로 계합한 것이다.

15) 진존숙의 원상에 대한 선문답

睦州陳尊宿, 因秀才相看云, 會二十四家書, 師以柱杖, 空中點
一點云. 會麼. 秀才罔措, 師云又道. 會二十四家書, 永字八法也
不識. 黃龍南云. 睦州一點直,(第十張) 在威音王已前及乎, 八法
論書, 却被箇, 俗人勘破. 若是黃龍, 卽不然. 孔門第(弟)子, 無
人識, 碧眼胡僧, 笑點頭. 大潙喆云. 睦州不妨用得, 這一點妙.
又似以勢欺人, 大潙卽不然. 畵一〇相, 云. 會麼. 字義炳然, 文
不加點.

목주(睦州)의 진존숙(陳尊宿)이 24가(家)의 서법[書]을 모두
안다고 말하는 수재(秀才)를 만나 진존숙(陳尊宿)께서 주장자로
허공(虛空)에다 점 하나를 찍고는 물었다. 알겠는가?

수재(秀才)가 어리둥절해 하자 진존숙(陳尊宿)께서 또 말했
다.

24가(家)의 서법[書]을 알면서도 영(永)자(字)팔법(八法)[123]도
모르는구나.

황룡(黃龍)남(南)이 말했다. 목주(睦州) 진존숙(陳尊宿)의 한
점(點)은 곧바로 (제10장) 위음왕불(威音王佛)이전의 일대사(一
大事)에 이르게 한 것인데 팔법(八法)으로 서법을 논하여 도리
어 일개성자로서 그 속인(俗人)을 감파(勘破)한 것이다.

만약에 황룡이라면 그렇게 하지 않았을 것이다. 공자(孔子)
문하의 제자(弟子)들은 이 소식을 알지 못하는 것이고, 벽안(碧

---

123) 영(永)자 8서법: 측(側, 점).늑(勒,가로획).노(努, 세로획).적(趯, 갈고리).
　　책(策, 치켜 올림).략(掠, 길게 왼쪽으로 삐침).탁(啄, 오른쪽에서 짧게 삐
　　침).책(磔, 오른쪽으로 삐침)

眼)의 호승(胡僧, 달마)은 웃으며 긍정할 것이다.

위산(大潙)의 철(喆)이 말했다. 목주(睦州)는 저 한 점의 묘용을 체득하여 사용하는데 방해받지 않는다. 또 그것을 비슷하게 사용하여 사람을 기만하는 모습을 보인 것이나 위산(潙山)은 그렇게 하지 않을 것이다.

하나의 ◯상(相)을 그리고 말했다. 알겠는가? 문자(文字)의 뜻이 확연하나 문자(文字)로 점을 첨가할 필요는 없다.

《해설》 언어문자로 설명하는 것은 시간과 설명이 필요한 것이다. 모든 수행자들이 각자의 수행을 하다가 벽에 막혔을 때 자신이 극복하지 못할 때에 언하돈오가 필요한 것이다. 그러므로 줄탁동시(啐啄同時)가 되어야 한다고 하는 것이다. 어느 분야에서나 여래로 살아갈 수 있다고 하지만 이런 방법을 알지 못하면 과연 어떤 방법으로 수행하겠는가? 돈오점수나 돈오돈수의 수행을 하려면 공가중이 되지 않고 어떻게 하겠는가?

16) 법진의 원상에 대한 선문답

益州大隋法眞禪師, 僧辝(辭)師問. 什麼處去. 僧曰. 禮拜普賢去. 師擧柱杖, 曰. 文殊普賢, 總在這裏. 僧作此◯相, 抛向背後, 却展兩手. 師召侍者, 曰. 取一貼茶來, 與這僧.[124]

---

124) 『景德傳燈錄』卷11(T51, p.286b11~19), "師問僧. 什麼處去. 云禮普賢去. 師擧拂子云. 文殊普賢總在遮裏. 僧作圓相, 抛向後乃禮拜. 師云. 侍者取一帖茶與遮僧. 一日衆僧參次, 師口作患風勢云. 還有人醫得吾口麼. 時衆僧競送藥以至, 俗士聞之亦多送藥, 師並不受. 七日後師自摑口令正乃云.

如許多時鼓遮兩片皮, 至今無人醫得吾口, 蜀主欽尙遣使屢徵. 師皆辭以老病, 署神照大師.";『古尊宿語錄』卷35(X68, p.229c6〜9), "師問僧. 什麼處去. 僧云. 禮普賢去. 師擧拂子云. 文殊普賢總在這裏. 僧作圓相拋向背後, 却展兩手. 師叫侍者云. 取一帖茶與這僧去.";『御選語錄』卷16(X68, p.668b15〜17), "問僧. 甚處去. 曰. 峨嵋禮普賢去. 師擧拂子曰. 文殊普賢總在這裏. 僧作圓相拋向後, 乃禮拜. 師喚侍者, 取一帖茶與這僧.";『指月錄』卷13(X83, p.541c8〜12), "問僧. 甚處去. 曰西山住菴去. 師曰. 我向東山頭喚汝, 汝便來得麼. 曰不然. 師曰. 汝住菴未得. 問僧. 甚處去. 曰峨嵋禮普賢去. 師擧拂子曰. 文殊普賢總在這裏. 僧作圓相拋向後乃禮拜. 師喚侍者, 取一帖茶與這僧."

125) 대수법진(大隨法眞): 長慶大安의 법을 계승.;『景德傳燈錄』卷11(T51, p.286a16〜24), "益州大隋法眞禪師. 僧問. 劫火洞然大千俱壞, 未審此箇還壞也無. 師云壞. 僧. 恁麼卽隨他去也. 師云. 隨他去也. 問如何是大人相. 師云. 肚上不帖牓. 師問僧. 什麼處去. 僧云. 西山住庵去. 師云. 我向東山頭喚汝. 汝還來得麼. 僧云. 卽不然. 師云. 汝住庵未得. 問生死到來時如何. 師云. 遇茶喫茶遇飯喫飯. 僧云. 可誰受供養. 師云. 合取鉢盂, 師庵側有一龜.";『古尊宿語錄』卷35(X68, pp.232c14〜233a23), "大隨開山神照禪師行狀. 師諱法眞, 貌古有威, 眉垂覆睫, 嘗聞老宿輩, 皆稱爲定光佛示蹟, 於劍南梓州鹽亭縣王氏家生. 族本簪纓, 妙齡夙悟, 決志尋師, 於慧義寺, 今護聖寺竹林院是也. 師圓具後, 逐遊南方, 初見藥山, 道吾, 雲巖, 先洞. 次至嶺外大潙和尙會下, 數載食不至充, 臥不求暖, 淸苦鍊行, 履操不群, 大潙一見乃深器之. 一日, 大潙問曰. 闍黎在老僧, 此中不曾問一轉話. 師云. 教某甲向什麼處下口. 潙云. 何不道如何是佛. 師便作手勢掩潙口. 潙嘆曰. 子眞得其髓, 從此名傳嶺外, 聲振寰中. 爾後聿旋西蜀, 寄錫於天彭珊口山龍懷寺. 路傍煎茶普施三年, 忽一日往後山, 見一古院, 號大隨山. ... 師於乾德元年己卯七月十五日齋前, 辭衆端坐而化. 俗壽八十六, 僧臘六十六. 時王聞之哀慕師, 心不勝慘怛, 急宣中書令王宗壽賷香燭備具等, 到山致祭, 敕葬歸塔. 神異頗多, 不可具述.";『五燈嚴統』卷4(X80, p.656b19〜c4), "長慶安禪師法嗣. 益州大隨法眞禪師, 梓州王氏子. 妙齡夙悟, 決志尋師, 於慧義寺出家. 圓具後南遊, 初見藥山道吾雲巖洞山. 次至嶺外大潙會下, 數載食不至充, 臥不求暖, 淸苦鍊行, 操履不羣, 潙深器之. 一日問曰. 闍黎在老僧, 此間不曾問一轉話. 師曰. 教某甲向甚麼處下口. 潙曰. 何不道, 如何是佛. 師便作手勢掩潙口. 潙歎曰. 子眞得其髓, 從此名傳四海. 爾後還蜀寄錫天彭珊口山龍懷寺. 於路旁煎茶普施三年, 因往後山見一古院, 號大隨.";『人天寶鑑』(X87, p.8c8〜11), "大隋眞禪師. 梓州鹽亭王氏子. 族本簪纓, 妙齡夙悟, 決志尋師. 逐南下見藥山道吾. 次謁大潙, 服勤衆務, 食不至充臥不求暖. 淸苦鍊行履操不羣, 大潙常器之.";『祖堂集』卷19(B25, p.665a1〜11), "大隨和尙 嗣安和尙. 師諱法眞, 俗姓陳, 東川人也. 心行慈愍, 道德高峻, 賑飢邮儉, 割己於人. 而天性敖 於林巒, 守道不趣 於浮世也. 大蜀皇帝 響其德高, 勅書請詔. 師辭老病, 不赴渥澤, 須送紫衣, 法號神照

스님이 하직을 하고자하니 스님께서 물었다. 어디로 가려는가?

그 스님이 대답했다. 보현보살(普賢菩薩)에게 예배하러갈 것입니다.

대수화상(大隨和尙)께서 주장자(拄杖子)를 들어 세우고는 말했다.

문수(文殊)와 보현(普賢)이 모두 이곳[這裏, 此間]에 있다.

그 스님이 〇상(相)을 그려서 등 뒤로 던지고는 도리어 양손을 펼쳤다.

대수화상(大隨和尙)께서 시자(侍者)를 부르고는 말했다.

차 한 잔(一貼茶)을 가지고 와서 이 스님에게 드려라.

《해설》 보현보살에게 예배를 하러 간다고 하니까 대수법진선사께서 문수와 보현이 지금 여기에 있는데 어디로 예배하러 갈필요가 없다고 하고 있다. 그래서 그 스님이 〇상(相)으로 문수는 지혜이므로 등 뒤로 던져서 진여의 지혜를 체득했다는 것이고 보현의 행을 실천한다는 것으로 입전수수를 나타내고 있다. 그래서 대수법진선사께서 차 한 잔으로 인가하고 있다.

大師. 問僧. 什摩處去. 對云. 去娥媚 禮拜普賢. 師提起拂子云. 文殊 普賢, 總在這裏, 其僧便作圓相, 抛向背後. 師喚侍者, 師云. 將一貼茶來, 與師僧. 師欲順世時 患口喎. 師乃集衆上堂, 告云. 還有人醫 得吾口摩. 有人醫得, 出來, 再三徵, 無人祇對. 師云. 若無人解醫, 老僧自醫. 師遂以手推正告寂."

17) 광용과 광목의 원상에 대한 선문답

袁州仰山, 南塔光涌禪師, 僧問. 和尙姓什麼. 師作此〇相示
之.

원주(袁州) 앙산의 남탑광통(南塔光通)선사에게 어느 스님이
물었다.

화상(和尙)의 성(姓)씨는 무엇입니까?

광통선사께서 〇상(相)을 그려서 제시하였다.

《해설》 여기에서 선사의 속성(俗姓)을 묻는 자체가 잘못이
다. 출가사문은 속세에 대한 집착이 없는 것이므로 〇이라고
설하고 있다. 출가와 동시에 자신의 마음은 공(空)이 되었다는
것을 말하고 있다. 그리고 〇상을 제시한 것은 대승으로 살아
간다는 것을 나타내고 있는 것이다.

韶州東平光穆禪師, 僧問. 如何是頓. 師作此〇相示之. 僧曰.
如何是漸. 師以手撥, 三撥, 却作此〇相.[126]

---

126) 『景德傳燈錄』卷12(T51, p.293c10~17), "懷讓禪師第五世 前袁州仰山
    慧寂禪師法嗣 仰山西塔光穆禪師(第二世住)僧問. 如何是正聞. 師曰. 不從
    耳入. 曰作麼生. 師曰. 還聞麼. 問祖意與教意同別. 師曰. 同別且置 汝道
    瓶嘴裏什麼物 出來入去. 問如何是西來意. 師曰. 汝無佛性. 問如何是頓.
    師作圓相示之. 曰如何是漸. 師以手空中撥三下."

소주(韶州) 동평광묵(東平光穆)선사에게 어느 스님이 물었다.

무엇이 돈오(頓悟)[127]입니까?

동평광묵(東平光穆)선사께서 O상(相)을 그려 제시하였다.

그 스님이 다시 물었다. 무엇이 점오(漸悟)입니까?

동평광묵(東平光穆)선사께서 손을 뒤집어서 세 번 털고는 도리어 O상(相)을 그렸다.

《해설》 돈오와 점오에 대하여 설하고 있는 것으로 돈오는 지금 바로 금생(今生)을 벗어나지 않고 바로 해탈하는 것이므로 이 O상(相)으로 답하고 있다. 점오는 소승이므로 손을 뒤집은 것이고 또 삼승을 벗어나야 한다는 것 때문에 손을 세 번 털고는 이 O상(相)으로 대답하고 있다.

---

127) 돈오(頓悟): 『金剛經纂要刊定記』卷2(T33, p.184a25), "慧纔發時 照萬法空 便到彼岸, 名爲頓悟."; 『大般涅槃經義記』卷1(T37, p.613a23~28), "言頓悟者, 有諸衆生, 久習大乘 相應善根, 今始見佛, 則能入大, 大不由小, 目之爲頓. 故經說言, 或有衆生, 世世已來 常受我化, 始見我身, 聞我所說, 則皆信受, 入如來慧, 此是頓悟. 漸入菩薩始小終大, 頓悟之人一往入深, 頓漸雖殊."; 『六祖大師法寶壇經』(T48, p.358c27~29), "自性自悟, 頓悟頓修, 亦無漸次. 所以不立一切法, 諸法寂滅, 有何次第."; 『宗鏡錄』卷5(T48, p.440a6~7), "若知能所無體, 頓悟人空法空, 忽了物我無依, 始信境寂心寂."; 『楞嚴經正脉疏』卷10(X12, p.478c6~9), "其言理則頓悟者, 理謂妄理. 頓悟謂了達五陰. 惟一妄想, 妄則本空. 一念悟徹, 爲有次第. 乘悟併消者, 卽銷其億劫顛倒之想也."; 『頓悟入道要門論』(X63, p.22c5~13), "頓悟者不離此生卽得解脫. 何以知之, 譬如師子兒初生之時, 卽眞師子. 修頓悟者亦復如是, 卽修之時, 卽入佛位. 如竹春生筍, 不離於春, 卽與母齊, 等無有異. 何以故, 爲心空故, 修頓悟者亦復如是. 爲頓除妄念, 永絕我人, 畢竟空寂, 卽與佛齊, 等無有異, 故云卽凡卽聖也. 修頓悟者 不離此身 卽超三界. 經云. 不壞世間 而超世間, 不捨煩惱 而入涅槃. 不修頓悟者, 猶如野干 隨逐師子, 經百千劫, 終不得成師子."

18) 순지의 원상

五冠山瑞雲寺, 順之和尙, 嗣仰山寂禪師. 師有時, 表相現法示徒, 證理遲疾, 此中四對八相.

오관산(五冠山) 서운사(瑞雲寺)의 순지(順之)화상(和尙)은 앙산(仰山) 혜적 선사의 법(法)을 계승(繼承)하였다.

순지화상(順之和尙)께서 어느 때에 표상현법(表相現法)을 나타내어 대중에게 진리를 증득하는데 지질(遲疾, 빠르고 늦음)이 있음을 보인 것으로 이 가운데에 사대팔상(四對八相)을 나타냈다.

《해설》 이 부분은 『조당집』의 순지장을 『종문원상집』에서 그대로 인용한 것이기에 해설과 각주의 같은 부분은 생략하고 그대로 인용했다.

(1) 네 가지로 상대되는 팔상(八相)

〇 此相者, 所依涅槃相, 亦名理佛性相. 群生衆聖, 皆依此相, 相雖不異, 迷悟不同. 故有凡夫有聖, 謂識此相者, 名爲聖人. 迷此相者, 名爲凡流. 是故龍樹 在南印土, 則爲說法, 對諸大衆, 而現異相, 身如月輪. 當於坐上, 唯聞說法, 不見其形. 彼衆之中, 有一長者, 名曰提婆. 謂諸衆曰. 識此瑞不. 衆曰. 非其長聖, 誰能辨耶.(第十一張) 尒時提婆, 心根宿靜, 亦見相, 默然契會,乃告衆曰. 今此瑞者, 師現佛性. 非師身者, 無相三昧. 形如滿月, 佛性之義, 語猶未訖. 師現本身, 座上偈曰. 身現圓月相, 以表諸佛體. 說法無其形, 用辨非聲色. 若有人 將此月輪相 來問, 相中心着 牛字對也.

이 〇상(相)은 열반(涅槃)적정(寂靜)을 설명하는 열반상(涅槃相)이고 또 논리적으로는 불성(佛性)을 설명하는 불성상(佛性相)이다. 일체중생과 모든 성인(聖人)들이 모두 이 원상(圓相)에 의지하여 살아가고 있는 이 원상(圓相)은 비록 다른 것은 아니지만 원상(圓相)을 사용하는 이들이 이것에 대한 미혹과 깨달음은 같지 않음으로 범부도 있고 성인도 있는 것이다. 이 원상(圓相)의 의미를 깨달아 아는 사람을 성인이라 하고 이 원상(圓相)의 의미를 이해하지 못하는 미혹한 사람을 범부라고 한다. 그러므로 용수(龍樹)보살(菩薩)이 남쪽나라 인도에서 대중에게 설법할 때에 이 이상한 원상(圓相)의 형태를 나타냈었는데 몸이 둥근 보름달이 자리 위에 뜬 것 같았으며 오직 그의 설법 소리만 들리고 그의 모습은 보이지 않았다.

그때에 대중 가운데에 제바(提婆)라는 한 장자(長者)가 있었는데 대중에게 말했다.

이 상서(祥瑞)에 대하여 알겠습니까?

대중이 말했다.

성인(聖人, 提婆長者)과 같이 깨닫지 못했는데 누가 어찌 능히 이것을 말할 수 있겠습니까? (제11장)

그때에 제바(提婆)는 마음이 불심(佛心)과 같이 근원으로 돌아가 열반(涅槃)적정(寂靜)의 경지가 되어 그 원상(圓相)을 친견(親見)하니 묵연(默然)하게 이 내용을 깨달아 계합하고는 대중에게 고하여 말했다. 지금의 이 상서(祥瑞)는 용수(龍樹)보살께서 불성(佛性)을 설명하기 위하여 나타낸 것이고 용수(龍樹)보살의 육신이 아니고 무상삼매(無相三昧)이다. 그 형상이 둥근 보름달과 같은 것은 불성(佛性)을 올바르게 설명한 것이라는 말을 다하기도 전에 용수(龍樹)보살의 본래의 모습이 법좌(法座)위에 나타났다.

게송으로 설(說)했다.

몸을 둥근 보름달과 같은 모습을 나타내시어,

제불(諸佛)의 실체(實體)를 설한 것은,

설법을 하지만 자신의 모습은 나타내지 않아야 한다는 것으로,

진여의 지혜로 설하는 것은 대상경계[聲色]를 초월하여 설하여야 하네.

만약에 장차 어느 사람이 이 둥근 보름달과 같은 원상(圓相)을 가지고 와서 질문을 하면 이 원상(圓相)의 중심에 우(牛)자(字)를 넣어 대답하면 된다.

⊕ 此相者, 牛食忍草相, 亦名見性成佛相. 何以故, 經云. 雪山有草, 名爲忍辱, 牛若食者, 則出醍醐. 又云. 衆生若能聽受, 諮啓大涅槃, 則見佛性. 故當知草喩妙法, 牛喩頓機, 醍醐喩佛. 如是則 牛若食草, 則出醍醐. 人若解法, 則成正覺. 故云 牛食忍草相, 亦名見性成佛相也.

이 ⊕상(相)을 소가 인초(忍草)를 먹는 상(牛食忍草相)이라고 하는데 역시 이것은 견성성불(見性成佛)을 설명하는 상(見性成佛相)이라고 부른다.

왜냐하면 경(經)에 말하였다.

설산(雪山)에 있는 약초(藥草)를 인욕(忍辱)의 풀이라고 부르는데 이것을 소가 만약에 먹으면 제호(醍醐)가 나오게 된다.

또 말씀하셨다. 중생(衆生)이 만약에 대열반(大涅槃)에 대하여 묻고 가르침을 받아서 이것을 자신이 청수(聽受)하여 본심으로 깨달아 수지하면 불성(佛性)을 바로 깨달아 견성하게 된다.

그러므로 약초를 묘법(妙法, 玄旨)에다 비유한 것이고 소(牛)는 진여의 지혜를 깨달은 돈기(頓機, 대승의 근기(根機)로 지혜로 돈오하는 사람)에 비유한 것이고 제호(醍醐)는 진여의 지혜를 실천하는 부처에 비유한 것이다.

이와 같이 깨달으면 바로 소가 만약에 약초를 먹으면 제호(醍醐)를 만들어 내게 되는 것이다. 그리고 사람이 만약에 불법(佛法)을 깨달아 이해하면 곧바로 정각(正覺)을 이루어 견성하게 되는 것이다. 그러므로 이 상(相)을 소가 인초(忍草)를 먹는 상(牛食忍草相)이라고 하며 역시 견성성불하는 상(見性成佛相)이라고 한다.

♀ 此相者, 三乘求空相. 何以故, 三乘人, 聞說眞空, 有心趣向, 未證入眞空. 故表圓相下, 畫三牛[128]也. 若將此相來問, 以

---

128) 犇: 달아날 분

漸次, 見性成佛相, 對之.

　이 ⊕상(相)은 삼승(三乘, 성문, 연각, 보살)이 공(空)을 구하
는 상(三乘求空相)이다. 왜냐하면 삼승(三乘)의 수행자들은 진
공(眞空, 眞如, 如如)을 설하는 것을 들으면 지식의 마음을 가
지고 마음을 찾으려하므로 진공(眞空)의 참다운 진여의 지혜를
체득하지 못하는 것이다. 그러므로 원상(圓相)밑에다 牛자(字)
세 개를 그려서 나타낸 것이다. 만약에 이 상(相)을 가지고 와
서 질문을 한다면 점차로 견성성불(見性成佛)하는 상(見性成佛
相)으로 대답한다.

　⊕. 此相者, 露地白牛相. 謂露地者, 佛地, 亦名第一義空. 白
牛者, 諸法身之妙慧也. 是故表一牛 入圓相也. 問. 何故月輪相
下 著三獸. 又月輪相中心 著牛字對之耶. 答. 月輪相下三獸, 是
表三乘. 月輪相中心一牛, 是表一乘. 是故擧權乘來, 現實入證對
之. 問. 向前已說 月輪相中心著牛, 是牛食忍草相. 何故又言 月
(第十二張)輪相中心 著牛者 露地白牛相也. 兩處皆是 同相同
牛, 何故說文不同耶. 答. 說文雖別, 相及牛則不異. 問. 若也不
異, 何故兩處 各現同相同牛耶. 答. 雖相及牛則不異, 見性遲疾
不同故, 兩處各現 同相同牛. 問. 若論見性 遲疾各別者, 食忍草
牛 與露地白牛 誰遲誰疾耶. 答. 食忍草牛, 則明華嚴會中 頓見
實性之牛, 故疾. 露地白牛, 則明法華會中, 會三歸一牛, 故遲.
是故說文, 雖則不同, 證理不異. 故擧同相同牛, 明理智不異, 不
言 來處全同也.

180

이 ⊕상(相)은 노지백우와 같은 상(露地白牛相)[129]이다. 노지(露地)[130]라고 하는 것을 설명하면 불지(佛地)를 말하고 역시 제일의공(第一義空)을 말하는 것이다. 백우(白牛)라는 것은 법신(法身)의 미묘한 진여의 지혜[妙慧][131]를 자문(諮問)하는 것이다. 그러므로 한 마리 소[一牛]를 원상(圓相)안에 넣어서 표현한 것이다.

어느 스님이 물었다.

무엇 때문에 월륜상(月輪相)아래에 세 마리의 소를 붙였습니까? 그리고 또 월륜상(月輪相)의 중심에 우(牛)자(字)를 넣어서 대답하였습니까?

대답했다. 월륜상(月輪相)아래에 세 마리의 소는 삼승(三乘, 성문·연각·보살)을 표현한 것이고 월륜상(月輪相)중심의 소[一牛]는 일승(一乘)을 나타낸 것이다. 그러므로 권승(權乘, 방편, 삼승)을 들어서(擧) 거론하여 오면 지금 바로 실제로 깨달

---

129) 노지백우상(露地白牛相): 『新華嚴經論』卷2(T36, p.733c9~14), "露地白牛方明至無依之處. 露地者, 卽佛地也. 爲佛智無依止故, 故云露地. 白牛者, 卽法身, 悲智也. 以法身無相名之爲白. 智能觀機悲心濟物名之爲牛. 爲取牛能運載故. 爲以無作法身悲智濟物故喩同牛也. 以濟益名之曰牛.";『雲門匡眞禪師廣錄』卷1(T47, p.546a9), "問如何是露地白牛. 師云. 觀機無改路."

130) 노지(露地): 『法華經義記』卷4(T33, p.618c5~8), "露地者, 此明上又無礙, 五處無障. 此表明大乘機發, 五濁不能爲障. 下卽釋言無障. 此釋四邊無障, 又言無礙. 此釋上又無礙也.";『法華統略』卷2(X27, p.478b1~2), "露地者, 仰觀亦空, 不見有車, 以五處皆空. 故不見門外有三車也.";『法華經大成』卷3(X32, p.414a21~b1), "涅槃謂之露地者, 以較火宅則淸涼有餘, 較寶車之莊嚴全無, 所以名偏空小果, 住果不進, 故云而坐. 見思旣盡, 眞諦理顯, 故云無復障礙. 不爲見思所局, 故云泰然. 生已度想, 生安隱想, 故言歡喜."

131) 묘혜(妙慧): 『圓覺經大疏釋義鈔』卷13(X09, p.751b20~21), "妙慧者, 無漏無相也.";『法華經演義』卷1(X33, p.69a4~8), "言妙慧者, 旣不同凡夫二乘, 菩薩所著, 則其所觀之有, 乃是妙有, 所觀之空, 乃是眞空. 所觀之中, 乃是圓中, 法法皆妙. 相相俱眞. 擧一有, 有卽不思議之妙慧. 擧一空, 空卽不思議之妙慧. 擧一中, 中卽不思議之妙慧, 妙慧爲因, 必尅妙果."

음[一乘]을 증득하여 성불할 수 있다는 것을 설명하는 대답이다.

어느 스님이 물었다.

이전에 설명하시기를 월륜상(月輪相)중심에 우(牛)자(字)를 넣은 것은 소가 인초(忍草)를 먹는 상(牛食忍草相)이라고 하셨습니다. 그런데 왜 또 월륜상(月輪相)(제12장)중심에 우(牛)자(字)를 그려 넣은 것을 노지백우(露地白牛)와 같은 상(露地白牛相)이라고 하십니까? 두 개가 모두 같은 상(相)이고 같은 소(牛)인데 어찌하여 설명하는 내용은 같지 않습니까?

대답했다.

설명하는 문자는 비록 다르지만 상(相)과 소는 다르지 않다.

어느 스님이 물었다.

만약에 다르지 않다면 어찌하여 두 개가 각각 같은 상(相)과 같은 소로 나타낸 것입니까?

대답했다. 비록 상(相)과 소가 다르지 않지만 견성(見性)하는데 빠르고 늦음[遲疾]이 차별이 있기 때문이므로 두 개에다 각각 같은 원상(圓相)과 같은 소를 나타낸 것이다.

어느 스님이 물었다.

만약에 견성(見性)의 빠르고 늦음[遲疾]이 각기 다른 것을 말한 것이라면 소가 인초(忍草)를 먹는 상(牛食忍草相)과 노지백우상(露地白牛相)에서 어느 것이 느린 것이며 어느 것이 빠른 것입니까?

대답했다. 소가 인초(忍草)를 먹는 상(牛食忍草相)은 화엄회상(華嚴會上)중에서 진실한 불성(佛性)의 우(牛)를 바로 명백하게 친견한 것이므로 빠른 것이다. 노지백우상(露地白牛相)은 법화회상(法華會上)중에서 삼승(三乘)을 깨달아 일승(一乘)으로 돌아가는 이치[會三歸一]를 명백하게 깨달은 소[牛]이므로 느린 것이다. 그러므로 언어문자로 설명하는 형태는 비록 같지 않지만 이치[理]를 증득하는 것은 다르지 않는 것이다. 그러므로 같은 상(相)에 같은 소[牛]를 들어[擧] 이치와 지혜[理智]132)는 명백하여 다른 것이 없지만 그것의 근원이 전적으로 같다고 말한 것이 아니다.

ꚛ 此相者, 契果修因相. 何以故, 初發心住, 雖成正覺, 而不尋(碍)衆行. 慧等佛地, 行不過位, 故表此相也. 古人云. 履踐如來, 所行之跡. 則此相也. 若有人, 將此相來問, 又作月輪相中心着, 卍字對之.

이 ꚛ상(相)은 과(果)를 인(因)에 계합하게 수행하는 계과수인상(契果修因相)133)이다. 왜냐하면 초발심(初發心)을 발하여 체득하면 비로소 정각(正覺)을 이루었으므로 중생들의 행(行)에

---

132) 이지(理智):『新華嚴經論』卷9(T36, p.777b17~20), "始成正覺者, 古今情盡, 名之爲始. 心無所依, 名之爲正. 理智相應, 名之爲覺. 得如是法, 名之爲成. 又自覺覺他, 名之爲覺." ;『略釋新華嚴經修行次第決疑論』卷1(T36, p.1012b19~23), "經云始成正覺者, 三世長短執盡, 契無古今, 名之爲始. 智現相盡, 名之爲成. 以理智大悲, 三法同體, 名之爲正. 達悟心境, 一切無明, 便成大智. 普照十方, 都無所得, 名之爲覺. 自成此道, 名之爲成." ;『大乘入道次第』(T45, p.465c26~28), "智是有爲, 理卽無爲, 理智是實, 解脫是假, 故非卽一. 有爲無爲假實異故, 智爲能證, 理是所證, 解脫離縛, 故不得異." ;『三藏法數』卷19(B22, p.377b11), "理卽所觀之理境, 慧卽能觀之智慧."
133) 계과수인상(契果修因相): 선악의 원인이 되는 것을 수행하여 결과와 계합(契合)하는 상(相).

는 장애가 없는 것이다. 지혜는 부처의 경지[(佛地]와 동등하게 되었지만 행(行)은 아직 이 지위를 초월하여 벗어나지 못하였으므로 이 상(相)으로 표현한 것이다.

　고인(古人)이 말씀하셨다. '여래(如來)께서 행한 자취[所行][134]을 따라 행한다.'[135]고하는 것이 바로 이 상(相)이다. 만약에 어느 스님이 장차 이 상(相)을 가지고 와서 묻는다면 다시 월륜상(月輪相)의 중심에 만(卍)자(字)를 그려서 대답한다.

卍. 此相者, 因圓果滿相[136]也. 問. 何故月輪相上頭 著卍字

---

134) 소행(所行): 『摩訶般若鈔經』卷3(T08, p.520a24), "心無兩對, 心之自然乃能所作."；『度世品經』卷3(T10, p.631a21~22), "其所行者 亦無所念, 開化衆生."；『大寶積經』卷118(T11, p.666b11), "於一切法無所行者, 是賢聖行."；『大般涅槃經』卷14(T12, p.448a28~29), "若是諸佛之所行者, 則非聲聞, 緣覺, 菩薩所能修行."；『說無垢稱經疏』卷6(T38, p.1101b20), "所行者, 佛所行處, 謂遊化境."；『注大乘入楞伽經』卷3(T39, p.449b16~17), "能取所取者, 亦云能緣所緣. 謂卽心識見相二分也."；『三教平心論』卷1(T52, p.782c27~29), "儒教之所行者, 中國也. 道教之所行者, 天上人間也. 佛教之所行者, 盡虛空遍法界也."；『金剛經註解』卷4(X24, p.810c2~6), "是人所行者, 乃邪道也. 眞性乃正, 故非邪也. 形色音聲, 則爲邪耳, 故以形色音聲求佛, 則是所行者邪道. 豈可以見正覺常住之眞性佛哉. 故曰不能見如來. 如來, 卽所謂眞我, 卽所謂性佛也."；『金剛經疏記科會』卷6(X25, p.437b17), "無所行者, 卽不作念也."；『四分律行事鈔簡正記』卷6(X43, p.114a17~18), "或常所行者, 說恣是也."；『止觀輔行助覽』卷2(X55, p.881c7~8), "常所行者, 是佛所作. 入定說法, 受現法樂, 是佛所習, 彼又反說."；『大乘止觀法門釋要』卷4(X55, p.633b7~8), "若有能取所取者 卽是虛妄, 自體非有, 如是禮者 卽名止門."

135) 불법에 어긋나지 않게 여래의 행적을 따라 똑같이 수행하는 것. ；『景德傳燈錄』卷9(T51, p.269c7~8), "然依佛戒修身, 參尋知識漸修梵行, 履踐如來所行之迹."；『維摩經疏』卷6(T85, p.418a29~b3), "履踐如來所行之跡者, 卽是十地, 通卽一切神通三昧皆是佛跡, 別卽末後金剛三昧是其佛跡, 十地順行故云履踐如來所行之跡也."

136) 『阿彌陀經要解便蒙鈔』卷2(X22, p.860b15~17), "報身因圓果滿者, 萬行之因圓, 萬德之果滿, 名得菩提, 故論成."；『大乘本生心地觀經』卷1(T03, p.295a3), "因圓果滿成正覺."；『金剛經疏記科會』卷7(X25, p.454a19~

來, 月輪相中心 著卍字對之. 答. 月輪相上頭 著牛者, 契果修因相. 日輪相中心 著卍字, 因圓果滿相. 擧因來, 現果對之.

이 🌀상(相)은 수행[因]이 원만하여 불과(佛果)가 충만한 상(因圓果滿相)이다.

어느 스님이 물었다.

어찌하여 월륜상(月輪相) 위에다 우(牛)자(字)를 넣은 것으로 물어오면 월륜상(月輪相)중심에 만(卍)자(字)를 넣은 것으로 대답하는 것입니까?

대답했다. 월륜상(月輪相)위에 우(牛)자(字)를 그린 것은 불과(佛果)에 계합하게 수행하는 상(契果修因相)이다. 일륜상(日輪相)중심에 만(卍)자(字)를 넣은 것은 수행이 원만하여 불과(佛果)가 충만한 상(因圓果滿相, 인(因)이 원만하므로 과(果)는 충만함)이다. 수행[因]을 들어(擧) 물어 와서 불과(佛果)를 나타내는 것으로 대답한 것이다.

♀ 此相者, 來(求)空精行相. 謂門前草庵, 菩薩求空故, 經云. 三僧祇 修菩薩行, 難忍能忍, 難行能行, 求心不歇, 故表此相也. 若有人將, 此相來問, 月輪相中心, 著王字(第十三張)對之.

이 ♀상(相)은 공(空)을 구(求)하여 부지런히 수행하는 구공정행상(來(求)空精行相)이다. 초암(草庵)의 문전(門前)에서 보살(菩薩)이 공(空)을 구(求)하기 때문에 경(經)에 말씀하였다. 삼

---

20), "罪滅者, 罪障旣盡, 漸漸修行, 因圓果滿, 自然爲佛."

아승지겁 동안 보살행을 닦아서 인욕(忍辱)하기 어려운 것을 능히 인욕하고 행(行)하기 어려운 것을 능히 행(行)하면서도 마음에 공을 구하는 마음을 쉬지 않기 때문에 이 상(相)으로 나타낸 것이다. 만약에 어느 스님이 이 상(相)을 가지고 와서 묻는다면 월륜상(月輪相)중심에 왕(王)자(字)를 그려 넣어서(제13장) 대답하는 것이다.

㊣ 此相者, 漸證實際相. 何以故, 若有菩薩, 經劫修行, 壞四魔賊, 始得無漏眞(眞)智, 證入佛地, 更無餘習所恒. 似聖王降伏群賊, 國界安寧, 更無怨賊所恒. 故表此相也.

이 ㊣상(相)은 실제(實際, 진리)를 점차로 증득하는 점증실제상(漸證實際相)[137]이다. 왜냐하면 만약에 보살(菩薩)이 오랜 겁(經劫)을 수행하여 사마(四魔)의 도적(盜賊)[138]을 파괴시켜야 비로소 무루(無漏)의 바른 지혜[眞智]를 체득하고 불지(佛地)를 깨달아 증득하여야 다시는 대상으로 항상 남아있던 습기(習氣,

---

137) 점증실제상(漸證實際相): 이 상(相)은 진여(眞如)를 체득하여 점차로 습득하여 실제(實際, 진실)를 나타내는 상(相)이다.
138) 『佛說海意菩薩所問淨印法門經』卷5(T13, p.487a15~16), "魔有四種, 何等爲四, 一者蘊魔, 二者煩惱魔, 三者死魔, 四者天魔."; 『成唯識論掌中樞要』卷2(T43, p.657b6~7), "說常樂我淨等, 以除二乘四顚倒心故. 二乘正證此法性者, 非作常, 無常等解."; 『大乘法苑義林章』卷6(T45, p.348b7~8), "言四魔者, 一煩惱魔, 二蘊魔, 三死魔, 四自在天魔, 或說八魔."; 『宗鏡錄』卷76(T48, pp.836c29~837a6), "如華嚴經云. 佛子, 菩薩摩訶薩, 有十種魔. 何等爲十. 所謂蘊魔, 生諸取故. 煩惱魔, 恒雜染故. 業魔, 能障礙故. 心魔, 起高慢故. 死魔, 捨生處故. 天魔, 自憍縱故. 善根魔, 恒執取故. 三昧魔, 久耽味故. 善知識魔, 起著心故. 菩提法智魔, 不願捨離故. 是爲十."; 대승으로 나아가는데 장애가 되는 4마와 8마를 설하고 있다.

습성)가 없게 되는 것이다. 성왕(聖王)이 많은 도적(盜賊)을 항복시켜서 온 나라가 안녕(安寧)한 것과 같아서 다시는 원적(怨賊)이 없게 되어 항상(恒常)하게 되는 것이다. 그러므로 이 상(相)으로 나타내는 것이다.

(2) 서로 짝이 되는 사상(四相)

此下兩對四相, 遣虛指實.

다음의 양대사상(兩對四相)은 허망한 망상을 보내고 진실(眞實)을 직지(直指)하는 것이다.

⊙ 此相者, 想解遣敎相. 謂若有人, 依佛所說, 一乘普法, 善能討尋, 善能解說, 實不錯謬. 而不了自己理智, 全依他人所說. 故, 表此相也. 若有人將, 此相來問, 則祛上頭, 牛字對之.

이 ⊙상(相)은 생각과 견해를 일으키는 지식의 가르침[敎]을 버리는 상해견교상(想解遣敎相)이다. 만약에 어느 사람이 부처님께서 말씀하신 일승(一乘)의 평등한 법에 의하여 교학을 잘 연구하고 잘 해석하면 실로 잘못 아는 일이 없겠지만 자기의 이지(理智)를 요득(了得)하지 못하면 모두 타인[본래인]의 설법에 의지하기 때문에 이 상(相)으로 표현한 것이다. 만약에 어느 사람이 이 상(相)을 가져와 묻는다면 원상(圓相)위의 우(牛)자

(字)를 제거하여 대답하겠다.

◎ 此相者, 識本還源相. 經云. 廻神住空窟, 降伏難調伏, 解脫魔所縛. 超然露地坐, 識陰般涅槃者, 卽此相也.

이 ◎상(相)은 근본[本]을 알아 근원[源]으로 돌아가는 상(識本還源相)이다. 경(經)에 말씀하셨다. 정신을 돌이켜 공(空)의 궁전[窟]에 거주하니 조복하기 어려운 것을 능히 항복시킨다. 마(魔)의 속박에서 해탈하여 초연하게 노지(露地, 모든 것이 드러난 깨달음의 경지)의 좌도량에서 좌선하니 오음(五陰, 五蘊)이 공(空)이라는 완전한 열반(涅槃)을 깨닫게 된다는 것이 이 상(相)이다.

問. 何故, 祛上頭牛字, 不祛圓相, 中心人字耶. 荅. 圓相中心人字者, 表理智, 上頭牛字者, 喩人想解. 若有人雖, 依敎分析, 三藏敎典, 而未顯自己. 理智者, 盡是想解. 想解不生, 則理智現前. 故, 祛上頭牛字, 不祛圓相, 中心人字. 是故, 經云. 但除其病, 而不除法.

어느 스님이 물었다.
어찌하여 원상(圓相)위에 있는 우(牛)자(字)만 제거하고 원상(圓相)중심에 있는 인(人)자(字)는 제거 하지 않습니까?
대답하셨다.

원상(圓相)중심에 있는 인(人)자(字)는 이지(理智, 無漏智, 진여와 지혜)를 표현한 것이다. 원상(圓相)위의 우(牛)자(字)는 비유하면 본래인(本來人)을 생각으로 깨닫게 하는 생각과 견해(想解, 방편)이다.

만약에 어느 사람이 비록 교법에 의하여 삼장(三藏)의 경전을 분석하였더라도 자기의 이지(理智, 진여의 지혜)가 나타나지 않으면 모두가 생각과 견해[相解]가 된다. 이 생각으로 깨달아야 한다는 견해(想解)가 생기지 않아야 곧바로 이지(理智)가 현전(現前)하게 되는 것이다.

그러므로 원상(圓相)위에 있는 우(牛)자(字)를 제거하고 원상(圓相)중심에 있는 인(人)자(字)는 제거하지 않는 것이다.

그러므로 경전에 설하고 있다. 단지 그 병(病)만 제거하고 그 법은 제거하지 않는 것이라고 하는 것이다.

問. 何故不許凡人, 依敎學法耶. 荅. 若是智者, 依敎, 何用識心, 凡人 依敎無益. 問. 諸佛所說, 三藏經典, 有所用不. 荅. 不是不許, 依敎悟入. 依敎想解, 祇是虛妄. 是故, 佛告阿難. 雖復憶持, 十方如來, 十二部經, 淸淨妙理, (第十四張) 如恒河沙, 只益戲論. 當知依敎, 想解無益. 問. 何故敎云. 聞佛敎者, 盡成聖果. 又云. 一毫之善, 發跡駐佛. 荅. 約上根人, 依敎便悟, 直現理智, 決定明了. 若約下根, 依敎不悟, 想解無益. 此下根人, 依敎薰種, 待後世者, 誰言無益. 聞佛敎者, 盡成聖果. 一毫之善, 發跡駐佛. 何況廣學, 經論及講說者.

어느 스님이 물었다.

어찌하여 범부들에게는 경전[敎]으로 불법(佛法)을 배우는 것을 허락하지 않습니까?

대답하셨다. 만약에 지혜가 있는 대승의 사람이 경전[敎]에 의지하여 무슨 식심(識心)을 내겠는가만 범부들은 경전[敎]에 의지하여 공부를 하여도 아무 이익이 없는 것이다.

어느 스님이 물었다. 그렇다면 제불(諸佛)께서 설(說)하신 삼장(三藏)의 경전(經典)도 쓸모가 없는 것입니까?

대답하셨다.

경전[敎]에 의지하여 깨달아 체득하는 것을 허락하지 않는 것이 아니다. 경전[敎]에 의지하여 상해(想解)139)를 일으키는 것을 허망하다고 하는 것이다. 그래서 부처님이 아난(阿難)에게 말씀하셨다. 그대가 비록 다시 시방(十方)여래(如來)가 설하신 12부경과 청정하고 미묘한 진리를(제14장) 항하사(恒河沙)의 모래같이 많이 기억한다 하여도 단지 희론(戲論)만 더하게 되는 것이다. 단지 경전[敎]에 의지하여 아는 것으로 상해(想解)를 일으키는 것은 아무 이익이 없는 것이다.

어느 스님이 물었다.

그러면 왜 경전[敎]에 말씀하신 부처님의 가르침을 들은 사람들이 끝내 모두가 성과(聖果)를 이루게 된다고 하셨습니까? 또 말씀하시기를 아주 작은 털끝만큼의 선행(善行)이라도 하면 부처의 경지에 머무른다고 하셨습니까?

---

139) 『四分律疏飾宗義記』卷7(X42, p.221b5~7), "曾得一乘想解者, 謂曾過去假想眞理, 種大乘因也變成小感者, 如本業瓔珞經等, 舍利弗因於過去施眼緣故. 退菩提心, 是其事也."

대답하셨다.

이것은 상근기(上根器)의 사람은 경전[敎]에 의지하면 바로 깨달아 진여의 지혜[理智]가 올바르게 나타나서 결정적으로 명백하게 요달하게 된다.

만약에 하근기(下根器)의 사람은 교(敎)에 의지하여 깨닫지 못하니 상해(想解)가 이익이 없는 것이라고 한 것이다. 이와 같은 하근기의 사람도 교(敎)에 의지하여 수행하는 것이 부처의 종자를 훈습하는 것으로 후세(後世)를 대비하는 것이라고 한다면 누가 이익이 없다고 하겠는가?

그러므로 부처님의 가르침은 듣기만 하여도 끝내 모두 성과(聖果)를 이루게 된다고 하는 것이다. 즉 아주 작은 털끝만큼의 선행(善行)이라도 하면 부처의 경지에 머무르는 것인데 왜 하물며 경론(經論)을 널리 배우고 또 설법(講說)하는데 어찌 성과(聖果)를 이루지 못하겠는가?

◉. 此相者 迷頭認影相. 何以故, 若有人不了, 自己佛及淨土, 信知他方佛淨土, 一心專求, 往生淨土, 見佛聞法, 故勤修善行, 念佛名号(號) 及淨土名相, 故表此相也. 志公笑云. 不解卽心卽佛, 眞似騎驢覓驢者. 卽此相也. 若有人將此相來問, 則祛圓相下, 牛字對之.

이 ◉상(相)은 머리를 잘못 알고 의식의 그림자를 인정하는 미두인영상(迷頭認影相)이다.

왜냐하면 사람들은 자기의 부처와 정토(淨土)를 요달(了達)하지 못하고 타방의 부처와 정토만 있다고 믿어서 일심으로 (타방의) 정토에 태어나서 부처를 친견하고 불법(佛法)을 듣기 위하여 열심히 선행을 닦고 부처님의 이름과 정토의 명상(名相)만 염불(念佛)하므로 이 상(相)으로 표시한 것이다.

지공(志公)이 웃으며 말하였다.

마음이 바로 부처라는 것을 알지 못하면 진실로 나귀를 타고 나귀를 찾는 것과 같은 사람이다. 이것이 바로 이 상(相)이다.

만약에 어느 사람이 이 상(相)을 가져와 묻는다면 원상(圓相) 아래에 있는 우(牛)자(字)를 제거하고 대답하겠다.

◯ 此相者, 背影認頭相. 問. 何故, 袪下頭牛字, 不袪圓相, 中心人字耶. 荅. 衆生未發眞智, 未達眞空. 故專求他方, 淨土及佛, 往生淨土, 見佛聞法. 衆生若廻光發智, 達得眞空, 自己佛及淨土, 一時齊現, 不求心外淨土佛. 故, 不袪圓相中心人字, 袪下牛字也. 問. 如何是, 自己佛及, 自己淨土. 荅. 衆生若發眞智, 達得眞空, 則眞智是佛, 空是淨土. 若能如是體會, 何處更求, 他方淨土及佛也. 是故經云. 將聞持佛佛, 何不自聞聞.[140]

---

140) 『首楞嚴義疏注經』卷6(T39, p.911a4~6), "汝聞微塵佛一切祕密門. 欲漏不先除, 畜聞成過誤. 將聞持佛佛, 何不自聞聞, 雖持法藏, 不能捨聞 而觀自性, 故成過矣."; 『宗鏡錄』卷43(T48, p.667b25~28), "祖佛大意, 貴在心行, 探義徇文, 只益戲論. 所以文殊訶阿難云. 將聞持佛佛, 何不自聞聞. 爭如一念還原, 深諧遺旨."; 『景德傳燈錄』卷28(T51, p.449a2~5), "若更不會不如且依古語好, 他古人見上座百般不得. 所以垂慈向汝道, 將聞持佛佛, 何不自聞聞. 無事珍重."; 『古尊宿語錄』卷34(X68, p.225c17~19), "若不就己知歸, 所作皆成造僞, 縱記得河沙, 會盡塵墨, 於己何益. 故曰將聞持佛佛 何不自聞聞. 外求有相佛 與汝不相似."; 『天聖廣燈錄』卷26(X78, p.558c11~14), "師云. 儞也秖是念得, 作麼生會無說無聞底道理. 將聞持佛佛, 何不自聞聞. 所以道, 夫說法者, 無示無聽, 無說無聞, 是眞說法, 作麼生會眞. 若不會眞, 却成假, 便入邪道."

이 ⊙상(相)은 의식의 그림자를 등지고 머리를 바로 인식한 배영인두상(背影認頭相)이다.

어느 스님이 물었다. 어찌하여 원상(圓相)아래의 우(牛)자(字)만을 제거하고 원상(圓相)중심의 인(人)자(字)는 제거하지 않습니까?

대답하셨다. 중생들이 진실한 지혜[眞智]를 깨닫지 못했기 때문에 진공(眞空)을 통달하지 못한 것이다. 그러므로 오로지 타방(他方)의 정토와 부처를 구하여 그 타방(他方)의 정토(淨土)에 태어나서 부처를 친견하고 설법을 들으려 하고 있는 것이다. 만약에 중생들이 회광반조(回光返照)하여 지혜를 깨닫고 진공(眞空)임을 통달하면 자기의 부처와 정토가 일시(一時)에 모두 나타나서 마음 밖의 정토와 부처를 구하지 않게 되는 것이다. 그러므로 원상(圓相)중심의 인(人)자(字)는 제거하지 않고 원상(圓相)아래의 우(牛)자(字)만을 제거하는 것이다.

어느 스님이 물었다.

무엇이 자기의 부처와 자기의 정토(淨土)입니까?

대답하셨다.

중생들이 만약에 진실한 지혜[眞智]를 깨달아 진공(眞空, 진공묘유)을 통달하여 체득하면 진지(眞智)가 바로 부처이며 공(空)이 정토인 것이다. 만약에 이와 같이 체(體, 躰)를 깨달으면 어디에서 다시 타방정토와 부처를 구하겠는가? 그러므로 경(經)에 말씀하셨다. 어찌하여 부처의 불법(佛法)은 듣고 불경(佛經)은 수지하면서 어찌하여 스스로 자신의 부처가 말하는 소리를 들으려고 하지 않아 깨닫지 못하는가?

(3) 견성하여 대승이 다섯 가지 상

又此下四對五相.(第十五張)

또 다음으로 사대(四對)오상(五相)이 있다.(제15장)

C 此相者, 擧函索盖相. 亦名半月, 待圓相. 若有人, 將此相來問, 更添半月 對之. 此則問者, 擧函索盖, 荅者將盖着函. 函盖相稱, 故已現圓月相也. 圓相則表, 諸佛體也.

이 C.O[141)상(相)은 함(函)을 들고는 뚜껑을 찾는 상(相)이고 역시 반월(半月)이 둥근 달이 되기를 기다리는 거함색개상(擧函索盖相)이라고 한다.

만약에 어느 사람이 이 상(相)으로 묻는다면 다시 반월(半月)을 첨가하여 대답하겠다. 이것은 묻는 사람이 함(函)을 들고 뚜껑을 찾는 것이고, 대답하는 사람은 뚜껑을 가지고 함(函)에 씌우는 것이다. 함과 뚜껑이 서로 완전히 맞으면 원월상(圓月相)이 이미 나타나게 되는 것이다. 원상(圓相)은 제불(諸佛)의 체(體)를 나타내는 것이다.

---

141) 『五家宗旨纂要』卷3(X65, p.277b13~15), "O 此相謂之擧函索盖相, 亦名半月待圓相. 若將此相來問, 有更添半月對之. 荅者以盖覆函, 故曰函盖相稱, 以現圓月相也."; 『指月錄』卷13(X83, p.547a5~6), "⊃此爲擧函索盖. 荅者當以△, 則函盖相稱."; 『祖堂集』卷20(B25, pp.671b14~672a4), "此相者, 擧函索盖相, 亦名半月待圓相. 若有人將此相來問, 更添半月對之. 此則問者擧函索盖, 荅者將盖著函, 函盖相稱故, 已現圓月相也. 圓相則表諸佛體也."

194

○ 此相者, 把玉覓契相. 若有人, 將此相來問, 圓月中心, 着某對之. 此則問者, 把玉覓契. 故荅者, 識珠便下手[142].

이 ○상(相)은 옥(玉, 心月, 진여)을 가지고 계합을 찾는 파옥멱계상(把玉覓契相)이다. 만약에 어느 사람이 이 상(相)으로 묻는다면 둥근 달의 상(相)중심에 모(某)자(字)를 넣어서 대답하겠다. 이것은 묻는 사람이 옥(玉, 진여)을 가지고 계합을 찾고 있는 것이다. 그러므로 대답하는 사람은 대승의 마니보주임을 알고 바로 진여의 지혜로 입전수수의 생활을 하는 것이다.

◐ 此相者, 釣入索續相. 若有人, 將此相來問, 某字邊添, 著人字對之. 此則問者, 釣入索續. 故荅續成寶器也.

이 ◐상(相)은 낚싯대를 물 속에 드리우고 후계자를 찾는 조입색속상(釣入索續相)이다.

만약에 어느 사람이 이 상(相)으로 묻는다면 모(某)자(字)에다 인(人)자(字)를 첨가하여 대답하겠다.

이것은 묻는 사람이 낚싯대를 물속에 드리우고 후계자를 찾고 있는 것이다. 그러므로 대답하는 사람은 후계자가 실제로 법기(法器)가 되기를 바라는 것이다.

---

142) 『維摩經略疏』卷1(T38, p.580a2~4), "常擧手者 正觀心手 上求佛果, 常下手者 觀智之手 卽無緣大慈 下化衆生也." ; 『大般涅槃經』卷39(T12, p.593 b10~12), "卽下手時有二種落. 一者鬚髮, 二者煩惱, 卽於坐處得阿羅漢果."

㊞ 此相者, 已成寶器相. 若有人, 將此相來問, 又作圓月相中心, 著土字對之.

이 ㊞상(相)은 이미 실제로 보기(寶器, 法器)를 이룩한 이성보기상(已成寶器相)이다. 만약에 어느 사람이 이 상(相)을 가져와 묻는다면 또 둥근 달의 중심에다 토(土)자(字)를 넣어 대답하겠다.

㊏. 此相者, 玄印旨相, 迥然超前現衆相, 更不屬教意所攝. 若有人似 个對面付, 果然不見. 故三祖云. 毫釐有錯, 天地玄隔. 然不無玄會之, 誰能識此相也. 若是其人, 見而諳會, 如子期聽, 伯牙之琴, 提婆見龍樹之相. 不是其人, 對面不識, 似巴人聞, 白雪之歌, 鶖子入淨名之會. 假使後學, 根機玄利, 將是則頓曉, 如鷄把卵, 啐啄同時. 相性遲鈍者, 學而難曉, 似盲人相色, 而轉錯耳. (第十六張)

이 ㊏상(相)은 현지(玄旨)에 계합하는 현인지상(玄印旨相)이다. 앞에 나타낸 여러 상(相)을 멀리 초월하여 다시는 교의(教意)에 속박되지 않는 것이다. 만약에 어느 사람은 이러한 일개 성자의 경지를 면전에 가져다주어도 전혀 알지 못한다. 그러므로 삼조(三祖)께서 말씀하시기를 "털끝만큼이라도 어긋나면 하늘과 땅처럼 아주 멀어지게[玄隔] 나누어진다."고 하였다. 그러나 현지(玄旨)를 아는 이가 없지는 않지만 누가 능히 이 상(相)을 깨달아 알겠는가?

만약에 그런 사람이라면 보자마자 깨달아 알게 되니 마치 종자기(鐘子期)143)가 백아(伯牙)의 거문고 소리를 듣고 아는 것 같고 또 제바(提婆)가 용수(龍樹)의 모습을 보는 것과 같다.

만약에 그런 사람이 아니라면 대면(對面)하여도 알지 못하는 것이지만 깨닫는 것은 마치 하리(下里)파인(巴人, 시골사람)으로 설하면 듣고 아는 사람이 많지만 백설곡(白雪曲, 고귀한 노래)을 부르면 알아듣는 이가 적은 것 같아, 추자(鶩子, 舍利子, 舍利弗)가 유마(淨名)의 법회에서 깨달은 것과 같은 것이다.144) 가령 후학(後學)들이 근기(根機)가 영리한 사람이라면 이것을 바로 밝게 깨닫게 되어 닭이 알을 품고 있다가 알에서 깨어날 때를 맞춰서 어미 닭이 계란을 쪼아서[啐啄同時] 병아리가 태어나게 하는 것과 같다. 상성(相性, 性根)에 게으르고 둔한 사람은 배워도 깨닫기 어려운 것은 마치 맹인(盲人)이 물체의 색을 보는 것과 같아서 실상을 바로 알기 어려운 것이다.(제16장)

---

143) 종자기(鐘子期):『열자』탕문편에 나오는 것으로 백아(伯牙)가 거문고를 연주하면 종자기(鐘子期)는 조용히 듣고 백아가 거문고를 타는 마음을 알아들었다는 지음(知音)이나 이심전심을 설명하기 위한 비유.

144)『佛說維摩詰經』卷2(T14, p.547a3∼14), "是時大迦葉聞 說菩薩不可思議解脫法門, 歎未曾有. 謂舍利弗. 譬如有人, 於盲者前現衆色像, 非彼所見. 一切聲聞 聞是不可思 議解脫法門, 不能解了, 爲若此也. 智者聞是, 其誰不發阿耨多羅三藐三菩提心. 我等何爲永絶其根, 於此大乘已如敗種. 一切聲聞 聞是不可思議解脫法門, 皆應號泣, 聲震三千大千世界, 一切菩薩應大欣慶, 頂受此法. 若有菩薩 信解不可思議解脫法門者, 一切魔衆 無如之何. 大迦葉說是語時, 三萬二千天子 皆發阿耨多羅三藐三菩提心."

19) 순지와 원상에 대한 선문답

僧問順之和尙. 如何是祖師西來意. 師擧拂子. 僧云. 莫只這,
便是也無. 師放下拂子. 僧作此❀相. 師以手劃破, 作此〇相苔
之.145)

어느 스님이 순지(順之)화상에게 물었다.

무엇이 달마조사께서 서쪽에서 오신 뜻입니까?

순지화상(順之和尙)께서 불자(拂子)를 들어 제시(提示)했다.

그 스님이 물었다.

단지 그것만이 바로 모두 라고 하지 마십시오.

순지화상(順之和尙)께서 불자(拂子)를 내려놓았다.

그 스님이 ❀상(相)을 그려 제시하였다.146)

순지화상(順之和尙)께서 손으로 그 상(相)을 지워 버리고 이
〇상(相)을 그려 대답했다.

---

145) 『景德傳燈錄』卷12(T51, p.294a26~b1), "新羅五觀山順支本國號了悟大
　　師. 僧問. 如何是西來意. 師豎拂子. 僧曰. 莫遮箇便是. 師放下拂子. 問.
　　以字不成八字不是, 是什麽字. 師作圓相示之. 有僧於師前作五花圓相. 師
　　畫破別作一圓相.";『古尊宿語錄』卷15(X68, p.94b12~14), "問. 以字不
　　成, 八字不是, 未審是什麽字. 師云. 九九八十一. 進云. 學人不會. 請師指
　　示. 師云. 我又辜你什麽處.";『東國僧尼錄』(X88, p.644b7~12), "順支禪
　　師(□山寂禪師法嗣). 本國號了悟大師. 僧問. 如何是西來意. 師豎拂子. 僧
　　曰. 莫遮箇便是. 師放下拂子. 問. 以字不成, 八字不是, 是什麽字. 師作圓
　　相示之. 有僧, 於師前作五花圓相. 師畫破, 別作一圓相."; 以字로도 이루
　　지 못하고 八字로도 하지 못하는 것은 무슨 글자입니까?
146) 『人天眼目』卷5(T48, p.327c28~29), "一花開五葉 結果自然成.";『景
　　德傳燈錄』卷3(T51, p.219c17~18), "吾本來茲土, 傳法救迷情, 一華開五
　　葉, 結果自然成.";『祖堂集』卷13(B25, p.553b2~3), "九年少室, 五葉花
　　開. 十載白蓮, 今日如何垂示."

《해설》 여기에서 '조사서래의(祖師西來意)'가 무엇인지가 문제의 쟁점이다. 불법의 궁극적인 내용을 묻는 것인데 불자(拂子, 생활도구, 먼지 털이, 자신의 일부)를 들어 대답하고 있다. 이것의 의미는 자신이 한도인 이라는 말이고 자신의 행동이 불법의 지혜를 나타내는 것이다. 이 말은 진여의 지혜는 지금 자신이 묻는 그곳에 있는 것이라는 것이다. 그래서 여기에서는 원상5개를 그려서 자신의 마음을 나타내니 그것을 지우고 순지는 원상하나로 설명하고 있다. 이 말은 불성과 진여의 지혜는 복잡하지 않고 지금 있는 그대로라고 체공을 설하고 있다.

20) 암두의 원상에 대한 선문답

巖頭全豁禪師, 因觀音會下, 有僧來叅. 以手左邊, 作一〇相, 又於右邊, 作一 〇相. 又於中心, 作一〇相, 慾成未成, 被師以手一撥. 僧無對, 師便喝出. 僧欲跨門, 師却喚廻問. 汝是洪州, 觀音來是不. 僧云. 是. 師云. 只如適來, 左邊一圓相作麼生. 僧云. 是有句. 師云. 右邊一圓相聻(聻)[147]. 云. 是無句. 師云. 中心圓相作麼生. 云. 是不有不無句. 師云. 只如吾與麼, 又作麼生. 僧云. 如刀劃水. 師便打, 趂出院.[148]

---

147) 『五燈會元』卷7(X80, p.144c10), "師曰. 右邊圓相聻." ; 『五燈嚴統』卷7(X80, p.694a22), "師曰. 右邊圓相聻." ; 『宗門統要正續集』卷14(P155, p.60a2), "師云右邊一圓相聻." ; 목판본(1219) 권말에 청진국사(淸眞國師) 묘봉암(妙峰庵) 몽여의 발문이 있다.) 황수영(1985), 『고려불적집질』, 동국대출판부, p.95.에는 '聻'으로 기록되어 있다.

148) 『聯燈會要』卷21(X79, p.183c8~14), "觀音會下, 有僧來, 以手左右各作一圓相, 中央作一圓相. 欲成未成, 師以手一撥. 僧無對. 師便喝出. 僧便

암두전활(巖頭全豁, 828～887)[149]선사(禪師)에게 관음원(觀音院)에서 앙산(仰山慧寂, 807～883)문하(會下)의 어느 스님이 와서 참견(參見)했다. 그가 손으로 왼쪽에 하나의 O상(相)을 그리고는 또 오른쪽에 하나의 O상(相)을 그렸다. 또 중심(中心)에 하나의 O상(相)을 그리려고 하는데 완성하기 전에 암두(巖頭)께서 손으로 한 번에 지워버렸다.

그 스님이 대답을 하지 못하자 암두(巖頭)께서 바로 할(喝)을 하고 내보냈다. 그 스님이 문(門)을 넘어 가려는데 암두(巖頭)께서 다시 불러서 물었다.

그대는 홍주(洪州)의 관음원(觀音院)에서 오지 않았는가?

그 스님이 대답했다. 그렇습니다.

암두(巖頭)께서 물었다.

出. 師却喚回問. 汝豈不是洪州觀音來. 云是. 師云. 只如適來左邊圓相作麽生. 云. 是有句. 師云. 左邊圓相作麽生. 云. 是無句. 師云. 中央圓相聻. 云. 是不有不無句. 師云. 只如吾與麽, 又作麽生. 云. 如刀劃水. 師便打. 即時趂出.";『宗門統要正續集』卷14(P155, pp.59b7～60a5), "師因觀音會下 有僧來叅 以手左邊作一圓相 又於右邊作一圓相 又於中心作一圓相 欲成未成被 師以手一撥 僧無對 師便喝出 僧欲跨門 師却喚回問 汝是洪州觀音來不 僧云是 師云 只如適來左邊一圓相作麽生 僧云 是有句 師云 右邊一圓相聻 僧云 是無句 師云 中心圓相作麽生 僧云 是不有不無句 師云 只如吾與麽 又作麽生 僧云 如刀劃水 師便打出."

149) 암두전활(巖頭全豁):『宋高僧傳』卷23(T50, p.856c9～14), "唐鄂州巖頭院全豁傳. 釋全豁, 俗姓柯氏, 泉州人也. 少而挺秀, 器度宏遠而踈略. 禮清源誼公爲師. 往長安造西明寺照公, 與受滿足法, 即於左街保壽寺. 聽尋經律決擇綱宗. 垂成講導, 振錫南指, 詣武陵德山.";『景德傳燈錄』卷16(T51, pp.326a10～327a10), "鄂州巖頭全豁禪師泉州人也, 姓柯氏. 少禮清原誼公落髮, 往長安寶壽寺稟戒. 習經律諸部. 優遊禪苑與雪峯義存欽山文邃爲友. 自餘杭大慈山迤邐造于臨濟, 屬臨濟歸寂乃謁仰山. 才入門提起坐具曰. 和尚. 仰山取拂子擬擧之. … 一日賊大至責以無供饋遂伸刃焉. 師神色自若. 大叫一聲而終, 聲聞數十里, 即光啓三年丁未四月八日也. 門人後焚之獲舍利四十九粒, 衆爲起塔. 壽六十. 僖宗諡清嚴大師, 塔曰出塵.";『祖堂集』卷7(B25, p.435a6～8), "巖頭和尙嗣德山, 在鄂州唐寧住, 師諱全豁, 俗姓柯, 泉州南安縣人也. 受業靈泉寺義公下, 於長安西明寺具戒, 成業講『涅槃經』, 後參德山."

단지 방금 왼쪽에 하나의 원상(圓相)〇을 그린 것이 무슨 뜻인가?

그 스님이 대답했다.

바로 일구(一句)가 있는 것입니다.

암두(巖頭)께서 물었다.

오른쪽에 그린 원상(圓相)도 그런 뜻(響)인가?

그 스님이 대답했다.

바로 일구(一句)가 없는 것입니다.

암두(巖頭)께서 물었다.

중심에 원상(圓相)을 그린 것은 무슨 뜻인가?

그 스님이 대답했다.

바로 일구(一句)가 있는 것도 아니고 없는 것도 아닙니다.

암두(巖頭)께서 물었다.

단지 나에게 보여주는 것인가? 또 다른 뜻이 있는가?[※ 작의성이 있는지를 묻는 것.]

그 스님이 대답했다.

마치 칼로 물을 벤 것과 같습니다[몰종적].

암두(巖頭)께서 주장자로 바닥을 치고는 관음원으로 쫓아 보냈다[귀향].

《해설》 암두와 앙산의 제자와의 선문답으로 일구(一句)를 원상에 비유하여 설명하고 있다. 암두에게 자신을 나타내기 위하여 원상으로 시험하려고 한 것을 암두가 간파하였고 그 스님의 대답역시 작의성이 없는 몰종적이라고 대답하자 앙산의 제자라고 인가한 것이다.

宗門統要集云. 嚴頭全豁禪師, 一日陞堂云. 吾嘗究涅槃經七八年, 中有三兩段義, 頗似衲僧說話. 又云. 休休. 時有僧出禮拜, 請和尙爲衆擧. 師遂云. 吾敎意如, ㅇㅇ字三點. 第一向東方下一點, 點開諸菩薩眼. 第二向西方下一點, 點諸菩薩命根. 第三向上方下一點, 點開諸菩薩頂門. 此是第一段義. 又云. 吾敎意, 如摩醯首羅, 劈開面門, 竪亞一隻眼, 此是第二段義. 又曰. 吾敎意, 猶如塗毒鼓, 擊一聲, 遠近聞者皆喪, 此是第三段義. 時, 有小嚴上座問. 如何是塗毒鼓. (第十七張) 師以兩手, 按膝亞身曰. 韓信臨朝底.150)

『종문통요집(宗門統要集)』에는 다음과 같이 말하고 있다. 암두전활(嚴頭全豁)선사(禪師)께서 어느 날 상당(上堂, 陞堂)하여 말했다. 내가 일찍이 『열반경(涅槃經)』을 한 7〜8년 연구하였

---

150) 『景德傳燈錄卷』16(T51, p.326b18〜28), "師一日上堂, 謂諸徒曰. 吾嘗究涅槃經七八年, 覩三兩段文, 似衲僧說話. 又曰. 休休. 時有一僧出禮拜, 請師擧. 師曰. 吾敎意如伊字三點. 第一向東方下一點, 點開諸菩薩眼. 第二向西方下一點, 點諸菩薩命根. 第三向上方下一點, 點諸菩薩頂. 此是第一段義. 又曰. 吾敎意如摩醯首羅, 劈開面門, 竪亞一隻眼, 此是第二段義. 吾敎意猶如塗毒鼓擊, 一聲遠近聞者皆喪, 亦云俱死, 此是第三段義. 時小嚴上座問. 如何是塗毒鼓. 師以兩手 按膝亞身曰. 韓信臨朝底嚴無語."; 『五燈全書』卷13(X81, p.519b15〜24), "上堂. 吾嘗究涅槃經七八年, 覩三兩段義, 似衲僧說話. 又曰. 休休. 時有一僧出禮拜, 請師擧. 師曰. 吾敎意, 如∴字三點. 第一向東方下一點, 點開諸菩薩眼. 第二向西方下一點, 點諸菩薩命根. 第三向上方下一點, 點諸菩薩頂. 此是第一段義. 又曰. 吾敎意, 如摩醯首羅, 臂開面門, 竪亞一隻眼, 此是第二段義. 又曰. 吾敎意, 猶如塗毒鼓擊, 一聲遠近聞者皆喪, 此是第三段義. 時小嚴上座問. 如何是塗毒鼓. 師以兩手按膝亞身曰. 韓信臨朝底, 嚴無語."; 『宗門統要正續集』卷14(P155, p.59a3〜b3), "師一日陞堂云吾嘗究涅槃經七八年中有兩三段義頗似衲僧說話又云休休時有僧出禮拜請和尙爲衆擧師遂云吾敎意如∴字三點第一向東方下一點點開諸菩薩眼第二向西方下一點點諸菩薩命根第三向上方下一點點開諸菩薩頂門此是第一段義又云吾敎意如摩醯首羅擘開面門竪亞一隻眼此是第二段義又云吾敎意猶如塗毒鼓擊一聲遠近聞者皆喪此是第三段義時有小嚴上座問如何是塗毒鼓師以兩手按膝亞身云韓信臨朝底."

202

는데 그 중에 있는 석냥(三兩)의 가의(叚義, 인육(人肉)을 주기
로 하고 빌린 돈으로 보시하고 깨달은 뜻)151)의 뜻은 납승(衲
僧)들의 대화와 거의 같았다.

또 말씀하셨다. 쉬고 쉬어라[休休].

그때에 어느 스님이 나와서 예배하고는 암두(巖頭)선사에게
대중을 위하여 들어(擧) 제시(提示)하여 주시기를 청(請)하였다.

암두(巖頭)께서 바로 말씀하셨다. 나의 가르침은 ৪자(字)의
세 점과 같은 뜻이다.

---

151) 『摩訶般若波羅蜜經』卷2(T08, p.231a19~21), "菩薩摩訶薩行般若波羅
蜜, 名假施設, 受假施設, 法假施設, 如是應當學."; 『大般涅槃經』卷22(T12,
p.497a19~b15), "善男子, 我念過去無量無邊那由他劫. 爾時世界名曰娑
婆. 有佛世尊, 號釋迦牟尼 如來, 應, ... 吾欲賣身, 君能買不. ... 其人見
答. 吾有惡病, 良醫處藥, 應當日服 人肉三兩. 卿若能以身肉三兩日日見給.
... 七日不可. 審能爾者, 當許一日. 善男子, 我於爾時, 卽取其錢, 還至佛
所. 頭面禮足, 盡其所有, 而以奉獻. 然後誠心, 聽受是經. 我時闇鈍, 雖得
聞經. 唯能受持, 一偈文句. 如來證涅槃, 永斷於生死. 若有至心聽, 常得無
量樂. 受是偈已, 卽便還至彼病人家. 善男子, 我時雖復日日與三兩肉. 以念
偈因緣故, 不以爲痛. 日日不廢, 足滿一月. 善男子, 以是因緣, 其病得差.
我身平復亦無瘡痍. 我時見身具足完具, 卽發阿耨多羅三藐三菩提心."; 『金
剛般若經疏』(T33, p.81b13~17), "就體中辨於三假, 初受假次名假後法假
受是人. 人卽有名此人之與名有能成之法. 三假是立法云何將三假釋無所有.
三假乃是立法亦是壞法. 今欲明無所有故須將來釋."; 『妙法蓮華經文句』卷
4(T34, p.53b19~21), "衆生是因成假, 命是相續假, 相待假可知. 衆生是受
假, 四是法假, 名假通兩處."; 『大般涅槃經集解』卷47(T37, p.523b6~11),
"若是有爲, 則備三種. 以其體無常故, 是相續假. 以其無自性故, 有一時因
成假也. 相待得稱故, 有相待假. 答涅槃唯可名中相待耳, 以如此義故, 亦義
稱不定. 以其是常, 免二假之相, 故可爲實不定也."; 『中觀論疏』卷4(T42,
p.62c8~9), "就三假辨者, 四微是法假, 五根爲受假, 衆生是名假."; 『十二
門論疏』卷3(T42, p.207b3~6), "若法受名三假則因果皆假. 如細色成麁色
是法假, 四微成四大是受假, 四大成五根已去爲名假. 又五陰爲法假, 人爲受
假, 人法皆有名爲名假."; 『大乘義章』卷1(T44, p.479a8~14). "如大品經三
假品說. 一者受假, 二者法假, 三者名假. 於中略以三門分別, 一釋其名, 二
辨體相, 三觀入次第. 先釋其名言受假者, 總合多法, 故名爲受. 受假多法聚
集而成, 故曰受假. 言法假者, 自體名法, 法體虛集故云法假. 言名假者, 顯
法曰名, 依法依想假以施設, 故曰名假."; 『摩訶止觀』卷5(T46, p.63b9~
10), "法假施設如因成, 受假施設如相續, 名假施設如相待."

첫 번째는 동쪽에 한 점을 찍는 것으로 그 점은 모든 보살(菩薩)의 안목을 통달하게(開) 하여주는 것이다.

두 번째는 서쪽에 한 점을 찍는 것으로 그 점은 모든 보살(菩薩)의 명근(命根)이다.

세 번째는 위쪽에 한 점을 찍는 것으로 그 점은 모든 보살(菩薩)의 정문안(頂門眼)을 통달하게 하여주는 것이다. 이것이 첫 번째 가의(段義)이다.

또 말씀하셨다. 나의 가르침은 마혜수라(摩醯首羅, 색계의 최상천)가 이마를 찢어서 세로로 흉측하게 일척안(一隻眼)을 만드는 것과 같은데 이것이 두 번째 가의(段義)이다.

또 말씀하셨다. 나의 가르침은 도독고(塗毒鼓)152)와 같아서 북을 한번 치면 먼 곳에 있건 가까이 있건 그 소리를 듣는 자는 모두 상신실명(喪身失命)153)하는 것으로 이것이 세 번째 가

---

152) 도독고(塗毒鼓): 『景德傳燈錄』卷16(T51, p.326b25~26), "吾教意猶如塗毒鼓擊一聲遠近聞者皆喪, 亦云俱死."; 『筠州洞山悟本禪師語錄』(T47, p.518a21~23), "一如撾塗毒鼓, 聞者皆喪. 絶後乃重甦, 無舌而解語, 湖南正脈, 青石濫觴."; 『祖庭事苑』卷3(X64, p.355b4~9), "塗毒鼓 泥洹經云. 佛告迦葉, 譬如良醫合和諸藥, 以塗其鼓, 若有衆鬪戰被瘡, 聞彼鼓聲, 一切悉愈, 唯除命盡, 及應死者. 此摩訶衍法鼓音聲, 亦復如是, 一切衆生聞其音聲, 婬怒癡箭不樂. 菩提未發意者, 犯四墮法及無間罪, 一切除愈, 唯除一闡提輩."; 북에 독을 발라 북을 쳐서 북소리를 들으면 소리를 듣는 사람이 죽게 되는 것을 말함. 선어의 일종으로 북소리를 들으면 망념이 모두 사라지는 것을 말하는 것으로 이근원통을 설명하는 것.

153) 상신실명(喪身失命): 『鎭州臨濟慧照禪師語錄』(T47, p.496c26), "大衆, 夫爲法者, 不避喪身失命."; 『無門關』(T48, p.293a13~14), "狗子佛性, 全提正令, 纔涉有無, 喪身失命."; 『禪家龜鑑』(X63, p.744c10~11), "第一句喪身失命, 第二句未開口錯, 第三句糞箕掃箒."; 중생심의 신명(身命)을 버려야 불심(佛心)의 생명이 다시 태어나게 된다고 말하고 있는 것이다. 육신이 죽고 육신이 다시 태어나 윤회한다고 하는 논리는 맞지 않고 영혼이 다시 태어난다고 하는 것도 눈에 보이지 않는 것을 있다고 주장하는 일부의 신앙에 빠진 자들의 주장일 뿐이다. 그러므로 단지 차별 분별하는 중생심만 버리면 된다고 하는 것이다. 구도를 위해 몸과 목숨에 대한 집착이 없는 것. 즉 구도를 하여 중생심의 모두를 없애는 것을 말함.

의(假義)이다.

그때에 소엄(小嚴)상좌(上座)가 물었다.

무엇이 도독고(塗毒鼓)입니까? (제17장) 암두(巖頭)께서 양손으로 무릎을 만지면서 몸을 웅크리고는 말씀하셨다. 한신(韓信)이 조정(朝廷)의 근본(根本)에 들어 입궐하였구나[韓信臨朝底].154)

《해설》 보살마하살이 반야바라밀을 행하는데 삼가(三假, 名假·受假·法假)로 설하고 있다. 이것을 소승의 보살과 대승의 보살마하살로 구분하면 육바라밀을 실천해야 한다는 것 고정관념이 있는 것과 입전수수(入廛垂手)하여 항상 육바라밀을 실천하는 차이이다. 보살이 색계를 벗어나 대승으로 나아가는 것을 도독고 라고 설하고 있다. 도독고가 무엇이냐고 물은 것을 한신에 비유한 것은 자신의 안목을 외부에 묻는 것이 어리석은 것이라고 질책하고 있다. 도독고는 북소리를 들으면 자신의 망념을 자신이 제거해야 하는데 이것을 묻는 한신이 자신의 왕이될 수 도 있지만 괴략에 속아 자신이 죽게 되는 것을 도독고에 비유한 것이다.

---

154) 『祖庭事苑』卷4(X64, p.373c9~12), "韓信臨朝底. 漢呂后因人告韓信欲反, 后與蕭相國詐謀. 謂信曰. 雖病, 可强入賀. 信臨朝, 呂后使武士縛信, 斬之長樂鍾室. 信方斬, 曰. 吾不用噲通, 反爲女子所詐.(한신임조저는 한(漢)의 여후(呂后)가 사람을 시켜 한신이 반역하려 한다고 밀고하고는 여후가 소상국과 사기로 모함하여 한신에게 일러 말하되 비록 병중에 힘들지만 입궐하여 하례하세요. 한신이 조정에 들어 오려하자 여후가 군사를 시켜 한신을 결박하여 장락궁의 종실에서 그를 참수하였다. 한신이 비로소 참수 당하려하자 말하였다. 내가 쾌통(噲通)의 말을 듣지 않아 반대로 여후에게 속게 되었다)"

21) 흠산문수와 설봉과 암두의 원상에 대한 선문답

澧州欽山文邃禪師, 游方時, 同雪峯巖頭, 憩一店上喫茶. 師乃
云. 不會轉身通氣者, 今日不得喫茶. 巖云. 若恁麼, 我今日定,
不得茶喫. 雪峯云. 某甲亦然. 師云. 這兩箇老漢, 話頭也不識.
巖云. 什麼處去. 師云. 布帒裏老鴉, 雖活如死. 巖頭退後云. 看
看. 師云. 豁公且置, 存公作麼生. 峯. 畫一〇相. 師云. 不得不
問. 巖笑云. 大遠生. 師云. 有口不得, 茶喫者多.155)

예주(澧州) 흠산(欽山)문수(文邃)156)선사가 유산 행각할 때에

---

155) 『景德傳燈錄』17(T51, p.340b12~20), "師與雪峯巖頭因過江西, 到一茶
店內喫茶次, 師曰. 不會轉身通氣者今日不得喫茶. 巖頭云. 若恁麼我定不得
茶喫也. 雪峯云. 某甲亦然. 師曰. 兩人老漢俱不識語在. 巖頭云. 什麼處去
也. 師曰. 布袋裏老鴉雖活如死. 巖頭云. 退後著退後著. 師曰. 豁兄且置,
存公作麼生. 雪峯以手畫箇圓相. 師曰. 不得不問. 巖頭呵呵云. 太遠生. 師
曰. 有口不喫茶人多. 巖頭雪峯俱無語."; 『宗門統要正續集』卷13(P155,
pp.17b10~18a7), "澧州欽山文邃禪師遊方時同雪峯巖頭憩一店上喫茶師
乃云不會轉身通氣者今日不得喫茶巖云若與麼我今日定不得茶喫雪峯云某甲
亦然師云這兩箇老漢話頭也不識巖云什麼處去師云布袋裏老鴉雖活如死巖頭
退後云看看師云歲公且致存公作麼生峯畫一圓相師云不得不問巖笑云太遠生
師云有口不得茶喫者多."
156) 흠산(欽山): 생몰연대 미상. 당대(唐代)스님. ; 『景德傳燈錄』卷17(T51,
p.340a15~18), "澧州欽山文邃禪師福州人也. 少依杭州大慈山寰中禪師受
業. 時巖頭雪峯在衆覩師吐論. 知是法器相率遊方, 二士緣契德山各承印記.
師雖屢激揚而終然凝滯."; 『傳法正宗記』卷7(T51, p.756b14~16), "大鑒
之七世. 曰澧州欽山文邃禪師. 其所出法嗣二人. 一曰洪州上藍自古者, 一
曰澧州太守雷滿者."; 『宗鑑法林』卷63(X66, p.666b2~7), "澧州欽山文邃
禪師(洞山价嗣). 與巖頭雪峰坐次, 洞山行茶來, 師乃閉眼, 洞曰什麼處去
來. 師曰入定來. 洞曰定本無門從何而入. 老宿代云. 大有人與麼會. 翠峰顯
別云. 當時但指巖頭雪峰云. 與者兩個瞌睡漢茶喫, 法林音代好便與打翻茶
具."; 『宗門拈古彙集』卷31(X66, pp.181c23~182a4), "澧州欽山文邃禪
師(青五洞山价嗣). 良禪客問一鏃破三關時如何. 山曰放出關中主看. 良曰與
麼則知過必改. 山曰更待何時. 良曰. 好箭放不著所在, 便出. 山曰且來闍
黎. 良回首. 山下禪牀把住曰. 一鏃破三關則且置, 試與欽山發箭看. 良擬

설봉(雪峯, 822~908), 암두(巖頭, 828~887)선사(禪師)와 같이 어느 숙소(店, 여관)에서 쉬면서 차를 마시게 되었다. 흠산문수선사(欽山文邃禪師)가 말했다. 깨달아[轉身] 진여의 지혜로 생활하는 것을 통달하지 못하면 금일(今日) 차를 마셔도 체득하지 못하여 아무 이익이 없습니다.

암두(巖頭)선사가 말했다.

만약에 그렇다면 나는 금일(今日) 차를 마셔서 체득하지는 못하겠다.

설봉(雪峯)선사가 말했다. 나도 역시 그렇다.

흠산(欽山)선사가 말했다.

저(這) 두 노한(老漢)은 화두(話頭)를 대상으로 알아듣지 말아야 합니다.

암두(巖頭)선사가 말했다. 어디로 가야 하는가?

흠산(欽山)선사가 말했다.

포대(布帒)안에 늙은 까마귀(鵶)가 있으면 비록 지혜는 있지만 죽은 것과 같다.

암두(巖頭)선사가 물러나며 말했다. 진여의 지혜로 간(看)하여야 한다.

흠산(欽山)선사가 말했다.

암두전활(巖頭全豁)은 그만두고 설봉의존(雪峰義存, 822~908)은 어떻게 생각합니까?

설봉(雪峯)선사가 하나의 ❍상(相)을 그렸다.

흠산(欽山)선사가 말했다. 물어서 체득하지 않을 수 없습니다[不得不問].

議. 山打七棒曰. 且聽者亂統漢疑三十年."

암두(巖頭)스님이 웃으며 말했다. 아직 멀었다[太遠生].

흠산(欽山)선사가 말했다. 입은 있으나 차(茶)마시는 것을 체득한 사람은 많지 않다.

《해설》 소승에서 대승으로 살아가려면 의심즉차(擬心卽差)이므로 하려고 하는 생각이 일어나지 않고 돈오돈수의 경지에서 생활해야 차를 마실 수 있다고 설하고 있다. 노아(老鴉)라는 늙은 검은 까마귀에 비유했지만 이것은 노파심과 같은 것이다.

22) 자복의 원상에 대한 선문답

吉州, 資福如寶禪師, 僧問. 和尙得古人, 什麼意旨, 便休歇去.157) 師作次 ㊨相對之. 通錄舊本, 此圓相內, 無魚字.

길주(吉州) 자복여보(資福如寶)158)선사에게 어느 스님이 물었

---

157) 『景德傳燈錄』卷13(T51, p.302a8~13), "吉州資福貞邃禪師(第二世住)僧問. 和尙見古人得何意旨便歇去. 師作圓相示之. 問如何是古人歌. 師作圓相示之. 問如何是最初一句. 師曰. 未具世界時闍梨亦在此. 問百丈卷席意如何師. 良久. 問古人道前三三後三三意如何. 師曰. 汝名什麼. 曰某甲. 師曰. 喫茶去."; 『宗門統要正續集』卷10(P154, p.785a5~7), "吉州資福如寶禪師(嗣仰山西塔穆)僧問 古人拈鎚竪拂意旨如何 師云 古人與麼那 僧云 拈鎚竪拂 又作麼生 師便喝出."

158) 여보(如寶): 『景德傳燈錄』卷12(T51, p.298a14~18), "前仰山西塔光穆禪師法嗣. 吉州資福如寶禪師. 僧問. 如何是應機之句. 師默然. 問如何是玄旨. 師曰. 汝與我掩却門. 問魯祖面壁意作麼生. 師曰. 勿交涉. 問如何是從上眞正眼. 師搥胸曰. 蒼天蒼天."; 『禪宗頌古聯珠通集』卷31(X65, p.667a4~7), "吉州資福如寶禪師. (嗣西塔穆)因陳操尙書來, 師畫一圓相. 操曰. 弟子與麼來, 早是不著便, 更畫圓相, 師於中著一點. 操曰. 將謂是南番舶主. 師便歸方丈閉却門."; 『緇門世譜』(X86, p.484a6~7), "仰山慧寂禪師-西塯光穆-資福如寶-報慈德韶-興陽詞鐸禪師(後嗣無考)."; 『宗門統

208

다.

여보(如寶)화상(和尙)께서는 고인(古人)의 무슨 의지(意旨)를 체득하여서 바로 휴헐(休歇)[159]하여 무사(無事)하게 되었습니까?

자복여보(資福如寶) 선사께서 이어서 ⊚상(相) 을 그려서 대답했다.

통록(通錄)의 구본(舊本)에는 자복여보가 이 원상(圓相)안에 어(魚)자(字)를 사용하였다는 기록은 없다.

《해설》 이 내용은 원상하나만 제시해도 누구나 깨달을 수 있는데 어(魚)자(字)를 넣어서 제시한 것은 중생심을 가진 사람[魚]도 공(空)이라는 의미를 대승의 체공으로 체득하면 휴헐(休歇)하게 된다고 하는 것이다.

鹿苑和尙, 作此 ○相, 資福曰. 抱尸那國,[160] 親行此令.[161]

要正續集』卷10(P154, p.785b1~3), "師因陳操尙書來便畫一圓相陳云弟子與麼來早是不著便更畫圓相師於中著一點陳云將謂是南番舶主師便歸方丈閉却門."

159) 휴헐(休歇): 번뇌 망념을 쉬고 무사(無事)하게 깨달음을 체득한 것.

160) 『別譯雜阿含經』卷6(T02, p.413a27~28), "如是我聞. 一時佛在拘尸那竭力士生地, 娑羅林中, 爾時, 如來涅盤時到." ; 『大般涅槃經』卷34(T12, p.565a26~27), "吾當於彼拘尸那竭娑羅雙樹, 入般涅槃." ; 『高麗國新雕大藏校正別錄』卷17(K38, p.630c2~3), "如是我聞一時佛在拘尸那竭力士生地娑羅林中介時如來涅盤時."

161) 『聯燈會要』卷11(X79, p.98a22~23), "鹿苑和尙, 畫一圓相. 福云. 拘尸那國, 親行此令." ; 『宗門統要正續集』卷10(P154, p.786a2~3), "鹿苑和尙畫一圓相師云拘尸羅國親行此令."

녹원(鹿苑)화상(和尙)이 이 ○상(相)을 그리자 자복(資福)162)
께서 말했다.

구시나국(拘尸那國, 구시나가라)에서도 친히 이 불법(佛法,
令)163)을 행(行)하셨다.

《해설》 원상의 의미를 석존이 열반한 후에 석존을 친견한
가섭과 같이 이심전심이라고 하고 있다. 곽시쌍부(槨示雙趺)라
는 것은 가섭이 불법의 근본을 체득했다는 의미이고 원상이 그
근본이라는 것을 다시 설명하는 것이다.

陳操尙書, 看資福, 資福見來, 便畵一○相. 陳操云. 弟子恁麽
來, 早是不着便,164) 更畵圓相. 資福便掩却門. 雪竇云. 陳操只

---

162) 『景德傳燈錄』卷12(T51, p.289c24～25), "袁州仰山西塔光穆禪師法嗣　一
人吉州資福如寶禪師(一人見錄)."；『傳法正宗記』卷7(T51, p.756c16～17),
"大鑒之七世. 曰袁州仰山西塔光穆禪師. 其所出法嗣. 一人吉州資福如寶
者."

163) 정령(正令): 불법의 종지를 바르게 행하는 것. ；『萬松老人評唱天童覺和
尙頌古從容庵錄』卷3(T48, p.251a16～18), "枯木巖前兮花卉常春(潛消一
色功), 無舌人無舌人(鼻孔裏應諾), 正令全提一句親(暗裏抽橫骨). 獨步寰
中明了了(眞光不耀), 任從天下樂欣欣(紜紜自彼於我何爲)."；『佛果圓悟禪
師碧巖錄』卷7(T48, p.194c19), "正令當行十方坐斷."；『萬松老人評唱天
童覺和尙拈古請益錄』卷1(X67, p.474b14～17), "潙仰父子, 相見不對面,
對面不相見, 一人得用, 令不孤行. 一人得體, 道無不在. 仰山克己復禮, 卑
不動尊. 潙山正令當行, 殺人見血. 念法華, 瑯琊覺, 羨潙山父子. 舉臨濟家
風, 佛鑑服手揖了."；『㲥絶老人天奇直註天童覺和尙頌古』卷1(X67, p.452
a15～19), "枯木巖前兮花卉長春(夜明枯木皆是正位, 風月花卉總是偏方,
兩段雙示, 故令撒手). 無舌人, 無舌人(前拈孤危, 後拈平實, 直下坐斷, 方
見向上). 正令全提一句親(若會上句方是正令全提). 獨步寰中明了了. 任從
天下樂忻忻(果到此地, 非但寰中獨具, 任行天下縱橫)."

164) 착편(着便)을 아직 앉지도 않았다고 번역하기도 하는데 집착이라고 하
였음.

210

具一隻眼. 頌曰. 團團165)珠繞玉珊珊, 馬載驢駝上鐵釭, 分付海山無事客, 釣鼈時下□(一)捲攣. 復云. 天下衲僧跳不出.166)

진조상서(陳操尙書)가 자복(資福)선사를 방문하는데 자복(資福)께서 진조상서(陳操尙書)가 참배하러 오는 것을 보고는 바로 하나의 ○상(相)을 그려 제시(提示)했다.

진조상서(陳操尙書)가 말했다. 제자가 이와 같이 온 것도 아직 집착이 없는 것이 아닌데 바로 다시 원상(圓相)을 그리는 것은 무엇입니까?

자복(資福)께서 바로 문을 닫아버렸다.

설두(雪竇)중현(重顯, 980∼1052)167)께서 말했다.

165) 단단(團團): 본래심. 둥근달. 근심하고 불안한 모양.
166) 『佛果圜悟禪師碧巖錄』卷4(T48, p.172a17∼22), "擧. 陳操尙書看資福, 福見來便畫一圓相(是精識精, 是賊識賊. 若不蘊藉爭識這漢, 還見金剛圈麼) 操云. 弟子恁麼來, 早是不著便, 何況更畫一圓相(今日撞著箇瞌睡漢這老賊) 福便掩却方丈門(賊不打貧兒家, 已入他圈繢了也)雪竇云. 陳操只具一隻眼(雪竇頂門具眼, 且道他意在什麼處, 也好與一圓相, 灼然龍頭蛇尾, 當時好與一捗, 教伊進亦無門退亦無路. 且道更與他什麼一捗).";『禪宗頌古聯珠通集』卷31(X65, p.667a8∼9), "團團珠遶玉珊珊, 馬載驢馱上鐵船, 分付海山無事客, 釣鼇時下一捲攣. 復云. 天下衲僧跳不出.(雪竇顯).";『笑絕老人天奇直註雪竇顯和尙頌古』卷1(X67, p.259c8∼15), "陳操尙書看資福, 福見畫一圓相(暗機爲驗). 操云弟子恁麼來, 早是不著便, 何更畫一圓相(退己點人). 福便掩却門(因便一截). 師云陳操只具一隻眼(點他見前失後)○(主意探干, 旨明大用). 總結(權衡在手). 團團珠繞(福之圓相)玉珊珊(操之言鋒), 馬載驢馱上鐵船, 分付海山無事客(船裝馬載, 只當尋常), 釣鼇時下一圈攣(不用多端, 一機足矣). 師復云. 天下衲僧跳不出(須言無事, 天下禪流幾人能出有無之殼).";『宗門統要正續集』卷10(P154, p.785b1∼7), "師因陳操尙書來 便畫一圓相 陳云 弟子與麼來早是不著便 更畫圓相 師於中著一點 陳云將謂是南番舶主 師便歸方丈閉却門. 雪竇顯云 陳操只具一隻眼. 潙山喆云 資福雖是本分爐韝爭奈 陳操是煆了精金 諸人要識資福麼 等閑拋一釣 驚動碧波龍."
167) 중현(重顯):『續傳燈錄』卷2(T51, p.475a9∼17), "大鑑下第十世. 智門祚禪師法嗣. 明州雪竇重顯禪師, 遂寧府李氏子. 依普安院仁詵上人出家, 受具之後, 橫經講席, 究理窮玄. 詰問鋒馳機辯無敵, 咸知法器, 貪指南遊首造

진조상서(陳操尙書)는 단지 일척안(一隻眼)[168]만 구족한 것이다.

그리고 게송(偈頌)으로 말했다.

본래심(團團)의 마니보주를 옥(玉)처럼 두루 펼쳐 꿰어서,

말을 타고 나귀와 낙타에게 싣고 쇠로 만든 배[鐵舡]에 올라서는,

온 세상[海山]에 무사(無事)한 객(客)[169]에게 분부하는 것으로,

아주 큰 자라(본래인)를 잡을 때는 깨달음의 원상(圓相)으로 해야 하네.

그리고는 다시 말했다.

천하의 납승(衲僧)도 뛰어서 벗어나지 못하는구나!

《해설》 일원상(一圓相)의 그물은 모든 것을 포용하는 절대의 경지라고 설하고 있는 것이다. 진조상서의 경지를 파악하고 나서 더 나아가기를 바라는 자복의 자비심이다.

智門, 卽伸問曰. 不起一念云何有過. 門召師近前, 師纔近前, 門以拂子驀口打. 師擬開口, 門又打. 師豁然開悟. 出住翠峯後遷雪竇.”；『五燈嚴統』卷15(X81, p.128b13～16), “師曰. 平生唯患語之多矣. 翌日出杖屨衣盂, 散及徒衆. 乃曰. 七月七日復相見耳. 至期盥沐攝衣, 北首而逝. 塔全身於寺之西塢, 賜明覺大師.”；『五燈全書』卷33(X81, p.712b15～18), “乃曰. 七月七日, 復相見耳, 至期盥沐, 攝衣北首而逝. 當宋仁宗皇祐壬辰六月十日也. 七月七日, 塔全身於寺之西塢. 賜明覺大師. 壽七十三, 坐五十夏.”；『指月錄』卷23(X83, p.654a1～3), “皇祐四年六月十日, 沐浴罷, 整衣側臥而化. 閱世七十三, 坐五十夏, 建塔本山.”；諡號明覺大師, 遺有明覺禪師語錄六卷.

168) 일척안(一隻眼): 깨달은 지혜의 안목(眼目).

169) 무사객(無事客): 번뇌망념이 없는 본래인. 번뇌망념이 없는 무사인(無事人)이라야만 체득할 수 있는 동도인(同道人)인 것이다. 이심전심(以心傳心).

23) 파초의 원상에 대한 선문답

郢州芭蕉山, 慧情和尙, 因供養主辭(辭), 師乃問. 汝到外方,
有人問汝, 還將得芭蕉來否, 汝作麽生祇對他. 供養主作此〇相.
師曰. 此是芭蕉底, 汝作麽生. 供養主以, 手撥一撥, 過一邊立,
師曰. 親從芭蕉來. 供養主 (第十八張) 便□□(禮拜).

영주(郢州) 파초산(芭蕉山) 혜정화상(慧情和尙)[170]에게 공양
주(供養主)가 사직(辭職)하려 하니 혜정화상(慧情和尙)께서 물
었다.

그대가 다른 곳에 가서 어느 사람이 그대에게 파초(芭蕉)의
뜻을 체득하였는지 물으면 그대는 어떻게 그에게(他) 대답하겠
는가?

공양주(供養主)가 이 〇상(相)을 그렸다.

혜정화상(慧情和尙)께서 말씀하셨다.

이것은 파초(芭蕉, 慧情)인 나의 가르침인데 그대의 의지는
무엇인가?

공양주가 손을 털어 한 번에 지워버리고 한쪽에 가서 서니
혜정화상(慧情和尙)께서 말씀하셨다. 친히 파초(芭蕉)의 뜻을
체득하여 온 것이 맞구나!

---

170) 혜정화상(慧情和尙): 『景德傳燈錄』卷12(T51, p.297c1~5), "郢州芭蕉
山慧淸禪師新羅人. 問如何是芭蕉水. 師曰. 冬溫夏涼. 問如何是吹毛劍. 師
曰. 進前三步. 僧曰. 用者如何. 師曰. 退後三步. 問如何是和尙爲人一句.
師曰. 只恐闍梨不問."; 『傳法正宗記』卷7(T51, p.756c11~13), "大鑒之
七世. 曰袁州仰山南塔光涌禪師. 其所出法嗣五人. 一曰越州淸化全付者,
一曰郢州芭蕉慧淸者."; 『宗門統要正續集』卷10(P154, p.786a4~6), "郢
州芭蕉慧情禪師(嗣南塔涌)示衆云<u>你</u>有拄杖子我與<u>拄杖子</u><u>無拄杖子我奪却</u>
<u>拄杖子</u>."; 영주파초산혜청선사(郢州芭蕉山慧淸禪師)라고 사료됨.

공양주가 바로 예배했다. (제18장)

《해설》 원상을 체득하였는지 감변(勘辨)하는 것으로 공양주가 원상을 제시하자 그것은 파초의 것이므로 공양주 자신의 의지를 제시하라고 하는 것이다. 그래서 공양주가 자신의 안목의 원상이라고 설명하고 있다. 그래서 파초가 인가증명 하였다.

福州玄沙備禪師, 一日見鼓山來, 乃作一〇相示之. 山云. 人人出這箇不得. 師云. 情知汝向驢胎, 馬腹裏作活計. 山云. 和尙又作麼生. 師云. 人人出這箇不得. 山云. 和尙與麼道却得, 某甲爲甚麼道不得. 師云. 我得汝不得. 雪竇云. 祇解貪觀白浪, 不知失却手中橈. 雪峯悅云. 道得道不得, 揔(揔)在玄沙圈裏. 如今作麼生, 出得玄沙圈.[171]

---

171) 『萬松老人評唱天童覺和尙拈古請益錄』卷2(X67, p.499b22~c18), "玄沙一日見鼓山來, 畫一圓相. 山云. 人人出這箇不得, 古人畫圓相, 施設不同. ... 情知你向驢胎馬腹裏作活計. ... 和尙恁麼却得. 某甲爲什麼不得. 萬松道. 祇要利他自利. 沙云. 我得你不得. 萬松道. 不得謾人自護. 雪竇云. 祇管貪觀白浪, 不知失却手橈. 萬松道. 却墮驢胎馬腹中. 雪峰悅云. 道得道不得, 總在玄沙圈裏, 如今作麼生出得玄沙圈."; 『玄沙師備禪師語錄』卷2(X73, p.35b18~24), "鼓山來, 師作一圓相示之. 山曰. 人人出這個不得. 師曰. 情知汝向驢胎馬腹裏作活計. 山曰. 和尙又作麼生. 師曰. 人人出這個不得. 山曰. 和尙與麼道却得, 某甲爲甚麼道不得. 師曰. 我得, 汝不得. 雪竇顯云. 只解貪觀白浪, 不知失却手橈. 雲峯悅云. 道得道不得, 總在玄沙圈裡, 如今作沒生出得玄沙圈."; 『宗門統要正續集』卷15(P155, p.79a5~b2), "師一日見鼓山來 乃作圓相示之 山云 人人出這箇不得 師云 情知汝向驢胎馬腹裏作活計 山云 和尙又作麼生 師云 人人出這箇不得 山云 和尙與麼道却得某 甲爲甚道不得 師云 我得汝不得. 雪竇顯云 祇解貪觀白浪 不知失却手橈. 雲峯悅云 道得道不得 總在玄沙圈裏 如今作麼生出得玄沙圈."

복주(福州)의 현사사비(玄沙沙備, 835~908)[172]선사(禪師)가
어느 날 고산(鼓山, ?~936? 944?)[173]선사(禪師)가 오는 것을

---

172) 현사사비(玄沙師備): 『宋高僧傳』卷13(T50, pp.785c18~786a5), "梁福
州玄沙院師備傳. 釋師備, 俗姓謝, 閩人也. 少而慇黠酷好垂釣, 往往泛小艇
南臺江自娛, 其舟若虛, 同類不我測也. 一日忽發出塵意, 投釣棄舟, 上芙蓉
山出家, 咸通初年也. … 先開荒雪峯, 備多率力, 王氏始有閩土, 奏賜紫衣
號宗一大師. 以開平二年戊辰十一月二十七日示疾而終, 春秋七十四, 僧臘
四十四. 閩越忠懿王王氏樹塔, 備三十年演化, 禪侶七百許人, 得其法者衆
推桂琛爲神足矣.";『景德傳燈錄』卷18(T51, pp.343c26~347b15), "福州
雪峯義存禪師法嗣. 福州玄沙宗一大師法名師備, 福州閩縣人也, 姓謝氏.
幼好垂釣, 泛小艇於南臺江狎諸漁者. 唐咸通初年甫三十, 忽慕出塵乃棄釣
舟, 投芙蓉山靈訓禪師落髮, 往豫章開元寺道玄律師受具, 布衲芒屩食才接
氣, 常終日宴坐衆皆異之. 與雪峯義存本法門昆仲而親近若師資. 雪峯以其
苦行呼爲頭陀 … 師應機接物僅三十祀, 致青原石頭之瀰流. 迨今不絕, 轉
導來際. 所演法要有大小錄行於海內. 自餘語句各隨門弟子章及諸方徵擧出
焉. 梁開平二年戊辰十一月二十七日示疾而終, 壽七十有四, 臘四十有四.
閩帥爲之樹塔.";『祖堂集』卷10(B25, p.487a2~7), "玄沙和尚嗣雪峰, 在
福州, 師諱師備, 俗姓謝, 福州閩縣人也. 咸通初上芙蓉山出家, 於鍾陵開元
寺道玄律師受戒, 卻歸山門. 凡所施爲, 必先於人. 不憚風霜, 豈倦寒暑. 衣
唯布納, 道在精專. 語嘿有規, 不參時倫. 雪峰見師器質粹容, 亦多相接, 乃
稱師爲俗頭陀. 如斯數載, 陪仰親依."; 어려서는 순진하고 영리하여 낚시
하기를 좋아하여 항상 배를 띄우고는 즐거워했다. 당나라 함통초에 나이
30세가 되어 비로소 세속의 옷을 벗기 위하여 부용산 영훈선사(芙蓉山 靈
訓禪師)에게 가서 출가하고는 (개원사의 도현율사에게서) 구족계를 받고
두타법을 행하기 위해 종일토록 연좌(宴坐)하니 사람들이 비두타라고 불
렀다. 설봉의존을 가까이에서 스승으로 모시고 참학하기 위해노력 하였다.
뜻하지 않게(偶) 능엄경(楞嚴經)을 보다가 심지(心地)를 밝히기 위하여(發
明) 제방의 선지식에게 청익(請益)하여 물이 바다로 돌아가는 것과 같은
이치를 체득했다. 처음에는 매계(梅谿)의 보응원(普應院)에 거주하다가 오
래지 않아서 현사산(玄沙山)으로 옮겨서 근기에 맞게 중생을 제접하기를
30년간하니 학인들이 800여명이나 되었다. 그때에 민나라의 장수의 우두
머리가 알게 되어 스승으로 섬기며 왜곡하지 않고 친절하게 상소를 올려
자의를 하사하게 하였다. 시호는 종일대사(宗一大師)라고 하사받았으며 양
나라 개평(開平)2년 2월 27일 입적했다. 세수(世壽)는 74세였고 어록이
세권 전하고 있다. 소종(昭宗)이 종일(宗一)대사라는 호와 가사를 하사
함. 법랍44세.
173) 고산신안(鼓山神晏): 『景德傳燈錄』卷18(T51, p.351a2~9), "福州鼓山
興聖國師, 神晏大梁人也, 姓李氏. 幼惡葷羶樂聞鍾梵, 年十二時有白氣數
道騰于所居屋壁. 師卽揮毫書其壁曰. 白道從茲速改張, 休來顯現作妖祥,
定祛邪行歸眞見, 必得超凡入聖鄕. 題罷氣卽隨滅, 年甫志學遘疾甚丞, 夢
神人與藥覺而頓愈, 明年又夢梵僧告云. 出家時至矣. 遂依衛州白鹿山道規

보고 하나의 ⃝상(相)을 그려서 제시(提示)하였다.

고산(鼓山)선사(禪師)가 말했다. 사람마다 출세(出世)하여 저개(這箇)174)를 체득하는 것은 아닙니다[人人出這箇不得].

현사사비(玄沙師備)께서 말했다. 정식(情識, 중생심)으로 아는 것은 그대가 나귀로 태어나는 것이며 말의 뱃속에서 살 궁리를 하는 것이다.

고산(鼓山)선사가 말했다. 현사(玄沙)화상(和尙)께서는 또 어떻게 하겠습니까?

현사사비(玄沙師備)께서 말했다.

사람마다 출세(出世)하여 저개(這箇)를 체득하지는 못하는 것이다.

고산(鼓山)이 말했다. 현사(玄沙)화상(和尙)께서는 그렇게 말을 해도 도리어 체득한 것이고 저는 왜 그렇게 말해도 체득하지 못한 것입니까?

현사사비(玄沙師備)께서 말했다. 나는 체득하였지만 그대는 체득하지 못한 것이다.

설두(雪竇)중현(重顯, 980~1052)이 말했다. 단지 백랑(白浪, 흰 파도)175)을 보고자 하는[貪觀] 것만 알고 수중(手中)의 노(櫓, 橈)를 잃어버린 것은 모르는 것이다.

禪師披削, 嵩嶽受具.” ;『祖堂集』卷10(B25, pp.497b10~498a3), “鼓山和尙嗣雪峰, 在福州, 師諱神晏, 示生梁國, 世姓李氏, 則皇唐諸王之裔也. 幼避葷羶, 樂聞鍾梵, 年始十二, 俗舍青灰之壁忽顯白氣數道. 父曰. 此子必出家. 至年十五, 偶因抱疾, 夢神人與藥, 睡覺頓愈, 年十七, 夢一胡僧告云. 出家時至. 後累辭親愛, 方果其願, 遂依衛州白鹿山卯齋禪院道規禪師剃落. 至中和二年, 於嵩山琉璃壇受戒.”

174) 저개(這個): 이것. 본래 구족 된 불성(這个, 佛性)

175) 백랑(白浪): 방행(放行). 대오철저(大悟徹底)하여 어느 것에도 걸림 없이 무애자재(無碍自在)함을 말함. 임운자재(任運自在).

216

설봉(雪峯)께서 기뻐하며 말했다.

그렇게 말을 해도 체득한 것과 그대가 그렇게 말해도 체득하지 못한 것은 모두 현사사비(玄沙沙備)의 손안에 있는 것이다. 지금 어떻게 해야 출세(出世)하여 현사사비(玄沙沙備)의 현지(玄旨)를 체득하겠는가?

《해설》 현사의 경지를 체득하여야 자신의 경지가 되는 것이라고 설하고 있다. 지식과 지혜의 차이점을 정확하게 지적하고 있다.

24) 도부의 원상에 대한 선문답

杭州龍冊寺, 道怤禪師, 即鏡清也. 師一日, 於僧堂前, 自擊鍾云. 玄沙道底, 玄沙道底. 時有僧問. 玄沙道什麽. 師乃畫一圓相 ○. 僧云. 若不久叅, 爭知與麽. 師云. 還我草鞋錢來. 雪竇云. 洎被打破蔡州.176)

항주(杭州)의 용책사(龍冊寺) 도부(道怤, 868~937)선사(禪師)177)가 경청(鏡清)이다.

---

176) 『明覺禪師語錄』卷1(T47, p.671a8~11), “擧. 鏡清於僧堂前, 自擊鍾子云. 玄沙道底玄沙道底. 時有僧出來云. 玄沙道什麽. 鏡清作一圓相. 僧云. 若不久叅, 爭知恁麽. 清云. 還我草鞋錢來. 師拈云. 洎被打破蔡州.”;『教外別傳』卷6(X84, p.213c1~4), “問南泉曰. 知有底人, 向甚麼處去. 南泉曰. 山前檀越家, 作一頭水牯牛去. 師曰. 謝師指示. 南泉曰. 昨夜三更月到牕(雲峯悅云若不是南泉, 洎被打破蔡州).”;『宗門統要正續集』卷16(P155, p.111a3~7), “師一日於僧堂前自擊鍾云玄沙道底玄沙道底時有僧問玄沙道什麽師乃畫一圓相僧云若不久叅爭知與麽師云還我草鞋錢來. 雪竇顯云洎被打破蔡州.”

도부(道怤)선사께서 어느 날 승당(僧堂)앞에서 자신이 종을 치고는 말했다.

현사(玄沙)께서 불법의 근본을 말씀하셨다.

그때 어느 스님이 물었다.

현사(玄沙)께서 말씀하신 불법이 무엇입니까?

도부(道怤)께서 이에 하나의 〇상(相)을 그렸다.

그 스님이 말했다.

만약에 오래 참구하지 않았다면 어떻게 이렇게 알았겠습니까?

도부(道怤)께서 말씀하셨다.

오히려 나에게 짚신 값[草鞋錢]을 갚아야 한다.

설두중현(雪竇重顯, 980~1052)이 말했다.

하마터면 채주(蔡州)처럼 파괴될 뻔하였다.

《해설》 하마터면 본래심을 놓칠 뻔 했다라고 한 것은 자기 꾀에 속지 말아야 한다는 것을 말한 것이다. 짚신 값이라고 하는 것은 행각을 하지 않고도 지금 이 자리에서 깨달은 것을 두고 한 말이다. 인가증명과 같은 것이다.

---

177) 도부(道怤):『景德傳燈錄』卷18(T51, p.348c3~11), "杭州龍冊寺順德大師道怤, 永嘉人也, 姓陳氏. 卯歲不食葷茹, 親黨彊啖以枯魚隨卽嘔(烏沒)噦(乙劣)遂求出家. 于本州開元寺受具, 遊方抵閩川謁雪峯. 峯問. 什麼處人. 曰溫州人. 雪峯曰. 恁麼卽與一宿覺是鄕人也. 曰只如一宿覺是什麼處人. 雪峯曰. 好喫一頓棒且放過. 一日師問. 只如古德豈不是以心傳心. 雪峯曰. 兼不立文字語句. 只如不立文字語句師如何傳. 雪峯良久. 師禮謝.";『祖庭事苑』卷7(X64, p.419a9~18), "鏡淸 師諱道怤. 永嘉陳氏子. 生不茹葷. 剃髮受具. 問道於閩川. 雪峯一見而問曰. 汝甚處人. 曰. 不敢道是溫州人. 峯曰. 恁麼則一宿覺鄕人邪. 曰. 只如一宿覺是甚處人. 峯曰. 尿牀鬼子, 好與一頓棒. 且放過, 師證道之後, 衆所欽服, 皆謂小怤布衲. 尋被越人之命, 居鏡淸禪苑. 副使皮光業嘗師問焉. 光業卽日休之子也. 吳越國王錢氏致禮甚勤. 賜號順德大師. 爲開天龍, 龍冊二寺延之. 晉天福二年示滅. 茶毗於大慈山, 得骨舍利. 建塔於龍母之陽. 鏡淸本朝賜額曰景德者是矣."

25) 임계 철이 도상으로 상당설법

郢州林溪, 徹禪師上堂云. 賓主不分, 一句作麼生道. 賓主客
分, 一句作麼生道. 還有人道得麼. 若道不得, 且向方便門中會
取. 師示此 ⊕相, 珍重.[178] 師有時以, 此圖相示云. 還辨得麼.
若也辨得去, 佛佛道同, 祖祖如是. 若也辨不得去, 悟取好. 珍
重. 師有時以, 此相 ∩ 示云. 還辨得麼. 若辨不得, 林溪與你,
注破去也. 碧眼胡僧, 笑點頭. 珍重. 師上堂以, 此圖相示衆云.
還辨得麼. 若辨得靈山會上, 悉皆如此, 少室峯(第十九張)前, 更
無別意. 若辨不得, 且向火爐, 頭會取一, 不成二, 不是歇去. 僧
問. 生死到來, 如何除遣. 師以此生相示之.[179]

영주(郢州)의 임계(林溪) 철(徹)[180]선사(禪師)께서 상당(上堂)
하여 말했다.

손님(賓)이 주인과 나누어지기 이전을 일구(一句)로 어떻게
말하겠는가? 손님(賓)이 주인과 객(客)으로 나누어지면 일구(一

---

178) 『天聖廣燈錄』卷25(X78, p.552a21~23), "師上堂云. 賓主不分一句作麼
生道. 賓主各分一句作麼生道. 還有人道得麼. 若道不得, 且向方便門中會
取. 師示一相⊕, 珍重."

179) 『天聖廣燈錄』卷25(X78, p.552b14~c2), "師有時以相示之圖, 還辨得麼.
若也辨得去, 佛佛道同, 祖祖如是. 若也辨不得者, 悟取好, 珍重. 師有時以
此相示 ⌒, 云. 還辨得麼. 若辨不得, 林溪與儞注破去也. 碧眼胡僧笑點頭,
珍重. 師上堂云. 摩竭提國, 水泄不通, 少室峰前, 亦行此令, 溪山路峻, 樵
子難登. 興敎一言, 何人視聽, 還窮究得麼. 若窮究得者, 釋迦稽首, 達磨擎
拳. 若窮究不得者, 不用鑽龜打瓦, 歇去. 師上堂, 以此圖相, 示衆云. 還辨
得麼. 若辨得, 靈山會上悉皆如此, 少室峰前更無別意. 若辨不得, 且向火爐
頭會取. 一不成, 二不是, 歇去. 僧問. 生死到來, 如何除遣. 師以此相圖對
之."

180) 『天聖廣燈錄』卷25(X78, p.551b1), "郢州林鷄徹禪師"

句)로 어떻게 말하겠는가? 여러분 중에 도(道)를 체득하였으면 말하여 보아라. 만약에 도(道)를 체득하지 못했다면 또 방편문(方便門) 중에서 깨달아야 한다.

철(徹)선사(禪師)께서 이 ⑩상(相)을 그려서 제시하며 진중(珍重)[181]하라고 말씀하셨다.

철(徹)선사(禪師)께서 어느 때에 이 ⑬상(相)을 그려서 제시하고 말씀하셨다. 도리어 판별하여 체득할 수 있겠는가? 만약에 판별하여 체득했다면 부처와 부처로서 도(道)가 같은 것이며 조사(祖師)와 조사(祖師)로 역시 같게 되는 것이다. 만약에 판별하여 체득하지 못했다면 깨달아 취해야 한다. 진중(珍重)하라.

철(徹)선사(禪師)께서 어느 때에 이(此) ∩상(相)을 이와 같이 그려 제시(提示)하고 말했다. 도리어 판별하여 체득할 수 있겠는가? 만약에 판별하여 체득하지 못하였다면 임계(林溪)가 그대에게 주석으로 모두 다 나타내 주겠다. 벽안의 달마(碧眼胡僧)가 웃으며 긍정한 것이다. 진중(珍重)하라.

철(徹)선사(禪師)께서 상당(上堂)하여 이 ⑱상(相)을 그려 대중에게 제시(提示)하고 말했다. 도리어 판별하여 체득할 수 있겠는가? 만약에 판별하여 체득하였다면 영산회상(靈山會上)에서도 실(悉)로 모두 이와 같았고 소실봉(少室峯)(제19장)전(前)에서도 다시 이와 같이 다른 것이 없었다. 만약에 판별하여 체득하지 못했다면 또(且) 화로에서 불을 쬐어 진여를 깨달아야 하고 차별을 만들면 되지 않고 쉴 수가 없는 것이다.

---

181) 진중(珍重): 밝게 깨달아 지금부터 새롭게 전환시켜 자각적인 삶을 살아라. 깨달음을 위해서 지금들은 말을 보배처럼 중요하게 하라. 하직인사.

어느 스님이 물었다. 생사(生死)가 도래하면 어떻게 없앨 수 있습니까? *(망념을 어떻게 없애겠습니까?)

철(徹)선사(禪師)께서 이 ⊞상(相)을 그려 제시(提示)했다.

《해설》 영주(郢州)의 임계(林溪) 철(徹)선사에 대한 자료는 『천성광등록』권25에 기록된 것만 보았다. 철 선사에 대하여 자세하게 알아보지는 않았지만 여기에 도상으로 나타난 것들을 보면 ⊛ ⊠ ∩ ⊞ ⊞ 이다. ⊛에 대하여 빈주의 구분에서 벗어난 일구(一句)로 제시하고 있다. 다음은 ⊠상(相) 으로 이것을 체득하면 "불불도동 조조여시(佛佛道同 祖祖如是)"라고 하는 것에서 사방(四方)에서 진여의 지혜를 체득하여 입전수수하면 '불불조조(佛佛祖祖)'라고 하는 것이다. 다음은 ∩상(相) 으로 이것을 파악하면 "벽안호승 소점두(碧眼胡僧 笑點頭)"라고 하는 것은 달마의 불법을 자신이 계승하였기에 달마의 불법을 이심전심하라고 하는 것이다. 또 ⊞상(相)은 염화미소와 혜가의 마음도 사방의 설(舌)에 있다는 것은 언어문자에서 벗어난 진여의 지혜를 체득하기를 바라는 것이라고 생각된다. 마지막으로 ⊞상(相)은 생사의 망념을 어떻게 없애느냐 라는 질문에서 생사를 벗어나는 법은 진여의 지혜가 탄생한다는 의미로 생(生)자(字)를 넣은 것이라고 보여진다.

26) 당 명승의 원상으로 선문답

楊侍郞, 李駙馬, 與唐明嵩和尙問荅, 問. ○一切諸佛, 盡在裏許, 動則喪身失命. 覷著兩頭俱瞎, 擬議之時, 千山萬水, 直下會得也. 是炭庫裏坐地, 有不惜眉毛者, 通箇消息來. 嵩云. 百雜碎. 楊云. 平生不妄語. 嵩云. 也要道過. 李云. 出穴兔遭脣(胃). 嵩云. 東西無滯礙, 南北得自由.[182] 廣慧璉云. 振錫下泥犁. 汾陽昭云. 穿山透石壁, 鼻孔血淋淋. 徑山妙喜曰. 自作自受.[183]

182) 『古尊宿語錄』卷10(X68, p.63c18~23), "又問. 一切諸佛盡在裏許, 動卽喪身失命, 覷著兩頭俱瞎. 擬議之時千山萬水. 直下會得也是炭庫裏坐地. 有不惜眉毛者, 通箇消息來. 師云. 百雜碎. 楊. 平生不妄語. 師云. 也要道過. 李云. 出穴兔遭胃. 師云. 東西無滯礙, 南北得自在." ; 『歷朝釋氏資鑑』卷9(X76, p.225a12~16), "○楊問. 一切諸佛, 盡在裏許, 動則喪身失命, 覷著兩頭俱瞎. 擬議之間, 千山萬水. 直下會得, 也是炭庫裏坐地. 有不惜眉毛者, 通箇消息來. 師. 百雜碎. 楊. 平生不妄語. 師云. 也要道過. 李云. 出穴兔遭胃. 師云. 東西無滯碍, 南北得自由(以上類鑑)."

183) 『正法眼藏』卷2(X67, p.588c12~18), "問. ㊞一切諸佛盡在裏許, 動卽喪身失命, 覷著兩頭俱瞎, 擬議之時千山萬水. 直下會得也是炭庫裏坐地. 有不惜眉毛者通箇消息來. 嵩云百雜碎. 楊云平生不妄語. 嵩云也要道過. 李云出穴兔遭胃. 嵩云. 東西無滯礙, 南北得自由. 廣慧璉云. 振錫下泥犁. 汾陽照云. 穿山透石壁, 鼻孔血淋淋. 妙喜曰. 自作自受." ; 『聯燈會要』卷13(X79, p.117b5~11), "問. ㊞一切諸佛, 盡在裏許, 動則喪身失命, 覷著兩頭俱瞎. 擬議之間, 千山萬水. 直下會得, 也是炭庫裏坐地. 有不惜眉毛者, 通箇消息來. 嵩云. 百雜碎. 公云. 平生不妄語. 嵩云. 也要道過. 李云. 出穴兔遭胃. 嵩云. 東西無滯礙, 南北得自由. 廣惠璉云, 振錫下泥犁. 汾陽昭云. 穿山透石壁, 鼻孔血淋淋. 妙喜云. 自作自受." ; 『指月錄』卷23(X83, p.648b19~c1), "問. ㊞一切諸佛盡在裏許, 動卽喪身失命, 覷著兩頭俱瞎. 擬議之時, 千山萬水. 直下會得, 也是炭庫裏坐地. 有不惜眉毛者, 通個消息來. 師云. 百雜碎. 楊. 平生不妄語. 師云. 也要道過. 李云. 出穴兔遭胃. 師云. 東西無滯礙, 南北得自由. 廣慧璉云. 振錫下泥犁. 汾陽昭云. 穿山透石壁, 鼻孔血淋淋. 妙喜曰. 自作自受." ; 『居士分燈錄』卷1(X86, p.588a 22~b4), "問 ㊞, 一切諸佛盡在裏許, 動卽喪身失命, 覷著兩頭俱瞎. 擬議之時千山萬水. 直下會得, 也是炭庫裏坐地. 有不惜眉毛者, 通箇消息來. 嵩曰. 百雜碎. 億曰. 平生不妄語. 嵩曰. 也要道過. 昜曰. 出穴兔遭胃. 嵩曰. 東西無滯礙, 南北得自繇. 璉曰. 振錫下泥犁. 昭曰. 穿山透石壁, 鼻孔血淋淋.(妙喜曰.

양(楊)시랑(侍郞)과 이부마(李駙馬)가 당(唐)의 명숭(明嵩)화상(和尙)과 선문답하였다.

　양나라의 시랑이 물었다.

　○상(相)은 모든 제불(諸佛)이 모두 이 안에 있지만 망념(妄念)이 생기면 상신실명(喪身失命)[184] 해야 한다. 엿보아 알려고 하면 두 눈이 모두 멀게 되는 것이므로 의심(擬心)[185]할 때에 바로 천산(千山)과 만수(萬水)에서 똑바로 알고 깨달아 체득해야 한다. 이것은 탄고(炭庫)안이 좌선(坐禪)하는 곳이 되어야 눈썹(眉毛)을 아끼지(惜)[186] 않는 이가 되어 일개성자의 소식을 통달(通達)하게 될 것이다.

　명숭(明嵩)화상(和尙)께서 말했다.

　백잡쇄(百雜碎)[187]해야 한다.

　양시랑(楊侍郞)이 말했다.

　평생 언어문자를 뛰어넘지 못하는 것입니다.

　명숭(明嵩)화상(和尙)께서 말했다.

　그렇다면 허물을 말해보라.

　이부마(李駙馬)가 말했다.

　토끼가 굴에서 나와 덫[罥, 罥]에 걸린 것이다.

　명숭(明嵩)화상(和尙)이 말했다.

　自作自受.）"

184) 상신실명(喪身失命): 구도를 위해 망념의 몸과 목숨을 잃게 됨. 즉 구도를 하여 중생심을 모두 없애는 것을 말함. 각주153)참조

185) 의심즉차(擬心卽差)와 의심(疑心)과의 차이는 하려고 하는 것과 하는 것의 차이이다.

186) 석(惜): 집착을 하지 않음. 불석신명(不惜身命): 신명(身命)을 의식하지 않음. 중생심의 몸과 마음을 의식하지 않는 것. 신명(身命)을 의식하지 않음.

187) 백잡쇄(百雜碎): 물건을 아주 잘게 깨뜨리는 것을 말함. 모든 망념을 없앰.

동서(東西)로 장애가 없고 남북(南北)으로도 자유를 체득한
것이다.

광혜연(廣慧璉)[188]이 말했다.

주장자를 쳐서 지옥을 함락하는 것이다.[189]

분양선소(汾陽善昭, 947~1024)가 말했다.

산을 뚫고 석벽(石壁)을 뛰어넘으니 비공(鼻孔, 진여)에 피가
낭자하다.

경산묘희(徑山妙喜, 大慧宗杲)가 말했다.

스스로 짓고 스스로 받는 것이다.[190]

《해설》 의심즉차(擬心卽差)이므로 의심(擬心)하려고 하는 순
간인 직하(直下)에 깨달아 체득해야 하는 것이다. 의심(疑心)하
는 마음이 일어나기 전에 알아차려야 하는 것이다. 그러므로
잘못하면 어긋나는 것이므로 주장자를 치는 순간에 모든 지옥
은 사라지는 것이다.

---

188) 『禪林僧寶傳』卷16(X79, p.524b6~11), "廣慧璉禪師 禪師名元璉者閩人
也. 得法於首山念禪師. 住汝州廣慧寺. 璉福顧廣顙. 瞻視凝遠, 望見令人意
消. 甞謂衆曰. 我在先師會中. 見擧竹篦子問省驢漢曰. 喚作篦子卽觸, 不喚
作篦子卽背, 作麼生. 省近前掣得, 擲地."

189) 『泥犁經』(T01, p.907b8~9), "泥犁者, 極苦不可具言."; 『妙法蓮華經
文句』卷4(T34, p.60b5~7), "地獄此方名, 胡稱泥犁者, 秦言無有, 無有喜
樂, 無氣味, 無歡, 無利, 故云無有."; 『四分律行事鈔資持記』卷2(T40,
p.260a3), "墮泥犁者卽等活地獄."

190) 자작자수(自作自受): 『楞嚴經寶鏡疏』卷4(X16, p.520a1~3), "然細推之, 則
前七識俱屬八識自體現起, 所謂自作自受者也."; 『金剛經註解』卷1(X24, p.769
a6~9), "夫見性之人, 十二時中, 凡遇逆順境界, 心卽安然, 不隨萬境所轉. 一
任毀謗於我, 我既不受, 惡言謗讟, 返自歸己, 所謂自作自受者也."; 『涅槃經疏
私記』卷6(X37, p.243b6), "自作自受者, 自行破假入空, 名爲自受."

27) 자명의 원상으로 상당설법

慈明禪師, 冬日, 牓僧堂, 作此字 〇〇〇二 二 二 三 几䟶摛, 其下注云. 若人識得不離, 四威儀中有. 首座者見之謂曰. 和尙今日放叅. 慈明聞而笑之.191)

자명(慈明)192)선사(禪師)께서 동안거에 승당(僧堂)의 방(牓)에 〇〇〇二 二 二 三 几䟶摛 이와 같은 글자를 써놓고는 그 아래에 주(注, 註)를 달아 말하였다.

---

191) 『續傳燈錄』卷3(T51, p.484a19～21), "師冬日牓僧堂, 作此字 〇〇〇二二二三几䟶摛, 其下注曰. 若人識得不離四威儀中. 首座見曰. 和尙今日放參. 師聞而笑之." ; 『禪宗頌古聯珠通集』卷38(X65, p.713b10～12), "慈明冬日, 牓僧堂作此字 〇〇〇二二二三几䟶摛, 其下注曰. 若人識得不離四威儀中 首座見曰. 和尙今日放參. 師聞而笑." ; 『御選語錄』卷18(X68, p.701c17～19), "又冬日牓僧堂, 作此字, 〇〇〇二二二三几䟶摛, 其下註云. 若人識得, 不離四威儀中, 有首座者見之. 謂曰. 和尙今日放參. 師聞而笑之." ; 『宗門統要正續集』卷10(P154, pp.812b9～813a3), "潭州石霜楚圓禪師冬日牓示僧堂前作此相. [illegible] 若人識得不離四威儀中首座一見乃謂衆云和尙今日放叅." ; 『三山來禪師語錄』卷9(J29, p.727a16～18), "舉慈明冬日牓僧堂作此字 [illegible](節候嚴寒何勞神用)其下注云(蛇腹添足)若人識得不離四威儀中(猶有這個在)首座見云和尙今日放參(覷破了也)明聞而笑之(一場懡㦬)." ; 『明覺聰禪師語錄』卷5(L158, p.71a6～15), "舉 慈明圓祖冬日 掛榜僧堂前作此字 [illegible] 其下注云 若人識得不離四威儀中 首座顧謂衆云 和尙今日放叅 明聞而笑之 師云 法喜有人 識得此意 大開東閣 安排明窗 設或未然 山僧不惜唇皮與諸人註破慈明 向潔淨地上打疊了也 寫出篆文鳥字不落時機 鬼神莫能測 天魔覷不破 大衆還委悉麼 一般清意味料得少人知."

192) 『續傳燈錄』卷3(T51, p.482a17～24), "汾陽昭禪師法嗣 潭州石霜楚圓慈明禪師全州李氏子. 少爲書生, 年二十二依湘山隱靜寺出家. 其母有賢行使之游方, 聞汾陽道望遂往謁焉. 陽顧而默器之. 經二年未許入室, 每見必罵詬, 或毀詆諸方, 及有所訓皆流俗鄙事. 一夕訴曰. 自至法席已再夏不蒙指示. 但增世俗塵勞念, 歲月飄忽己事不明, 失出家之利." ; 『闢妄救略說』卷7(X65, p.161a6～9), "潭州石霜楚圓慈明禪師. 汾陽嗣. 出全州清湘李氏. 少爲書生, 年二十二, 依城南湘山隱靜寺得度. 其母有賢行, 使之遊方. 師連眉秀目, 頎然豐碩, 然忽繩墨, 所至爲老宿所呵, 以爲少叢林."

만약에 어느 수행자가 견성하여 체득하고 본래심을 벗어나지 않는다면(不離) 사위의(四威儀)에 맞게 수행하고 있는 것이다 [若人識得不離 四威儀中有].

수좌(首座)가 이것을 보고는 설명하여 말했다.

화상(和尙)께서 금일(今日) 방참(放參)[193]하시는 것입니다.

자명(慈明)선사(禪師)가 이 말을 듣고 웃었다(笑).

《해설》 참선한다고 하는 것은 자신이 견성하고 대승의 돈오 돈수를 하는 것인데 간혹 소승으로 떨어지는 것을 방지하는 것이다. 즉 항상 사위의를 벗어나지 말고 대승으로 살아가기를 바라는 자비심이다. 이 ䷀, ䷀ = = = 几䶂抽 문자는 이해하기 난해하다.

又上堂云. 世尊三昧, 阿難不知, 阿難三昧, 商那和脩不知, 從上諸聖三昧, 互相不知. 乃拈拄杖子, 畫一 ○相云. 者箇是什麼, 還有人道得否. 良久云. 路逢劍客須呈劍, 不是詩人不獻詩. 喝一喝下座.[194]

또 상당(上堂)하여 말했다. 세존의 삼매(世尊三昧)를 아난(阿難)이 대상으로 알지 않아야 하는 것이며, 아난(阿難)의 삼매(三昧)를 상나화수존자(商那和修, 商那和脩)가 대상으로 알지

---

193) 방참(放參): 모든 행사를 쉬는 것.
194) 『天聖廣燈錄』卷18(X78, p.508a13~16), "上堂云. 世尊三昧, 阿難不知. 阿難三昧, 商那和修不知. 從上諸聖三昧, 互相不知. 乃拈拄杖子劃一圓相云. 者箇是什麼, 還有人道得否. 良久云. 路逢劍客須呈劍, 不是詩人莫獻詩. 喝一喝, 下座."

않아야 하는 것이며, 예로부터 모든 성자들의 삼매(三昧)를 서로가 대상으로 알지 않아야 하는 것이다. 그리고 주장자(拄杖子)를 들어 하나의 ○상(相)을 그리고는 말했다.

이것이 무엇인지 도리어 누구든지 도(道)를 체득하였으면 말하여 보아라.

양구(良久)하고는 말했다. 도중(途中)에서 검객을 만나면 반드시 검을 제시하고 시인이 아니면 시를 논하지 마라. 할(喝)을 한번 하고 법좌(法座)에서 내려왔다.

《해설》 아난이 경전결집에 참여하기 전에는 세존의 삼매를 대상으로 알았다는 것이다. 아난이 소승에서 대승으로 나아간 후에 경전의 결집에 참여하였듯이 대승의 원상을 제시한 것이다. 그래서 검객과 시인을 말한 것은 자명의 선당에 여러 부류의 많은 수행자가 있었다는 것을 암시하고 있다. 염화미소의 경지가 아니면 알지 못한다는 것을 말하고 있다.

28) 혜각의 달마찬탄 게송

瑯瑘覺和尙, 讚初祖達磨, 頌曰. 師眼兮深, 師鼻兮大. 師耳兮
穿, 師舌兮快. 師身兮墨, 師心兮戴. 手攜(携)隻履返流沙, 熊耳
石塔今猶在.[195) 只將此頌, 驗盡天下衲僧. (第二十張) 妙喜曰.
㊀此一字, 不得動着, 動着則禍生.[196)

낭야(瑯瑘)의 각화상(慧覺和尙)[197)께서 초조달마(初祖達磨)스
님을 찬탄하는 게송(偈頌)을 지었다.
달마조사의 안목(眼目)은 심오하고,

---

195) 『禪宗頌古聯珠通集』卷6(X65, p.509c7~9), "師眼兮深師鼻兮大, 師耳兮
穿師舌兮快, 師身兮墨師心兮戴, 手攜隻履返流沙, 熊耳石塔今猶在. (琅瑘
覺)."

196) 『正法眼藏』卷1(X67, p.561a23~b3), "琅邪覺和尙覩此讚乃述頌云. 師
眼兮深, 師鼻兮大. 師耳兮穿, 師舌兮快. 師身兮墨, 師心兮戴. 手攜隻履返
流沙, 熊耳石塔今猶在. 只將此頌驗盡天下衲僧. 妙喜曰. 戴此一字不得動
著, 動著則禍生.";『指月錄』卷23(X83, p.654b17~20), "瑯瑘覺和尙覩此
讚, 乃述頌云. 師眼兮深, 師鼻兮大. 師耳兮穿, 師舌兮快. 師身兮黑, 師心
兮戴. 手携隻履返流沙, 耳石塔今猶在. 只將此頌驗盡天下衲僧. 妙喜曰.
㊀, 此一字不得動著, 動著則禍生."

197) 혜각(慧覺):『續傳燈錄』卷3(T51, p.484b14~18), "滁州琅邪山慧覺廣照
禪師西洛人也. 父爲衡陽太守, 因疾傾喪, 師扶櫬歸洛過澧陽藥山古剎宛若
凤居. 緣此出家遊方參問. 得法汾陽應緣滁水, 與雪竇明覺同時唱道, 四方
皆謂二甘露門, 逮今淮南遺化如在.";『五燈會元』卷12(X80, p.240c11~
16), "滁州琅邪山慧覺廣照禪師 西洛人也. 父爲衡陽太守, 因疾傾喪, 師扶
櫬歸洛, 過澧陽藥山古剎, 宛若凤居. 緣此出家, 遊方參問. 得法汾陽, 應緣
滁水, 與雪竇明覺同時唱道, 四方皆謂二甘露門, 逮今淮南遺化如在. 僧問.
如何是佛. 師曰. 銅頭鐵額. 曰. 意旨如何. 師曰. 鳥觜魚腮.";『佛祖綱目』
卷36(X85, p.705a14~17), "慧覺禪師住瑯瑘 慧覺. 西洛人, 弱冠扶父衡陽
太守櫬, 歸洛過澧陽藥山古剎, 宛若舊居. 遂出家薙染, 游方參問. 得法汾
陽, 應緣滁水, 住瑯瑘山.";『中華大藏經總目錄』卷4 : 「瑯瑘慧覺禪師語
錄一卷(B35, p.575a10~11), "(宋慧覺說, 元聚集, 用孫序, 又云廣照和尙
中後四錄, 內題滁州琅邪山覺和尙中後四錄, 收于古尊宿語錄四六. (語要收
于續一)不載此序, 今附於此. 南嶽下第十世, 嗣汾陽昭."

달마조사의 비공(鼻孔)은 크네.

달마조사는 천이통이 뚫렸고,

달마조사의 광장설(廣長舌)은 즐겁네.

달마조사의 법신(法身)은 검으니[墨],

달마조사는 불심(佛心)을 받드네.

손에 짚신 한 짝 들고 유사(流沙)198)로 되돌아가셨으니,

웅이산(熊耳山)의 석탑(石塔)에 짚신 한 짝만 아직도 남아 있네.

단지 이 게송(偈頌)으로 천하의 납승(衲僧)들을 모두 점검하셨다.(제20장)

묘희(妙喜)가 말했다. 이 ⓐ상(相)에서 이 한 자[一字]는 동착(動着)199)하면 체득할 수 없고 동착(動着)하면 화(禍)가 생긴다.

《해설》 의심즉차(擬心卽差)와 의심즉괴(擬心卽乖)라는 한마

---

198) 유사(流沙): 『出三藏記集』卷2(T55, p.13b28~c1), "三藏法師法意共譯出, 自流沙以西."; 『法華經三大部補注』卷5(X28, p.213a20~b3), "流沙 文選注云 遠國名也 其沙似水之流也 亦云 莫賀延磧八百餘里 上絕飛禽 下無走獸 夜則妖精擧火 晝乃驚風走沙 涉彼至此豈不勤哉 周書云鄯善國之西北有流沙數百里 夏日有熱風 爲行旅之患風之 欲至唯老駞知之 卽鳴而聚立埋其口鼻 於沙中人每以爲侯 亦將氈擁蔽鼻口 其風迅駛斯須過盡 若不防者 必至危斃."; 『法華經三大部補注』卷9(X28, p.299a16~17), "流沙者文選注云遠國名也."; 『四分律行事鈔批』卷7(X42, p.798c4~5), "言自涉流沙者, 流沙應是地名. 謂從西道路, 涉流沙行來也."; 『四分律行事鈔簡正記』卷9(X43, pp.237c24~238a3), "流沙者, 其砂如河水流故. 准般若論序云. 冒氷霜而涉葱嶺, 犯風熱而渡砂河. 亦名莫賀连磧, 八百餘里, 上絕飛禽, 下無走獸. 唐三藏親經此過, 今衆鎧亦經此來(云云)."; 총령(葱嶺)을 말하는 것으로 사막의 모래 바람이 부는 곳.

199) 동착(動着), 動著): 『圓覺經夾頌集解講義』卷3(X10, p.278b3), "雪竇云. 不得動着, 動着三十棒."; 『宗門拈古彙集』卷26(X66, p.150a12~13), "不得動著, 動着三十棒."; 『教外別傳』卷6(X84, p.221b21), "不得動着, 動着打折驢腰."

디로 혜각의 게송에 답한 것이다.

게송을 보면, "사안혜심사비혜대(師眼兮深師鼻兮大), 사이혜천사설혜쾌(師耳兮穿師舌兮快), 사신혜묵사심혜대(師身兮墨師心兮戴), 수휴척리반류사(手攜隻履返流沙), 웅이석탑금유재(熊耳石塔今猶在)."에서 비공은 불법(佛法)을 말하는 것이며, 법신이 검은 것은 육신에 대한 집착이 없다는 것이고, 짚신 한 짝이라는 것은 석존의 불법(佛法)을 계승한 것이 확실하다는 것을 증명하는 것이다.

29) 향산지도화상의 도상 40종류

明州 香山智度和尙[200] 四十所

명주의 향산지도화상의 40소

(1) 삼승이 대승으로 나아가는 상

---

200) 『傳教大師將來越州錄』(T55, p.1059a5), "天台第七祖智度和尙略傳一卷(沙門志明集)";『偃溪廣聞禪師語錄』卷1(X69, p.728c6~7), "住慶元府香山智度禪寺語錄 侍者 如珠 編";『松源崇嶽禪師語錄』卷1(X70, p.89c3~4), "明州香山智度禪院語錄 參學 善開 等錄";『建中靖國續燈錄』卷15(X78, p.736b7~8), "明州香山智度院正覺延泳禪師 問. 祖意西來卽不問, 和尙家風事若何. 師云. 眼深鼻大.": 지도화상이라고 기록된 것을 보면 천태의 지도화상일 가능성이 많음 그러나 『人天眼目』卷4 와 『祖庭事苑』卷2에 의하면 "明州五峯良和尙 嘗製四十則"라고 하고 있으므로 지도화상의 40개와 동일한 상인지는 의문임.

三乘同以, 無言說道, 而趣涅槃.201) 又云. 同以三車, 出於火宅.202) 有人問. 如何是三菩提. 作此相對, 又以手掬三掬. 學云. 某甲與麼去時, 如何對. 云. 汝見淸凉, 莫生住想. 或點一下對之. 學云. 領也, 微笑向他.

이 윷상(相)은 삼승(三乘)203)이 모두 무언설도(無言說道)204)로 열반(涅槃)에 나아가는 것이다. 또 말했다. 같은 세 수레(三車)로 화택(火宅)에서 벗어나게 한 것이다.205)

---

201) 『大般若波羅蜜多經』卷430(T07, p.162c13~14), "隨心所願乘三乘法而趣涅槃";『大寶積經』卷96(T11, p.540b18), "我等寧於無上佛道而趣涅槃";『大般涅槃經玄義』卷1(T38, p.2b22~24), "三乘之人同以無言說道斷煩惱入第一義. 卽體生死法是涅槃法不論滅與不滅, 卽生死人是涅槃人.";『摩訶止觀』卷6(T46, p.74c22~25), "大品名爲三乘之人, 同以無言說道, 斷煩惱見第一義. 亦名共般若. 涅槃名爲三獸度河, 皆是通敎四門觀意, 亦非今所用也."

202)『大般涅槃經玄義』卷1(T38, p.5a20~24), "辨差中云. 三車出於火宅, 俱出生死, 無爲一也. 此以三三於無, 非無有三. 如來結習都盡, 聲聞結盡習不盡. 盡者去尺無尺, 去寸無寸, 修短在於尺寸, 不在無也."

203) 삼승(三乘): 성문(聲聞).연각(緣覺).보살(菩薩).

204) 무언설도(無言說道): 언설(言舌)의 방편을 초월한 것. ;『涅槃玄義發源機要』卷2(T38, p.24a7~8), "升降三乘也, 以無言說道者, 卽大品共般若也.";『思益梵天所問經簡註』卷1(X20, p.792a18~21), "出過一切法相 無語無說 無有文字 無言說道. 註 內外旣不可得 則知是法出 過一切法相 無言無說 證前無言說也 無文字證前無論議也 無言說道者 證前無敎化也.";『宗鏡錄』卷65(T48, p.782b4~10), "如摩訶衍中云. 三乘之人, 同以無言說道斷煩惱. 中論云. 諸法實相, 三人共得之. 二乘之人, 雖共稟無言說道, 自求出苦, 無大悲心, 得空則止, 鈍根菩薩亦爾. 利根菩薩, 大悲心, 爲物, 深求實相. 共實相者, 智如螢火, 是故非實. 不共實相, 智如日光, 是故爲實."

205) 화택(火宅):『妙法蓮華經』卷2(T09, p.13b18~c4), "舍利弗, 若有衆生, 內有智性, 從佛世尊聞法信受, 慇懃精進, 欲速出三界, 自求涅槃, 是名聲聞乘. 如彼諸子 爲求羊車 出於火宅. 若有衆生一, 從佛世尊聞法信受, 慇懃精進, 求自然慧, 樂獨善寂, 深知諸法因緣, 是名辟支佛乘. 如彼諸子 爲求鹿車 出於火宅. 若有衆生, 從佛世尊聞法信受, 勤修精進, 求一切智, 佛智, 自然智, 無師智, 如來知見, 力, 無所畏, 愍念, 安樂無量衆生, 利益天人, 度脫一切, 是名大乘. 菩薩求此乘故, 名爲摩訶薩. 如彼諸子 爲求牛車, 出於火宅. 舍利弗, 如彼長者, 見諸子等安隱得出火宅, 到無畏處, 自惟財富無

어느 스님이 물었다. 무엇이 삼보리(三菩提, 무상보리)입니까? 하니 이 ♣상(此相)을 그려 대답하고는 또 손을 세 번 움켜쥐었다.

학인이 물었다. 제가 그렇게 하면 어떻게 대답하겠습니까?

대답했다. 그대의 견해는 청량(淸涼)하지만 상(想)을 가지고 마음을 내지 말아야 한다. 그리고 늘 점 하나를 찍어 대답했다.

학인이 대답했다. 알았습니다. 하며 그(他, 본래인)를 향하여 미소를 지었다.

《해설》 삼승(三乘)을 대승(大乘)으로 나아가게 하려고 화택에서 나오게 하려고 하였다. 이것은 삼승(三乘)이 아직도 대승으로 나아가지 못하는 이유가 사견(四見)과 일불(一佛)이나 진공(眞空)에 떨어져 석공(析空)을 주장하기 때문이다. 그래서 '반야바라밀'에 의하여 '아뇩다라삼먁삼보리'를 체득하여야 한다고 하고 있다. 그러므로 삼승(三乘)이 체공(體空)으로 대승으로 나아가야 한다고 설하고 있다. 그리고 마지막 부분에는 타인의 행리처(行履處)를 따라 하지 말라는 내용인데 흉내를 내어서는 자기의 것이 되지 않는다고 하는 것이다. 그래서 "여견청량 막생주상(汝見淸涼 莫生住想)"이라고 하며 따라하려는 그대의 견해는 청량하지만 그 속에는 반야바라밀을 행하는 능단(能斷)이 있어야 한다는 것이다. 삼승이라는 상(想)이 있으면 삼승에서 벗어나지 못한다는 것을 학인이 알아차리고 감사의 미소를 지은 것이다.

量, 等以大車而賜諸子. 如來亦復如是, 爲一切衆生之父. 若見無量億千衆生, 以佛敎門出三界苦, 怖畏險道, 得涅槃樂."

(2) 대승이 조도를 행하는 상

○중 　有學人問. 過去諸如來, 以何接人. 作此相對之, 又
云. 爲汝不靈利. 學云. 菩薩出假時用此否. 云. 汝須
子細三假, 四見破, 猶有思惟, 正習透得. 卽離七萬三
千境, 方見彼師之意. 學云. 和尙也, 不得壓良爲賤. 云. 我未敢
信汝嗟見 今時多行. 二鐵圍山, 畔望楞伽山, 猶隔千萬在.

○중. 어느 학인이 물었다.

과거의 모든 여래(如來)는 어떻게 사람을 제접(提接)하였습니
까?

이 ○중상(相)을 그려서 대답하고는 또 말했다.

그대는 영리(靈利)하지 않아야 한다.

학인이 말했다. 보살(菩薩)이 출가행(出假行)[206]을 할 때에
이렇게 사용하지 않았습니까?

---

206) 출가행(出假行): 보살이 공관(空觀)에 머물지 않고 다시 만유(萬有)가 가
설(假設)로 있는 것인 줄을 알고 중생을 대승으로 교화하는 것. ;『妙法蓮
華經玄義』卷4(T33, p.724a13~15), "所以二乘入空, 菩薩出假, 不名法王,
中道調直, 故得稱王." ;『摩訶止觀』卷7(T46, p.87a18~26), "如大品經云.
有菩薩從初發心卽與薩婆若相應者, 與空相應也. 若初未相應, 當用諦緣度檢
一一心. 若有三塞破之令通, 若有三通養令成就, 得過三百由旬. 又云. 有菩
薩從初發心 卽能遊戲神通淨佛國土, 此是出假之意. 若初發心修假, 亦用諦
緣度檢一一心, 破塞養通過四百由旬. 又云. 有菩薩從初發心卽能坐道場成正
覺, 此卽中意." ;『宗鏡錄』卷35(T48, p.622a1~3), "大品經云. 有菩薩從初
發心, 卽坐道場, 當知是菩薩爲如佛也." ;『圓覺經大疏釋義鈔』卷12(X09,
p.720c13~17), "天台撮略云. 一者從假入空觀, 二者從空出假觀, 三中道正
觀, 此三行相, 懸談已釋. 疏約心成行者, 緣前六章經文, 已備顯覺性, 推破
妄執, 窮諸法性相, 辨心境染淨. 乃至從凡入聖, 障治通塞, 斷惑淺深, 證智
勝劣等訖." ;『般若心經事觀解』(X26, p.892b18~19), "今經色不異空, 空
觀, 眞諦也. 空不異色, 假觀, 俗諦也. 卽色卽空, 中道觀, 第一義諦也."

대답했다. 그대가 반드시 삼가(三假)207)와 사견(四見)208)을 남김없이 자세히 알아도 오히려 사유(思惟)하여 바르게 습득 (習得)하여 체득해야 한다. 즉 7만 3천의 경계(境界)를 바로 초월(超越)하여 벗어나야 저 조사(祖師)의 뜻(意)을 비로소 친견 (親見)하게 되는 것이다.

학인이 말했다.

화상(和尙)께서는 양민을 억압해서 천민으로 만들면 안 됩니다.

말했다. 나는 감히 그대가 견해를 찬탄하며 지금 다행(多行) 하여도 믿지 못하겠다. 두 철위산[二鐵圍山] 경계에서 능가산 (楞伽山)을 바라보면 오히려 천만리나 차이가 난다.

《해설》 소승이 대승으로 나아갈 때에 사견(四見)이 없어야 하는 것이고, 공가중을 정확하게 체득하여도 대승은 이것조차 도 초월해야 하는 것이므로, '위여불영리(爲汝不靈利)'라고 영

---

207) 삼가관(三假觀): 『仁王護國般若經疏』卷2(T33, p.259b4~8), "法假者, 色陰法是也. 受假者, 四陰是也. 取此二名是名名假. 自實無體籍他方有是 名爲假. 又色陰是法. 受等是名. 一切世間中 但有名與色, 而今有三別說 也."; 『法華經玄贊要集』卷28(X34, p.793b19~23), "依三性以釋三假. 一 名假者, 卽遍計性, 有名無體, 名名假. 二受假, 卽依他起性, 依他領受, 皆 是有爲, 體無常故, 名受假. 三法假者, 卽圓成實性, 雖此体是眞如, 建立諸 法, 名爲法假. 以須菩提悟此三性, 而得果菩提, 故名名相."
208) 사견(四見): 『大乘義章』卷6(T44, p.596b18~20), "第四見者, 或有衆生, 以捷疾智分別思量, 我及世間亦常無常, 此實餘虛, 是爲四見(此二門竟)."; 『摩訶止觀』卷5(T46, p.62c12~13), "複四見者, 謂有有, 有無, 無有, 無無, 亦有有無, 亦無有無, 非有有無, 非無有無."; 『止觀輔行傳弘決』卷4(T46, p.255c2~4), "此四見者, 無著論云. 我以計內 人以計外, 衆生以續前爲義 壽者以趣後爲能."; 『金剛經筆記』(X25, p.127a12~13), "四見者, 卽前四 相, 由著見故著相, 相卽見故. 今樂大法, 無四見, 故能荷擔菩提."; 『涅槃經 疏私記』卷7(X37, p.261c4~6), "卽離四見者, 一卽色是我, 二離色是我, 三 色大我小我住色中, 四我大色小色住我中. 四陰例爾, 各有四句."

리하게 잘 안다는 생각을 버려야 부처님의 교화법을 체득하게
된다고 하는 것이다. 자신이 부처라는 착각에서 벗어나야 인가
를 하겠다는 것이다.

(3) 개시오입이 법화도량

  法華經云. 乘此寶乘, 直至道場. 又云. 其疾如風.[209]
有僧問, 雲門大師. 如何是, 露地白牛. 云. 敵機無改
路. 吽. 雲門者漢, 送人在萬丈坑中也 不當差. 又云.
北斗裏. 又云. 五臺山上. 又作此 ◎相, 以脚抹却云. 和尙如何.
云. 老僧自小出家, 不識文字. 識文字者如何. 云, 挨耶挨耶. 者
賊漢棄, 汝箇饅頭, 瞎漢自是箇胡餠(餠).

 ◎ 『법화경(法華經)』에 설하였다. 이 보배의 수레를 타면 곧
장 법화도량(道場, 정토)에 도달하는 것이다.
 또 설하였다. 그 빠름(疾, 병)은 바람과 같다.[210]

---

209) 『妙法蓮華經』卷2(T09, p.12c18~23), "舍利弗, 爾時長者各賜諸子等一大
 車, 其車高廣, 衆寶莊校, 周匝欄楯, 四面懸鈴. 又於其上張設幰蓋, 亦以珍
 奇雜寶而嚴飾之, 寶繩絞絡, 垂諸華纓, 重敷綩綖, 安置丹枕, 駕以白牛, 膚
 色充潔, 形體姝好, 有大筋力, 行步平正, 其疾如風."; 『妙法蓮華經文句』卷
 5(T34, p.72b7~8), "其疾如風者, 八正道中行, 速疾到薩婆若."; 『法華義
 疏』卷6(T34, p.528b20~23), "其疾如風者, 不疾而速, 感無不應也. 又一念
 遍知一切法, 亦是其疾如風, 用大乘之化入於五道爲駕, 與之如遊也."; 『妙
 法蓮華經玄贊』卷5(T34, p.750c24~26), "如何牛駕其疾如風. 如何可言我有
 如是七寶大車, 其數無量, 應當等心各各與之."; 『大明三藏法數』卷10(P181,
 p.774b4~9), "四大白牛車: 謂大乘菩薩 以圓融三觀觀 於諸法實相之理 頓
 破無明煩惱 而成一切種智 如乘大白牛車 至於寶所故 經云 有大白牛肥壯多
 力 行步平正 其疾如風是也(三觀者 空觀假觀中觀也 一切種智者 佛智也 寶
 所者 喩實相之理也)."

어느 스님이 운문대사(雲門大師)에게 물었다.

무엇이 노지백우(露地白牛)입니까?

대답했다.

대등한 지혜[敵機]는 다른 일로(一路)가 없는 것이다. 우!(吽)

운문(雲門)이란 성자(聖者)께서 그 사람(중생)을 만길 구덩이로 보낸 것을 부당하다고 착각하지 말라.

또 말했다. 북두(北斗)속이다.

또 말했다. 오대산(五臺山) 정상이다.

또 이 ◉상(相)을 그리고 발로 도리어 지우고는 말했다.

화상(和尙)께서는 어떻습니까?

대답했다. 노승(老僧)은 어려서 출가(出家)하여 문자(文字)를 대상으로 알지 않는다.

물었다. 문자(文字)로 인식하여 아는 사람은 어떻습니까?

대답했다. 이리 오너라(挨耶)! 이리 오너라(挨耶)!

---

210) 『菩薩本生鬘論』卷4(T03, p.341a25~b1), "諸佛如來入空寂處, 解脫三昧隨意自在, 眞化之相召自汝心. 所以若何, 佛心本來湛然空寂, 復依解脫光明王定, 由此定力化無邊身, 無邊身者是薩婆若. 薩婆若者名無著定. 無著定者如來所行.";『小品般若波羅蜜經』卷3(T08, p.550c13~15), "誹謗拒逆深般若波羅蜜者, 卽誹謗拒逆薩婆若. 誹謗拒逆薩婆若者, 卽誹謗拒逆三世諸佛.";『勝思惟梵天所問經』卷3(T15, p.78c8~11), "一切諸行彼薩婆若智知, 所謂聲聞辟支佛, 及一切世間, 以是義故名薩婆若. 諸有所行平等智, 知諸心, 知諸行, 知諸慈悲, 知諸學, 知諸發起修行故, 名薩婆若.";『大智度論』卷80(T25, p.623b3~6), "佛今說. 信力, 慧力等故, 能迴向薩婆若. 念薩婆若者, 是信力. 如薩婆若迴向者, 是智力, 乃至般若波羅蜜亦如是.";『仁王經疏』卷1(T33, p.384c15~18), "第二依果釋空. 薩婆若者, 此是梵言. 翻云一切皆(智), 謂般若非但非菩薩, 亦非薩婆若體非但體空. 大乘行用亦空故.";『仁王經疏』卷2(T33, p.390b20), "無相爲薩婆若者, 顯解脫道.";『華嚴經金師子章註』(T45, p.670b18~22), "離諸取捨卽於此路流入薩婆若海故名爲道也. 諸法無生, 畢竟空寂, 包含無外, 不拒衆流, 大道無邊, 悟則斯在. 是故觀此師子相, 便入一切智海, 更無異路, 薩婆若者此云無生智也.";『華嚴綱要』卷78(X09, p.283b22~24), "唯金剛地之所能持, 菩提之心亦復如是. 聲聞緣覺皆不能持, 唯除趣向薩婆若者."

저 도둑놈이 그대의 만두를 포기한 것이고 소경[瞎漢]이 자기의 호병(胡餠)만 옳다고 하는 것이다.

《해설》 소승이 보배수레를 타고 화택에서 나오기만 하면 대승으로 나아가 돈오돈수하게 된다고 설하고 있다. 일체지를 체득하여 팔정도를 행하므로 소승이 팔정도를 행하는 것과 다른 것은 행한다는 마음 없이 조금도 어긋나지 않게 행하게 되는 것이다.

여기에서 대승과 소승의 차이를 언어문자로 설명하고 있다. 언어문자로 안다는 생각을 가지면 소승이고 언어문자를 초월하여 실천하면 된다는 것을 "이리 오너라!"라고 행동으로 보여주고 있다. 그래서 '식문자자(識文字者)'를 문자를 아는 사람이라고 하는 뜻은 지혜 없이 지식으로만 살아가면 어떻겠냐고 묻는 것으로 요즘 같으면 AI나 로봇 같은 것을 사람으로 이해하는 문제를 제기한 것이다.

(4) 숙명보살을 초월하는 상

昔目連尊者, 欲窮佛聲, 以己神力, 至大千外, 大鐵圍山, 聽佛音聲, 如在目前.[211] 佛以神力, 故使目連,(第二十一張) 遠至二十恒河沙, 國土外, 至一佛土, 彼佛國土, 人身長大, 鉢盂(盂)廣二十里. 目連在, 鉢盂上行, 聞佛音

---

211) 『佛說如來不思議祕密大乘經』卷7(T11, p.720c23~26), "是時尊者大目乾連到彼土已, 審聽世尊釋迦牟尼如來音聲分量, 譬如十肘地方分中, 此聞彼人所說音聲. 大目乾連在彼世界聽佛音聲亦復如是, 其聲平等無所增減."

聲, 亦如對面. 彼土聲聞, 白佛言. 此是何蟲形, 似沙門在, 吾鉢
上行. 彼佛告言. 莫輕此人. 是娑婆世界, 釋迦神足, 弟子大目揵
連, 爲窮佛聲, 至吾國土. 彼佛令, 目連現神足, 於是目連, 涌身
虛空, 現十八變, 彼弟子衆, 方信是事. 若有人問佛聲, 作此相
對, 或以手掩耳, 或書盡字. 學云. 如今一切聲, 莫是佛聲否. 云.
不得與麼. 劫劫生生, 聾却耳去. 如今歌樂, 絲竹喧轟, 市肆合
雜, 不可揔是, 你耳識變造. 學云. 自古什麽人, 作此相來. 云.
你不見, 淨名居士, 曾現此相來.

ⓜ 지난날 목련존자(目連尊者)가 부처님의 음성을 궁구하고
자 하여 자신의 신통력(神通力)으로 대천세계 바깥의 대철위산
(大鐵圍山)에 도달하였는데도 부처님 음성(音聲)이 목전(目前)
에서 듣는 것과 같았다.

부처님께서 신통력(神通力)으로 목련(目連)을 (제21장)멀리
20항하사 국토 밖의 한 불국토(佛國土)에 가게 하였는데, 그 불
국토(佛國土)의 사람들은 몸이 커서 발우(鉢盂)의 크기가 이십
리나 되었다. 목련(目連)이 발우(鉢盂)위를 다니면서 부처님의
음성을 들었는데 역시 면전에서 마주하고 듣는 것과 같았다.

그 국토의 성문(聲門)이 부처님께 아뢰었다. 이곳에 무슨 벌레
의 형상을 한 사문(沙門) 같은 것이 제 발우(鉢盂) 위를 다닙니까?

그 부처님께서 말씀하셨다. 이 사람은 사바세계 석가모니불
의 신족통(神足通)을 지닌 제자 대목건련(大目揵連)으로 부처님
의 음성을 궁구하고자 하여 나의 국토에 까지 온 것으로 가벼
이 하지 말아야한다.

그 부처님께서 목련(目連)에게 신통력(神通力)을 보이라고 하

시자 목련(目連)이 몸을 허공으로 올라가서 18가지 변화를 나타내 보이니 그 제자들이 비로소 이 사실을 믿게 되었다.

만약에 어느 사람이 부처님의 음성에 대하여 물으면 이 상(此相)을 그려 대답하시고, 혹은 손으로 귀를 막기도 하고 혹은 진(盡)자(字)를 쓰기도 한다.

학인이 물었다.

지금 일체의 음성이 바로 부처님의 음성 아닙니까?

대답했다. 그렇게 하면 체득할 수 없는 것으로 겁겁생생(劫劫生生)에 도리어 귀머거리가 될 것이다. 지금의 가락(歌樂)과 노랫소리와 현악기나 관악기의 시끄러운 소리와 시장의 시끄럽고 복잡한 소리를 모두 옳은 것이라 할 수 없는 것은 바로 그대의 이식(耳識)이 변해 나타난 것이다.

학인이 물었다.

옛 부터 어느 사람이 이 상(相)을 그렸습니까?

대답했다. 그대는 정명거사(淨名居士)께서 일찍이 이 상(相)을 나타냈다는 말을 들어보지 못했는가?

《해설》 언어문자로 아는 것을 초월하여 체득한 것을 목련존자가 신통으로 부처님이 계시지 않는 곳에서도 바로 옆에 계시는 것처럼 음성을 듣는다고 하는 상(相)이다. 이 말은 시공(時空)을 초월하여 언제나 깨달아 여래로 살아갈 수 있다는 것을 말하고 있다. 그래서 신통이라는 말을 사용하였지만 삼세를 초월하여야 한다는 것을 암시하고 있다. 즉 불멸(佛滅)이후에도 어느 누구나 불법(佛法)에 맞게 수행하면 소승에서 대승으로 최상승의 여래로 살아갈 수 있다는 것을 말하고 있는 것이다.

(5) 수능엄삼매를 나타내는 상

有人問. 首楞嚴三昧如何. 作此相對, 又云. 二十五法, 五十六位, 四輪成界, 同異三相, 三緣十二生, 千二百日用, 且道, 從何而有. 學云. 莫是此相否. 云. 老僧不能罵, 得汝一似, 屈步蟲212)相似. 汝是在羅之鳥, 應持之類, 有什麼救處. 嗟見今時, 學道之流, 見人開口, 便向開口處去, 見人閉口, 便向閉口處行, 可憐. 佛法平沉, 你要會麼. 乃作此相示之.

어느 스님이 물었다.

수능엄삼매(首楞嚴三昧)213)가 무엇입니까?

이 우상(相)을 그려 대답하고 또 말했다. 25법(法)214), 56위

---

212) 『金光明經文句記』卷4(T39, p.134b5~7), "屈步蟲者, 要因前脚 得移後足. 方於假名伏惑. 又於實法起見, 如彼蟲也." ; 『摩訶止觀』卷5(T46, p.66b16~18), "我心生故是身見, 身見有無未免 非有非無, 如屈步蟲, 是名邊見."

213) 수능엄삼매(首楞嚴三昧): 『大般涅槃經』卷27(T12, p.524c23~28), "首楞嚴三昧者, 有五種名. 一者首楞嚴三昧, 二者般若波羅蜜, 三者金剛三昧, 四者師子吼三昧, 五者佛性. 隨其所作, 處處得名. 善男子, 如一三昧得種種名, 如禪名四禪, 根名定根, 力名定力, 覺名定覺, 正名正定. 八大人覺名爲定覺, 首楞嚴定亦復如是." ; 『佛說首楞嚴三昧經』卷1(T15, p.634a26~27), "若菩薩住首楞嚴三昧者, 悉知一切諸菩薩法, 一切佛法." ;『宗鏡錄』卷19(T48, p.521b29~c3), "首楞嚴三昧者, 卽一切事究竟堅固. 何者, 以能見心性, 名爲上定. 信入此者, 亦名王三昧. 以此三昧, 歷一切事, 豈非究竟堅固耶." ;『大般涅槃經集解』卷54(T37, p.550b9~10), "首楞嚴三昧者(至) 首楞嚴定名爲佛性." ;『涅槃經疏私記』卷7(X37, p.268b16~18), "首楞嚴三昧者, 秦言健相. 分別知諸三昧 行相多小淺深. 如大將知諸兵力多少, 故名健相."

214) 이십오법(二十五法): 『刪定止觀』卷1(X55, p.705a3~4), "所謂二十五法者, 謂具五緣, 訶五欲, 棄五蓋, 調五事, 行五法." : 25有:『天台四教儀』(T46, p.776a13~b19), "言二十五有者, 四洲四惡趣六欲, 并梵天四禪四空處無想五那含(四洲四趣成八, 六欲天并梵王天成十五, 四禪四空處成二十

(56位)215), 사륜(四輪)216)성계(成界), 동이(同異)삼상(三相)217),

三, 無想天及那含天成二十五)別則二十五有, 總則六道生死. 一地獄道, 梵語捺洛迦, 又語泥黎, 此翻苦具, 而言地獄者. 此處在地之下, 故言地獄. 謂八寒八熱等大獄, 各有眷屬其類無數. 其中受苦者, 隨其作業各有輕重, 經劫數等, 其最重處. 一日之中八萬四千生死, 經劫無量. 作上品五逆十惡者, 感此道身. 二畜生道, 亦云旁生, 此道遍在諸處, 披毛戴角, 鱗甲羽毛, 四足多足, 有足無足, 水陸空行, 互相吞噉, 受苦無窮, 愚癡貪欲作中品五逆十惡者, 感此道身. 三餓鬼道, 梵語闍黎哆, 此道亦遍諸趣, 有福德者, 作山林塚廟神. 無福德者, 居不淨處, 不得飲食, 常受鞭打塡河塞海, 受苦無量, 諂誑心意作下品五逆十惡, 感此道身. 四阿修羅道, 此翻無酒, 又無端正又無天, 或在海岸海底宮殿嚴飾, 常好鬪戰怕怖無極, 在因之時懷猜忌心, 雖行五常欲勝他故, 作下品十善, 感此道身. 五人道, 四洲不同, 謂東弗婆提(壽二百五十歲)南閻浮提(壽一百歲)西瞿耶尼(壽五百歲)北欝單越(壽一千歲命無中夭, 聖人不出其中, 卽八難之一)皆苦樂相間, 在因之時行五常五戒. 五常者, 仁義禮智信, 五戒者, 不殺不盜不邪淫不妄語不飲酒, 行中品十善, 感此道身. 六天道, 二十八天不同(欲界六天, 色界十八天, 無色界四天)初欲界六天者, 一四天王天(居須彌山腹)二忉利天(居須彌山頂, 自有三十三天, 已上二天單修上品十善, 得生其中.)三夜摩天, 四兜率天, 五化樂天, 六他化自在天(已上四天空居, 修上品十善, 兼坐未到定, 得生其中.)次色界十八天分爲四禪. 初禪三天(梵衆梵輔大梵)二禪三天(少光無量光光音)三禪三天(少淨無量淨遍淨)四禪九天(無雲福生廣果. 已上三天凡夫住處, 修上品十善坐禪者得生其中, 無想天外道所居. 無煩無熱善見善現色究竟. 已上五天第三果居處, 上之九天離欲麁散, 未出色籠故名色界. 坐得禪定故得禪名)三無色界四天(空處識處無所有處非非想, 已上四天只有四陰而無色蘊, 故得名也)”; 『佛祖統紀』卷3(T49, p.153c20~24), “藏教聲聞人依生滅四諦, 一苦諦者, 二十五有依正二報(四洲, 四惡趣, 六欲, 幷梵天, 四禪, 四空趣, 無想, 五那含)別則二十五有, 總則六道生死, 二集諦者, 卽見思惑(見惑有八十八使, 思惑有八十一品)三滅諦者, 滅前苦集顯偏眞理. 四道諦者, 略則戒定慧.”; 지옥유(地獄有), 축생유(畜生有), 아귀유(餓鬼有), 아수라유(阿修羅有), 불바제유(弗婆提有), 구야니유(瞿耶尼有), 울단월유(欝單越有), 염부제유(閻浮提有), 4천처유(四天處有), 33천처유(三十三天處有), 염마천유(炎摩天有), 도솔천유(兜率天有), 화락천유(化樂天有), 타화자재천유(他化自在天有), 초선유(初禪有), 대범천유(大梵天有), 2선유(二禪有), 3선유(三禪有), 4선유(四禪有), 무상유(無想有), 정거아나함유(淨居阿那含有), 공처유(空處有), 식처유(識處有), 불용처유(不用處有), 비상비비상처유(非想非非想處有)

215) 56위(位): 『賢首五敎儀』卷3(X58, p.651a2~4), “五十六位一者十信二者十住三者十行四者十向五者四加六者十地七者等覺八者妙覺”; 보살의 단계를 10신(十信), 10주(十住), 10행(行), 10회향(回向), 4선근(善根), 10지(地), 등각(等覺), 묘각(妙覺)을 말함.

216) 사륜(四輪): 『法華玄義釋籤』卷10(T33, p.883c20~22), “次文中人位四輪者, 俱舍云, 金銀銅鐵輪, 一二三四洲, 鐵輪王一洲, 乃至金輪王四洲.”;

삼연(三緣)218)12생(三緣十二生)219), 천이백의 일용(日用)에 대하여 말한다면 어찌하여 이런 것들이 존재하게 된 것인가?

학인이 대답했다. 이 상(相)을 말하는 것은 아니지 않습니까?

대답했다. 노승(老僧)이 그대가 체득한 하나의 굴보충(屈步蟲, 步屈蟲, 자벌레)과 같은 것을 꾸짖을 수는 없는 것이다. 그대는 그물에 걸린 새처럼 살아날 것만 생각하는 무리인데 어떻

『鐔津文集』卷2(T52, p.656b11～13), "四輪者何謂也. 曰風也, 曰水也, 曰金也, 曰地也. 四輪也者天地之所以成形也."; 『大明三藏法數』卷13(P181, pp.859b8～860a9), "四輪持世界(出佛祖統紀) 輪取持載之義華嚴經云 三千大千世界依 於水輪風輪空輪 不言金輪者文略也(三千者 小千中千大千也 今言三千大千者 總別兼稱也). 一金輪, 大地之下有金輪 起世因本經云 水上有風吹轉此水 於上成金 如熟酥生膏 是名金輪. 二水輪, 金輪之下有水輪 菩薩藏經云 最上風輪爲水輪之 所依止其水量 高六十八百千由旬(梵語由旬 華言限量). 三風輪, 水輪之下有風輪 菩薩藏經云 風輪量高六萬八千俱胝(梵語俱胝華言百億). 四空輪, 風輪之下有空輪 華嚴經云 空無所依 雖無所依 然由衆生 業感世界 次第安住."

217) 삼상(三相): 『大智度論』卷61(T25, p.495b17～24), "無相有三種: 假名相, 法相, 無相相. 假名相者, 如車, 如屋, 如林, 如軍, 如衆生, 諸法和合中, 更有是名, 無明力故, 取是假名相. 起諸煩惱, 業. 法相者, 五衆, 十二入, 十八界等諸法, 肉眼觀故有, 以慧眼觀則無, 是故法亦虛誑妄語, 應捨離法相. 離是二相, 餘但有. 無相相, 有人取是無相相, 隨逐取相, 還生結使, 是故亦不應取 無相相, 離三種相, 故名無相."

218) 삼연(三緣): 『大乘義章』卷11(T44, p.688b25～26), "言三緣者, 一衆生緣, 二是法緣, 三是無緣."; 『圓覺經疏鈔隨文要解』卷2(X10, p.31b14～17), "三緣者注云 一衆生緣緣 一切衆生相. 卽凡夫. 二法緣緣五蘊差別相, 卽二乘. 三無緣不住上二相. 卽菩薩不見衆生相 我空也 不見五蘊法 法空也."; 『楞嚴經證疏廣解』卷4(X14, pp.114a18～115a1), "言三緣者, 卽世界衆生業果之上, 攀緣之心是也."; 『成唯識論疏抄』卷3(X50, p.173a15～17), "緣謂餘三緣. 三緣者, 卽取等無間, 所緣緣, 增上緣. 上言緣者, 卽是因緣故."; 『八識規矩補註證義』(X55, p.399c12～13), "唯三緣者, 一根本依, 二作意緣, 三種子緣."

219) 십이류생(十二類生): 『楞嚴經直指』卷7(X14, p.561c10～13), "初總標十二類, 乘此輪轉顛倒相故. 是有世界卵生, 胎生, 溼生, 化生, 有色, 無色, 有想, 無想, 若非有色, 若非無色, 若非有想, 若非無想."; 『圓覺經析義疏』卷3(X10, p.733a15～19), "一切種性, 乃次擧正報, 謂一切種類自性. 楞嚴則有十二類生, 此則惟明卵胎濕化, 又楞嚴第四云, 卵唯想生, 胎因情有, 濕以合感, 化以離應. 卵唯想生者十二類生文云, 動顛倒故, 和合氣成飛沉亂想."

242

게 구하겠는가? 아이고!(嗟) 요사이(今時) 도(道)를 배우는 이들을 보면, 사람들을 보고 입을 열기만 하면 바로 입을 여는 쪽으로 향하고, 사람들을 보고 입을 닫으면 바로 입을 닫는 쪽으로 향하여 행하니 가련하다. 불법(佛法)은 평침(平沉)하는 것인데 그대가 요긴한 것을 알고자 하는가?

이에 이 ☺상(相)을 그려서 제시하여 보이셨다.

《해설》 수능엄삼매를 이 ☺상(相)으로 표현한 것이다. 모든 불법(佛法)이 생긴 것은 결국 삼매에 의하여 만들어졌다고 하는 것으로 이것은 공(空)이 없다면 이루어지지 않았을 것이다.

불교라는 것은 석존이 깨달은 법은 가장 완벽한 것이므로 원상 속에 점이 있는 것이고 이것을 받치고 있는 것 십(十)이라는 것은 완벽한 지혜가 있다는 것을 말한다. 그러므로 진여의 지혜에 의하여 석존의 불법(佛法)을 대표하고 있다고 볼 수도 있다.

(6) 사대가 수미산인 상

 有人問. 身從何而立, 乃以此相示之. 學云. 某甲未曉此事. 云. 你不見經中道, 堅相爲地, 溼相爲水,(第二十二張) 煖觸爲火, 動搖爲風, 分汝湛圓, 爲視爲聽. 爲汝不知, 更向汝道. 性風眞空, 性空眞風, 淸淨本然. 學云. 旣然如是, 爲何有相逼時. 云. 汝不見淨名 以須彌內芥子中. 云. 彼聖人也. 曰. 你尙聖心未脫, 此事難搆.

. 어느 스님이 물었다. 몸(身)은 어디에서 나타났습니까? 라고 물으니 이 상(相)을 그려서 제시(提示)했다.

학인이 말했다.

저는 이 일[此事, 본분사]을 밝게 요달하지 못했습니다.

대답했다. 그대는 경(經)[220]에 설(說)한 단단한 상(相)은 지대(地大)가 되고 습한 것은 수대(水大)가 되고(제22장) 따듯한 것은 화대(火大)가 되고 움직이는 것은 풍대(風大)가 되어 그대의

---

220) 『大佛頂如來密因修證了義諸菩薩萬行首楞嚴經』卷4(T19, p.122b4～13), "汝觀世間, 可作之法 誰爲不壞, 然終不聞爛壞虛空. 何以故, 空非可作, 由是始終無壞滅故. 則汝身中 堅相爲地, 潤濕爲水, 煖觸爲火, 動搖爲風. 由此四纏 分汝湛圓 妙覺明心, 爲視爲聽爲覺爲察, 從始入終 五疊渾濁. 云何爲濁. 阿難, 譬如清水, 清潔本然, 卽彼塵土 灰沙之倫, 本質留礙. 二體法爾 性不相循. 有世間人取彼土塵投於淨水, 土失留礙水亡清潔, 容貌汨然明之爲濁, 汝濁五重亦復如是.(그대가 세간의 만들어진 법을 관조하여보면 무엇이 깨어지지 않는 것이 있다고 생각하는가? 그렇지만 허공이 무너져 없어진다는 말은 들어 보지 못했다. 왜냐하면 허공은 본래 만들어진 것이 아니기에 처음부터 끝까지 무너져 없어지지 않는 것이다. 그대의 몸 중에 단단한 상(相)은 지대(地大)가 되고 습한 것은 수대(水大)가 되고 따듯한 것은 화대(火大)가 되고 움직이는 것은 풍대(風大)가 된다. 이 사대로 말미암아 그대의 맑고 원만하여 묘하게 깨어 있는 밝은 마음[妙覺明心]을 구분하여 보고, 듣고, 느끼고, 살피게 하는 것이 되어 처음부터 끝까지 이러한 것이 다섯 겹으로 쌓여 혼탁하게 되는 것이다. 어떤 것을 혼탁이라고 하는가? 아난아, 비유하면 맑은 물은 본래 청정한 한 것이고, 즉 저 진토(塵土)와 회사(灰沙)는 본질이 변하지 않고 막는 것[留礙]이다. 두 가지는 법이(法爾)하여 성품이 서로 따르지 않는다. 세간의 사람이 흙을 맑은 물에 던지면 흙은 변하지 않고 막는 성질을 잃게 되고 물은 청결함을 잃어서 형태가 어지럽게 뒤섞인 상태가 되는 것을 혼탁이라고 말하는 것처럼 너의 다섯 겹으로 쌓인 혼탁도 이와 같은 것이다.)" ; 『首楞嚴義疏注經』卷4(T39, p.884b13～25), "汝觀世間可作之法, 誰爲不壞, 然終不聞爛壞虛空. 何以故, 空非可作, 由是始終無壞滅故, 妄心如器界. 所作性故, 眞心如虛空. 理無爲故, 常無常性於焉可知. 二就身廣辨虛妄二. 一總明二, 一示其濁因. 則汝身中堅相爲地, 潤濕爲水, 煖觸爲火, 動搖爲風. 由此四纏, 分汝湛圓妙覺明心, 爲視爲聽爲覺爲察, 從始入終, 五疊渾濁. 湛覺無生, 妄成所相, 所既妄立生汝妄能, 於所明分爲四大. 於能覺派成六根, 六根四大互相雜亂, 於湛圓明汨成濁相. 卽同起信 不生不滅 與生滅和合名爲阿梨耶識. 從此識心變起世間, 卽是濁義也."

담담하고 원만한 성품이 나뉘어 보기도 하고 듣기도 한다고 하는 것을 들어보지 못하였는가? 그대가 알지 못하면 다시 그대에게 말하겠다. 성풍(性風)이 진공(眞空)이면 성공(性空)이 진풍(眞風)이니 청정(淸淨)한 것은 본래의 자연스런 것이다.

학인이 말했다.

이미 이와 같이 여시하다면 왜 서로 핍박하는 것이 있는 것입니까?

대답했다. 그대는 정명(淨名, 유마거사)이 수미산(須彌山)을 겨자(芥子)씨 속에 넣는다고 한 것을 들어 보지 못했는가?

학인이 말했다. 그 분은 성인(聖人)입니다.

말했다. 그대는 아직 성인(聖人)이라는 마음에서 해탈하지 못했으니 이 일[此事, 본분사]을 깨닫기가 어려운 것이다.

《해설》 수미산이 사대(四大) 안에 있는 것을 나타내는 상(相)인데 수미산은 마음[一心]을 말한다. 육신을 나누면 사대(四大)가 되고 사대(四大)를 합치면 사람이 되어 마음이 있는데 마음이 청정하면 되는 것이다. 그러나 청정하지 못하면 탐진치의 오욕락이 나오는데 마음이 구공(俱空)이라는 것을 자각하면 되는 것이다. 그러나 학인이 이러한 것을 모르는 것은 범성(凡聖)에 대한 차별심이 있기 때문이라고 질책하고 있다. 즉 이런 것 때문에 수미산을 겨자씨 속에 넣는다는 것을 이해하지 못하게 된다고 하고 있다.

(7) 무루(無漏)의 무주(無住)

有人問云. 某甲欲出輪廻去, 如何指此相. 云. 你爭奈
這箇何. 學云. 某甲曾得一夢, 夢見一手鬼, 被我一時
拳殺, 此事如何. 云. 不見道癡人夢直. 又云. 今後不
得, 向霹靂光中住, 雷公電母打殺. 你須向金剛頭頂坐, 狐狼野
干, 覰汝不見. 雖然如是, 水流急處, 更須子細看, 非取你口辦.
流急不見, 非是無流[221], 子細子細.

(주) 어느 스님이 물었다. 제가 윤회(輪廻)에서 벗어나고 싶은
데 어찌하여 이 상(相)을 제시(提示)하십니까?

대답했다. 그대는 이것[這箇][222]를 어떻게 하겠는가?

학인이 대답했다. 제가 이전에 꿈(一夢)을 꾸었었는데 꿈에
보니 외팔(一手)귀신이 저를 잡아선 한 주먹에 때려죽였었는데
이 일이 어떻게 된 것입니까?

대답했다. 어리석은 사람이 꿈을 바로 믿는다는 말을 들어보
지 못했는가?

또 말했다. 지금 이후에 바로 체득하지 못하면 벽력(霹靂)같
은 지혜[光]속에 머물러야 하므로 천둥이 번개의 어머니를 죽
이는 것과 같다. 그대는 반드시 금강삼매(金剛三昧)[223]의 정상

---

221) 『大佛頂如來密因修證了義諸菩薩萬行首楞嚴經』卷10(T19, pp.154c28～
155a3), "阿難當知, 此湛非眞, 如急流水望如恬靜, 流急不見非是無流. 若
非想元寧受想習, 非汝六根互用合開. 此之妄想無時得滅, 故汝現在見聞覺
知中串習幾, 則湛了內罔象虛無, 第五顚倒細微精想."; 『萬松老人評唱天
童覺和尙拈古請益錄』卷1(X67, p.480b18～19), "師云. 首楞嚴道, 如急流
水, 望若恬靜, 流急不見, 非爲無流, 靈雲喚作眞常流注."
222) 저개(這個): 그것, 이것들, 본래 구족된 불성(這个, 佛性), 마음.
223) 금강삼매(金剛三昧): 『大般涅槃經』卷30(T12, p.546a16～20), "若有邊

[頭頂]에서 좌선해야 호랑야간(狐狼野干, 이리나 여우)이 그대를 찾아도 보지 못하게 된다. 비록 이와 같이 하여도 수류(水流)224)가 급하게 흐르는 곳에서 반드시 자세히 간(看)해야 하는 것으로 그대의 입으로 판단하여 취하지 말아야 한다. 물이 급하게 흐르는 곳에서도 친견하지 못하면 무류(無流, 無漏)가 아닌 것이니 자세히, 자세히 살펴봐라.

《해설》 심왕(心王)이 고정관념에 덮여있는 것을 자신이 능단(能斷)해야 진여의 지혜를 체득하게 되는 것이라고 설하고 있다. 금강삼매에 대하여 『대반열반경』30권에 의하면 "여래는 항상 하는 것을 말하는데 어찌하여 머문다고 말하겠는가? 무주(無住)는 허공이라고 하는데 여래의 성품은 허공과 같으니 어찌 머문다고 하겠는가? 또 무주는 금강삼매인데 금강삼매는 일체의 머무는 것을 파괴하는 것이고 금강삼매가 바로 여래인데 어찌하여 머문다고 하겠는가? 또 무주라는 것은 환술과 같은 것이므로 여래가 환술과 같게 되는데 어찌하여 머문다고 하겠

則是無常, 如來是常. 云何言住, 夫無住者, 名曰虛空, 如來之性 同於虛空. 云何言住, 又無住者, 名金剛三昧. 金剛三昧 壞一切住, 金剛三昧 即是如來, 云何言住.";『大般涅槃經』卷22(T12, p.754a4~8), "菩薩摩訶薩安住 如是金剛三昧, 於一念中能斷 十方恒河沙等世界衆生 所有煩惱, 而心初無斷 諸衆生煩惱之想. 何以故, 以是三昧 因緣力故.";『大般涅槃經』卷22(T12, p.754a28~b2), "菩薩摩訶薩 亦復如是, 得是三昧 則能遠離 煩惱, 諸苦, 諸魔, 邪毒, 是故復名金剛三昧. 是名菩薩 修大涅槃 具足成就 第六功德.";『楞嚴經義疏釋要鈔』卷5(X11, p.145b8), "金剛三昧 即首楞嚴定";『金剛經疏記科會』卷4(X25, p.420c22~24), "故金剛三昧經云. 若化衆生, 不生於化 不生無化, 其化大焉."

224) 『楞伽阿跋多羅寶經』卷1(T16, p.484a11~16), "四因緣故, 眼識轉. 何等爲四. 謂自心現攝受不覺, 無始虛僞過色習氣, 計著識性自性, 欲見種種色相. 大慧, 是名四種因緣水流處, 藏識轉識浪生. 大慧, 如眼識, 一切諸根微塵毛孔俱生, 隨次境界生, 亦復如是. 譬如明鏡, 現衆色像."

는가? 또 무주는 처음과 끝이 없는 것으로 여래의 성품은 처음과 끝이 없는데 어찌하여 머문다 말하겠는가?"라고하고 있듯이 자신이 고정관념을 능단(能斷)하여야 진여의 지혜로 대승으로 살아가게 되는 것이다.

비유로 물이 흐르는 것에 비유하였는데 이것은 자신의 생각이 흐르는 것에서 무주(無住)가 아니라고 하며 무류(無流)가 되어야 무루(無漏)의 지혜를 얻게 된다고 하고 있다.

(8) 쌍조(雙照)하여 대승으로

雙照二諦者225), 空有也. 一切世間, 出世間, 凡聖出沒所爲, 盡不出此相. 凡夫着有 故流浪, 二乘滯空 故灰身. 今之禪學者, 天下出此, 不得何以故此事. 如獼猴墮油泥, 離之不得. 忽有將此相, 來時如何. 但去相內點 一點, 或生餤子, 變却卽圓也.

◯ 이제(二諦)226)를 쌍조(雙照)227)하는 것은 공(空)과 유

---

225) 『仁王護國般若波羅蜜多經疏』卷1(T33, p.443c24), "雙照二諦者 於眞俗境 智俱雙照."; 『維摩經略疏』卷9(T38, p.689c20~22), "瓔珞云 因是二空 得入中道是也. 三出而論入, 從中道雙照二諦者是也."

226) 이제(二諦): 指眞諦與俗諦. 並稱眞俗二諦. 諦, 謂眞實不虛之理. 眞諦, 又作勝義諦.第一義諦, 卽出世間之眞理. 俗諦, 又作世俗諦.世諦, 卽世間之眞理.

227) 쌍조(雙照): 『止觀輔行傳弘決』卷2(T46, p.208a4~10), "言雙照者, 貪欲是假 推破是空, 空無空相, 空卽假故, 假無假相, 假卽空故, 雙亡雙照. 如是空假 誰不謂是三觀一心. 應善推思 言同意異, 故今但是入空觀耳. 皆如上說者, 此還轉句 皆如初文 觀於生句. 若是三觀 其一之言 誠無所以, 是故圓觀必云 百界卽空假中."; 『維摩經疏記鈔』卷5(X19, p.398a17), "而能雙照者, 六道有

(有)이다.

일체 세간(世間)과 출세간(出世間), 범부(凡夫)와 성인(聖人)이 출몰(出沒)하는 것이 모두 이 상(相)을 벗어나지 않는다. 범부(凡夫)는 유(有)에 집착하기 때문에 삼계(三界)에 유랑(流浪)하며 이승(二乘)228)은 공(空)에 걸려 몸을 식은 재처럼 하려 한다.

요즘 선(禪)을 배우는 이들은 천하에서 이것을 벗어나려고 하기 때문에 차사(此事)를 체득하지 못하는 것이다. 이것은 마치 원숭이가 기름구덩이에 빠져 벗어나려 해도 나오지 못하는 것과 같다.

홀연히 이 상(相)을 가지고 찾아오면 어떻게 해야 하겠는가? 단지 상(相)의 내부에 안의 것을 없애고 점을 하나(一點)를 찍거나 혹은 불꽃을 일으키는 것을 지워버리면 원만(圓滿)하게 된다.

邊, 聖是空邊也.”；『金光明經玄義拾遺記會本』卷2(X20, p.60c3〜4), “雙照者 以識識如乃是二邊 識性是中今頓觀 三諦卽中邊 雙照驗不得 三是雙亡也.”；『法華經文句纂要』卷2(X29, p.655a2〜4), “若雙照者, 權卽是實, 實卽是權, 雖二而不二, 亦名究竟等也.”；『慈悲道場水懺法隨聞錄』卷2(X74, p.690b19〜22), “雙照者, 永嘉云. 無卽不無, 有卽非有, 有無雙照, 妙悟蕭然. 此之有無卽權實二諦(空智照眞爲實, 假智照俗爲權. 此眞俗二諦. 空假二智雙照, 權實雙顯)”；『大明三藏法數』卷2(P181, p.474b3〜5), “一正因. 正謂中正 中必雙照 三諦具足 故名正因(中正者離於邊邪也 雙照者照空照假也 空謂蕩一切相卽是眞諦 假謂立一切法卽是俗諦 非空非假卽是中諦 故云三諦具足.”；『三藏法數』卷2(B22, p.146b8), “雙照者, 照空照假也.”；『大明三藏法數』卷1(P181, p.426a6), “雙遮雙照者 遮謂遮情 照謂照性 卽雙遮眞俗 雙照眞俗也”；존법관의(存法觀義)를 조(照)라고 말하는 것으로 모든 것을 인정하는 것.
228) 이승(二乘): 『圓覺經大疏釋義鈔』卷2(X09, p.492c16〜17), “疏二乘者, 了義一乘含 在菩薩乘中, 緣覺乘卽含 在聲聞乘中. 疏三乘者, 開出緣覺, 未開出佛乘.”；『般若心經略疏顯正記』卷1(X26, p.749a8), “二乘者卽聲聞緣覺也.”

《해설》 이 ⊙상(相)을 제시하며 쌍조(雙照)라고 하며 공유(空有)에 떨어져 범부는 유(有)에 집착하고 삼계에 윤회하여서 이승(二乘)은 공(空)에 빠져서[滯] 소승(小乘)에서 나오지 못한다고 하고 있다.

즉 범부들은 삼계에서 육도 윤회한다고 하는 것의 근원을 알지 못하여 벗어나지 못한다고 하는 것이다. 그리고 현대에는 기독교의 영혼이 윤회한다는 유신론(有神論)에 빠져서 이번 생(生)은 마음대로 살고 다음 생(生)을 기다리며 살아간다고 하는 이상한 일이 벌어지고 있다.

이승(二乘, 성문·연각)은 석공(析空)에서 벗어나지 못하므로 소승(小乘)의 일불사상에 떨어져 몸을 식은 재처럼 하려고 한다고 하고 있다. 여기에서 벗어나 대승으로 나아가 아라한에서 부처로 나아가야 하는 것이다.

여기에서 나아갈 수 있는 방향을 공가중(空假中)과 사마타·위빠사냐·우필차와 정혜쌍수(定慧雙修)에서 찾아서 삼승(三乘)이 능단(能斷, 聞思修慧)의 지혜로 줄탁동시(啐啄同時)하여 대승으로 나아가야 한다. 즉 체공(體空)으로 대승(大乘)을 받아들여야 『반야심경』에서 말하는 '조견오온개공'하여 '도일체고액'하게 되는 것을 깨닫게 된다. 그러므로 '무안이비설신의'와 무육진(無六塵), 무육식(無六識)이 되어 무명(無明)이 사라지고 무노사(無老死)가 되어 '무고집멸도'이므로 범부가 성문이 되어 반야바라밀에 의하여 대승으로 나아가게 되는 것이다.

그래서 점을 하나 지운다고 하는 것은 자신이 가진 아상(我相)을 아공(我空)으로 하는 것이고 불꽃을 일으키는 법공(法空)도 사라지면 원만하게 된다고 하고 있다. 여기에서 범부는 소

승으로 소승은 대승으로 나아가게 되는 원상이 나타나게 되는
것이다.

(9) 쌍차(雙遮)하여 대승으로

雙遮二邊.[229] 經云. 二邊純莫立, 中道不須安.[230] 洞
山云. 祇解與麼去, 不解與麼來, 什麼人却來. 云. 土
驢木馬. 又云. 如來者, 無所從來. 云. 你得與麼, 不
識好惡.[231] 蒼天蒼天. 千聖入滅也.

Ⓧ 양변(二邊)을 모두 초월하는 것이 쌍차이변(雙遮二邊)[232]

---

229) 『般若心經略疏連珠記』卷2(T33, p.564c23~25), "二空爲方便者, 初觀空
生死. 次觀空涅槃. 此之二空爲雙遮之方便. 初觀用空, 次觀用假, 此之二用
爲雙照之方便.";『妙法蓮華經文句』卷1(T34, p.6b27~c1), "觀心者, 空觀
爲大, 假觀爲多, 中觀爲勝. 又直就中觀 心性廣博 猶若虛空, 故名大. 雙遮
二邊入寂滅海, 故名勝. 雙照二諦多所含容, 一心一切心, 故名多也.";『摩
訶止觀』卷3(T46, p.24c21~26), "中道第一義觀者, 前觀假空 是空生死, 後
觀空空 是空涅槃, 雙遮二邊, 是名二空觀 爲方便道 得會中道. 故言心心 寂
滅流入 薩婆若海. 又初觀用空 後觀用假, 是爲雙存方便, 入中道時能 雙照
二諦.";『摩訶止觀義例隨釋』卷1(X56, p.126b4~7), "無生死之相, 無涅槃
之相, 無相亦無, 故言無相. 無生死則無有相, 無涅槃則無無相, 雙遮二邊卽
中道. 無相亦無卽是中道, 雙照二邊無中道也."
230)『註華嚴經題法界觀門頌』卷1(T45, p.699b18), "有無俱不計 二邊純莫立,
中道不須安.";『少室六門』(T48, p.366b4~7), "遠離一切顚倒夢想. 二邊
純莫立, 中道勿心修, 見性生死盡, 菩提無所求. 身外覓眞佛, 顚倒一生休,
靜坐身安樂, 無爲果自周."
231)『密菴和尙語錄』(T47, p.959c25~26), "外道不識好惡.";『景德傳燈錄』
卷19(T51, p.358b23~24), "莫空不識好惡 矻矻地聚頭 說閑葛藤."
232) 쌍차이변(雙遮二邊):『妙法蓮華經文句』卷1(T34, p.6b27~c1), "觀心者,
空觀爲大, 假觀爲多, 中觀爲勝. 又直就中觀 心性廣博 猶若虛空, 故名大.
雙遮二邊 入寂滅海, 故名勝. 雙照二諦 多所含容, 一心一切心, 故名多也."
;『摩訶止觀』卷3(T46, p.24c21~24), "中道第一義觀者, 前觀假空 是空生

이다.

경(經)에 말하기를 양변(二邊)을 서로 동시에 세울 수 없으므로 중도(中道)도 역시 반드시 안정된 것은 아니라고 하였다.

동산(洞山)께서 말씀하셨다.

다만 그렇게 가는 것만 알고, 그렇게 오는 것은 모르니 어느 사람이 오겠는가?[233]

말했다. 흙으로 만든 당나귀[234][土驢]이고 목마(木馬)이다.

또 말했다. 여래(如來)는 어디에서 오는 것이 아니다.[235]

또 말했다. 그대는 좋고 나쁜 것도 모르는 것이다. 아이고, 아이고! 천성(千聖)이 입멸(入滅)하는 것[236]이다.

《해설》 공가중(空假中)이 불안정하다고 하는 것은 소승(小乘)으로는 불퇴전의 경지에 오르지 않았기에 고정관념이나 미세한 사견(四見)이 남아 있다는 것을 말한다. 그러므로 최상승의 여래는 진여의 지혜로 생활하는 몰종적의 한도인 이어야 하는

死. 後觀空空 是空涅槃. 雙遮二邊, 是名二空觀爲方便 道得會中道. 故言心心寂滅 流入薩婆若海(일체지, 진여의 지혜)."; 『銷釋金剛經科儀會要註解』卷8(X24, p.737c15~17), "若來若去, 若坐若卧, 即俗諦也. 不動者, 顯法身, 無所從來, 亦無所去, 即眞諦也. 寂然非動非搖者, 雙遮二邊, 顯中道者也."; 『大方廣佛華嚴經隨疏演義鈔』卷36(T36, p.275a26~27), "二俱宛然 即是雙照, 二俱無礙 互奪雙亡 即是雙遮."; 『宗鏡錄』卷45(T48, p.679c14~17), "定是自心之體, 慧是自心之用, 定即慧故. 體不離用, 慧即定故. 用不離體, 雙遮則俱泯, 雙照則俱存."; 법귀공(法歸空)을 말하는 것으로 양변의 차별을 초월하는 것.

233) 『瑞州洞山良价禪師語錄』(T47, p.524a4~5), "汝祇解與麼去, 不解與麼來."

234) 『華嚴經海印道場懺儀』卷27(X74, p.286c5~6), "汝見驢者, 實非是驢, 是地獄人. 迦葉佛時, 是出家人."

235) 『金剛般若波羅蜜經』(T08, p.752b4~5), "何以故, 如來者, 無所從來, 亦無所去, 故名如來."

236) 『萬松老人評唱天童覺和尚頌古從容庵錄』卷1(T48, p.235b20~21), "千佛出世不增, 千聖入滅不減."

것이다. 여래는 오고 가는 것이 아닌 사위의에 맞게 생활하는
한도인(閑道人)이므로 행주좌와 하는 것조차도 집착이 없어야
하는 것이기에 토려(土驢)와 목마(木磨)라고 하는 것이다. 방편
까지도 버려야 청정한 몰종적의 무주이다.

(10) 체공(體空)의 생활이 대승

あ 空卽是色. 若有問還, 解心經否, 作此相對. 彼云.(第
二十三張) 善哉善哉. 聲聞辟支佛菩薩,[237] 皆從此門,
而趣菩提. 所以道, 依般若波羅密多故, 心無罣礙, 無
罣礙故, 無有恐怖.[238] 又云. 是大神呪. 忠國師云. 牆壁瓦礫.
臨濟云. 向者瞎驢邊滅却去.[239] 若有人, 作此相來, 向伊道. 老
僧一生, 不曾患眼, 不見空花. 又以脚抹却. 又云. 你是座主, 未
曾歷事. 在我且問. 你每日, 噇飯咬著, 幾許色空. 若咬著, 色不
卽空, 若咬不著, 空卽不色. 去此轉無交涉. 又云, 照.

---

237) 『大乘四論玄義』卷10(X46, p.641c12), "所言三乘者, 一聲聞乘, 二辟支
佛, 三緣覺菩薩也."
238) 『般若心經易解』(X26, p.948a16～b2), "菩提薩埵, 依般若波羅密多故,
心無罣礙. 菩提薩埵者, 梵語, 略云菩薩. 般若波羅密多, 解現經題. 言菩薩
依此般若波羅密多之法而修之. 則心體圓明, 自無妄想, 妄想不起, 則其心
有何罣礙哉. 無罣礙故, 無有恐怖, 遠離顚倒夢想, 究竟涅槃. 菩薩之人, 其
心旣無罣礙, 自無驚恐怖畏. 旣無恐怖, 則一切顚倒夢想, 亦自不生. 此爲三
障皆空. 然迷卽三障, 悟卽三德, 所謂煩惱卽菩提也. 故終至於涅槃之地, 而
無生死可名焉. 倘非般若觀照之功, 烏能及此, 是則譬如磨鏡, 垢盡而明現
矣."
239) 『鎭州臨濟慧照禪師語錄』(T47, p.506c6), "誰知吾正法眼藏向這瞎驢邊
滅却."

충. 공즉시색(空卽是色)이다. 만약에 어느 스님이 반야심경(般若心經)을 아느냐고 물으면 이 상(相)을 그려 대답하셨다. 그는 말했다.(제23장) 훌륭하다. 훌륭하다.[善哉] 성문(聲聞)과 벽지불(辟支佛), 그리고 보살(菩薩)들이 모두 이 문에서 보리(菩提)를 증득한 것이다. 왜냐하면 반야의 지혜를 실천하여 일체고액을 벗어나는 것[般若波羅密多]에 의지하기 때문에 마음에 장애가 없으므로 공포가 없게 되는 것이다(依般若波羅密多故 心無罣礙 無罣礙故 無有恐怖).

또 말했다. 이것이 대신주(大神呪)이다.

혜충국사(慧忠國師)께서 말했다. 장벽와력(牆壁瓦礫)[240]이다.

임제(臨濟)께서 말했다.

저 눈 먼 당나귀에게서 멸각(滅却, 인가)되어 버린 것이다.

만약 어느 스님이 이 상(相)을 그려서 제시(提示)하여 오면 그에게 말하겠다. 노승(老僧)의 일생(一生)에는 안목(眼目)에 질병이 없었으므로 공화(空花)를 보지 못했다하고는 또 발로 그 상(相)을 지울 것이다.

또 말했다. 그대는 좌주(座主)로서 이 일도 알지 못하는가?

내가 또 묻겠다. 그대가 매일 밥을 씹어 먹는데 무엇이 색(色)이고 공(空)이라고 하겠는가? 만약에 씹는 것이 있다는 것을 색(色)이라고 하면 공(空)은 아닐 것이고 만약에 씹는다는 것이 없다고 하면 공(空)일 것이므로 색(色)은 아닌 것이다. 이 것을 모두 하지 않는다고 하면 이 법문은 아무 상관없는 일이

---

240) 장벽와력(墙壁瓦礫, 牆壁瓦礫): 『佛說大乘菩薩藏正法經』卷36(T11, p.876 a6~9), "又此身者如墻壁瓦礫草木影像, 謂蘊處界是無執是空, 是無我我所, 是無常 是速朽滅, 是不精實, 是顛倒法, 是可厭離, 是不堅固."; 담과 벽 그리고 기와와 자갈, 일체의 무정(無情). 마음이 미동도 하지 않는 것을 비유.

된다.

또 말했다. 이 일을 관조(觀照)하여야 한다.

《해설》 원상(圓相)위에 나무가 있다는 것은 사람이 장벽와 력과 같아야 한다는 것으로 목마가 원상을 굴리는 것이다. 그래서 대신주 라고 한 것이고 할려(瞎驢)라고 한 것이다. 공(空)을 체득하여 다시 대승으로 탄생한 것을 말한다. 소승(성문.연각.보살)의 석공(析空)으로 불법(佛法)을 알려고 하는 것은 큰 잘못이다.

(11) 보림(保任)하는 것이 대승

웃 色卽是空, 非色滅空. 何以爲色, 因緣故色. 何以爲空, 如幻故空. 何以爲緣, 虛妄故緣. 何以爲幻, 不實故幻. 何以爲虛妄, 不覺故妄. 何以不實, 本空故不實. 不覺不實, 性無所有. 無所有性. 無所從生, 何所從滅. 旣無生滅, 復何眞妄. 眞妄尙不可得, 何卽之有, 何色之有, 何空之有. 或有人問, 如何是色卽是空, 作此相對, 或竪起指頭. 或云, 你不會心經, 未審心經, 作麽生. 遂畫破相.

웃. 색즉시공(色卽是空)이라는 것은 색(色)이 멸(滅)하여 없는 것을 공(空)이라 하는 것이 아니다. 무엇 때문에 색(色)이라 하느냐 하면 인연법(因緣法)에 의하여 색(色)이라고 하는 것이다. 무엇 때문에 공(空)이라 하느냐 하면 환(幻)과 같으므로 공(空)

이라고 하는 것이다. 무엇을 연(緣)이라 하느냐 하면 허망(虛妄)하기 때문에 연(緣)이라고 한다. 무엇을 환(幻)이라 하느냐 하면 실체가 아니므로 환(幻)이라고 한다. 무엇을 허망(虛妄)하다고 하느냐 하면 불각(不覺)이므로 허망(虛妄)이라고 한다.

어찌하여 실체(實體)가 아니라고 하느냐 하면 본래 공(空)하므로 실체(實體)가 아니라고 하는 것이다. 실체(實體)가 아니라는 사실을 깨닫지 못하는 것은 성(性)이 무소유(無所有)이기 때문이다. 무소유(無所有)한 성품(性)은 생겨나는 곳이 없으므로 어찌 사라지는 것이 있겠는가? 이미 생멸(生滅)하는 것이 없는데 다시 어찌 진실한 실체와 허망한 것[眞妄]이 있겠는가? 진망(眞妄)도 오히려 체득하지 못하면서 어찌 즉(卽, 깨달음)이 있고 어찌 색(色)이 있을 것이며 어찌 공(空)이 있겠는가?

간혹 어느 사람이 무엇이 색즉시공(色卽是空)이냐고 물으면 이 옷상(相)을 그려서 대답하기도 하고 혹은 엄지손가락을 세우기도 했다. 간혹은 그대는 『반야심경(般若心經)』을 대상으로 알지 말아야 하는데 『반야심경(般若心經)』도 정확하게 모르면서 어떻게 하겠는가? 하고는 그려서 대답했던 상(相)을 지워버렸다.

《해설》 색즉시공(色卽是空)에서 오온이 공(空)이 되면 지금 알고 있는 모든 것은 환상과 같고 다시 공즉시색(空卽是色)이 되어 체공의 대승으로 탄생하여야 하는 것이다. 그러므로 목마가 원상을 머리 위에 이고 살아가는 것이다. 즉 소승이 목마가 되어야 하고 대승은 체공으로 돈오돈수(頓悟頓修)의 수행을 하며 보림(保任, 保護任持)의 경지를 벗어나지 않는 불퇴전의 경

지에서 생활하는 것이다. 한도인으로 살아가기 위한 훈습의 과
정을 이 옥상(相)으로 표현하며 보림(保任)이라고 하는 것이고
돈오돈수라고 한다.

(12) 수능엄삼매

首楞嚴三昧, 修奢摩他, 於禪寂意地中, 不□241)(正)
思惟, 適遭邪慮, 而於五種陰門, 悞發異境, 殊特勝妙
境界. 皆謂佛菩薩, 辟支佛, 羅漢, 眞證現前. 行人所
修, 觀力如是, 盡作得想, 自言我已證聖, 以誑諸聽衆.(第二十四
張) 彼衆亦無正慧, 悉謂聖道如之, 於是無所不爲, 恣情皆得. 所
以云. 弟子與師, 俱陷王難. 忽有人問, 五陰觀行如何修. 作此相
以, 兩手掬來, 拋向背後, 或以圓相圍之, 變爲一乘. 所以佛界魔
界, 同爲一體. 若得此道, 圓融便出, 陰界超五濁, 證五分. 六根
互用, 如淨瑠璃, 內含寶月. 若有作此相來, 但以涅槃相 ⊘ 對
之, 或閉目對. 此道難明, 非取口辦, 須自親證.

수능엄삼매(首楞嚴三昧)242)에서 사마타(奢摩他)수행(修行)

241) □疑[正]{編}.
242) 『大乘瑜伽金剛性海曼殊室利千臂千鉢大敎王經』卷4(T20, p.740c4～17),
“說令修入 金剛祕密 首楞嚴三摩地 三昧性海. 其首楞嚴三昧者, 譬如虛空
無有內外, 一切無礙 亦無動搖 云何首楞嚴三昧者 體有五種名. 一者微塵數
諸佛 三昧同一 首楞嚴三昧故, 一體金剛三摩地. 二者百千諸佛 金剛三昧,
入楞嚴三昧 同爲一性故. 三者師子吼千三昧, 同一楞嚴在中一體故. 四者一
切如來 一切波羅蜜多, 同一金剛般若楞嚴三昧故. 五者諸百千祕密聖性 菩
提三摩地 同入首楞嚴故. 是名爲一, 是故諸佛 一切神通 自在法性 聖智慧
海, 總是首楞嚴 金剛三昧王攝. 所以者何 是故一切 有情衆生, 根本賴邪
含藏之識 三世一切法, 八萬四千 塵勞種子, 無量無邊 智慧法性, 是首楞嚴

을 하는 것에서 불심(佛心)을 열반적정의 경지에서 정사유(正思惟)하지 않으면 삿된 생각이 되므로 오음문(五陰門)[243]을 착각하여 다른 경계가 생기게 되니 특히 수승한 경계(境界)와는 멀어지게 된다. 이 모든 것은 불(佛)·보살(菩薩)·벽지불(辟支佛)·나한(羅漢)의 진증(眞證)한 경지가 지금 여기에 현전(現前, 지금 진여의 지혜로 생활하는 것)하는 것을 설명한 것이다.

수행자(修行者)가 법(法)을 관(觀)하는 것이 이와 같이 하여 불보살이 현전한다는 생각조차 다하게 되어도 자신이 스스로 이미 성인의 경지를 증득했다고 말하는 것은 모든 청중들을 기만하는 것이 된다.(제24장) 그러면 그 대중들은 역시 바른 지혜(智慧)가 없으므로 성현(聖賢)의 도(道)는 이와 같은 것이 그것이라고 말하며 못할 것이 없다고 하며 방자한 마음을 내어 모두를 체득했다고 하게 된다. 그러므로 말하기를 스승과 제자(弟子)가 모두 왕(王)이 되려고 하는 어려움에 빠지게 되는 것이라고 하는 것이다.[244]

홀연히 어느 스님이 오음(五陰)으로 관행(觀行)하는 것은 어떻게 수행하는 것입니까? 라고 물으면 (대답으로) 이 상(相)을 그려서 양손으로 움켜쥐고는 등 뒤로 던지거나 혹은 원상(圓相)으로 감싸서 일승(一乘)으로 전변(轉變)하셨다. 이것은 불계(佛界)와 마계(魔界)가 하나의 동일한 체(體)이기 때문이다.

만약에 이와 같은 도(道)를 체득하면 원융하여 바로 출세하

菩提種性."
243) 오음문(五陰門): 오온(五蘊)의 색수상행식(色受想行識)문(門).
244) 『楞嚴經集註』卷9(X11, p.655a1), "惱亂是人, 厭足心生 去彼人體, 弟子與師, 俱陷王難.";『古尊宿語錄』卷3(X68, p.21b21~23), "問. 學人不會, 和尙如何指示. 師云. 我無一物, 從來不曾 將一物與人, 你無始已來, 祇爲被人指示, 覓契覓會, 此可不是 弟子與師 俱陷王難."

는 것으로, 음계(陰界)에서 오탁(五濁)악세(惡世)를 초월(超越)하여 오분법신(五分法身)을 증득(證得)하는 것이다. 육근(六根)을 마음대로 바꾸어 사용할 수 있는 것은 마치 청정한 유리병 속에 마니보주가 놓여 있는 것과 같다.

만약에 이 상(相)을 그려서 제시(提示)하여 물어 오는 이가 있으면 단지 열반상(涅槃相)인 이 ⊘으로 대답하며, 혹은 눈을 감는 것으로 대답한다.

이 도(道)는 밝히기 어려운 것으로 입으로 말하는 언어문자로 판별하여 취하는 것이 아니고 반드시 자신이 친(親)히 증득(證得)해야만 하는 것이다.

《해설》 이 ⊘상(相)을 설명하자면 최상승의 경지에서는 자신이라는 이름 자(字)도 없는 것이거늘 사제지간(師弟之間)이라는 명칭이 있으면 서로가 왕이 되려고 하는 철학에 떨어지게 된다. 이 상(相)으로 불법을 계승하게 하려고 만든 것이라고 생각된다. 진여의 지혜로 생활하는 몰종적의 한도인은 자신이 친히 증득해야 한다고 설하고 있다.

(13) 능단의 지혜는 무다자(無多子)

有人問. 承聞, 和尙久歷佛學, 三經, 五論, 建化門庭, 六代祖師, 江西, 湖南, 德山, 臨濟, 雲門, 趙州, 潙仰, 曹洞, 諸家法道, 無不委細, 其言實否. 作此相對之. 或搖手三下, 或劈面唾之. 或明向伊道, 你不會問事. 且須

近人, 莫與麼造. 次度時, 光影迅速, 時不待人, 切忌切忌. 老僧
未曾, 將金針示, 汝在恐汝, 承當不起.

㊋. 어느 스님이 물었다.

듣기로는 화상(和尙)께서 오랜 동안 삼경(三經)245)과 오론(五
論)246)의 불법(佛法)을 배워 교화(敎化)의 도량을 건립하시고,
혜능 육대조사(六代祖師)를 비롯한 강서(江西), 호남(湖南), 덕
산(德山), 임제(臨濟), 운문(雲門), 조주(趙州), 위앙(潙仰), 조
동(曹洞)등 모든 가문(家門)의 법도(法道)를 자세히 습득하지
않은 것이 없다고 하시던데 그 말이 사실입니까?

이에 화상(和尙)께서 이 ㊋상(相)을 그려서 대답하였다. 혹은
손을 세 번 흔들었고, 혹은 앞을 향하여 침을 밭았다. 혹은 그
(伊)에게 말하기를 그대는 본분사를 대상으로 묻지 말아야 한
다. 또 반드시 근인(近人, 본래인)에게 그렇게 조작하지 말아야
한다.

그 다음은 바라밀다를 행할 때에 광영(光影)은 신속하여 시
간이 사람을 기다리지 않는 것이니 절대로 시간을 기다리지 마
라. 노승(老僧)은 금침(金針)247)을 아직 제시(提示)하지도 않았
는데 그대는 승당(承當)248)하여 일어나지 못할 것을 그대가 두

---

245) 삼경(三經): 삼부경(三部經)의 하나로 법화경, 인왕경, 금강명경을 말하
기도하며 정토삼부경, 법화삼부경 등을 말하는 것으로 모든 경전을 지칭
하는 말로 사용된 것으로 사료됨.
246) 오론(五論): 『菩薩瓔珞本業經』卷2(T24, p.1018a11~12), "五論者, 內
外方道, 因果, 鬼師無不通達, 故名難勝地."; 『天台名目類聚鈔』卷1(D40,
p.19b2~4), "五論者 一毗尼母論 二(依十誦)摩得勒伽論 三善見論 四薩婆
多論 五明王論也."; 『朝鮮佛教通史』卷2(B31, p.472b22~23), "五論者,
(一)毘尼母論, (二)摩得勒伽論, (三)薩婆多論, (四)善見論, (五)明了論是
也."
247) 금침(金針): 불법(佛法)의 근본[針].

260

려워하고 있는 것이다.

《해설》 절대 진여의 경지는 모든 차별분별을 떨쳐버린 능단하는 진여의 경지라는 것을 이 ⑭상(相)으로 제시하기도 하며 손을 세 번 흔들었고, 혹은 앞을 향하여 침을 뱉었고 불법(佛法)을 대상으로 묻지 말기를 말하기도 하며 조작하지 말기를 간절히 당부하였다. 그리고 도상으로 제시한 것만으로 교화를 끝내는 자만심이 들어간 것이 아닌 지혜와 자비가 겸비된 선승의 행화(行化)인 것이다. 그러므로 도상만 제시하여 자기를 내세우려는 의도나 조작성은 조금도 가미되지 않은 것이다. 선승들의 선문답이 모두 그렇듯이 불법(佛法)은 무다자(無多子, 간단명료)이므로 많은 의미들을 함축하고 있을 따름이지 복잡하지 않고 진실 되고 간단명료한 선문답인 것이다. 도상(圖相)으로 제시(提示)한 것이 절대인양 착각하면 안 되는 것으로 원상(圓相)이라는 진여의 경지에서 중생의 미혹을 떨쳐버리기 위한 방편의 행화(行化)라는 사실을 간과해서는 안 될 것이다.

---

248) 승당(承當): 『景德傳燈錄』卷26(T51, p.422c9∼12), “問. 佛佛授手 祖祖傳心, 未審和尙 傳箇什麼. 師曰. 汝承當得麼. 曰. 學人承當不得, 還別有人 承當得否. 師曰. 大衆笑汝.(물었다. 부처에서 부처로 전하고 조사에서 조사에게 전하셨다고 하는데 화상은 무엇을 전하십니까? 지붕화상이 대답했다. 그대가 승당(承當)하여 체득하겠는가? 대답했다. 학인이 승당(承當)하지 못하면 어느 사람이 승당(承當)하겠습니까? 지붕화상께서 대답했다. 대중들이 그대를 비웃을 것이다.)” ; 받아들여 자기의 것으로 하다. 받아들이다. 깨달아 체득하는 것. 스스로 체득하는 것. 진실을 그대로 받아들이는 것.

僧問淸平和尙. 如何是有漏. 云. 笓箕. 如何是無漏.
云. 木杓. 如何是, 亦有漏, 亦無漏. 云. 破鑊裏煑(煮)
湯甁. 如何是非有漏 非無漏. 展兩手, 或作此相對之.
且有漏善惡者, 人天四趣也. 無漏善者, 二乘也. 亦有漏亦無漏
者, 菩薩也. 非有漏非無漏者, 諸佛也. 有人作此相來, 以五陰相
對之. 則凡聖一如也. 或云. 釋迦老子, 出此不得. 又云, 我在汝
肚裏.(第二十五張)

㊀. 어느 스님이 청평화상(淸平和尙)에게 물었다.

무엇이 유루법(有漏法)[249]입니까?

대답했다. 소기(笓箕)[250]이다.

물었다. 무엇이 무루법(無漏法)입니까?

대답했다. 나무국자(木杓)[251]이다.

---

249) 유루법(有漏法): 『大般涅槃經』卷11(T12, p.676b14~17), "有漏法者有二
種, 有因有果. 無漏法者亦有二種, 有因有果. 有漏果者, 是則名苦. 有漏因
者, 則名爲集. 無漏果者, 則名爲滅. 無漏因者, 則名爲道." ; 『大智度論』
卷44(T25, p.382a14~18), "有漏法者, 五衆等, 四禪, 四無量, 四無色定.
無漏法者, 非世間, 是四念處 乃至十八不共法. 有爲法略說三相, 所謂生住
滅, 三界繫, 乃至四念處, 乃至十八不共法, 爲無漏法, 作法故, 爲有爲法."
; 『大般涅槃經集解』卷28(T37, p.480b7), "復次善男子 有漏法者(至)無漏
因者 則名爲道." ; 『釋禪波羅蜜次第法門』卷1(T46, p.481b9~19), "一有
漏法者, 謂十善根本四禪, 衆生緣四無量心, 四空定是. 所以者何, 此十二門
禪, 體非觀慧之法, 不能照了 斷諸煩惱故. 二無漏法者, 九想, 八念, 十想,
背捨, 勝處, 一切處, 次第定, 師子奮迅, 超越三昧, 四諦, 十六行, 十二因
緣法, 緣四無量心, 三十七品, 三三昧, 乃至願智頂禪, 十一智, 三無漏根等
諸無漏定是. 所以者何, 此諸禪中 悉有對治, 觀慧具足 能斷三漏故. 三亦
有漏 亦無漏法者, 六妙門, 十六特勝, 通明等是."
250) 소기(笓箕): 그릇과 키(笓箕)로서 일상생활 도구를 말하는 것으로 흔적
이 있는 형태.
251) 목표(木杓): 『圓悟佛果禪師語錄』卷3(T47, p.727a13~14), "小乘錢貫 大

물었다.

무엇이 유루법(有漏法)이고 또 무루법(無漏法)입니까?

대답했다.

깨어진 가마솥 안에 탕병(湯瓶)을 삶는 것이다.

물었다.

무엇이 유루법(有漏法)이 아니고 무루법(無漏法)도 아닙니까?

스님께서 양손을 전수(展手)하기도 하고, 혹은 이 상(相)을 그려서 답하셨다.

또 유루(有漏)의 선악(善惡)은 인천(人天)과 사취(四趣)252)가 있는 것을 말하는 것이다. 무루(無漏)의 선(善)을 행하는 사람은 이승(二乘)이다. 역시 유루법(有漏法)이며 또 무루법(無漏法)인 것은 보살(菩薩)이다. 유루법(有漏法)도 아니고 무루법(無漏法)도 아닌 것은 제불(諸佛)이다.

어느 사람이 이 상(相)을 그려서 물어오면 오음상(五陰相)으로 대답하였다. 그러므로 곧 범성(凡聖)은 일여(一如)이다.

혹은 말했다. 석가노자(釋迦老子)께서도 이것에서 출세하였어도 이것을 얻었다는 생각이 없었다는 것이다. 또 말했다. 내가 그대의 배안에 있다(我在汝肚裏).253)(제25장)

乘井索. 有漏笊籬 無漏木杓. 定龍蛇句全殺活, 散向諸方任貶剝.”;『大慧普覺禪師語錄』卷8(T47, p.842a6〜8), “且道. 清平木杓笊籬井索錢貫. 雪峯輥毬禾山打鼓. 畢竟向衲僧分上.”;『景德傳燈錄』卷15(T51, p.318c25〜26), “問如何是有漏. 師曰. 笊籬. 曰如何是無漏. 師曰. 木杓.”;『金剛經註解』卷1(X24, p.771a21〜22), “阿毗達磨論云. 漏者令心連注, 流散不絕, 故名爲漏. 僧問清平和尙曰. 如何是有漏. 平曰. 笊籬. 僧曰如何是無漏. 平曰. 木杓.”;『新集藏經音義隨函錄』卷13(K35, p.25b10), “大杓（市斫反把罌亦作勺).”;『雨山和尙語錄』卷13(J40, p.580b15〜18), “今朝四月八, 盡道世尊於無憂樹下降生, 九龍噴水, 沐浴金軀. 引得諸方依條攀例者, 或大杓, 或小杓, 驀頭澆來, 倒底洗刮, 這老漢淨邊垢不去.”

252) 사취(四趣): 지옥(地獄), 아귀(餓鬼), 축생(畜生), 아수라(阿修羅).

253)『景德傳燈錄』卷19(T51, p.358c12〜15), “問. 一口吞盡時如何. 師曰.

《해설》 유루와 무루에 대한 집착을 버리고 범성일여의 경지에서 대승으로 생활하는 것은 이 ⊕상(相)으로 제시하고 있다.

(15) 부지유의 불법계승

自菩提達磨, 洎曹溪六代祖師, 還得這箇, 道理也無. 乃作此相對之. 不見, 僧問能和尙云, 黃梅意旨, 什麼人得. 云, 會佛法人得, 和尙還得也無. 云, 我不得. 和尙爲什麼不得, 云, 我不會佛法. 不見, 仁王經云. 我今無說, 汝今無聽, 是一義二義. 又云. 向上一路, 千聖不傳, 學者勞形, 如猿捉影. 又云. 三世諸佛不知有. 忽有問. 如何是, 祖師西來意. 作此有了, 以柱杖抹却, 又云, 老僧耳聾. 僧云. 庭前栢樹, 又作麼生. 云. 你不得與麼說話, 瞎却汝眼去, 這壞宗徒漢. 汝在平地走, 年深捨此不得也, 這滅胡種族.

이 ⊗상(相)으로 물었다. 보리달마(菩提達磨)로부터 조계(曹溪) 육대조사(六大祖師)에 이르기까지 저개(這箇, 본분사)의 도리(道理)를 체득한 것이 없습니까? 라고 하니 이에 이 ⊗상(相)을 그려서 대답했다.

그대는 어느 스님이 혜능(慧能)화상과 문답한 것을 들어 보지 못했는가? 황매(黃梅, 오조홍인)의 의지(意旨)를 어느 사람이 얻었습니까? 라고 물으니 대답하시기를, 불법(佛法)을 깨달

我在汝肚裏(萬法一如의 경지를 말함) 曰. 和尙爲什麼在學人肚裏. 師曰. 還我話頭來. 問. 如何是道. 師曰去."

264

은 이가 체득한 것이다.

그 스님이 물었다. 화상(和尙)께서 얻었습니까? 라고 하니 대답하시기를, 나는 얻지 못했다. 화상(和尙)께서는 왜 얻지 못했습니까? 라고 물으니 대답하시기를, 나는 불법(佛法)을 대상으로 알지 않기 때문이다.

그리고 또 그대는 인왕경(仁王經)에서 설(說)하는 것을 들어 보지 못했는가? 내가 지금 무설(無說)254)을 설(說)한 것이니 그대도 지금 무청(無聽)이므로 이것은 일(一)의 뜻인데 이(二)의 뜻이라고 하는 것255)이라고 하셨다. 또 설하기를 향상일로(向上一路)이므로 천성부전(千聖不傳)인데 이것을 수행자들이 원숭이가 물에 비친 달그림자를 건지려고 하듯이 괜히 몸만 수고롭게 하는 것이라고 하셨다. 또 말씀하시기를 삼세제불(三世諸佛)은 부지유(不知有)라고 하신 것을 들어 보지 못했는가?

홀연히 어느 스님이 물었다. 무엇이 달마조사(祖師)께서 서쪽에서 오신 뜻입니까? 라고 하니 이 상(相)을 그리고는 도리어 주장자(拄杖子)로 지우고 말했다. 노승(老僧)은 귀머거리(耳聾)

---

254) 무설(無說): 자성이 없음을 설하는 것으로 자신이 설한다는 마음 없이 설함. 유위법으로 설(說)할 수 없고 체득해야 하는 것.

255) 아금무설(我今無說): 『佛說仁王般若波羅蜜經』卷1(T08, p.829a4∼9), "爾時波斯匿王言. 第一義諦中有世諦不. 若言無者, 智不應二. 若言有者, 智不應一. 一二之義, 其事云何. 佛告大王. 汝於過去七佛已問 一義二義. 汝今無聽, 我今無說, 無聽無說, 卽爲一義二義故. 諦聽, 諦聽. 善思念之, 如法修行.(그때에 파사익왕이 부처님에게 말했다. 제일의 제중에 세제(世諦)가 있습니까? 만약에 (世諦가)없다고 말하면 지혜가 차별에 응하지 못하는 것이다. 만약에 (世諦가) 있다고 한다면 지혜가 진여에 응하지 못하는 것이 되는 것이다. 진여와 차별의 뜻에서 지혜는 무슨 뜻입니까? 부처님이 대왕에게 고하여 말하였다. 그대는 과거칠불에게 이미 진여와 차별의 뜻에 대하여 물었었다. 그대가 지금 본심으로 듣지 않으면 내가 지금 설할 수 없는 것과 같이 망념 없이 진제로 들으면 진제로 설하는 것이 즉 진여와 차별의 뜻을 말하는 것이다. 진제(眞諦)로 진제(眞諦)로 들어야 합니다. 마음 깊이 잘 사유하고 여법하게 수행하여야 합니다.)"

이다.

그 스님이 물었다.

뜰 앞의 잣나무(庭前栢樹)라는 뜻은 또 무엇입니까?

대답했다. 그대가 직접 체득하지 못하면 그대에게 그렇게 말하여 주어도 도리어 그대의 안목이 멀어지게 되어 이 종지(宗旨)을 파괴하는 무리가 되는 것이다. 그대는 평지(平地)에 있으면서 세월이 가도 이것에 대한 깊은 집착을 버리고 체득하지 못하면 이 달마(達磨)의 법[種族]을 멸하게 되는 것이다.

《해설》 이 윤상(相)은 불법의 종지가 육조에까지 계승되었다는 것을 6개의 원상으로 제시한 것이다. 불법(佛法)이 계승된 내용을 '삼세제불부지유(三世諸佛不知有)'라고 설하고 있다. 즉 능단(能斷)이 되어야 한다는 것이다. 즉 선문답을 소승이 판단하기에는 쉽지 않다고 설하고 있다.

무설(無說)을 하면 무청(無聽)이 되어야 한다는 것을 일(一)과 이(二)로 진여와 차별이나 진제와 속제로 설명하고 있다. 무설(無說)의 법을 알아들으려면 무청(無聽)이 되어야 부지유(不知有)의 의미를 파악하게 되는 것이다. 삼세의 제불(諸佛)도 이와 같았다는 것이 달마 이후로 육조까지 석존의 불법(佛法)이 계승되었다는 것을 설명하는 상(相)이다.

(16) 중생이 부처

經云. 所謂劫濁, 見濁, 煩惱濁, 衆生濁, 命濁,256) 譬如淸水, 淸潔本然, 有世間人, 將彼土塵, 投之淸水, 土失留礙, 水忘淸潔, 容貌汨然, 名之爲濁.257) 忽有人問. 如何出得 此相去. 乃以此〇相對之. 或加㘞子, 或點一下, 轉凡成聖, 聖亦不存, 方合無生. 或作本相🐝, 所以云. 不斷婬怒癡, 亦不以俱. 又云. 諸佛解脫, 向衆生心, 行中求有. 座主問歸宗. 如何是, 觸目菩提. 歸宗翹起一足. 座主云. 不會. 宗云. 三箇現在, 一任選取.258) 忽有人, 作此相來, 但安兩手, 在頭上作拳.

---

256) 『阿毘達磨俱舍釋論』卷9(T29, p.222a1～3), "者爲五濁, 一命濁, 二劫濁, 三惑濁, 四見濁, 五衆生濁." ; 명탁(命濁): 인간의 수명이 혼탁함을 말하지만 자신의 지혜로 살아가지 못하고 지식으로 살아가는 것이 많은 것을 말함. 겁탁(劫濁): 삼재팔난이 많은 것. 혹탁(惑濁, 煩惱濁): 번뇌 망념이 많은 것. 견탁(見濁): 탐진치가 많은 것. 중생탁(衆生濁): 전도된 번뇌 망념의 집착이 많은 것.

257) 『楞嚴經集註』卷4(X11, p.380a3～4), "云何爲濁, 阿難, 譬如淸水淸潔本然, 卽彼塵土灰沙之倫本質留礙. 二體法爾性不相循, 有世間人, 取彼土塵投於淨水, 土失留礙, 水亡淸潔, 容貌汨然 名之爲濁." ; 『仁王經科疏』卷5(X26, p.303a16～b5), "正法欲滅, 必五濁交會, 人無正見之時也. 言五濁者, 一命濁, 識託四大, 隨業延促, 生死不得自繇. 二煩惱濁, 擾亂自心, 渾濁障理, 卽以五鈍使爲體. 三見濁, 貪愛妄染, 渾濁障事, 卽以五利使爲體. 四衆生濁, 妄執顚倒, 迷己逐物, 受胎微形, 自取流轉. 五劫濁, 三災增劇, 衆難交會世道交喪, 氣運晦暝之時也. 然劫濁無別體, 卽攬前四濁熾然立名. 故法華云. 劫濁亂時, 衆生垢重等. 問. 濁取何義以立名耶. 答. 妙淨明心, 淸淨澄凝, 加以惑業四大, 則匪淸斯濁. 如楞嚴說. 譬彼淸水 與彼灰沙 二體法爾, 性不相循. 假如有人, 取彼灰沙投入淨水, 土失留礙, 水忘淸潔, 容貌汨然, 名之爲濁. 汝濁五重, 亦復如是 然彼五濁義相, 與今經大異, 唯濁義相同, 故引之爲證."

258) 『禪宗頌古聯珠通集』卷11(X65, p.540c20～23), "歸宗因僧問. 如何是觸目菩提. 師翹足. 曰. 會麼. 曰. 不會. 師曰. 三箇見在, 一任選取. 頌曰. 觸目菩提不撒沙, 示渠三箇更周遮, 衲僧相見呵呵笑, 春鳥喃喃罵落花. (海印信)" ; 『祖堂集』卷15(B25, p.589a11～14), "時有江州東林寺, 長講維摩經幷肇論, 座主神建問. 如何是觸目菩提. 師乃蹺起一腳示他. 座主云. 莫無

○. 경(經)에 말하기를 소위(所謂) 겁탁(劫濁), 견탁(見濁), 번뇌탁(煩惱濁), 중생탁(衆生濁), 명탁(命濁)이라고 말하지만, 비유하면 맑은 물이 본래는 청결(淸潔)한 것이나, 세간의 사람들이 저 흙먼지를 가져다가 맑은 물에 넣으면 흙은 머무르며 막는 성질을 잃게 되고, 물은 청결(淸潔)한 성질이 다하게 되어 모습이 어지러운 것을 이름 하여 탁(濁)이라고 하는 것이라고 하였다.

홀연히 어느 스님이 물었다. 어찌하면 출세하고 체득하여 이 상[此相]에서 벗어날 수 있습니까?

이에 ○상(相)을 그려 대답했다. 혹은 불꽃 모양을 붙이기도 하고, 혹은 점 하나(一點)를 찍기도 하여 범부(凡夫)가 전환되어 성자(聖者)가 되는 것이지만 성자(聖者) 역시 (실제로 고정된 모습으로) 존재하는 것은 아니므로 비로소 무생(無生)에 계합해야 되는 것이다.

혹은 본래의 ○상(相)을 그리고는 말하기를 음노치(婬怒癡)[259]를 끊지도 않고 역시 음노치(婬怒癡, 貪瞋癡)와 함께 하지도 않는다고 하셨다.

禮. 師云. 不無禮, 三個現在, 座主一任揀取.(어느 때 강주(江州)의 동림사(東林寺)에서 『유마경(維摩經)』과 『조론(肇論)』을 오랫동안 강의하던 좌주(座主)인 신건(神建)이 귀종화상에게 물었다. 무엇이 촉목보리(觸目菩提)입니까? 귀종화상께서 얼른 한 발을 들어 그에게 보이니 좌주가 말했다. 무례하지 않습니까? 귀종화상께서 말했다. 무례함이 없는 것은 아니나 세 개(三个: 三身)가 현재 여기에 있으니 좌주의 마음대로 간택하여 취하라.)

259) 음노치(婬怒癡): 탐진치(貪瞋癡)와 같음. ; 『前世三轉經』(T03, p.448a26～27), "諸有婬怒癡者, 以色聲香味, 細滑, 法故笑." ; 『放光般若經』卷2(T08, p.9c15), "知有婬怒癡者, 無婬怒癡者." ; 『佛說摩訶衍寶嚴經』(T12, p.199c24～26), "婬怒癡者, 不在於內而不在外, 亦不在兩中間, 亦非無思想而有也." ; 『維摩經無我疏』卷8(X19, p.684c18), "婬怒癡者, 眾生修惡中 之尤惡者也."

또 말했다. 제불(諸佛)의 해탈(解脫)은 중생심(衆生心)의 행(行)중에서 구해야 하는 것이다.

어느 좌주(座主)가 귀종(歸宗)선사에게 물었다.

무엇이 촉목보리(觸目菩提)입니까?

귀종(歸宗)선사께서 주장자를 세우고 한 발을 들어 보였다.

좌주(座主)가 말했다. 모르겠습니다.

귀종(歸宗)선사께서 말했다. 세 개[三身]가 현재 드러나 있으니 마음대로 선택하여 취하여야 한다.

홀연히 어느 스님이 이 상(相)을 그려서 물어왔다.

귀종(歸宗)께서 단지 편안하게 양손을 머리 위로 올려 주먹을 쥐어 제시(提示)하였다.

《해설》 오온(五蘊)은 원래 청정하지만 육진(六塵)을 바로 보는 안목(眼目)이 없으면 음노치(婬怒癡, 貪瞋癡)와 함께하게 된다고 하고 있다. 그러나 오탁(五濁)이 무엇인지를 정확하게 알면 탐진치(貪瞋癡)를 끊지도 않고 함께하지도 않게 된다는 간단한 논리를 설하고 있다. 그러므로 제불의 해탈도 중생심의 행(行)에서 구해야 한다고 강조하고 있다. 대승에서 말하는 번뇌가 보리이고 중생이 바로 부처라는 것을 설하고 있다. 그런데 귀종화상의 행동에서 최상승을 우리는 찾을 수가 있다. 즉 무엇이 촉목보리(觸目菩提, 觸目是道)냐고 묻는 대승의 질문에 '귀종교기일족(歸宗翹起一足)'이라고 행동으로 최상승의 대답을 한 것이다. 여기에서 귀종화상을 부처라고 알아야 발을 든 행동과 그의 불법을 알아차릴 수 있다. 귀종화상을 잘못 알면 자신의 입장에서 보이기 때문에 부처의 눈에는 모든 것이 부처로 보인다고 하는 것이다. 여기에서 자신의 안목을 대상의 안목에 따라 알려고 하면 대상의 변화에 따라 자신이 변하게 되므로 자신의 안목을 갖춰야 한다. 자신의 안목을 타인에게 배우려고 하면 계속 변하게 되는 것이므로 대승이나 최상승에서는 도둑놈이 되어야 한다고 하는 것이다. 그래서 이런 부분은 아무에게나 설하지 말라고 한 것이나 너무 오탁악세가 되었기에 다시 불법(佛法)이 되살아나 청정한 세상이 되기를 바라는 마음으로 이런 말을 하여 본다. 참고로 음노치(婬怒癡)와 탐진치(貪瞋癡)의 차이는 음욕(婬欲)과 분노(忿怒)와 우치(愚癡)를 음노치(婬怒癡)라고 하는 것을 탐진치(貪瞋癡)를 탐욕(貪慾)과 진노(瞋怒)와 우치(愚癡)라고 하였는데 탐욕의 근원을 음욕이라고 하는 것은 승가의 계율에 근거한 것일 것이다. 그 다음의 분노(진노)나 우치는 같은 뜻인데 사람의 마음을 표현한 것이라는 것은 잘 알 것이다. 이것을 돌이키면 대승들은 바로 계정혜가 되는 것이다. 탐욕을 채우든지 채우지 못하면 성질을 내든지 즐거워하든지 하는 것을 진노라고 한 것이며 이런 것의 근원이 무엇인지 모르고 성질내고 기뻐하는 것을 우치라고 하는 것이다. 그러므로 계정혜에 맞게 살면 중생심의 정(情)은 사라지고 대승과 최상승의 삶을 살아갈 수 있다고 설하고 있다.

〇. 獨王頂上, 有此一珠, 昔時不與, 而今與之.(第二十六張) 於善才龍女, 率先得之. 所以二祖, 三拜而立, 三聖者 瞎驢邊滅却. 思和尙, 垂下一足,[260] 學無學,[261] 聲聞弟子, 例皆授記. 忽

260) 『明覺禪師語錄』卷1(T47, p.671a23~27), "思和尙問. 書達否. 石頭云. 書亦不達, 信亦不通. 去日蒙和尙許鈯斧子, 便請, 思垂下一足, 石頭便禮

有人問. 如何是輪王, 頂上之珠.262) 作此相示之. 學者禮拜. 尊宿遂抹却.

O. 독왕(獨王, 暴君, 전륜성왕)의 정상(頂上)에 이 하나의 마니보주(摩尼寶珠)가 있었는데 지난날에는 베풀어 주지 않았는데 지금 베풀어 주는 것이다.(제26장) 선재동자(善才童子)와 용녀(龍女)가 먼저 체득하였다. 그리하여 이조(二祖)께서 삼배(三拜)하고 체득한 것이고 정법안장이 삼성(三聖)의 눈 먼 당나귀에게서 멸각(滅却)되어 버린 것이다.

사(思, ? ~740)화상(和尙)263)은 한 발을 내려서 제시(提示)하

拜. 師拈云. 石頭泊擔板過却. 又云. 大小讓師, 不解據令."

261) 『摩訶般若鈔經』卷1(T08, p.509c24~25), "菩薩摩訶薩爲學無學法. 何以故, 法無所逮得, 莫癡如小兒學." ; 『金剛般若經旨贊』卷2(T85, p.107b20~24), "經. 發阿耨至菩提者. 贊曰. 此顯何人不分別也. 此所簡者. 凡夫外道 及二乘者 有學無學, 隨應二見 但是實有 未能悟入 二空之理. 唯菩薩者 有勝智能 欲趣菩提, 斷二障故, 是可名爲 不分別者." ; 『廣淸涼傳』卷1(T51, p.1103a16~23), "有四希奇 未曾有法, 何等爲四. 一所謂映蔽 一切聲聞緣覺, 學無學衆. 二隨其所宜, 示現壽命, 脩短不同, 而如來身, 無有增減. 三一切世界 淨心衆生 菩提器中, 影無不現. 四一切衆生 有瞻對者, 皆謂如來 唯現我前, 隨其心樂, 而爲說法, 令得解脫. 乃至, 而如來身, 無有分別, 無有戲論, 今文殊亦爾."

262) 『天聖廣燈錄』卷25(X78, p.549c12~15), "問. 貧子衣中寶, 輪王頂上珠, 如何是輪王頂上珠. 師云. 羅紈不是貴, 布素却爲珍. 進云. 如何是貧子衣中寶. 師云. 秪看脚前脚後."

263) 청원행사(靑原行思): 『佛祖統紀』卷29(T49, p.292b23~26), "六祖之後爲二派, 一曰靑原思, 思傳石頭遷, 其下爲曹洞雲門法眼. 一曰南岳讓, 讓傳馬祖, 其下爲臨濟潙仰. 是爲五家宗派." ; 『佛祖歷代通載』卷13(T49, p.594c22~27), "十二月. 靑原行思禪師示寂. 吉州安城人也, 姓劉氏. 幼年出家, 初見六祖問. 當何所務 卽不落階級. 祖曰. 汝曾作什麽. 師曰. 聖諦亦不爲. 祖曰. 落何階級. 師曰. 聖諦尙不爲, 何階級之有. 祖深器之, 及居靑原.(12월. 청원행사 입적. 길주 안성사람으로 속성은 유씨이다. 어려서 출가하여 육조를 처음보고는 물었다. 마땅히 어떻게 해야 즉 수행의 단계에 빠지지 않겠습니까? 육조가 물었다. 그대는 일찍이 무슨 수행을 하였는가? 대답했다. 성제(聖諦)도 역시 수행하지 않았습니다. 육조가 물었다. 어느 수행의 단계에 떨어졌는가? 성제도 오히려 수행하지 않는데 무슨 단계가 있겠습니까? 육조

시니 무학(無學)을 배우는 성문제자(聲聞弟子)들이 모두 다 이처럼 수기(授記)를 받았던 것이다.

홀연히 어느 스님이 물었다. 무엇이 전륜성왕(轉輪聖王)정상(頂上)의 마니보주(摩尼寶珠)입니까? 하니 스님께서 대답하시기를 이 상(相)을 그려 제시(提示)하였다.

수행자(學人)가 예배(禮拜)하였다.

존숙(尊宿)께서 바로 상(相)을 지워 버렸다.

《해설》 독왕(獨王)은 폭군(暴君)이라는 말이지만 여기에서는 전륜성왕을 말한다. 모든 세상을 자기 것으로 하지만 자신의 상투속의 마니보주는 내어주지 않는 것인데 마침 그 마니보주가 나온 곳이다. 그 마니보주를 선재동자(善才童子)와 용녀(龍女) 그리고 이조(二祖)와 삼성(三聖)이 자신의 것으로 체득한 것이다. 그리고 그 마니보주를 청원행사가 원상으로 활용하여 사용하고 있다. 그래서 대승으로 나아가고자 하는 소승의 성문제자들이 대승법을 체득하게 되었다고 하며 ○상(相)을 지운 행위까지로 자신의 불법(佛法)을 계승시키고 있다.

가 심기(深器)가 큰 것을 알았고 청원에 살았다.)”;『景德傳燈錄』卷5(T51, pp.240a17~240c6), “吉州青原山行思禪師本州安城人也. 姓劉氏幼歲出家. 每群居論道師唯默然. 後聞曹谿法席乃往參禮. 問曰. 當何所務卽不落階級. 祖曰. 汝曾作什麼 ... 師既付法石頭. 唐開元二十八年庚辰十二月十三日, 陞堂告衆跏趺而逝. 僖宗諡弘濟禪師歸眞之塔.”;『聯燈會要』卷19(X79, p.162a18~21), “吉州青原行思禪師(凡六) 本郡安城, 劉氏子. 師問六祖云. 當何所務卽得不落階級. 祖云. 儞曾作什麼來. 師云. 聖諦亦不爲. 祖云. 落何階級. 師云. 聖諦尙不爲, 何階級之有. 祖云. 如是如是, 善自護持.”;『教外別傳』卷14(X84, p.318a11~16), “青原行思禪師 吉州青原山靜居寺行思禪師. 本州安城劉氏子. 幼歲出家, 每羣居論道. 師唯默然. 聞曹谿法席, 乃往參禮. 問曰. 當何所務, 卽不落階級. 祖曰. 汝曾作甚麼來. 師曰. 聖諦亦不爲. 祖曰. 落何階級. 師曰. 聖諦尙不爲, 何階級之有. 祖深器之.”

(17) 자성이 연등불

然燈前264), 則屬眾行, 然燈之後, 眾行俱忘, 如何是 然燈前. 云. 鞍在背. 如何是, 然燈後.265) 云. 鞍背俱 無. 如何是, 正然燈.266) 乃作此相對. 然燈不然燈如 何. 以脚抹却. 或有人問. 爲復祇是, 釋迦遇然燈. 爲復三世如 來, 揔然燈. 云. 你道. 從上諸帝王, 揔爲童稚. 爲祇是大唐天子, 爲童稚. 若如是者, 龍女八歲成道, 甚處然燈. 云. 祇見龍女不然 燈, 不見然燈不龍女. 祇知釋迦不然燈, 不知然燈不釋迦.

◯. 물었다. 연등불(然燈佛)267)이전에는 중행(眾行)을 바로 계속한 것이지만, 연등불(然燈佛)이후의 중행(眾行)은 모든 망념이 없는 것인데 무엇이 연등불(然燈佛)이전입니까?

대답했다. 안장이 말의 등에 있는 것이다.

물었다. 무엇이 연등불(然燈佛)이후입니까?

---

264) 연등전(然燈前): 본래 구족되어 있는 불성(佛性)을 모르는 것.
265) 연등후(然燈後): 불성(佛性)을 자각한 것.
266) 정연등(正然燈): 불성(佛性)을 자각하여 진여의 지혜로 바르게 사용하는 것.
267) 『佛祖統紀』卷1(T49, p.136b12~13), "指然燈佛者, 即拂因疑.";『楞嚴 經正見』卷5(X16, p.692a23~b3), "至然燈佛下 證離依他執. 然燈者, 只是 見得自己本法, 修唯心三昧, 故得盡空如來國土. 且如來國土既空, 便是離 依他執也. 又前說日月燈明, 是標本覺. 今說然燈佛, 是標始覺, 燈是人然故 也.";『金剛經音釋直解』(X25, p.171c22~23), "如來者, 佛自稱也. 然燈佛 者, 即是釋迦牟尼佛之師也. 法由心悟, 豈從外得以心印, 心是名爲得也."; 『四教儀集解』卷2(X57, p.578a19~21), "二次從尸下明 第二僧祇然燈佛 者. 大論云. 太子生時 一切身邊 光如燈故. 故云然燈 以至成佛 亦名然 燈.";『金剛經註釋』(X25, p.530a6~7), "佛生時有光, 於眼耳口鼻百孔中 放出, 遍照十方, 如燈之明, 而號然燈也. 是爲釋迦佛之師.";『念佛三昧』 (X62, p.470b14~15), "然燈佛者, 一微塵佛也. 釋迦佛者, 無量微塵佛也. 釋迦佛者, 名爲病愈. 阿彌陀者, 名本無病."

대답했다. 안장이 말 등에 모두 없는 것이다.

물었다. 무엇이 바른 연등불(然燈佛)입니까?

이에 이 상(相)을 그려 대답했다.

물었다.

연등불(然燈佛)과 연등불(然燈佛)이 아닌 것은 무엇입니까?

이에 이 상(相)을 발로 지워버렸다.

언제나 어느 스님들이 물었다.

단지 석가(釋迦)께서 연등불(然燈佛)을 만난 것입니까? 삼세(三世)의 여래(如來)가 모두 연등불(然燈佛)을 만난 것입니까?

대답했다.

그대가 말해 보아라. 예로부터 모든 제왕(帝王)들이 어리석었는가? 단지 대당(大唐)의 천자(天子)만 어리석었는가?

물었다. 만약에 그렇다면 용녀(龍女)가 8세에 성도(成道)하였는데 어디에 연등불(然燈佛)이 있었습니까?

대답했다. 다만 용녀(龍女)가 연등불(然燈佛)이 아닌 것만 보고 연등불(然燈佛)이 용녀(龍女)가 아니라고 보지 말아야 하는 것이다. 단지 석가(釋迦)가 연등불(然燈佛)이 아닌 것만 알고 연등불(然燈佛)이 석가(釋迦)가 아니라고 알지 말아야 한다.

《해설》 연등불을 불성(佛性)을 자각한 진여의 지혜라고 한 것은 연등불을 외부에 존재하는 것이라는 집착을 없애기 위한 것이다. 이것을 본각(本覺)과 불각(不覺) 그리고 시각(始覺)으로 설명하기도 하지만 자신의 불법(佛法)은 공(空)에서부터 자각(自覺)하는 것을 말한다. 그래서 연등불을 석가모니불의 스승이라고 하는 것이다. 그러므로 연등불이 용녀와 삼세제불과 석가모니와 다른 사람이라고 생각하는 것은 연등불이 외부에 존재한다고 생각하는 것이다.

(18) 능단이 최상승

⊙ 有人問. 某甲未識, 自己報土如何. 作此相示之. 云. 今之人多, 樂求西方者如何. 云. 勿言之也. 彼演若多之類, 非今所明也. 學云. 華嚴, 法華, 淨名, 所現者如何. 曰. 若情塵未脫, 皆生奇特想, 殊勝想, 神通想, 妙用想, 嗟見今之, 法師禪師, 銷解經文. 凡見一中現無量, 芥容須弥(彌), 法華三變土田, 淨名足指按地, 華嚴重重應現, 皆喚作諸佛, 妙用神通, 奇特境界, 痛哉痛哉.(第二十七張)

⊙. 어느 스님이 물었다. 저는[某甲] 자기의 보토(報土)[268]가 무엇인지 모르겠는데 무엇이 자기의 보토입니까? 그러자 이 ⊙상(相)을 그려서 제시(提示)했다.

물었다. 지금의 많은 사람들이 서방정토에 태어나기를 구하는 것은 어떻게 된 것입니까?

대답했다. 그렇게 말하지 마라. 저 연약다(演若多, 연약달

---

268) 보토(報土, 淨土): 『法華文句記』卷10(T34, p.340c10~13), "常在靈山爲報土者, 若準餘國指有餘土者, 報土須指 他受用也. 據常在之言, 卽屬自受用土."; 『淨名玄論』卷8(T38, p.906a23~26), "次明報土者, 爲據因位 三賢十聖 實行爲論, 卽是報土. 以未免三界 內外果報, 必有栖宅, 栖宅之處, 是菩薩實報, 故名報土, 卽菩薩報土."; 『大明三藏法數』卷13(P181, p.857a8~10), "果報土者 亦名實報土 卽別教十地 圓教十住 十行十回向 乃至等覺 諸菩薩所居之土也."

다)²⁶⁹⁾의 무리라고 지금 밝혀진 것은 아닌 것이다.

학인이 물었다. 『화엄경』, 『법화경』, 『정명경(淨名經, 維摩經)』에 나타나 있는 정토는 무엇입니까?

대답했다. 만약에 정식(情識)의 번뇌(煩惱)로 육진(六塵)에서 해탈하지 못했다면 일어나는 모든 것이 기특상(奇特想), 수승상(殊勝想), 신통상(神通想), 묘용상(妙用想)인 것인데 지금의 법사(法師)나 선사(禪師)들을 보면 경전의 문구만 해석하여 망념(妄念)을 녹이려고 하고 있다.

일반적으로 하나에 무량한 세계가 나타나는 것과 겨자씨 속에 수미산이 들어가는 것, 『법화경』의 삼변토전(三變土田)²⁷⁰⁾,

---

269) 연약달다(演若達多): 『祖堂集』卷16(B25, p.595b4~13), "若如是者演若達多, 將頭覓頭, 設使認得, 亦不是汝本來佛. 若言卽心卽佛, 如兔馬有角. 若言非心非佛, 如牛羊無角, 你心若是佛, 不用卽他. 你心若不是佛, 亦不用非他. 有無相形, 如何是道. 所以若認心決定, 不是佛. 若認智決定, 不是道. 大道無影, 眞理無對. 等空不動, 非生死流. 三世不攝, 非去來今. 故明暗自去來, 虛空不動搖. 萬像自去來, 明鏡何曾鑒. 阿你今時盡說 我修行作佛, 且作摩生修行. 但識取無量劫來, 不變異性, 是眞修行.(만약 이렇다면 연야달다가 자신의 머리를 찾는 것으로 설사 이렇게 알았다고 하여도 역시 그대의 본래의 부처는 아닌 것이다. 만약에 마음이 바로 부처라고 말해도 토끼나 말의 뿔이 있는 것과 같다. 만약에 마음도 아니고 부처도 아니라고 해도 소나 양이 뿔이 없는 것 같아서 그대의 마음이 만약에 부처라면 그를 의지할 필요가 없다. 그대의 마음이 만약에 부처가 아니라면 역시 그를 찾을 필요가 없다. 유무라는 것은 형상을 말하는 것이므로 무엇이 도이겠는가? 그러므로 만약에 마음을 부처라고 결정하면 마음은 부처가 아닌 것이 된다. 만약에 지혜를 도라고 결정하여 인정하면 지혜가 도는 아닌 것이 된다. 대도는 흔적이 없고 진리는 무대(無對: 인식의 상대가 없음)이다. 허공처럼 부동이니 생사에 빠진 것이 아니다. 삼세에 속하지 않으니 과거 미래 현재에 있는 것이 아니다. 그러므로 명암은 저절로 오가지만 허공은 동요하는 것이 아니다. 만상이 오가는 것이지 명경은 어찌 비추려고 하겠는가? 그대들이 지금 모두 '나는 수행을 해서 부처를 이루겠다고 말하는데 어떻게 수행을 해야 되겠는가? 단지 무량겁 동안에 오면서 변이가 없는 성품(性品)을 확실히 알아차리는 것이 바로 참 수행인 것이다.)"

270) 삼변토전(三變土田, 三變淨土): 『法華經科註』卷6(X30, p.767c14~15), "此三變土淨者 以放光遠召 分身來集故 須變穢爲淨 以諸分身 本居淨土故

276

『정명경』에서 부처님이 발가락으로 땅을 누른 것271), 『화엄경』에서 중중(重重)의 세계가 응현하는 것[重重應現]들을 깨달아야

也 疏云放光遠召.";『妙法蓮華經文句』卷8(T34, p.114a28~b5), "三變土淨者, 此正由三昧, 三昧有三, 初變娑婆, 是背捨能變穢爲淨. 次變二百那由他, 是勝處轉變自在. 後變二百那由他, 是一切處於境無閡. 又初一變淨表淨除四住, 次一變淨表淨除塵沙, 後一變淨表淨除無明. 是時諸佛 坐師子座.";『法華經科註』卷6(X30, p.767c14~20), "此三變土淨者 以放光遠召 分身來集故 須變穢爲淨 以諸分身 本居淨土故也 疏云 放光遠召 三變土淨者 此正由三昧 二昧有三 初變娑婆 是背捨能變穢爲淨 次變二百那由他 是勝處轉變自在 後變二百那由他 是一切處於境無礙 又初一變淨表淨除四住也 次一變淨表淨除塵沙也 後一變淨表淨除無明也.";석존이 삼매로 예토(穢土)를 삼변(三變)하여 정토(淨土)가 되게 한 것으로 사바세계를 정토(淨土)로 하고, 두 번 이백억나유타의 국토를 정토로 변하게 한 것을 "淨表淨除四住, 淨表淨除塵沙, 淨表淨除無明"으로 이것을 삼변(三變)이라고 한다. 삼매로 인하여 자신의 마음을 청정하게 하고 번뇌 망념을 제거하여 무명에서 벗어나 자신이 여래라는 것을 알게 하여 탑을 열어 사자좌에 앉게 하는 것이다. ;『法華經入疏』卷7(X30, pp.165b11~166b14), "第四遠照. 爾時十方諸佛, 各告衆菩薩言. 善男子, 我今應往娑婆世界, 釋迦牟尼佛所, 并供養多寶如來寶塔, 諸佛同來. ... 此初變娑婆, 是背捨, 能變穢爲淨, 又初變淨, 表淨除四住. ... 次變八方, 各變二百那由他, 是勝處轉變自在, 亦表淨除塵沙. ... 此第三復變八方, 變二百那由他, 是一切處, 於境無礙, 表淨除無明. △下是時諸佛坐師子座, 第七與欲開塔. 復五, 一諸佛問訊說欲, 二釋迦開塔, 三四衆皆同見聞, 四二佛分座而坐, 五四衆請加. ... 第二開塔者, 卽是開權. 見佛者, 卽是顯實, 亦是證前. 復將開後, 如却關鑰者, 却障機動也. ... 此第三四衆見聞興供養. 爾時多寶佛, 於寶塔中, 分半座, 與釋迦牟尼佛. 而作是言, 釋迦牟尼佛. 可就此座, 卽時釋迦牟尼佛. 入其塔中, 坐其半座, 結跏趺坐. 此第四二佛分座也. 爾時大衆, 見二如來, 在七寶塔中, 師子座上, 結跏趺坐, 各作是念, 佛坐高遠, 惟願如來, 以神通力, 令我等輩, 俱處虛空, 卽時釋迦牟尼佛. 以神通力, 接諸大衆, 皆在虛空."

271) 족지안지(足指按地):『維摩詰所說經』卷1(T14, p.538c20~23), "於是佛以足指按地, 卽時三千大千世界, 若干百千珍寶嚴飾, 譬如寶莊嚴佛 無量功德 寶莊嚴土. 一切大衆歎未曾有, 而皆自見 坐寶蓮華.";『新華嚴經論』卷37(T36, p.983a7~10), "足指按地者, 智之所行也. 表以法空起智現, 前衆執皆散. 輪圍山是妄所執之報境, 無依智現所執境無. 以禪觀方明 不可以想心揣酌.";『華嚴經疏論纂要』卷15(B03, p.305a10~12), "九以佛神通. 于何不淨. 淨名足指按地, 法華三變淨土, 卽其類也. 鈔. 淨名足指按地者, 卽佛國品說 隨其心淨 則佛土淨. 爾時舍利弗 承佛威神, 作是念. 若菩薩心淨 則佛土淨者, 我世尊本 爲菩薩時, 意豈不淨, 而是佛土 不淨若此. 佛知其意, 卽告之言. 我此土淨, 而汝不見. 爾時世尊, 卽以足指按地, 卽時三千大千世界, 若干百千衆寶嚴飾. 譬如寶莊嚴佛, 無量功德 寶莊嚴土. 一切大衆, 歎未曾有, 而皆自見坐寶蓮華等是也."

하는데[見] 모두가 제불의 신통묘용으로 기특한 경계를 만드는 것이라고 부르고 있으니 괴롭고 괴로운 것이다[痛哉痛哉].(제27장)

《해설》 자신이 진여의 지혜를 알지 못하면 경전에 나온 문구만 해석하여서 자신을 찾으려고 하고 있다고 설하고 있다. 그래서 논리적으로 해결하기 어려운 문구만 끌어 앉고 해결하려고 하는 것을 미끄러운 기름통 속에서 헤어 나오려고 하는 것이라고 하고 있다. 기특상(奇特想), 수승상(殊勝想), 신통상(神通想), 묘용상(妙用想)등으로 자신을 파악하여 자신의 번뇌 망념에서 벗어나려고 하는 것은 괴로운 일이라고 설하고 있다. 자신의 중생심을 자신이 드러내야 원만한 깨달음이라고 이 圉 상(相)으로 제시하고 있다. 그러므로 자신이 자신을 아는 지혜를 말하는 것이므로 여반장(如反掌)이라고 말하는 것이다.

非止一人而已, 今之銷經者, 例皆如是. 嗚呼. 不識自己報土, 彼情塵所著所礙. 故於是事, 不能明了, 遂生奇特心, 未曾有想, 己不能想, 他能用想. 故經云. 用攀緣心, 爲自性者. 又云. 識精元明, 能生諸緣, 緣所遺者.272) 是以敎云. 三賢十聖住果報, 唯

272) 『大佛頂如來密因修證了義諸菩薩萬行首楞嚴經』卷1(T19, p.108c4～8), "一者無始生死根本, 則汝今者與諸衆生, 用攀緣心爲自性者. 二者無始菩提 涅槃 元清淨體, 則汝今者 識精元明, 能生諸緣 緣所遺者. 由諸衆生 遺此 本明, 雖終日行 而不自覺, 枉入諸趣.";『念佛警策』卷2(X62, p.324b4～ 18), "問世尊言諸修行人, 用攀緣心爲自性者. 猶如煑沙欲成嘉饌. 今念佛 心是攀緣心邪, 非攀緣心耶. 若用攀緣心者, 一切覺觀思惟, 皆是生死根本. 若非攀緣心者, 何言念性生滅, 因果殊感. 若云此生滅心 即不生滅心. 何云 煑沙. 乃法華所云. 若人散亂心, 一稱南無佛. 南能所云不斷百思想, 對境心"

佛一人居淨土.273) 三賢十聖, 猶滯果報, 況凡夫乎.274) 又云. 心淨則佛土淨.275) 達磨大師云. 吾本來玆土, 傳法救迷情, 一花開五葉, 結果自然成.276)

비단 일인(一人)뿐만 아니라 이미 지금 경전의 문구만 해석하고 분석하여 망념(妄念)을 녹이려고 하는 자들이 모두 이와 같은 자들이다. 오호(嗚呼)라! 자기보토(自己報土)를 대상으로

數起. 又非用此生滅心邪, 世尊斥世間人認 攀緣心爲自性, 非斥用攀緣心入自性, 豈不聞圓覺云. 以幻修幻, 天台專用六識. 阿難云. 供養如來, 亦因此心, 永退善根, 亦因此心, 以此推之. 此心亦不惡, 可以爲入道之前茅, 論乎眞性. 何用念爲, 論乎樂土, 非念莫生. 文殊云. 念性生滅, 此爲選耳根圓通, 淨業智人, 安得隨文殊脚跟轉. 文殊如修般舟三昧. 又當以我念佛爲良導, 法華一稱, 塵勞起而佛道成. 南能不斷, 妄想興而涅槃現."

273) 『勝鬘經疏義私鈔』卷1(X19, p.932c2～3), "下有微細無明因 變易生死果故 經云 三賢十聖住果報 唯佛一人居法性土"

274) 『仁王護國般若波羅蜜多經疏』卷2(T33, p.475a4～16), "經. 三賢十聖住果報 唯佛一人居淨土 一切有情皆暫住 登金剛原常不動. 解曰. 三賢十聖住果報者, 約人明也. 分段變易二種生死, 若身若土 乘因感果 住果報故. 唯佛一人居淨土者, 如來亦名無上覺者. 隨身所居, 皆淨土故. 一切有情皆暫住者, 約法明也. 等覺已前 若賢若聖 有爲生滅 刹那不住, 設令證如 亦暫住故. 登金剛原常不動者 此有二義. 有說, 佛果眞解脫位, 智常證如, 如智平等 故名不動. 凝然相續 俱名常故. 有說. 佛果金剛定後證寂滅原, 身智湛然常不動矣. 從此第二有兩行半讚佛悲深."

275) 『維摩詰所說經』卷1(T14, p.538c4～5), "若菩薩欲得淨土, 當淨其心. 隨其心淨, 則佛土淨."

276) 『法演禪師語錄』卷1(T47, p.650a2～4), "祖師道. 吾本來玆土, 傳法救迷情. 一花開五葉, 結果自然成."; 『景德傳燈錄』卷3(T51, p.219c17～18), "吾本來玆土 傳法救迷情 一華開五葉 結果自然成"; 『林泉老人評唱投子青和尙頌古空谷集』卷1(X67, p.270b3～14), "初祖達磨大士曰. 吾本來玆土, 傳法救迷情, 一花開五葉, 結果自然成. 至曹溪六祖之下分而爲二, 一曰南嶽讓, 二曰青原思. 讓之已下復分爲二, 曰潙仰, 曰臨濟. 思之已下亦分爲三, 曰曹洞, 曰雲門, 曰法眼. 曹溪一派今分爲五, 此應一花五葉之懸識也. 大抵所傳之法本無有異, 爲各立門庭施設不同. 此女人拜者 乃潙仰之機用也. 彼宗有九十七種圓相, 復以六門總攝. 一曰圓相, 二曰義海, 三曰暗機, 四曰多字學, 五曰意語, 六曰默論. 今道吾答處, 暗機默論. 覿面相呈, 深奧玄關, 兩手分付. 休云 㝠漠閟爾難窺, 正眼觀來已成漏逗. 既被傍人覰破, 賞伊卽是, 罰伊卽是, 是他投子自知下落."

알지 않아야 정식(情識)의 번뇌(煩惱)로 육진(六塵)에 의한 집착이 장애가 아닌 것이다. 그러므로 이와 같은 일(본분사)을 명백하게 요달(了達)하지 못하면 기특하다는 마음, 일찍이 없었던 것이란 생각, 자신은 생각할 수 없다는 생각, 그 만이 능히 지혜로 생활할 수 있다는 생각을 일으키게 된다.

그러므로 경(經)에 말씀하셨다. 반연(攀緣)되어 생겨난 마음을 진여의 지혜로 아는 것을 자성(自性)이라고 한다. 또 말하였다. 식정(識情, 眞心)은 원래 분명하여 능히 모든 연(緣)을 만들지만 연(緣)이 본성을 잃어버리는[遺] 것277)이라고 하였다.

그러므로 교(敎)에서 말하기를 삼현(三賢)과 십성(十聖)은 과보(果報)에 주(住)하는 것278)이고 오로지 부처 일인(一人)만이 정토(淨土)에 거주(居住)하는 것이다. 삼현십성(三賢十聖)도 오히려 과보(果報)에 빠지는데[滯] 하물며 범부(凡夫)이겠는가 라고 하였다.

또 말하였다. 마음이 청정하면 불국토가 청정하다.

달마대사(達磨大師)가 말했다. 내가 본래 이 국토에 온 것은, 인연법을 전해 미혹한 중생들을 구제하고자 한 일대사이네. 하나의 꽃에 다섯 꽃잎이 피면, 열매는 저절로 맺히게 되는 것이

---

277) 『首楞嚴義疏注經』卷1(T39, p.837c20~28), "則汝今者 識精元明 能生諸緣 緣所遺者, 正顯也. 第八梨耶, 於諸識中, 最極微細, 名爲識精. 此微細識 有二種義. 一者覺義, 二者不覺義. 覺義卽是此文元明, 元明者本覺也. 不覺卽是無明生滅, 謂不生不滅 與生滅合 非一非異, 名爲識精. 從此變起根身種子 器世間等, 名生諸緣. 識相既現, 元性卽隱, 名緣所遺者, 遺失也. 故下文云. 一切眾生 從無始來 迷已爲物 失於本心."

278) 『大乘理趣六波羅蜜多經』卷1(T08, p.869a22~25), "第二聖僧者, 謂須陀洹向, 須陀洹果, 斯陀含向, 斯陀含果, 阿那含向, 阿那含果, 阿羅漢向, 阿羅漢果, 辟支佛向, 辟支佛果, 八大人覺三賢十聖. 如是名爲第二僧寶."; 『涅槃經疏私記』卷1(X37, p.147b14~15), "三賢十聖者, 別教地前與而爲論, 入空出假亦得分果. 若仁王經專證於圓, 今且傍通別教."

네. 종문원상집(제27장)

《해설》 여기에서 중요한 것은 소승과 대승으로는 미흡하므로 최상승이 되어야 한다는 것을 설하고 있다. 『금강경』에 보면 수보리를 아라한이라고 하며 최고의 이욕아라한이라고 칭찬하고 있는 것[279]은 아직까지 여래에 미치지 못하였기 때문이다. 대승도 미세하게 남아있는 과보에 빠지는 만(慢)을 제거해야 한다는 것을 설하고 있다. 그래서 삼현십성도 잘못하면 과보에 빠지므로 육대에 전해진 불법(佛法)을 바르게 알아야 한다고 설하고 있다. 여기에서 자신이 드러내야 할 것은 구경의 최상승인 여래가 되어야 한다고 이 ⊕상(相)을 제시한 것이다. 삼현십성의 경지를 넘어 최상승의 경지에 살아야 올바른 삶이라고 설하고 있다.

(19) 몰종적(沒蹤跡)의 무소종(無所宗)

佛敎, 道敎, 儒敎, 此三敎於, 世有何等益. 云. 揔無所益. 云. 爲何無益. 云. 不見道, 遇貴卽賤. 又云. 堯舜仁德, 道喪之始也. 有人作此相來, 但以 ◯ 此相對之. 不遺不眞不妄, 不聖不凡, 不高不下, 是亦卽是, 非亦卽非. 或作圓月, 相對意云, 會三歸一. 或都抹却, 一亦不立. 然據三敎, 殊途不可, 一日而言之, 門戶被化懸遠. 儒則宗仁義, 尊君

---

279) 『金剛般若波羅蜜經』(T08, p.749c12~14), "世尊, 我若作是念, 我得阿羅漢道, 世尊則不說 須菩提是樂阿蘭那行者."

臣. 道則宗自然, 尊虛寂. 佛則無所宗, 以此而殊途也.

○. 물었다. 불교(佛敎), 도교(道敎), 유교(儒敎) 이 삼교(三敎)가 세상에 무슨 이익을 줍니까?

대답했다.

무소유로 알지 못하면 이익(利益)될 것이 아무것도 없다.

물었다. 왜 아무 이익이 없습니까?

대답했다. 자신의 도(道)를 깨닫지 못하면 귀인을 만나도 도적(盜賊)으로 알기 때문이다.

또 말했다. 요순(堯舜)의 인덕(仁德)으로 도(道)가 상(喪)하게 된 시초이다.

어느 스님이 이 상(相)을 그려서 물어오면 단지 이 ○상(相)으로 대답하셨다. 무엇을 버리지도 않고, 진(眞)이라고도 하지 않고, 거짓이라고도 하지 않고, 성인(聖人)이나 범부(凡夫)라고도 하지 않고, 높고 낮은 것이라고도 하지 않고, 바른 것을 역시 바르다고 하고, 아닌 것은 역시 아니라고 해야 하는 것이다.

혹은 둥근 달 모양(圓月相)을 그려서 대답한 뜻은 회삼귀일(會三歸一, 삼승을 개회하여 일불승으로 귀의하는 것)을 말하는 것이다. 혹은 모두 지워버린 것은 하나도 역시 건립하지 않는다는 것이다. 그러나 삼교(三敎)에 의거한다면 길이 다르게 되어[殊途] 하루 종일 말로 하여서는 불가능하여 문호(門戶)마다 교화(敎化)하여 펼쳐도 현격한 차이가 나게 된다.

유교(儒敎)는 인(仁)과 의(義)를 종(宗)으로 하여 군신(君臣)을 존중하는 것이다.

282

도교(道敎)는 자연(自然)을 종(宗)으로 하며 허적(虛寂)을 존중한다.

불교(佛敎)는 종(宗)으로 하는 것이 없다.

이것으로 말미암아 길이 다르게 된 것[殊途]이다.

《해설》 불교와 도교 및 유교를 비교하며 아무 이익이 없다고 설하면서 마지막에 불교를 '무소종(無所宗)'이라는 한마디로 불교의 중요성을 몰종적이라고 설하고 있다. 그래서 큰 원상아래에 작은 원상을 그려 제시한 것이다. 이 ◯상(相)도 원상의 양쪽에 뿔이 난 것으로 지금과 같은 현세를 나타내고 있는 것이다. 그러므로 하루종일 말로 설해도 불가능하다고 설하고 있다. 즉 지식이나 신앙으로는 다른 어느 교단(불교, 유교, 도교, 기독교, 힌두교, 이슬람 등)의 교리로 아무리 설명해도 이룰 수 없다는 것을 정확하게 설명하고 있는 부분이다.

(20) 줄탁동시의 사자상승(師資相承)

諸佛以無緣大慈, 普赴群有, 衆生以, 無緣悲哀, 以感諸聖. 所以云. 感應道交難思議. 又云. 如雞抱子, 啐啄同時. 又云. 函蓋相應, 箭鋒相柱. 有人作此相來, 但以此相 ◉. 對之. 或云. 絶. 或云. 滅門漢. 或, 合掌對.(第二十八張) 或一時畫破.

〇. 제불(諸佛)은 무연(無緣)으로 대자비(大慈悲)를 베풀어 널리 모든 중생에게 다가가는 것이 있는 것이고, 중생(衆生)들은 무연(無緣)비애(悲哀)이기에 모든 성인(聖人)들에게서 감응하는 것이 있다. 그러므로 말하기를 도(道)에 감응하여 서로 교류하는 것은 사의(思議)하기 어려운 것이라고 말하고 있다.

또 말했다. 이것은 마치 닭이 알을 품어서 줄탁동시(啐啄同時)하는 것과 같아야 한다.

또 말했다. 함과 뚜껑이 꼭 맞아 상응(相應)하듯이 화살촉과 창끝이 서로 맞아야 계합하는 것과 같다.

어느 사람이 이 상(相)을 그려서 물어오면 단지 이 ⊕상(相)을 그려 대답했다.

혹은 말했다. 모두 해결해야 한다[絶].280)

혹은 말했다. 멸문281)한(滅門漢)이 되어야 한다.

혹은 합장(合掌)으로 대답하셨다. (제28장)

혹은 일시(一時)에 도상 그린 것을 지워 버렸다.

《해설》 이심전심이나 염화미소가 되는 것은 의심즉차(擬心卽差)가 된다는 사실을 알아야 하기에 줄탁동시(啐啄同時)해야 한다고 이 ⊕상(相)으로 계합에 대하여 설하고 있다. 사자(師

---

280) 절(絶): 끊다. 단절하다. 다 없어지다. 다하다. 결코. 절대로. 막히다. 비할 데 가 없다.

281) 『大乘起信論』卷1(T32, p.585a4∼5), "心生滅門者, 謂依如來藏 有生滅心轉, 不生滅與 生滅和合, 非一非異, 名阿賴耶識." ; 『涅槃宗要』(T38, p.243a19∼23), "滅門者, 亦有二種. 先明性淨 及方便壞, 後顯有餘 無餘涅槃. 初明性淨方便壞者, 眞如法性 本來無染 故曰性淨. 亦名本來淸淨. 涅槃卽如如理 凡聖一味, 是故亦名同相涅槃." ; 『般若心經略疏顯正記』卷3(X26, p.758c10∼12), "還滅門者 觀能斷十二支無漏智 名還棄生死 還歸涅槃故 觀十二支盡處 無爲名滅 是寂滅法故 以眞空下 亦是釋無此 無明盡之所以也."

資)간의 계합하는 내용을 언어문자로 설명하는 것은 쉬운 것이
아니라고 설하고 있다. 그래서 ⓢ상(相)이나 절(絶)과 멸문한
(滅門漢)과 합장으로 설하고 있다. 즉 모든 번뇌 망념이 다해야
하는 것이고, 멸문(滅門)이 되어야 한다는 것은 무루지를 체득
해야 하는 것이고, 원상(圓相)안에 합(合)자(字)가 들어 있다는
것은 사자(師資)간의 계합이 되어야 하는 것이고, 합장도 같은
의미이므로 줄탁동시(啐啄同時)가 되어야 한다고 설하고 있다.
그리고 마지막에 이 도상을 지워버린 것은 자신도 몰종적을 실
천하는 여래와 같다고 설하는 대목이다.

所以馬祖昇堂, 百丈卷席,[282] 二祖禮三拜, 依位而立,[283] 鹿苑
五俱輪得度.[284] 臨際云. 向者瞎驢, 邊滅却去. 有學人問. 某甲
昨日開池, 今宵月應時.[285] 以此相對之. 學人點頭, 云. 汝祇見

---

[282] 『宏智禪師廣錄』卷5(T48, pp.58c25~59a3), "小參僧問. 馬祖陞堂, 百丈
卷席, 意旨如何. 師云. 也知鼻頭猶痛在. 僧云. 雖然父子相知, 也是弄巧成
拙. 師云. 儞還知痛處也未. 僧作卷席勢. 師云. 三汲浪高魚化龍, 癡人猶戽
夜塘水. 僧云. 只如馬祖一喝, 百丈三日耳聾. 又作麼生. 師云. 聲在耳處,
耳在聲中. 僧云. 可謂是根塵脫落, 消息平沈去也. 師云. 切莫強鍼錐. 僧禮
拜."

[283] 『法演禪師語錄』卷2(T47, p.660b8~14), "上堂擧. 達磨大師云 誰得吾
正宗, 出來與汝證明. 尼總持云. 據某見處, 如慶喜見阿閦佛國, 一見更不再
見. 達磨云. 汝得吾皮. 道育云. 據某見處, 實無一法當情. 磨云. 汝得吾肉.
二祖禮三拜 依位而立. 磨云. 汝得吾髓. 師云. 當時若見他三人恁麼道, 各
人好與三十棒."

[284] 『金剛經纂要刊定記』卷1(T33, pp.174c27~175a1), "爲治此二. 是故先
說生滅因緣, 卽佛初成道, 始從鹿苑度五俱輪. 次度舍利弗, 目連, 迦葉三兄
弟等. 於十二年間所說, 卽諸部『阿含』等經是也."; 『大乘四法經釋抄』(T85,
p.558b11~15), "言結集時者, 佛涅槃後, 於王舍城七葉巖窟, 集諸五百 大
阿羅漢. 衆請阿難 昇座說法. 衆起三疑, 及乎阿難說 如是我聞等. 佛初成
道, 鹿野苑中初度五俱輪等. 說四諦法, 三轉者(云云)."

[285] 『宏智禪師廣錄』卷4(T48, p.44b15~16), "開池不待月, 池成月自來.";

春生夏長, 秋變冬凋.286) 忽然, 搕損汝腦, 蓋骨洗却, 汝眼睛載却鼻孔, 向髑髏裏倒, 道將一句來.287) 學者無語, 云. 汝祇是隨緣信業, 逐時之宣. 今天下共同, 非唯闍梨. 不見黃檗云. 大唐國內, 無禪師. 又雲門云. 平地上死人無數.

왜냐하면 마조(馬祖)께서 승당(昇堂)하자 백장(百丈)이 자리를 걷었던 것이며, 이조(二祖)께서 삼배(三拜)를 하고는 지위(地位)에 의지해 깨달은 것이며, 녹야원(鹿野苑)에서 다섯 비구가 모두 법륜의 지혜로 득도(得度)한 것이다.

임제(臨濟)께서 말했다. 저 눈 먼 당나귀에게서 멸각(滅却, 멸각이란 인가를 말함)되어 버릴 것이다.288)

어느 학인이 물었다. 제가 어제 연못을 파 놓았는데 지금 밤이 되면 달이 응(應)하여 나타나겠습니까? 하니 이 상(相)을 그려 대답하셨다.

학인이 이에 고개를 끄덕이며 인정하자[點頭] 말씀하셨다. 그대는 단지 봄이면 싹이 나서 여름에는 성장하고 가을에 단풍이 들어 겨울에 시드는 것[凋]만 볼 줄 아는 것이다. 지금 바로 그

『景德傳燈錄』卷30(T51, p.465c14), "開池得月難其契也,"; 『金剛經心印疏』卷2(X25, p.845b12), "正謂開池不造月, 池成月自來."; 『般若心經註解』(X26, p.964a12~13), "大顚云 開池不待月 池成月自來."; 『大般涅槃經集解』卷12(T37, p.432b14~15), "萬物春生夏長, 秋實冬藏, 衆功畢也."; 『金剛經註解鐵鋑錎』卷2(X24, p.874c12~15), "春生夏長秋收冬藏, 是故森羅萬象當頭現. 咄. 現出來的是箇甚麼, 咦. 原來現出 釋迦牟尼佛的 丈六紫金身."

286) 『妙法蓮華經文句』卷10(T34, p.137a4~5), "譬如田家, 春生夏長耕種耘治, 秋收冬藏一時穫刈."

287) 『雲門匡眞禪師廣錄』卷2(T47, p.564c13~14), "又云. 爾若道不得, 向鼻孔裏道將一句來. 代云. 新羅火鐵鄆州針."

288) 『闢妄救略說』卷5(X65, p.146b8~10), "不見臨濟謂. 誰知吾正法眼藏, 向者瞎驢邊滅却. 正法眼藏, 尙向瞎驢邊滅却."

대의 머리를 쪼개어 두뇌(頭腦)속에 든 잘못된 것을 들어낸 뒤에 씻어서 머리뚜껑을 다시 덮고, 그대의 안목(眼睛)을 청정하게 한 비공(鼻孔, 본래면목)이 골수에까지 향하였을 때에 전도된 일구(一句)를 말하여 보아라.

수행자가 대답을 하지 못하니 말씀하셨다. 그대가 단지 신업(信業)289)으로 시절 인연에 따라 말하고 있는 것이다. 지금 천하인 들이 모두 이와 같이 하고 있는데 오직 그대만 그런 것이 아니다. 그대는 황벽께서 대당국(大唐國)안에 선사(禪師)가 없다290)라고 하고 또 운문(雲門)께서는 평지(平地)에 사인(死人)이 무수(無數)하다291)라고 하신 말씀을 그대는 들어 보지 못했는가?

---

289) 『慈悲道場水懺法隨聞錄』卷1(X74, p.679b17~19), "四信業者. 一信佛(樂常讚佛) 二信法, 利益(樂欲聽法, 常念修行). 三信僧(能行二利, 樂供養衆). 四信戒(樂離五欲), 此四信要立. 立則不爲魔外搖動也."

290) 대당국내무선사(大唐國內無禪師): 선사(禪師)라는 집착이 없는 선사(禪師)가 없다는 것으로 선(禪)의 본질을 말함. ; 『景德傳燈錄』卷9(T51, p.266b26~c2), "汝等既稱行脚, 亦須著些精神好還知道. 大唐國內無禪師麼. 時有一僧出問云. 方尊宿盡聚衆開, 爲什麼道無禪師. 師云不道無禪只道無師."

291) 평지상사인무수: 『圓悟佛果禪師語錄』卷12(T47, p.769c5~11), "若如此則墮在解脫深坑. 不見雲門大師道. 平地上死人無數, 過得荊棘林者是好手, 而今平地上, 死人無數, 雲門一句道著. 山僧這裏則不然, 直饒透得荊棘林, 亦未是好手. 更須知有銀山鐵壁, 直須透得銀山鐵壁. 然後是千了百當底人, 方知有向上事."; 『黃龍慧南禪師語錄』(T47, p.631a6~9), "擧雲門大師云. 平地上死人無數, 過得荊棘林者是好手. 乃拈起拂子云. 大衆, 若喚作拂子, 正是平地上死人. 若不喚作拂子, 未透得荊棘林在. 擊禪床, 下座.(운문의 말을 들어 말했다. 지금 평지에 살면서도 죽은 사람들이 많은데 자신이 공(空)의 가시덤불을 지나 대승으로 나아간 사람은 잘한 사람이다. 그리고는 이내 불자를 들어 보이며 말했다. 대중들이 만약에 이것을 불자라고 하면 정확하게 평지에 살면서도 죽은 사람이다. 만약에 불자라고 말하지 못하면 자신이 공(空)의 가시덤불을 통과하지 못한 것이다. 선상을 치고는 법좌에서 내려왔다.)"

《해설》 불법(佛法)이 지금까지 계승(繼承)되어 온 것은 분명한데 자신이 견성하여 소승(성문·연각·보살)으로 살아가는 사람들은 무수하게 많지만 소승에서 대승으로 나아가서 살아가는 사람은 적고 최상승으로 살아가는 사람은 당나라에 아무도 없다고 한 것이다. 그러므로 평지라는 지금 살아가는 이 세상에 죽은 사람들 무수하다 라고 하고 있다. 즉 신업(信業, 佛法僧戒만 믿고 살아가는 소승)에 따라 소승으로 살아가는 것은 모두가 죽은 사람이라고 하는 것이다. 이 말은 대승(대비구·아라한·보살마하살)으로 나아가지 못하면 안 된다는 것을 강조하는 자비심이다.

(21) 무생(無生)으로 최상승하는 법

有學者, 得見自己, 了了分明, 無所留碍, 方能步步向□(前).292) 如有絲毫隔礙則, 未是前進之人. 所以洞山云. 切忌隨他覓, 迢迢與我疎, 我今獨自徃(往), 處處得逢渠, 渠今正是我, 我今不是渠, 應須與麼會, 方得契如如. 又僧問廣德云. 酌水獻花時如何. 德云. 忽然雲霧靆靉, 闍梨作麼生. 僧云. 與麼則, 探汲不虛施也. 德云大衆. 此是, 第二代廣德.293)

---

292) □疑[前]{編}.
293) 『指月錄』卷21(X83, p.634a24~b4), "襄州廣德義禪師 謁先廣德, 作禮問曰. 如何是和尙密密處. 德曰. 隱身不必須巖谷, 闠闠堆堆覰者稀. 師曰. 恁麼則酌水獻花去也. 德曰. 忽然雲霧靆, 闍梨作麼生. 師曰. 探汲不虛施. 廣德忻然曰. 大衆看取第二代廣德."; 『五燈會元』卷14(X80, pp.284c19~285a1), "襄州廣德義禪師 謁先廣德, 作禮問曰. 如何是和尙密密處. 德曰. 隱身不必須巖谷, 闠闠堆堆覰者稀. 師曰. 恁麼則酌水獻華去也. 德曰. 忽然雲霧靆, 闍梨作麼生. 師曰. 探汲不虛施. 廣德忻然曰. 大衆看取第二代廣

所以三乘同趣, 而見性差殊. 三獸渡河, 而淺深各異. 草菴菩薩,
尚守自貧, 華嚴二乘294), 所以無分於是. 僧問洛浦云. 學人擬欲,
歸鄉時如何. 浦云. 汝父母俱喪, 臥在荊棘林中, 子歸何所. 僧云.
與麼則不歸去也. 浦云. 歸去則須歸去, 示汝一箇休粮方. 僧云.
便請. 浦云. 二時上堂, 不得咬破一粒米.(第二十九張)

요. 수행자들은 자기의 마음을 친견하여 체득하고 분명히 요
달(了達)하여서 남아 있는 장애가 없게 되어야 비로소 걸음걸
음 앞으로 나아가는 것이 여래와 같은 능력이 되는 것이다. 털
끝만큼이라도 차이가 있으면 장애가 있게 되어 전진(前進)하는
사람이 아닌 것이다.

그러므로 동산(洞山)스님께서 말했다.

절대로 밖에서 찾으려고 하면 나와는 아득히 멀어지게 되는
것이고(切忌隨他覓 迢迢與我踈),

내가 지금 독자적인 진여의 지혜로 살아가면 가는 곳마다 그
(渠, 본래인)를 상봉하게 되어(我今獨自往 處處得逢渠),

그(渠)가 지금 분명히 나이지만 나는 지금 그(渠)가 아닌 것
이니(渠今正是我 我今不是渠),

반드시 이렇게 깨달아야 비로소 여여(如如)하게 계합(契合)하

德. 師次踵住持, 聚徒開法. 僧問. 如何是佛. 師曰. 披蓑倒騎牛, 草深不露
角. 問. 如何是祖師西來意. 師曰. 魚躍無源水, 鷐啼枯木花."
294)『禪門章』(X55, p.664a20~21), "自有不共般若 不共二乘說, 如華嚴, 二
乘如聾啞.";『釋迦如來行蹟頌』卷1(X75, p.31b20~23), "長者方便, 脫其
珍服, 卽著垢衣, 乃接其子. 以喻如來現舍那身, 頓說華嚴, 二乘如瓏, 竟無
所益. 如設方便, 現丈六身, 說生滅法, 乃令入道.(장자가 방편으로 귀한 옷
을 벗고 더러운 옷으로 갈아입고서 그 아들을 받아들인 것이다. 이것은 비
유로 여래께서 노사나의 보신으로 현신하여 화엄을 설하여도 이승들은 알아
듣지 못하니 끝까지 아무런 이익이 없었다. 그래서 방편을 베풀어 장육신으
로 현신하여 생멸법을 설하여 도에 들게 하였다는 것이다.)"

여 체득하는 것이네(應須與麼會 方得契如如).

또 어느 스님이 광덕(廣德)에게 물었다.

물을 긷고 꽃을 공양 올릴 때는 어떻습니까?

광덕(廣德)께서 대답했다. 홀연히 운무(雲霧, 망념)가 일어나면 그대는 어떻게 하겠는가?

그 스님이 말했다. 그렇다면 꽃을 올리고 물을 긷는 것이 헛된 것은 아니었습니다.

광덕(廣德)께서 대중에게 말했다. 이렇게 하는 사람이 제2의 광덕(廣德)이 되는 것이다. 왜냐하면 삼승(三乘)이 함께 나아가지만 견성(見性)함에는 차이가 있는 것이다. 세 짐승이 강을 건너지만 그 깊고 얕음이 각각 차별이 있는 것이다(三獸渡河, 而淺深各異). 문 앞의 초암(草庵)에서 공(空)을 구하는 보살(菩薩)은 항상 자신이 빈도(貧道)를 고수한 것이고, 이리하여 화엄(華嚴)과 이승(二乘)이 되어 구분되지 않았던 것이다.

어느 스님이 낙보(洛浦)[295]에게 물었다.

---

295) 낙포원안(落浦元安): 『宋高僧傳』卷12(T50, p.782c18~27), "唐澧州蘇溪元安傳 釋元安, 俗姓淡, 鳳翔遊麟人也. 卯年於岐陽懷恩寺 從兄祐律師出家. 唯經與論無不窮核. 乃問道翠微次臨濟, 各湌法味不飫香積之盂也. 斲彫復朴逍遙自如, 聞夾山道盛德至, 造澧陽當稽問轗軻. 又增用淨. 後開樂普山尋居蘇溪. 答訓請益多偶句華美, 爲四海傳焉. 以昭宗光化元年戊午十二月遷滅. 享壽六十五, 法臘四十六矣. 臨終告衆頗多警策辭句云."; 『景德傳燈錄』卷16(T51, p.331a3~9), "澧州樂普山 元安禪師 鳳翔麟遊人也. 姓淡氏, 卯年出家. 依本郡懷恩寺 祐律師披削 具戒通經論. 首問道于翠微臨濟. 臨濟常對衆美之曰. 臨濟門下一隻箭誰敢當鋒. 師蒙許可. 自謂已足. 尋之夾山卓庵. 後得夾山書發而覽之, 不覺竦然乃棄庵. 至夾山禮拜端身而立."; 『祖堂集』卷9(B25, pp.469a2~473b8), "落浦和尙嗣夾山, 在澧州. 師諱元安, 鳳翔麟游人也, 姓淡. 自少歧陽懷恩寺從兄祐律師受業, 至于論經, 無不該通. 先禮翠微, 次謁臨濟, 各有所進. 後聞夾山直造澧陽, 纔展座具, 時夾山問. 這裏無殘飯, 不用展炊巾. 對曰. 非但無, 有亦無著處. 夾山曰. 只今聻. 對云. 非今. 夾山云. 什摩處得這個來. 對云. 無這個. 夾山云. 這個猶被 老僧坐卻底.云. 學人亦不見有和尙. 夾山云. 與摩則室內無老僧. 對云. 畫影亦不得. 夾山讚曰. 道者知音指其掌, 鍾期能聽白牙. … 師光化

290

학인(學人)이 귀향(歸鄉)하고 싶을 때는 어떻게 하면 됩니까?

낙보(洛浦, 834～898)께서 말했다. 그대의 부모가 모두 죽어 가시덤불 속에 누워 있는데 그대는 어디로 돌아가려고 하는가?

그 스님이 대답했다. 그렇다면 돌아가지 않겠습니다.

낙보가 말했다. 돌아가려고 하면 즉시에 반드시 돌아가고 그대에게 일개(一个)의 휴량방(休粮方)을 제시(提示)하여 주겠다.

그 스님이 말했다. 바로 주십시오.

낙보(洛浦)께서 말했다. 항상 조석으로(二時)[296] 상당(上堂)하여도 한 알의 쌀도 씹어 먹지 못하는구나.(제29장)

《해설》 이 원상(相)은 수행자가 평생을 원상을 머리에 이고 살아도 한 톨의 쌀도 소화시키지 못하는 상(相)이라고 하고 있다. 화엄을 세존이 직접설하지만 이승이나 삼승은 알아듣지 못하여 방편으로 제도한다고 하고 있다. 그러나 오탁악세가 도래하니 방편에 떨어져 자신의 탐욕만 가득하여 육시(六時)행도(行道)하여도 쌀 한 톨도 먹지 못하는(不得咬破一粒米)상(相)이라는 것이다. 자신이 진여의 지혜로 행한다는 사실을 정확하게 파악하여야 하고 아라한과를 증득하였어도 증득하였다는 마음이 조금이라도 남아있다면 어긋나게 된다고 하고 있다. 그러므로 최상승에 대하여 설하고 있는데도 알아듣는 사람이 아무도

二年戊午歲十二月二日遷化, 春秋六十五, 僧夏四十六矣."; 섬서성 봉상(鳳翔)사람으로 속성(俗姓)은 담(淡)씨로 당(唐) 광화(光化)2년 12월 2일 입적

296) 이시(二時): 『白衣金幢二婆羅門緣起經』卷2(T01, p.219a8), "旦暮二時" (指朝.夕二時. 旦暮二時) ; 『法華遊意』(T34, p.634a17～21), "請有二時, 酬亦兩種. 請二時者, 初請說一乘根本法輪, 後請說三乘枝末之教. 酬亦二時者, 自昔已來受請說三乘之教, 今方得酬其請說一乘根本法輪. 是故今明受請與昔爲異."

없다는 것을 말하고 있다.

忽有人問. 無生之理[297]如何. 趣向乃作此相♀示之. 或有學人,
作此相來, 問宗師, 宗師應爲, 移生字上, 變作利他, 則本分事爲
伊. 伊若不薦, 且向伊道, 老僧今日背痛, 來日向汝道. 僧云. 今
日請, 和尙便道. 以柱杖打. 云. 者滅佛法賊漢.

홀연히 어느 스님이 물었다.

무생(無生)의 이치가 무엇입니까?

그에게로 가서 이 ♀상(相)을 그려 제시(提示)하였다.

혹은 어느 학인이 이 상(相)을 그려 와서 종사(宗師)에게 물
으면 종사(宗師)께서는 이에 응(應)하여 생(生)자(字)를 위로 옮
겨서 변화시켜서 이타행을 한 것은 즉 본분사(本分事)로 그(伊,
승)를 위한 것이다. 그래도 그가 그(伊, 본래인)를 깨달아 알지

---

297) 『大寶積經』卷98(T11, p.549c8), "無生者卽涅槃也."; 『大般涅槃經』卷
30(T12, p.546b6~12), "又無住者, 名無屋宅. 無屋宅者名爲無有. 無有者
名爲無生. 無生者名爲無死. 無死者名爲無相. 無相者名爲無繫. 無繫者名
爲無著. 無著者名爲無漏. 無漏卽善. 善卽無爲. 無爲者卽大涅槃. 大涅槃卽
常. 常者卽我. 我者卽淨. 淨者卽樂. 常樂我淨卽是如來."; 『大乘入楞伽經
』卷2(T16, p.599a16~17), "無生者, 自體不生 而非不生, 除住三昧, 是名
無生."; 『十地經論』卷10(T26, p.179b16~19), "四種無生者. 一事無生,
二自性無生, 三數差別無生, 四作業差別無生. 是中事無生者, 實有七種事."
; 『摩訶止觀』卷5(T46, p.65b19), "然無生之理非識所知"; 『宗鏡錄』卷
5(T48, p.443a12~19), "若不可得, 則非過去未來現在. 若非過去未來現
在, 則出三世. 若出三世, 非有非無. 若非有非無, 卽是不起. 若不起者, 卽
是無性. 若無性者, 卽是無生. 若無生者, 卽是無滅. 若無滅者, 則無所離.
若無所離者, 則無來無去, 無退無生, 無來無去, 無退無生, 則無行業. 若無
行業, 則是無爲. 若無爲者, 則是一切諸聖根本."; 『銷釋金剛經科儀會要註
解』卷7(X24, p.732b22~24), "若證了無生, 則無生無不生也. 豈定執有生
無生之二見乎. 若悟此無生之理, 四相皆除也."

못하면 그(伊, 승)에게 말씀하셨다. 노승(老僧)이 금일 등이 아프니 내일 오면 그대에게 말해 주겠다. 그러자 그 스님이 금일 지금 화상께서 바로 말씀해 주십시오.

화상(和尙)께서는 주장자(柱杖打)로 바닥을 때리며 말씀하셨다. 이놈이 불법(佛法)을 파멸시킬 도적놈이 되려고 하는구나.

《해설》 이 Ọ상(相)은 무생(無生)을 설하는 내용이다. 무생이란 열반이고 여래인 것이다. 무생이라는 것은 번뇌 망념이 없다는 말이지 정념이 없다는 것은 아닌 것이다. 그래서 원상을 머리에 이고 있는 상을 그려 제시한 것이다. 그리고 이 ồ 상(相)으로 대답한 것은 원상을 아래에 둔 것으로 무생(無生)의 근본적인 내용이 원상이므로 활용해야 하는 것이 되어 자리이타를 실천하는 상이라고 할 수 있다. 마지막의 내용은 낙보가 지금 설해도 이해하지 못하면서 더 자세하게 설명해주기를 바라니 주장자로 때리며 학인을 질책하고 있는 내용이다.

(22) 체공으로 무생법인을 행하는 법

云何爲有. 妄想故有, 顚倒故有, 因緣故有, 不覺故有, 如幼(幻)故有. 云何爲無. 體空故無, 順理故無, 不生故無, 如虛空故無, 無念故無, 無分別故無, 無自性故無, 無他性故無, 本清淨故無. 云何亦有亦無.[298] 度衆生故,

---

298) 『大般涅槃經集解』卷68(T37, pp.597c29~598a1), "亦有亦無者, 有是將有, 無是現無也."; 『維摩經玄疏』卷6(T38, p.557c18~23), "佛性亦有亦

出假299)故, 破立300)故, 性本然故, 諸度故, 起行故, 入法界故, 不動本際故. 云何非有非無.301) 常寂然故, 性覺妙明故, 如來藏本空故, 千聖不傳故.

㊀. 무엇을 유(有)라고 하는가 하면 망상(妄想)이 있으므로 유(有)이고, 전도(顚倒)된 것이 있기 때문에 유(有)이고, 인연(因緣)이 있으므로 유(有)이고, 불각(不覺)이기 때문에 유(有)이

無者. 云何爲有, 一切衆生悉皆有故. 云何爲無, 從善方便而得見故. 又譬如乳中 亦有酪性亦無酪性, 卽是亦有亦無門. 若明佛性 卽是中道, 百非雙遣. 故經譬云. 乳中非有酪性, 非無酪性, 卽是非空 非有門也.";『涅槃經玄義文句』卷2(X36, p.25c16~17), "初云無記性 亦有亦無者 無凡夫無記 名亦無有白淨無記名亦有.";『大明三藏法數』卷13(P181, p.848b3~7), "三亦有亦無是相違謗: 亦有亦無者 謂不知眞如之理 是卽有之空 卽空之有 而言眞如 亦有是不知卽空 又言眞如亦無 是不知卽有 二邊共執 則成有無相違謗也."

299)『涅槃經疏三德指歸』卷13(X37, p.533b24~c2), "是從假入空者 入空是自行 破生死故. 是從空出假者 出假是化 他益衆生故. 卽是中道者 妙理湛然 無二邊之作受也."

300)『涅槃經疏私記』卷6(X37, p.250b10), "自行破立者, 四菩薩自破無明, 立自菩薩燈也.";『涅槃經疏三德指歸』卷14(X37, p.543a13~14), "自行破立者 四菩薩自破無明 自立菩提燈 此旣內證 所以皆嘿.";『淨土生無生論會集』(X61, pp.875c24~876a7), "三破立. 破立者, 世人有偏執有生者, 偏執無生者, 偏執有生, 猶有往生之益. 而偏執無生者, 大端墮在緣影妄想, 以爲唯心淨土, 自性彌陀. 故題曰. 淨土生無生論. 正破緣影之虛妄, 而立乎淨土之生, 卽心性之無生也. 故古德云. 生則決定生, 去則實不去. 又曰. 因緣所生法, 我說卽是空, 亦名爲假名, 亦名中道義.

301)『金光明經科註』卷1(X20, p.553b14~17), "空破非有非無, 非有非無破空. 空修非有非無, 非有非無修空. 空卽非有非無, 非有非無卽空. 空破非有非無者.";『涅槃經疏三德指歸』卷12(X37, p.518c3~4), "冥眞故 非有非無者 以佛果妙有 冥合眞空 故非有無.";『梵網經菩薩戒本私記』(X38, p.279b7), "非有非無者, 現戒離邊中道.";『注肇論疏』卷2(X54, p.163c6~8), "然則非有非無, 信眞諦之談也. 旣談眞實諦理, 故不可以有無所議. 乃曰非有非無, 是謂言之微妙也.";『肇論略註』卷2(X54, p.338b20~21), "言諸法 非有非無者, 先立中道諦體也.";『大明三藏法數』卷13(P181, p.848b7~10), "四非有非無是戲論謗: 非有非無者 謂不知眞如之理 具有無之德 而言眞如非有 又言眞如非無 二邊不定 則成戲論謗也."

294

고, 환(幻)과 같기 때문에 유(有)인 것이다.

무엇을 무(無)라고 하는가 하면 체(體)가 공(空)하기 때문에 무(無)이고, 순리(順理)이기 때문에 무(無)이고, 불생(不生)이므로 무(無)이고, 허공(虛空)과 같으므로 무(無)이고, 무념(無念)이므로 무(無)이고, 무분별(無分別)이므로 무(無)이고, 무자성(無自性)이므로 무(無)이고, 무타성(無他性)이므로 무(無)이고, 본성(本性)은 청정(淸淨)하기 때문에 무(無)이다.

무엇을 역유역무(亦有亦無)라고 하는가 하면 공(空)으로 중생(衆生)을 제도(濟度)하기 때문이고, 공(空)에서 벗어났기 때문이고, 무명(無明)을 타파하여 중도(中道)를 체득했기 때문이고, 법(法)의 성품이 본래 여여(如如)하기 때문이고, 모든 것을 제도(諸度)하기 때문이고, 모든 행(行)을 일으키기 때문이고, 법계(法界)를 깨달아 체득하기 때문이고, 본제(本際, 眞如)에서 부동(不動)이기 때문에 여래가 되는 것이다(云何亦有亦無 度衆生故 出假故 破立故 性本然故 諸度故 起行故 入法界故 不動本際故).

무엇이 비유비무(非有非無)인가하면 항상 적정(寂靜)하기 때문이고, 본성(本性)을 자각하여 현묘하게 밝히기 때문이고, 여래장(如來藏)이므로 본래 공(空)한 것이고, 모든 성인(千聖)들도 언어문자로 전할 수 없기 때문이다(云何非有非無 常寂然故 性覺妙明故 如來藏本空故 千聖不傳故).

《해설》 이 ◉상(相)에서 생(生)은 망상(妄想)으로 전도(顚倒)된 생각이 있다는 인연(因緣)을 자각하지 못하여 환상(幻想)에서 벗어나지 못한 것을 말한다. 그러므로 망념이 체공(體空)

이라는 것이 순리(順理)라는 것을 알아야 망념이 없게 되어 정념으로 살아가는 것을 허공과 같다고 하는 것이며 무념(無念)이라고 하는 것이며, 무분별이라고 하는 것이고, 중생심의 성질이 없으므로 무자성(無自性)이라고 하는 것은 타성(他性)에 의지하는 것이 없는 것으로 자성은 본래청정하다는 것을 설하고 있다. 그러므로 원상 속에 생(生)이 들어 있는 것이다.

그 다음에 역유역무(亦有亦無)라고 하는 것은 견성하는 것으로 소승의 과를 체득한 것이며 비유비무(非有非無)는 대승과 최상승의 대오(大悟)를 설하는 것으로 즉 아라한과를 체득하여 여래로 살아가는 것을 이 상(相)으로 나타낸 것이다.

所以藥山云. 待特牛生兒, 則向汝道.[302] 洞山云. 待洞水逆流, 則向汝道.[303] 黃蘗 劈脊便打.[304] 歸宗 見蚖(蛇)钁 作兩段.[305]

---

302) 『筠州洞山悟本禪師語錄』(T47, p.507c23~27), "藥山夜參不點燈, 山垂語曰. 我有一句子, 待特牛生兒卽向汝道. 時有僧曰. 特牛生兒也, 自是和尚不道. 山曰. 侍者把燈來. 其僧抽身入衆, 雲巖擧似師, 師曰. 其僧却會, 只是不肯禮拜.";『景德傳燈錄』卷14(T51, p.312a29~b3), "師垂語曰. 我有一句子, 待特牛生兒卽向汝道. 時有僧曰. 特牛生兒也何以不道. 師曰把燈來. 其僧抽退入衆(雲巖後擧似洞山. 洞山云. 遮僧却會, 只是不肯禮拜)"

303) 『瑞州洞山良价禪師語錄』(T47, p.522c19~20), "龍牙問. 如何是祖師西來意. 師云. 待洞水逆流, 卽向汝道. 龍牙始悟厥旨.";『萬松老人評唱天童覺和尚頌古從容庵錄』卷5(T48, p.278c4~9), "師云. 湖南龍牙山居遁禪師, 初參翠微臨濟, 後參德山洞山. 一日問洞山. 如何是祖師西來意. 山云. 待洞水逆流則向爾道. 師於此悟入, 佛果道. 龍牙當時取禪板時, 豈不知是打他, 住院後. 僧問. 和尚見二尊宿, 是肯他不肯他. 牙云. 肯卽肯他, 要且無祖師意, 佛果道.";『景德傳燈錄』卷17(T51, p.337b12~16), "遂止于洞山隨衆參請, 一日問. 如何是祖師意. 洞山曰. 待洞水逆流, 卽向汝道. 師從此始悟厥旨. 復摳衣八稔, 受湖南馬氏請, 住龍牙山妙濟禪苑, 號證空大師. 有徒五百餘衆法無虛席."

304) 『明覺禪師語錄』卷3(T47, p.686c10~13), "擧. 一僧參馬大師, 師畫一圓相云. 入也打, 不入也打. 僧便入師便打. 僧云. 和尚打某甲不得. 大師靠却

雲門 北斗裏.306) 睦州 便閉却門.307) 汾州莫妄想.308) 普化直
撥.309)

　그러므로 약산(藥山)은 말했다. 황소(特牛)가 새끼를 낳으면
그대에게 말해 주겠다.
　동산(洞山)은 말했다.
　개울물이 역류(逆流)하면 그대에게 말해주겠다.

　　拄杖休去, 師云. 二俱不了. 和尙打某甲不得, 靠却拄杖, 擬議不來劈脊便
　　打.”；『指月錄』卷16(X83, p.578b6〜9), “雲門云. 名不得, 狀不得. 所以
　　言非 徑山杲云. 二尊宿, 恁麼提持 佛向上事 且緩緩, 這裏卽不然. 如何是
　　佛向上事. 拽拄杖劈脊便打, 免敎伊在佛向上躱根.”
305) 『無明慧經禪師語錄』卷1(X72, p.189a2〜7), “正是古人行處我不行, 古人
　　用的我不用, 總是不令人覷破. 雖則分外僧出頭來, 一一盡是本分上事, 終
　　不是捱墻靠壁的耳. 故歸宗見僧來卽斬蛇, 來者謂是粗行沙門. 南泉斬猫,
　　兩堂僧擬議不下. 文殊殃崛殺佛疑殺人天. 白*白將人生陷活埋, 這等境界幾
　　人夢著.”*白疑日.
306) 『雲門匡眞禪師廣錄』卷1(T47, p.546a24), “問如何是透法身句. 師云. 北
　　斗裏藏身.”；『景德傳燈錄』卷12(T51, p.297c16〜17), “問北斗裏藏身意旨
　　如何. 師曰. 九九八十一.”；『景德傳燈錄』卷22(T51, p.386c26〜27), “問
　　北斗裏藏身意旨如何. 師曰. 雞寒上樹鴨寒入水.”；『景德傳燈錄』卷22(T51,
　　p.387a14〜16), “僧問. 北斗裏藏身意如何. 師曰. 月似彎弓少雨多風.”；『萬
　　法歸心錄』卷3(X65, p.419b24〜c1), “問. 如何是北斗裏藏身. 答曰. 無踪
　　跡.”
307) 『雲門匡眞禪師廣錄』卷3(T47, p.573b5〜10), “師初參睦州蹤禪師, 州纔
　　見師來, 便閉却門. 師乃扣門, 州云誰. 師云某甲. 州云. 作什麼. 師云. 已
　　事未明, 乞師指示. 州開門一見便閉却師. 如是連三日去扣門, 至第三日州
　　始開門. 師乃拶入, 州便擒住云. 道道. 師擬議, 州托開云. 秦時𨍏轢鑽, 師
　　從此悟入.”
308) 『古尊宿語錄』卷39(X68, p.257c14〜16), “汾州莫妄想頌 馬祖出得一汾
　　州, 妄想如雷播九州, 參禪若無衲子眼, 多於海上覓浮漚.”
309) 『佛祖統紀』卷33(T49, p.323c17〜28), “喪服 釋氏之論喪服, 涅槃諸律
　　並無其制. 智者臨終誡曰. 世間哭泣喪服皆不應爲. 今案遠師喪儀云. 受業
　　和上同於父母, 皆三年服. 若依止師隨師喪暫爲服. 應師五杉集云. 師服但
　　用布, 稍粗純染黃褐(據此未嘗許用白布). 述曰. 今人無識多用白布爲直撥坐
　　具, 違失僧儀最爲非法, 今請於黑布偏衫之下, 著白布衫袴以表制服, 二師
　　父母皆同此制. 若義家父母亦可例此, 隨俗稍用紵布, 上不違涅槃諸律之無
　　文, 下不棄遠應二師之義開, 隨方護法當用中道.”

황벽(黃檗)은 등줄기를 바로 때리신 것이며, 귀종(歸宗)은 뱀을 보고 괭이로 두 토막을 낸 것이고, 운문(雲門)은 북두(北斗) 속이라고 한 것이고, 목주(睦州)께서 바로 문을 닫은 것이고, 분주(汾州)께서는 망상(妄想)내지 말라고 한 것이고, 보화(普化)께서 바로 관(棺)으로 제시한 것이다. *(직철(直掇), 장삼, 관)

《해설》 이 ⊕상(相)으로 최상승의 '입전수수(入廛垂手)'를 몰종적이라고 순리(順理)대로 '구구팔십일'이라며 간단명료하게 설하고 있다.

若今之學人, 得此正方, 有少許出家分.[310] 若祗門頭, 戶底牆壍, 意識上配對, 作家風門風, 平實絕言, 一切尋常. 但莫作道理, 信手拈來, 盡是日用. 此若揔是如, 玷他祖宗, 累他後進, 此箇事非同容易. 百千諸佛, 以此離生死, 以此證涅槃. 你凡夫人, 未離陰界, 擅自以心, 意卜度(第三十張), 便言諸佛一般.[311] 子細子細. 莫與麼容易, 更親上流.

만약에 지금의 학인들이 이것을 바른 방편(正方)이라고 알고

---

310) 『聯燈會要』卷10(X79, p.90b14~16), "示衆云. 夫沙門釋子, 見有如無, 始得, 向一切時中, 與凡聖等, 與解脫等, 方有少許出家分. 若不如此, 大難大難."

311) 『法華經大窾』卷1(X31, p.689b21~c4), "問. 何故放光遍照 東方萬八千界. 答. 若以理言, 小乘雖曰不動, 實在動中. 雖脫見思, 未離陰界. 如來欲令 超出陰界, 證不動智, 故以光明遍照東方也. 古德云. 全成不動智, 只欠自承當. 若以事言, 震旦國中, 多大乘法器. 故佛光遍注, 至漢明而 像法始入, 至梁武而 達磨復來, 顯發此事. 自後燈燈相續, 焰焰無窮, 普天匝地, 皆此一光遍照之力也."

체득하였다면 출가(出家)한 본분이 조금 있다고 하겠다. 만약에 단지 문지기로서 출입구 아래나 담장 밑의 도랑에서 들은 것을 의식적으로 적당히 대답하는 것을 가풍(家風)이나 문풍(門風)이라고 한다면 일반적으로 절언(絶言, 언어도단, 심행처멸, 미묘한 불법)을 모두가 심상(尋常, 평범한 것)한 것이라고 하게 되는 것이다.

단지 도리(道理)를 조작하지 말아야 손으로 잡는 것과 같이 확신하게 되어 모두를 일용(日用)하게 되는 것이다. 만약에 모두가 이것을 이와 같이 조작한다면 그에게 흠이 있는 것을 조종(祖宗)으로 하게 되어 그에게 누(累)가 되어 후진하게 되는 것으로 이 일대사는 용이한 것이 아니다.

백 천의 제불(諸佛)도 이것으로 생사(生死)를 벗어나셨고, 이것으로 열반(涅槃)을 증득(證得)하셨다. 그대는 범부(凡夫)로 음계(陰界)도 벗어나지 못하면서 자신의 마음으로 멋대로 이리저리 헤아리면서 (제30장) 바로 말하기를 제불(諸佛)도 다 똑같다고 말한다. 자세히, 자세히 간(看)하여야 한다. 그렇게 쉬운 일이 아니니 다시 상류(上流, 선지식, 소승이상의 수행자)를 친견하여야 한다.

《해설》 이 ⊕상(相)은 무생(無生)의 도리를 파악하여 자신이 오온이 공(空)이라는 것을 깨달아 정혜쌍수를 실천해야 하는 것을 다시 강조하고 있다. 즉 자신이 깨닫지 못하고 아는 지식으로 불법(佛法)을 설하지 말라는 『금강경』의 소승들은 '불능청수독송위인해설(不能聽受讀誦爲人解說)'이라는 말을 설하고 있다. 즉 대승과 최상승이 되기 전에는 제불에 대하여 설하지 말라고 하는 것이므로 소승으로서 알음알이로 설하는 것을 질책하고 있다. 부동지의 대승이 되어야 조금이라도 가능하다고 할 수 있는 것 때문에 수보리가 "아부작시념(我不作是念), 아시이욕아라한(我是離欲阿羅漢)."아라한과를 체득했다는 생각도 하지 않았기 때문에 아라한들 중에서 최고라고 "인중최위제일(人中最爲第一), 시제일이욕아라한(是第一離欲阿羅漢)."이라 한 것은 대승에서도 조금 모자란다고 '지흠자승당(只欠自承當)'이라고 하고 있는 것이다. 대승과를 체득해도 자만(自慢)의 마음이 일어날 가능성이 있다는 것을 말하고 있다.

　有人問. 如何是無生法忍.[312] 作此相對, 或閉目, 或放身便倒. 大凡此箇法門, 該博一切, 或生死, 或涅槃, 或無明, 或正覺. 不見楞嚴中, 富樓那起, 請如來爲說, 三種相續,[313] 此爲生滅也, 至如五陰, 六入, 十二處, 十八界, 七大性, 皆如來藏, 本無生滅, 世間無知, 惑爲因緣, 及自然性, 但有言說, 都無實義, 此則無生義也. 又云. 生生, 生不生, 不生生, 不生不生, 則言語道斷, 心

---

312) 『大慧普覺禪師語錄』卷2(T47, p.818a12〜15), "問昔日七賢女遊屍陀林. 一女云. 屍在這裏, 人向甚麼處去. 一女云. 作麼作麼, 當時齊悟 無生法忍, 如何是無生法忍. 師云. 拈却髑髏裏底."
313) 『首楞嚴義疏注經』卷4(T39, p.877c6〜14), "富樓那. 如是三種 顛倒相續, 皆是覺明 明了知性. 因了發相, 從妄見生. 山河大地 諸有爲相, 次第遷流. 因此虛妄 終而復始 覺明妙體本有 明了知性, 卽性覺妙明也. 因本明了 迷成所相, 卽因明立所也. 故云因了發相. 此之所相 由妄分別. 故云從妄見生. 此卽總結 前來三種相續. 皆由迷本眞明 妄成所相. 所必生能, 展轉麤著, 遂成世界 衆生業果 次第遷流. 皆不離一念 無明妄覺也.";『楞嚴經直指』卷4(X14, p.507c19〜23), "富樓那. 如是三種 顛倒相續, 皆是覺明 明了知性. 因了發相, 從妄見生. 山河大地, 諸有爲相, 次第遷流. 因此虛妄, 終而復始. 此原三種相續, 皆是覺明明了知性, 本如來藏. 原非別有, 因了發相, 從妄見生, 此乃忽生 之所由也."

行處滅. 我分明向汝道要, 會麽. 三箇猢猻, 夜播錢.

　어느 스님이 물었다. 무엇이 무생법인(無生法忍)입니까 하니 이 상(此相)을 그려서 대답하셨고, 혹은 눈을 감았고, 혹은 방신(放身)314)하여 바로 드러누웠다.

　무릇 이 법문(法門)은 모두가 해박(該博)하여 혹은 생사(生死), 혹은 열반(涅槃), 혹은 무명(無明), 혹은 정각(正覺)등을 포용하는 것이다. 그대는 『능엄경(楞嚴經)』중에서 부루나존자(富樓那尊者)가 일어나 여래(如來)에게 설법(說法)을 청하자, 삼종상속(三種相續)315)하는 이것을 생멸(生滅)이라 하고, 5음(五陰)과 6입(六入), 12처(十二處), 18계(十八界), 7대(七大)의 성품이 모두 여래장(如來藏)으로 본래는 생멸(生滅)이 없는데 세상 사람들이 알지 못해 미혹하여 인연(因緣)이라 하고 또 자연적인 성품이라 하지만 단지 언설(言說)만 있고 모두 진실 된 뜻은 없으므로 이것을 바로 무생(無生)316)의 뜻 이라고 하는

---

314) 방신(放身): 마음대로 앉는 것, 망념을 쉬는 것. ;『根本薩婆多部律攝』卷14(T24, p.606b12～15), “由鄔陀夷 不觀床座 坐殺小兒. 放身者, 緣在劫比羅伐窣覩城, 由鄔陀夷 習學菩薩 昔在宮時 生戲弄心 放身而坐, 床座摧破 招譏故制.”

315) 삼종상속(三種相續):『入楞伽經』卷5(T16, p.545a24～28), “大慧, 愚癡凡夫 有三種相續, 何等爲三. 謂貪瞋癡 及愛樂生, 以此相續 故有後生. 大慧, 相續者衆生相續 生於五道. 大慧, 斷相續者 無相續無相續相.” ;『大佛頂如來密因修證了義諸菩薩萬行首楞嚴經』卷4(T19, p.121b23～25), “汝但不隨 分別世間, 業果衆生 三種相續. 三緣斷故 三因不生, 則汝心中 演若達多 狂性自歇, 歇卽菩提.” ;『宗鏡錄』卷17(T48, pp.504c27～505a2), “汝但不隨 分別世間 業果衆生, 三種相續. 三緣斷故, 三因不生, 則汝心中 演若達多, 狂性自歇, 歇卽菩提. 勝淨明心, 本周法界, 不從人得. 何藉劬勞, 肯綮修證.”

316) 무생(無生): 不生不滅의 경지인 空의 세계. 하나의 번뇌 망념도 일어나지 않은 본래 청정한 깨달음의 세계. 미혹의 세계를 초월한 것, 번뇌를 멸한 경지. 공(空)을 말함, 생멸(生滅)을 벗어난 절대의 진리. ;『大般涅槃經』卷30(T12, p.546b7～12), “無有者名爲無生, 無生者名爲無死, 無死者名

것을 들어 보지 못했는가?

또 말씀하셨다. 생(生)하는 것이 생(生)하는 것317)이며, 생(生)하는 것이 불생(不生)하는 것318)이고, 불생(不生)하는 것이 생(生)하는 것319)이고, 불생(不生)이 불생(不生)인 것320)이 언

爲無相, 無相者名爲無繫, 無繫者名爲無著, 無著者名爲無漏, 無漏卽善, 善卽無爲, 無爲者卽大涅槃, 大涅槃卽常, 常者卽我, 我者卽淨, 淨者卽樂, 常樂我淨 卽是如來.";『金剛般若波羅蜜經論』卷3(T25, p.779c1〜3), "經言無我, 無生法忍者何義. 如來於有爲法得自在故, 無彼生死法我. 又非業煩惱力生故無生, 故名無我, 無生者.";『景德傳燈錄』卷30(T51, p.458c28〜29), "無念念者 卽念眞如, 無生生者 卽生實相.";『般若心經略疏小鈔』卷2(X26, p.785c9), "言無生者, 卽生無自性性觀."

317) 생생(生生): 소승은 일체유루의 망념이 계속 일어나므로 생생(生生)이라고 한다.;『摩訶般若鈔經』卷1(T08, p.511b20〜23), "舍利弗復問. 其生生者, 乃能逮得法不. 須菩提. 無所從生法爲逮生, 無無所生法是爲逮得. 舍利弗復言. 以生生者爲從無所生. 須菩提. 無所生, 無所生樂聞.";『大智度論』卷1(T25, p.57a6), "夫萬有本於生生而生, 生者無生.";『中觀論疏』卷5(T42, p.81a10〜16), "小乘以生生爲萬物本, 由生生故有大生, 有大生故有有爲, 今求生生不可得, 故云生生者無生. 老子以無名爲萬物始, 有名爲萬物母, 故以有始爲萬物本. 今破此義故云 始者無始, 無生無始畢竟空, 乃是諸法實體. 論主今欲論 諸法實體破 小乘橫謂, 所以破生生也."

318) 생불생(生不生): 세제(世諦)에서 망념을 없애는 것을 이름 하여 생불생(生不生)이라고 한다. 사주(四住)보살(菩薩)이 망념을 생(生)하는 것을 자유자재하므로 생불생(生不生)이라고 한다.;『止觀輔行傳弘決』卷5(T46, p.310a6〜8), "不生生者 自行因也, 卽初住位. 不生不生 自行果也, 位在妙覺. 生不生者 卽化他能, 生生者卽化他所.";『觀心論疏』卷2(T46, p.596b29〜c6), "又經釋云. 生生是有漏之法, 故云生生, 卽是中論因緣所生法也. 生不生者, 釋云. 世諦死時名生不生, 卽中論我說卽是空. 不生生者, 釋云. 初出胎名不生生, 卽中論亦名爲假名. 不生不生者, 釋云. 大般涅槃有 不生不生, 卽中論亦名中道義也."

319) 불생생(不生生): 본래는 불생(不生)인데 일시로 인연화합에 의하여 있는 것.;『攝大乘論釋論』卷10(T31, p.316a22〜24), "諸佛不生生者, 此顯生甚深, 諸佛以不生爲生故.";『摩訶止觀』卷5(T46, p.60a13〜19), "不生生者, 安住世諦, 初出胎時 名不生生. 今解世諦者, 無明共法性, 出生一切 隔歷分別, 故名世諦. 安住者, 以止觀安於世諦, 卽是不可思議境, 觀行位成, 故名安住. 以安住故 名託聖胎. 初開佛知見 得無生忍, 名出聖胎. 不見無明世諦故言不生, 獲佛知佛見 故名爲生.";『涅槃經疏私記』卷6(X37, p.251c19〜23), "涅槃無始無終者, 涅槃理體 不當始終, 是則一不聞爲無始. 一不聞爲無終不生生者, 不生是無始, 生是而終. 生生者, 輪迴無際 故無始終. 不生生者, 迷眞起妄, 故云而始.";『大乘四論玄義』卷8(X46, p.613b17〜21),

어도단(言語道斷)이고 심행처멸(心行處滅)하는 것이다. 내가 분
명히 그대에게 불법(佛法)의 지혜에 대하여 말하였는데 그대는
알겠는가?

세 마리 원숭이가 한밤중에 돈을 뿌리는 것이다.

《해설》 이 ㉲상(相)에 대하여 다시 무생법인(無生法忍)으로

"此則乳不生酪, 而不生生者, 得言酪從乳生, 故言酪從乳生. 不說水生, 故
水無酪. 所以乳爲酪因, 水則非因. 佛性亦然, 於內外求之, 則不見佛性. 佛
性非內外, 而衆生心識 非如此語解, 故言非衆生數, 斯本來淨故 不非如此
觀解."

320) 불생불생(不生不生): 대열반은 생하는 상(相)이 없는 것이므로 불생불생
(不生不生)이라 한다. 불생(不生)을 열반(涅槃)이라 하므로 열반(涅槃)은
망념(妄念)이 생기지 않는 것이다. 왜냐하면 수행하여 본래의 열반으로 돌
아가서 체득하기 때문에 생(生)하는 것을 불가설(不可說)이라고 하므로 생
(生)이 없는 것이니 불생(不生)을 불가설(不可說)이라고 한다.;『大般涅槃
經』卷19(T12, p.733c9∼21), "不生生不可說, 生生亦不可說, 生不生亦不
可說, 不生不生亦不可說, 生亦不可說, 不生亦不可說, 有因緣故亦可得說.
云何不生生不可說, 不生名爲生. 云何可說, 何以故, 以其生故. 云何生生不
可說, 生生故生, 生生故不生, 亦不可說. 云何生不生不可說, 生卽名爲生,
生不自生, 故不可說. 云何不生不生不可說, 不生者名爲涅槃, 涅槃不生, 故
不可說. 何以故, 以修道得故. 云何生亦不可說, 以生無故. 云何不生不可說,
以有得故. 云何有因緣故亦可得說, 十因緣法 爲生作因, 以是義故 亦可得
說."; 『涅槃經疏三德指歸』卷14(X37, p.542b4), "疏云 卽不生不生者 謂
終不生 於不生之法也.";『維摩經玄疏』卷1(T38, p.521c8∼11), "四不可說
者, 一生生不可說, 二生不生不可說, 三不生生不可說, 四不生不生不可說.
此卽是約心 因緣生滅 卽空卽假卽中 四句不可說也."; 『維摩經玄疏』卷
3(T38, p.535c16∼17), "又一實諦者 卽是不生 不生不生 不生不可說故,
淨名居士 默然杜口.";『金光明經玄義拾遺記』卷1(T39, p.13c5∼9), "實
因緣生 成所生法, 故名生生 三藏敎也. 幻有之生 卽是不生, 名生不生, 通
敎也. 不住不生 立十界生, 名不生生, 別敎也. 圓敎名爲不生不生者, 理本
不生, 事卽理故, 事亦不生, 名不生不生."; 『摩訶止觀』卷5(T46, p.60a2
1∼24), "經釋不生不生者, 不生不生 名大涅槃. 生相盡故, 修道得故, 今解
果由因剋 故言修道得故, 斷德已圓 無明不生, 智德已圓 般若不生, 故言不
生不生.";『觀心論疏』卷2(T46, p.596c5∼6), "不生不生者, 釋云. 大般涅
槃 有不生不生, 卽中論亦名中道義也." ; 『摩訶止觀義例隨釋』卷3(X56,
p.163b24∼c4), "生生卽不生故, 旣卽不生, 亦卽不生生, 亦卽不生不生,
生生旣具四句. 乃至不生不生亦具四句, 今文是用 無生一門 則諸門融入,
無生一門旣爾, 度入諸門一一皆然, 故云涅槃釋義也."

설하고 있다. 생(生)과 불생(不生)에 대하여 설하는 것은 공(空)이고 중도(中道)이며 열반이고 여래이므로 언어도단(言語道斷)이고 심행처멸(心行處滅)이라고 하고 있다. 소승들이 만물을 보고 만법이 있으므로 유위라고 하지만 이것을 파괴하여 대승으로 나아가기를 바라는 것은 본래 청정하였기 때문이라고 하고 있다. 이것의 원인을 탐진치나 세간(世間)과 업과(業果)로 중생(衆生)이 분별하여 수연(隨緣)하지 않음으로 상속하는 것이지 본래는 청정한 것이기에 세 마리의 원숭이가 한밤중에 돈을 뿌린다고 하는 것이다. 이류중행(異類中行)하는 것을 한 밤중이라고 하는 것은 번뇌 망념이 원래 없으므로 대승보살도를 행하는 것을 돈을 뿌린다고 한 것이다. 소승들도 자신이 탐진치를 버리고 대승으로 나아가서 보살도를 행하면 되는 것이지만 자신의 얼굴을 또 다시 찾으려고 하기 때문이라고 질책하고 있다.

(23) 심왕이 원상을 굴리는 상

有人問. 三世如來, 六代祖師, 以何接人. 作此相對. 學云. 未審. 和尙以何接人. 以手掬來, 抛向背後. 學人禮拜, 乃以柱杖趂之. 忽有人, 作此相來, 問宗師, 宗師應以, 如來藏相對.

어느 스님이 물었다. 삼세(三世)의 여래(如來)와 육대(六代)의 조사(祖師)는 어떻게 사람을 제접(提接)하셨습니까 하니 이 ◌상(相)을 그려 대답하셨다.

학인이 대답했다. 모르겠습니다. 그런데 화상(和尙)께서는 어떻게 사람을 제접(提接)하십니까 하니 손으로 이 상(相)을 잡고는 등 뒤로 던져버리셨다. 이에 학인이 예배(禮拜)하니 주장자(拄杖子)로 쫓아 버리셨다.

홀연히 어느 스님이 이 상(相)을 그려 와서 종사(宗師)에게 물었다. 종사(宗師)께서 이에 응하여 여래장상(如來藏相)으로 대답했다.

《해설》 이 ◌상(相)은 심왕(心王, 體性, 心識, 七心界)이 원상을 굴리는 상(相)이므로 삼세의 여래나 육대조사 등이 자신을 원상에 맞게 진여의 지혜로 생활하는 것을 말한다. 그러므로 이 상으로 물어오니 여래장이 원상 안에 있는 것이라고 이 ㊜여래장(如來藏)상(相)으로 대답한 것이다.

(24) 여래장을 실천하는 상

意云. 我以妙明, 不滅不生, 合如來藏, 而如來藏, 唯妙覺明, 圓照法界. 是故於中, 一爲無量, 無量爲一, 小中現大, 大中現小.[321] 所以洞山云. 正中來, 無中有

321) 『大佛頂如來密因修證了義諸菩薩萬行首楞嚴經』卷4(T19, pp.120c29~121b3), "富樓那, 汝以色空相傾相奪於如來藏, 而如來藏隨爲色空周遍法界, 是故於中風動 空澄 日明 雲暗, 衆生迷悶背覺合塵, 故發塵勞有世間相. 我以妙明 不滅不生 合如來藏, 而如來藏 唯妙覺明 圓照法界, 是故於中 一爲無量, 無量爲一, 小中現大, 大中現小, 不動道場 遍十方界, 身含十方 無盡虛空, 於一毛端 現寶王刹, 坐微塵裏 轉大法輪, 滅塵合覺 故發眞

路隔塵埃.322) 仰山云. 我將一條篾, 向中洲上, 向汝道移 一院屋
了也. 雲門道佛殿騎三門出去.323) 大凡宗師, 接物提唱, 莫非盡
以本分事.324) 儻依情識, 純用平常, 及玄旨等, 此皆喪道, 昧却
本分事. 兼向去人, 憑何進向. 不可祇住此中, 此處祇是生死流,
(第三十一張) 豈屬無生. 永嘉云. 若實無, 生無不生.325)

如 妙覺明性. 而如來藏 本妙圓心, 非心非空. 非地非水 非風非火. 非眼非耳
鼻舌身意. 非色非聲 香味觸法. 非眼識界 如是乃至 非意識界. 非明無明, 明
無明盡, 如是乃至 非老非死, 非老死盡. 非苦非集 非滅非道. 非智非得. 非
檀那 非尸羅 非毘梨耶 非羼提 非禪那 非鉢剌若 非波羅蜜多. 如是乃至 非
怛闥阿竭 非阿羅訶 三耶三菩. 非大涅槃, 非常非樂 非我非淨, 以是俱非 世
出世故. 卽如來藏 元明心妙, 卽心卽空. 卽地卽水 卽風卽火. 卽眼卽耳 鼻舌
身意. 卽色卽聲 香味觸法. 卽眼識界 如是乃至 卽意識界. 卽明無明, 明無明
盡, 如是乃至 卽老卽死, 卽老死盡. 卽苦卽集 卽滅卽道. 卽智卽得. 卽檀那
卽尸羅 卽毘梨耶 卽羼提 卽禪那 卽鉢剌若 卽波羅蜜多. 如是乃至 卽怛闥阿
竭 卽阿羅訶 三耶三菩. 卽大涅槃, 卽常 卽樂 卽我 卽淨, 以是卽俱世出世
故. 卽如來藏 妙明心元, 離卽離非, 是卽非卽, 如何世間 三有眾生 及出世間
聲聞 緣覺, 以所知心 測度如來 無上菩提, 用世語言 入佛知見. 譬如琴瑟
箜篌琵琶 雖有妙音, 若無妙指 終不能發, 汝與眾生 亦復如是, 寶覺眞心 各
各圓滿, 如我按指 海印發光. 汝暫擧心 塵勞先起, 由不勤求 無上覺道, 愛念
小乘 得少爲足.”; 『首楞嚴義疏注經』卷4(T39, p.885b19〜22), “此卽同前
不滅不生 合如來藏, 而如來藏 唯妙覺明 圓照法界, 乃至背塵合覺. 故發眞
如 妙覺明性也. 二根塵結解門三, 一標義總勸.”
322) 『瑞州洞山良价禪師語錄』(T47, p.525c4〜5), “正中來, 無中有路隔塵埃,
但能不觸當今諱, 也勝前朝斷舌才.”
323) 『五燈全書』卷90(X82, p.499c14〜15), “驚得鐘樓起舞, 佛殿騎山門.”;
『華嚴不厭樂禪師語錄』卷1(J38, p.541c5〜9), “三門. 喝一喝云 豁開不二
門 當軒無格物 直捷路堂堂 信步無私曲. 佛殿. 者老漢在處相逢時 常得會
全 沒一點人情 卻有些子尊貴 今日觸著磕著 又作麼生有禮 不廢便拜.”; 『
菩薩總持法』(ZW03, p.44a18〜19), “佛殿者, 亦喻比丘身中 清淨佛性, 清
淨喻殿中佛像. 萬種莊嚴者, 喻比丘功德善業, 智慧妙行也.”
324) 『萬松老人評唱天童覺和尙拈古請益錄』卷2(X67, p.491c18〜20), “趙州
道. 大宗師, 須以本分事接人, 且道如何是本分事. 舜老夫嘗道, 本自無事,
從我何求. 此謂之本分事.”
325) 『證道歌註』(X63, p.263b1〜4), “若實無生無不生者, 若實曉得 無生之
理, 卽不染一切諸法生相, 無妨萬法之生也. 脩山主云. 萬法無生相, 一年一
度春. 故云若實無生無不生也.”; 『證道歌註』(X65, p.450a8〜9), “誰無念
誰無生, 若實無生無不生, 喚取機關木人問, 求佛施功早晚成.”

이 ◉상(相)의 의미를 말하면 나의 지혜는 현묘하고 분명하여 불생불멸(不生不滅)하니 여래장(如來藏)에 계합하여 여래장(如來藏)을 오직 현묘(玄妙)하게 분명히 자각하여 법계(法界)를 원만하게 비춘다. 그리하여 그 곳에서는 일(一)이 무량(無量)이 되고 무량(無量)이 일(一)이 되므로 작은 것에서 모든 것(大)이 나타나고 모든 것(大)이 작은 것으로 나타나는 것이다.

그리하여 동산(洞山)께서 말했다. 정중래(正中來, 진여의 지혜로 생활)326)하면 무(無, 空)중에 유로(有路, 不空, 지혜)이므로 번뇌와는 차별이 있다고 했다.

---

326) 정중래(正中來): 동산오위중의 하나. ;『瑞州洞山良价禪師語錄』(T47, p.525 c1~8), "師. 作五位君臣頌云. 正中偏, 三更初夜月明前, 莫怪相逢不相識, 隱隱猶懷舊日嫌(달 밝은 삼경초야에 서로 상봉하여도 알아보지 못하여도 이상하다 않고 과거의 업에 따라 진여의 지혜를 싫어하네). 偏中正, 失曉老婆逢古鏡, 分明覿面別無眞, 休更迷頭猶認影(안목이 없는 노파가 고경을 보아도 눈앞에 분명한 모습을 보고도 진실로 자신의 모습을 모르니 그림자를 자신의 머리로 잘못 알지 말아야 하는 것이네). 正中來, 無中有路隔塵埃, 但能不觸當今諱, 也勝前朝斷舌才(무생 중에서 진여의 지혜로 번뇌 망념을 벗어나는 것은 단지 자신이 능히 지금 불법을 어기지 않는 것이니 언어문자로 모든 것을 해결하는 것보다 수승하네). 兼中至, 兩刃交鋒不須避, 好手猶如火裏蓮, 宛然自有冲天志(두 칼날이 서로 만나도 반드시 피하지 않고 지혜 있는 사람은 오히려 불 속에 연꽃과 같아서 완연히 자신이 충천의 기개가 있네). 兼中到, 不落有無誰敢和, 人人盡欲出常流, 折合還歸炭裏坐(유무에 떨어지지 않고 누가 감히 화합하겠는가? 사람마다 모두 범부의 속세에서 벗어나기 바라지만 끊고 합하여서 결국에 돌아와 불 꺼진 재속에 앉는구나, *삼승에서 벗어나지 못하네)." ;『人天眼目』卷3(T48, p.316b19~25), "五位功勳圖 ●正中偏(誕生內紹) 君位 向 黑白未變時(一作未分時) ◐偏中正(朝生外紹) 臣位 奉 露 ◉正中來(末生隱棲) 君視臣 功 無句有句 ○兼中至(化生神用) 臣向君 共功 各不相觸 ●兼中到(內生不出) 君臣合 功功 不當頭." ;『萬松老人評唱天童覺和尙拈古請益錄』卷1(X67, p.483b18~22), "佛果云. 念不異, 心不差. 圓融五位君臣, 跳出無爲三毒, 便可向枯木上生花. 寒嚴中吹律, 看他三箇老宿. 一人透語滲漏, 一人透情滲漏, 一人透見滲漏. 若善參詳, 便可玄關獨步, 還委悉麼." ; 5위군신(五位君臣, 五偏五位): 정(正)은 理, 體, 空 등이고, 편(偏)은 事, 用, 色 등의 뜻이다. 正中偏은 理를 근본으로 事를 나타내는 것. 偏中正은 事를 통해 理로 들어가는 것. 正中來는 정위(定位)를 독립적으로 드러내는 것. 偏中至는 緣에 따라 偏位를 드러내는 것. 兼中到는 理事가 동시에 없어지는 것.

앙산(仰山)께서 말했다. 내가 장차 하나의 작은 대나무 가지를 가지고 중주(中洲, 중생계)에다가 놓은 것은 그대에게 하나의 집을 이전하여 완성하라고 말한 것이다.

운문(雲門)께서는 불전(佛殿)이 삼문(三門)327)을 타고 출세하는 것이라고 말했다.

대개 종사(宗師)들은 중생들을 제접(提接)하여 제창(提唱)하는 것은 본분사(本分事)가 아닌 것이 전혀 없었다. 간혹은 정식(情識)에 의지한 것을 순수하게 진여의 지혜로 생활하는 평상심(平常心)이라고 하며 현지(玄旨)라고 하는 것 등은 모두 도(道)를

---

327) 삼문(三門): 『大智度論』卷20(T25, p.206a12～13), "涅槃城有三門, 所謂空 無相 無作."; 『大智度論』卷18(T25, p.192a28～b1), "智者入三種法門, 觀一切佛語皆實法, 不相違背. 何等是三門, 一者 毘勒門, 二者 阿毘曇門, 三者 空門."; 『妙法蓮華經玄義』卷8(T33, p.786c7～10), "將至涅槃城有三門, 所謂苦下二行, 爲空解脫門. 集道各四, 苦下有二, 是無作解脫門. 滅下有四, 是無相解脫門. 若涅槃門開, 卽得入也."; 『維摩經玄疏』卷5(T38, p.553a3～9), "第四類通三法者, 此三種解脫 卽是佛法 諸三法之異名. 佛法三種法門 乃有多種. 今略類通十種三法, 一者三道, 二者三識, 三者三種佛性, 四者三種般若, 五者三種菩提, 六者三種大乘, 七者三種法身, 八者三種涅槃, 九者一體三寶, 十者三德涅槃. 一類通三道者, 卽是十二因緣三道也."; 『法華論疏』卷3(T40, p.825a16～18), "有三種法門 示現如法師品 安樂行品 勸持品 等廣說法力 如經應知 如法師品. 卽指三品 爲三種法門也."; 『釋氏要覽』卷2(T54, p.285c11～17), "智者入三種法門, 觀一切佛語皆是實法 不相違. 一毘勒門(此云篋藏)二阿毘曇門, 三空門. 入毘勒門, 論議則無窮. 入阿毘曇門, 或佛自說諸法義名字, 諸弟子種種集解. 入空門者, 所謂衆生空, 法空. 若大乘義, 一切諸法, 性自常空. 不以智慧 方便觀故 空O八萬四千法門者."; 『法華經玄贊要集』卷34(X34, p.899a13～14), "言有三種法門者, 一出廣長舌, 令憶念故. 二謦咳者, 說偈令聞故. 三彈指者, 令覺悟故."; 『四分律疏飾宗義記』卷6(X42, p.169a14～15), "三科法門, 謂有三種法門科段也. 一者五分法身, 二者八大覺, 三者十二因緣."; 『止觀輔行搜要記』卷9(X55, p.855b9～11), "三種法門者, 一感動, 二相好, 三善業. 初是相用, 次是相果, 三是相因. 念自他等者, 大論釋六念中云, 念佛僧天是念他, 念法捨戒是自念."; 『三觀義』卷2(X55, p.680b17～18), "涅槃城有三門, 所謂三解脫門."; 『菩薩總持法』(ZW03, p.52a9～10), "是名禪法律等 三種法門. 於比丘身上, 心口身中, 各行一法, 始名三禪之法, 是名三寶之義也."

308

상실(喪失)하는 것으로 도리어 본분사(本分事)를 망각한 것이다. 그러므로 이와 같이 행하는 사람들에게서 어떻게 의지하여 나아 갈 수 있겠는가? 단지 이곳에 머무르면 안 되는 것으로, 이곳 (此處)은 단지 생사(生死)가 수류(水流)하는 것인데(제31장) 어 찌 무생(無生)328)에 속하겠는가?

영가(永嘉)께서 말했다.

만약에 진실로 무생(無生)이면 불생(不生)329)이 없는 것이다.

《해설》 종사들은 중생을 제접하여도 본분사에서 벗어나지 않는다는 것을 강조하고 있다. 조사들이 대승으로 인도하는 법 을 묻고 있는데 결국은 무생법인을 설하고 있다. 무생의 도리 를 잘 파악하여 자신을 놓치지 않는 불퇴전의 경지가 되기를 간절하게 바라고 있는 대목이다. 즉 사의법에 따라 안목 있는 스승을 친견하는 것 때문에 선재동자가 52선지식을 참문한 것 이다. 잘못된 종사(宗師)가 누구인지를 정식(情識)이라는 한마 디로 정확하게 설하고 있다.

---

328) 무생(無生): 不生不滅의 경지인 空의 세계. 하나의 번뇌 망념도 일어나지 않은 본래 청정한 깨달음의 세계.

329) 불생(不生): 梵語 arhan. 音譯阿羅漢. ; 『大智度論』卷2(T25, p.71b26～ c1), "復次, 阿名不, 羅呵名生, 是名不生. 佛心種子, 後世田中不生, 無明糠 脫故. 復次, 阿羅呵名 應受供養, 佛諸結使除盡, 得一切智慧故, 應受一切天 地衆生供養, 以是故, 佛名阿羅呵." ; 『大智度論』卷3(T25, p.80b6～7), "復 次,阿名不, 羅漢名生. 後世中更不生, 是名阿羅漢." ; 『大智度論』卷5(T25, p.96b3～4), "菩薩知諸 法不生不滅, 其性皆空." ; 『摩訶止觀』卷5(T46, p.60a21～24), "經釋不生不生者, 不生不生名大涅槃. 生相盡故, 修道得故, 今解果由因剋故 言修道得故, 斷德已圓 無明不生, 智德已圓 般若不生, 故言 不生不生."

(25) 사대(四大)를 초월하는 상

入 梵語歌羅邏, 亦云, 結羅藍. 此云凝滑, 卽受胎之初分. 亦爲之名色. 名色爲緣, 故生六入. 但近名色, 未全於入. 何故根塵未對, 則未能入也. 卽今現前,根塵相須, 聞見知覺, 方謂之入. 所以根爲, 因塵爲緣, 妄因妄緣, 妄合爲妄入, 成妄事, 作妄業, 受妄報. 所以經云. 因緣和合, 虛妄受生, 因緣別離, 虛妄名滅, 殊不能知, 生滅去來, 本如來藏, 妙眞如性. 若有作此相來, 但以如相對. 或以卍此相對, 意云, 果不離因. 經云, 佛說. 婬怒癡性, 卽是解脫. 或有人問. 如來根塵, 所入如何. 乃作此⊕相對之. 或人問. 根塵如幻, 入從何得. 若有所入, 則不名幻. 若無所入, 則不名根. 乃作此䖝相. 意云, 非幻尙無, 幻從何有.

入. 범어(梵語)로는 가라라(歌羅邏)라고 하고 역시 결라람(結羅藍)이라고 한다. 이것은 응골(凝滑)이라고 하며 즉(卽) 수태(受胎)한 초기의 상태와 같다. 이것을 역시 명색(名色)이라고 한다.

명색(名色)이 연(緣)이 되어야 육입(六入)[330]이 생기는 것이나 단지 이것은 명색(名色)에 가까울 뿐 완전히 들어간 것[六入]은 아니다. 왜냐하면 근(根)과 진(塵)이 상대하지 않으면 능히 육입(六入)이라고 할 수 없기 때문이다. 즉 지금 현전(現前)하는 근(根)과 진(塵)이 서로 반드시 견문각지(見聞覺知)하여야

---

330) 육입(六入): 12연기에서 無明, 行, 識, 名色, 六入, 觸, 受, 愛, 取, 有, 生, 老死에서 출태(出胎)하여 육근이 만들어져야 육진을 육입하게 되는 것이므로 초기의 상태는 완벽하게 알지 못하는 것이므로 정확하게 탐진치를 계정혜로 전환하여야 해탈하게 된다고 하고 있다.

비로소 육입(六入)이라고 할 수 있는 것이다.

그리하여 근(根)이 인(因)이 되고 진(塵)이 연(緣)이 되어 망념(妄念)의 인(因)과 망념의 연(緣)이 망념으로 화합하는 것을 망념으로 육입(六入)이라고 하여 망념의 일[事]이 이루게 되고, 망념의 업(業)을 조작하여 망념의 과보(果報)를 받게 되는 것이다.

그리하여 경(經)331)에 말하고 있다. 인과 연이 화합하여 허망하게 생(生)을 받게 되고 인과 연이 각자 흩어지면 허망한 명색(名色)도 사라지는 것인데 특히 생멸(生滅)과 거래(去來)가 본래 여래장(如來藏)이며 현묘한 진여(眞如)의 본성이라는 것을 알지 못하는 것이라고 하고 있다.

만약에 어느 사람이 이 상(相)을 가져와서 물으면 단지 이와 같은 상(相)으로 대답하였고, 혹은 만(卍)자(字)를 그려 넣어 이 상(相)에 대하여 대답하였는데 의미로 말하면 과(果)는 인(因)과 떨어져 있지 않다는 것이다. 경에 부처님도 다음과 같이 설하고 있다. 음노치(婬怒癡, 貪嗔癡)의 본성을 깨달아 체득하면 바로 해탈(解脫)이라고 하고 있다.332)

혹은 어느 사람이 물었다. 여래(如來)는 근(根)과 진(塵)을 어떻게 육입(六入)합니까? 하니 이내 이 ⊕상(相)을 그려 대답했

---

331) 『大佛頂如來密因修證了義諸菩薩萬行首楞嚴經』卷2(T19, p.114a19~b1), "阿難, 汝猶未明 一切浮塵 諸幻化相, 當處出生 隨處滅盡, 幻妄稱相, 其性眞爲 妙覺明體. 如是乃至五陰, 六入, 從十二處 至十八界, 因緣和合 虛妄有生, 因緣別離 虛妄名滅. 殊不能知 生滅去來, 本如來藏 常住妙明, 不動周圓 妙眞如性. 性眞常中 求於去來, 迷悟, 死生, 了無所得. 阿難, 云何五陰 本如來藏 妙眞如性. 阿難, 譬如有人 以淸淨目 觀晴明空, 唯一精虛 迥無所有, 其人無故 不動目睛 瞪以發勞, 則於虛空 別見狂花, 復有一切 狂亂非相. 色陰當知 亦復如是."

332) 『維摩詰所說經』卷2(T14, p.548a16~18), "佛爲增上慢人說 離婬怒癡 爲解脫耳. 若無增上慢者, 佛說婬怒癡性, 卽是解脫."

다. 혹은 어느 사람은 물었다. 여래의 근(根)과 진(塵)이 환상(幻相)과 같으면 무엇을 따라서 육입(六入)하여 체득할 수 있습니까? 만약에 여래가 육입(六入)할 수 있는 것이 있다면 환상(幻相)이라고 말할 수 없고, 만약에 여래가 깨달을 수 있는 육입이 없다면 근(根)이라고 말할 수 없는 것[333]이라고 하니 이내 이 ㉖상(相)을 그려 대답했다. 이것을 의미로 말하면 이것은 환상(幻相)이 아닌 것도 오히려 없는 것인데 환상(幻相)은 어디에 있겠는가[334]라고 하는 것이다.

《해설》 12연기에서 육입은 명색(名色)다음이므로 이 ㉖상(相)으로 사대(四大)안에 육입(六入)의 입(入)자(字)를 사용한 것이다. 12연기법의 "무명(無明), 행(行), 식(識), 명색(名色), 육입(六入), 촉(觸), 수(受), 애(愛), 취(取), 유(有), 생(生), 노사(老死)"에서 무명(無明)은 불법을 모르면서 행(行)하는 말이나 언어문자 등은 자신이 불법(佛法)을 모르는 중생심으로 아는 지식(智識)이므로 불법을 알기 시작하는 단계의 명색(名色)이므로 입태에 비유한 것이다. 명색을 판단하는 육입(六入)이라

---

333) 『宗鏡錄』卷4(T48, p.436b26～29), "云何言入, 以悟了之處, 名爲入故. 又雖入而無所入. 若有所入, 則失諸法性空義, 以無性理同故, 則處處入法界."; 『宗鏡錄』卷20(T48, p.526b14～17), "又經頌云. 諸佛一似大圓鏡, 我身猶若摩尼珠, 諸佛法身入我體, 我身常入諸佛軀. 雖然互入, 而無所入. 若有所入, 即成二法."

334) 『楞嚴經要解』卷9(X11, p.823c15～16), "若不妄取, 非幻亦無, 非幻尙無, 幻法何有, 幻法不立. 則根塵頓淨, 圓通現前矣."; 『楞伽經心印』卷1(X18, p.107c10～17), "言衆生日用, 悉是如來境界. 此言如來涅槃, 不異衆生生死, 故曰一切無涅槃也. 若有涅槃, 寧無生死. 既有生死, 即有生死衆生. 有衆生入生死, 有生死衆生, 即有涅槃佛. 有衆生入生死, 即有佛入涅槃, 是覺與所覺, 宛成相待. 豈知一切衆生已般涅槃, 不更涅槃, 如來明見, 故能隨順本際. 生死涅槃, 都如夢幻, 既絕能所之心, 不墮有無之見, 無上正眞, 非盡思度量所測也."

312

는 육근(六根)이나 육처(六處)가 탄생하여 불법을 자각하는 것이다. 그리고 촉(觸)은 육근으로 육진(六塵)을 판단하는 것이고 수(受)는 그것을 자신이 받아들이는 것이며 애(愛)는 자신이 좋아하고 싫어하는 것을 판단하여 자신의 마음대로 취(取)하는 것은 자신의 집착에 의한 것이다. 이 집착에 의하여 자신의 소유라는 아상(我相)이 생기게 되어 생노병사의 고집멸도가 생기는 것이다. 여기에서 아상이 공(空)이라는 사실을 알고 나면 번뇌즉보리(煩惱卽菩提)가 되고 법성게의 "초발심시변정각 생사열반상공화(初發心時便正覺 生死涅槃常共和, 견성하여 정각을 이루면 생사와 열반은 항상 같이 하게 된다)"335)가 되는 것이다. 이것은 견성을 한다는 것이 자신의 오온이 공(空)이 되는 것이므로 소승의 과(果)를 성취한 수행자이고 자신이 번뇌 망념이 생사하는 것을 자각하여 아는 것이므로 돈오점수(頓悟漸修)하는 수행자인 것이다. 12인연법에 맞게 돈오점수하는 수행자를 연각이나 사다함이라고 하며 조용하게 사유하기를 좋아하여 은둔하여 살기를 즐기는 수행자를 말한다. 소승의 수행자를 제도하기 위하여 이 ⊕상(相)을 제시하고 이 ⊕상(相)을 제시한 것은 원상 안에 십(十)자(字)를 넣은 것은 불법을 구족한 진여의 지혜로 생활하라는 것이고 비(非)자를 넣은 것은 무(無)와 공(空)을 바르게 알고 초월하여 진여의 지혜로 생활하여 소승에서 대승으로 나아가기를 바라는 질책이다. 그리하여 마지막 부분에 환상이라는 생각도 초월하여 벗어나면 없는 것이므로 환상이 어찌 있을 수 있겠는가라고 하고 있다.

---

335) 『朝鮮佛教通史』卷3(B31, p.804a4〜5), "初發心時便正覺, 生死涅槃相共和."

(26) 능단으로 체공을 실천하는 상

色聲香味觸, 六種之物, 能牽衆生入生死, 能引諸聖
入涅槃. 多小衆生, 泥此而不得解脫, 多小賢聖, 因此
而得, 到彼岸. 且道. 衆生聖賢, 利害在甚處, 作此 🔲
相對之.

🔲. 색성향미촉법(色聲香味觸法)이라는 이 육진(六塵)의 경계
로 인하여 능히 중생(衆生)은 생사(生死)의 세계로 끌려 들어가
기도 하고 또 능히 제성(諸聖)은 열반(涅槃)의 세계로 인도하여
들어가기도 한다. 다소(多小)의 중생(衆生)들은 이것에 빠져서
해탈하지 못하지만 다소(多小)의 현성(賢聖)들은 이것으로 인
(因)하여 열반을 체득하여 피안(彼岸)에 도달하게 된다. 자 말해
보아라. 중생(衆生)과 성현(聖賢)에게 이익과 손해가 감히 어디
에 있겠는가 라고 하며 이에 이 🔲상(相)을 그려서 대답했다.

《해설》 중생(衆生)과 성현(聖賢)이 육진경계를 어떻게 받아
들이는가에 따라서 해탈하기도 하고 공병(空病)에 떨어지기도
한다고 설하고 있다. 경계를 소승의 석공(析空)으로 이해하는
것과 대승의 체공으로 아는 것의 차이를 설하고 있다. 그래서
중생시불(衆生是佛)이라고 하는 것과 번뇌즉보리(煩惱卽菩提)
라고 대승으로 설하는 것을 🔲상(相)이라고 토(土)자(字)를 넣
은 것은 근본적으로 불성(佛性)이 있다는 것이므로 대승(大乘)
으로 설명해야 하는 것이다.

嗟見今時禪學者, 泊諸宗師, 皆出不得, 例皆以此, 爲所得, 爲所證336), 爲所悟,337) 爲所入,338) 爲所用.339) 何以知其然也, 今之宗師, 皆以春生夏長, 秋變冬凋,340) 寒溫冷熱, 大盡三十日, 小盡二十九. 春來草自靑.(第三十二張) 一葉落知天下秋, 五里牌在城外, 家家門口, 通長安. 山是山, 水是水, 男是男, 女是女, 僧是僧, 俗是俗, 長是長, 短是短, 一切任眞現前, 施設盡是, 禪門宗旨, 更不消別作解會, 不動步而登妙覺, 不歷僧祇獲法身.341) 神通妙用, 運水般柴, 添香擇菜, 著衣喫飯, 無非不是者.342)

336) 『妙法蓮華經玄贊』卷8(T34, p.798c25〜27), "空法有二. 一生空, 二法空. 生空爲所證, 法空爲所知. 已證生空 後聞般若, 知法空故."

337) 『攝大乘論釋』卷6(T31, p.351c2〜5), "種種性者, 唯是一識顯現, 似有種種相生, 非速疾故 別別而現. 於此悟入 唯識性中, 如是三種 爲所悟入."

338) 『陰持入經註』卷1(T33, p.9c15〜16), "爲所入 眼耳鼻舌身心斯六體, 色聲香味 細滑邪念 所由入矣. 故曰入也."; 『法華義疏』卷1(T34, p.454c5〜7), "佛法大海 信爲能入, 卽知佛法爲所入, 故知是據能信也. 若言此事如是, 則此事屬於所信, 則如是言具能所."; 『楞嚴經寶鏡疏』卷10(X16, p.626b22〜23), "蓋根爲能入, 塵爲所入. 今者根寂塵銷, 故日入無所入."; 『金剛經音釋直解』(X25, p.171b1〜2), "須陀洹(音桓)名爲入流, 而爲所入. 不入色聲香味觸法, 是名須陀洹."; 『金剛經疏記科會』卷6(X25, p.434b11〜13), "入者, 取著義. 若取六塵, 卽滯凡流. 不取六塵, 名入聖流. 是知功過在人 不在六塵境界. 據此, 則何有別法 而爲所入取."

339) 『中觀論疏』卷6(T42, p.89b21〜23), "三乘人爲作者, 身口意爲所用法. 起三乘業爲作業, 得三乘果爲果報, 現見九道如此. 云何言畢竟空耶."

340) 『四分律行事鈔簡正記』卷3(X43, p.35c9〜12), "所以此四方風各異者, 東卽喧氣初生, 南卽皷萬物而成, 西則金颴熟物, 北卽陰氣凉別. 萬物凋枯, 四時既殊, 是以春生夏長 秋凋冬落. 世間風由爾, 教亦如斯."

341) 『大慧普覺禪師宗門武庫』(T47, p.948b4〜10), "又云. 末世衆生 雖求善友, 遇邪見者 未得正悟, 是則名爲 外道種性, 邪師過謬 非衆告訴. 豈虛語哉. 所以眞淨和尙小參云. 今時有一般漢, 執簡平常心是道, 以爲極則. 天是天 地是地, 山是山 水是水, 僧是僧 俗是俗, 大盡三十日 小盡二十九, 並是依草附木, 不知不覺 一向迷將去."

342) 『林泉老人評唱投子靑和尙頌古空谷集』卷2(X67, p.285c6〜7), "將十二時中 著衣喫飯 運水般柴 日用佛事 以當平生."; 『林泉老人評唱投子靑和尙頌古空谷集』卷3(X67, p.294a1), "運水般柴總是神通妙用."

아(嗟)! 지금[今時] 선학(禪學)을 하는 자들을 보면 모든 종사(宗師)들에 이르기까지 모두 이 육진(六塵)에서 벗어나지 못하여 체득하지 못하고는, 대부분 모두 이것을 얻을 바로 삼고 증득(證得)할 바로 삼고 깨달으려고 하는 것으로 생각하고, 체득하려고[入]하는 목적으로 삼고 사용하려 하는 목적으로 알고 있다. 어찌하여 이렇게 아는 것인가 하면 지금의 종사(宗師)라고 하는 사람들은 (말하기를) 모든 것은 봄이 되면 싹이 나고 여름에 성장하여 가을이 오면 단풍이 들며 겨울이 되면 떨어진다고 하며 한온(寒溫)과 냉열(冷熱)하는 것이라고 하고 큰 달은 30(31)일이고 작은 달은 29(30)일이라고 하며 또 봄이 오면 초목들은 자연(自然)적으로 푸르게 되는 것이라고 한다.(제32장) 하나의 낙엽이 떨어지면 천하(天下)가 가을이라는 것을 아는 것이라고 하고, 5리마다 있는 이정표는 성(城)밖에 있다고 하며, 가가(家家)의 현관(玄關)문은 장안(長安)으로 통한다고 한다. 그리고 또 말하기를 산(山)은 산(山)이고 물은 물이며, 남자는 남자고 여자는 여자이며, 승려는 승려이고, 속인은 속인이며, 긴 것은 긴 것이고, 짧은 것은 짧은 것으로 일체(一切)가 진실(眞實)로 드러나 현전(現前)하는 것이라고 하며 눈앞에 펼쳐진 시설(施設)이 모두 선문(禪門)의 종지(宗旨)라고 하며 다시 특별히 이해하여 깨달으려고 조작할 필요가 없는 것이라고 하며, 한걸음도 옮기지 않고 묘각(妙覺)에 오르는 것이라고 하고 아승기겁을 지나지 않고 법신(法身)을 획득(獲得)하는 것이라고 한다. 또 신통묘용이라는 것도 물을 긷고 땔감을 나르며 양념을 넣고 채소를 고르며 옷 입고 밥 먹는 것이 깨달음 아닌 것이 없다고 한다.

所以宗師多念, 古人詩篇事持, 尖新言句, 便作四六荅話. 或指現前日用, 山河大地, 草木叢林, 擧動施爲, 謂之佛事, 謂之達麼所傳, 謂之妙悟, 謂之我有知見. 便謂諸佛齊肩, 餘者盡屬葛藤, 更不用進, 學徒汗心田. 所以多擧, 庭前栢樹, 廬陵米價, 日裏看山, 石頭大底大小底小,343) 靑絹扇子足凉風, 你是惠超, 麻皮三斤, 不是風動 不是幡動, 門外雨滴聲, 還聞偃溪水聲, 竪起一指頭, 如是類話無數, 百千不能盡擧. 此皆不離聲色, 聞見知覺根塵, 幷(并)影事中. 妄認以爲, 自己誠實, 佛法知見, 痛哉苦哉.

그리하여 종사(宗師)라는 사람들은 고인(古人)들의 시편(詩篇)을 사지(事持)344)하며 새롭고 뛰어난[尖新] 언구만 보면 바

---

343) 『古尊宿語錄』卷42(X68, p.275c9~12), "僧問古德云. 深山裏還有佛法也無. 德云. 有. 進云. 如何是深山裏佛法. 德云. 石頭大底大 小底小. 忽有人問聖壽云. 十字街頭 還有佛法也無, 但向伊道, 無. 爲什麼無, 貪名逐利."

344) 사지(事持)와 이지(理持): 『阿彌陀經要解』(T37, p.371b9~17), "聞而信, 信而願乃肯執持. 不信, 不願與不聞等. 雖亦得爲遠因 不名聞慧. 執持則念念 憶佛名號 故是思慧. 然有事持, 理持. 事持者, 信有西方 阿彌陀佛, 而猶未達 是心作佛, 是心是佛, 但以決志 願求生故, 如子憶母 無時暫忘, 名爲事持. 理持者, 信彼西方 阿彌陀佛 是我心具, 是我心造, 卽以自心 所具所造洪名, 而爲繫心之境 令不暫忘, 名爲理持."(듣고 믿으면 믿음으로 인하여 발원하면 집지하게 된다. 확신하지 못하면 발원을 할 수 없으므로 듣지 않는 것과 같다. 비록 먼 원인은 될 수가 있겠지만 문혜라고 할 수 없다. 집지하면 생각마다 부처님의 명호를 생각하므로 사혜(思慧)라고 한다. 그리하여 집지는 사지와 이지가 있다. 사지는 서방에 아미타불이 있다고 믿지만 마음이 부처가 되고 마음이 곧 부처임을 비록 통달하지 못하였지만 단지 서방에 왕생하기를 발원하기 결정하였기 때문에 마치 자식이 어머니를 생각하는 것처럼 잠시도 잊지 않는 것을 사지라고 한다. 이지는 서방에 아미타불이 있는 것이 내 마음속에 갖춰져 있다고 확신하여 내 마음이 만든 것이라고 알고 즉 자신의 마음이 만들어낸 아미타불이라는 명호로 마음을 붙잡는 경계로 하여 잠시도 잊지 않는 것을 이지라고 한다.); 『阿彌陀經要解便蒙鈔』卷3(X22, p.867a22~b7), "解. 事持者, 信有西方 阿彌陀佛, 而未達是心作佛, 是心是佛, 但以決志 願求生故, 如子憶母 無時暫忘. 鈔. 此明事持 但有眞信 切願實行, 而未明唯心自性之理也. 是心

로 게송(논문)을 지어 대답하기도 한다. 혹은 현전(現前)하는 일용물(日用物)을 지시(指示)하며 산하대지(山河大地), 초목총림(草木叢林)의 거동(擧動)과 시위(施爲)를 불사(佛事)라고 설명하면서 달마(達磨)께서 전하신 것이라고 말하고 오묘한 깨달음이라고 말하며 나는 이러한 지견(知見)이 있다고 말한다. 그래서 자신은 제불(諸佛)과 어깨를 나란히 하고 있다고 말하며 나머지의 다른 이들은 모두 갈등(葛藤)속에 있다고 말하면서 다시 더 나아가서 정진하려고 하지 않고 수행하는 이들의 심전(心田)을 오염(汚染)되게 하고 있다.

그러면서 많은 것들을 드는데(擧) 즉 뜰 앞의 잣나무[庭前栢樹], 여름의 쌀값[廬陵米價], 대낮에 산을 간(看)하는 것, 돌이 큰 것은 크고 작은 것은 작고, 푸른 비단으로 만든 부채가 청량(淸涼)한 바람을 만들고, 그대가 바로 혜초이고, 삼베가 서근[麻皮三斤]이고, 바람이 부는 것도 아니며 깃발이 움직이는 것도 아니고, 문밖에 빗방울 떨어지는 소리이고, 계곡의 물소리를 듣는 것이고, 손가락 하나를 세우는 것 등을 말하는데 이와 같은 화두(話頭)는 무수하여 백천(百千)이므로 들어서 말하자면 한도 끝도 없는 것이다.

이것은 모두 성색(聲色)의 육진(六塵)을 벗어나지 못한 것으로 견문각지(見聞覺知)하여 지각(知覺)하는 육근(六根)과 육진(六塵)이 함께(幷)하는 그림자(影)와 같은 현상이다. 그런데도

作佛, 是心是佛者, 他佛全是自心, 自心全是他佛也. 二理持. 鮮. 理持者, 信西方阿彌陀佛, 是我心具, 是我心造 即以自心 所具所造洪名, 爲繫心之境, 令不暫忘也(仍不廢事). 鈔. 此明由達其理故, 即事持便是理持也. 二明思慧竟."；『淨土紺珠』(X62, p.653a8~13), "執持佛號有二持. 一事持者, 信有西方 阿彌陀佛, 而猶未達, 是心作佛, 是心是佛, 但以決志 願求生故, 如子憶母, 無時暫忘, 名爲事持. 二理持者, 信彼西方 阿彌陀佛, 是我心具, 是我心造, 即以自心 所具所造洪名, 而爲繫心之境, 令不暫忘, 名爲理持."

이런 망념(妄念)을 오인(誤認)하여 자기의 진실한 실체라고 하며 이것을 불법(佛法)의 지견(知見)이라고 알고 있으니 참으로 고통스럽고 괴로운 것이다.

去聖大遠, 性根善根小大, 如何得一. 先德宗師, 出世一時, 與汝換却, 許多邪識, 以正智接之, 佛法不斷,[345] 祖日重光, 且愚也. 若或以, 此誑言徒, 毀末代學者, 必招異報. 請子細詳審, 而別求名德, 商議祖宗. 莫祇麼容易師心, 自是展轉,[346] 敎他後進, 沉(沈)埋祖道.[347] 可惜, 佛法祇與麼消却, 苦事苦事. 莫怪苦口. (第三十三張) 盖見不平, 今人如是,[348] 若不如是,[349] 如何拯濟. 囧 此相者, 卽是六塵之相, 請脫去六塵,[350] 令見分明.

---

345) 『五燈全書』卷22(X81, p.612a22~24), "佛法付與 國王大臣, 有力檀越, 令其佛法不斷絕, 燈燈相續, 至於今日."
346) 『徑石滴乳集』卷4(X67, p.544b1~5), "瞿曇曰. 吾有正法眼藏, 涅槃妙心, 實相無相, 微妙法門, 不立文字, 付囑與汝, 汝廣流傳 勿令斷絕, 自是展轉, 至二十八祖達磨大師. 以震旦多 大乘法器, 航海西來, 六傳曹溪, 法衍二派, 曰靑原, 曰南嶽."
347) 『五燈會元』卷16(X80, p.339a21~b2), "諸佛出世, 廣演三乘. 達磨西來, 密傳大事. 上根之者, 言下頓超. 中下之流, 須當漸次, 發明心地. 或一言唱道, 或三句敷揚, 或善巧應機, 遂成多義, 撮其樞要, 總是空花. 一句窮源, 沉埋祖道. 敢問諸人, 作麼生是 依時及節底句. 良久曰. 微雲淡河漢, 疎雨滴梧桐, 參."
348) 『禪宗頌古聯珠通集』卷15(X65, p.562c21~22), "子丑寅卯何曾別, 古人今人如是說, 喪盡靈臺一物無, 佛祖分明爲祕訣."
349) 『赤松領禪師語錄』卷3(J39, p.518c21~22), "若然如是堂堂 已成大道 若不如是如何 了明大道."
350) 『楞嚴經圓通疏』卷5(X12, p.800c10~13), "次顯妙有云 此見及緣 元是妙淨明體 此同次節 脫去識心. 次見明之時見 非是明等 此同三節 但云知見立知 脫去六塵."

성인(聖人)들께서 가신지 오래되어 성근(性根)에서 선근(善根)이 작든 크든 간에 어떻게 깨달음을 얻을 수 있는 것이 하나라도 있겠는가? 만약에 선덕(先德)의 종사(宗師)께서 일시에 출세(出世)하여 그대의 허다한 사식(邪識)을 고치고 바른 지혜(智慧)로 제접(提接)하여 불법(佛法)을 단절되지 않게 하여 조사(祖師)의 지혜를 다시 사용하게 한다고 해도 또[且] 어리석은 것[愚]이 될 뿐이다.

그러므로 이와 같은 기만하는[誑] 말을 학인[徒]에게 한다면 말세(末代)의 학인(學人)들을 훼손(毀損)하는 자이니 반드시 특별한 업보(業報)를 초래하게 될 것이다. 자세하게 두루 깨닫기[詳審]를 부탁하니 다시 훌륭한 덕을 구족한 조사(祖師)에게 조종(祖宗) 근본을 의논하기를[商議] 구(求)하여야 한다.

단지 그렇게 용이하게 하는 것으로 조사(祖師)의 불심(佛心)이라고 하며 자신도 전전(展轉, 육근과 육진이 계속 상속)하며 그들을 가르친다고 하여 후진(後進)들에게 조도(祖道)를 매몰되게 하지 말아야 한다. 애석하다. 불법(佛法)을 단지 이렇게 사라지게 하다니 괴롭고 괴로운 일이다. 간절하게 말하는 것[苦口]을 괴이하게[怪] 여기지 말아야 한다.(제33장) 지혜를 덮어서 가린 것을 불평(不平)한 것은 요즘 사람들에게 이와 같이 하는 것을 여시(如是)하다고 하는 것은 이렇게 하지 않으면 어떻게 구제하겠는가?

이 凹상(相)이라는 것을 깨달으면 바로 육진(六塵)의 상(相)이니 육진(六塵)에서 해탈하여 분명하게 친견하여야 한다.

或人云. 師若以庭前栢樹, 廬陵米價, 麻皮三斤, 爲聲色聞見中過患者, 則從上先德尊宿, 皆爲罪人也. 對云. 噫不然. 譬如眼病之人, 見燈光有, 諸異色圓影. 此是燈病, 爲是眼病. 若謂是燈病, 不病眼人, 何以不見. 將知非燈之咎, 眼之自病耳, 非古人幷, 言敎之咎, 是今人見解, 自病耳. 法眼旣病, 其法卽差, 非法之過, 法眼之咎耳. 儻得法眼, 正無瑕瞖, 則一切万(萬)境語言, 何咎之有.

간혹 어느 사람은 말한다. 선사께서 만약에 그대에게 뜰 앞의 잣나무[庭前栢樹]라 하고, 여릉의 쌀값[廬陵米價]이라 하며, 삼베가 서근[麻皮三斤]이라고 하면서 성색(聲色)을 견문(見聞)하는 가운데에 허물이 있다고 말하는 것은 즉 지금까지 선덕(先德)의 존숙(尊宿)들을 모두 죄인이라고 하는 것이 됩니다.

대답했다. 아(噫)! 그렇지 않다. 비유하면 눈병이 난 사람이 등불의 빛을 보면 여러 가지 다른 색의 둥근 그림자를 보는 것과 같다. 이것이 등불에게 병이 있는 것인가 아니면 눈에 병이 있는 것인가? 만약에 이것을 등불에 병이 있다고 말한다면 눈에 병이 나지 않은 사람은 왜 그것을 보지 못하는가? 그러니 등불에 잘못이 있는 것이 아니고 자신이 눈에 병이 있는 것을 알아야 한다. 고인(古人)과 언교(言敎)에 허물이 있는 것이 아니고 지금 사람들의 견해(見解)에 병이 있는 것이다. 법안(法眼)이 이미 병이 들어 있으므로 그 법(法)에 차별이 있는 것이므로 법(法)에 허물이 있는 것이 아니라 법안(法眼)에 허물이 있는 것이다.

만약에 법안(法眼)을 체득하여 안정되면[正] 티끌[瑕瞖, 허물,

장애]이 없게 되니 일체(一切)의 모든 경계(境界)와 언어(言語)에 무슨 허물이 있겠는가?

《해설》 자신이 성색(聲色)의 육진(六塵)을 벗어나지 못하면서 견문각지(見聞覺知)하여 지각(知覺)하는 것은 육근(六根)과 육진(六塵)이 함께(幷)하는 그림자(影)와 같은 것이라고 설하고 있다. 이것은 자신의 사대를 자기의 것이라고 하는 소승의 한계를 설하고 있다. 즉 『금강경』에서는 사견(四見)이 있기 때문에 소승들은 '불능청수독송위인해설'이라고 하고 있는 것과 같은 설명을 하고 있다. 소승들이 이렇게 하는 것을 망념(妄念)을 오인(誤認)하여 자기의 진실한 실체라고 하며 이것을 불법(佛法)의 지견(知見)이라고 알고 있다고 질책하면서 이것이 참으로 고통스럽고 괴롭다고 설하고 있다. 그래서 이 田상(相)이라는 것을 바르게 깨달으면 이 육진(六塵)의 상(相)에서 해탈하여야 분명하게 대승을 친견하게 된다고 설하고 있는 것이다.

여러 공안이나 언어문자는 육진에 속하는 것이므로 자신이 육근과 육진에서 바른 법안(法眼)을 체득하여 대승으로 나아가지 않으면 모두가 소승의 늪에서 벗어나지 못한다고 하고 있다. 그러므로 공안에 허물이 있는 것이 아니고 소승의 안목인 석공(析空)에 문제가 있는 것이므로 체공(體空)으로 대승의 안목을 구족해야 소승의 늪에서 빠져나올 수 있는 것이다. 즉 공안을 화두라고 잘못알고 있는 것과 여래를 일불(一佛)사상(思想)으로 아는 것과 육도윤회나 신통을 잘못 아는 것부터 고쳐서 바른 지혜를 구족해야 바른 안목을 갖게 되는 것이다. 고려시대에 지겸(志謙, 1145~1229) 정각국사(靜覺國師)께서도 불법이 사라질 것을 걱정하여 이렇게 도상으로 기록하고 있다. 그래서 촉목시도가 부처라고 주장하는 것을 질책하고 있다.

(27) 대승의 안목을 구족한 상

有人問. 眼耳鼻舌身等, 妄耶眞耶. 乃作此相 圓對. 又明向伊道. 汝從無始來, 常祇相隨, 未曾暫離由彼.351) 故使汝至今, 位在凡下日夕. 又被伊牽繫, 使汝 伶俜, 不得自在.352) 汝更於禪學, 佛道中用, 此轉勿干涉. 此境 難脫, 不是等閑. 其奈多劫來相隨, 如何解免除. 非入理聖人, 猶 自分斷, 況吾輩乎. 或云. 相見無性, 同於交蘆. 又云. 作麼生. 乃作此相 ☉. 云. 你爭奈這箇何. 其人或變, 作此 ㊚相, 乃云. 入水方見長人.

圓. 어느 사람이 물었다. 안이비설신의(眼耳鼻舌身意)등은 망념(妄念)입니까, 진실(眞實)입니까 하니 이내 이 圓상(相)을 그려서 대답하였다.

또 그대에게 그것[육근]에 대하여 분명히 말하겠다. 그대는

---

351) 『金剛經演古』(X25, pp.557c22~558a3), "若菩薩有般若 觀照之智, 其 心不住著 於六塵等法 而行布施. 如是, 則心清淨, 不爲塵染. 智慧明發, 眞 性廓周, 自然明見. 如人眼目清明, 天色晴霽, 日光普照, 虛空中所有 種種 之色, 無所不見, 不但明時, 空無邊際. 卽迷暗之時, 身在其中, 未曾暫離. 是知迷悟在人, 非眞如有 偏不偏也."

352) 『宗鏡錄』卷32(T48, p.603a12~17), "則知無始已來, 三界伶俜, 六趣狂 走, 是迷是倒. 是妄是虛, 皆是情想結成. 識心鼓動, 則知本覺眞性. 非因非 緣, 亦非自然, 非不自然, 非和非合, 非不和合. 盡成戲論, 悉墮邪思. 且無 住眞心, 豈存名相及與處所."

무시이래(無始以來)로 항상 단지[祇] 그것[육근]으로 말미암아 일찍이 잠시도 그를 떨어져 본 적이 없다. 그러므로 그가 그대를 시켜서 지금에 이르게 되어 범부(凡夫)의 지위로 있으면서 아침저녁을 보내고 있는 것이다. 또 그대는 그[육근]에게 속박되어 비틀거리니 임운자재를 체득하지 못하게 되는 것이다. 그러므로 그대가 다시 선학(禪學)을 하여 불도(佛道)에 맞게 생활하려고 하면 이것을 전환하여 몰종적(沒蹤迹, 勿干涉)이 되어야 하는 것이다. 이 경계(境界)를 벗어나기 어려우므로 등한히 해서는 안 된다. 이와 같이 오랜 세월 동안 그와 서로 함께하였으므로 어떻게 해탈하여 벗어나겠는가? 이치를 깨달아 초월한 성인(聖人)도 오히려 자신을 분단(分斷)해야 하는데 하물며 그대와 같은 무리뿐이겠는가?

혹은 말했다. 무성(無性)을 상견(相見)하는 것이므로 갈대가 교차하는 것과 같은 것이다.

또 말했다. 어떻게 하는 것인가 하고는 이내 이 ☉상(相)을 그려 제시했다.

그리고는 말했다. 그대는 이것[這箇]을 어떻게 하겠는가?

그 사람이 혹 변화시켜 이 ㉵상(相)을 그려서 제시하면 이내 이렇게 말했다. 입수(入水)한 장인(長人)[353]이 되어야 비로소 친견하는 것이다.

《해설》 육근과 육진을 자신이 잘못 알고 자신의 안에 그

---

353) 『禪苑蒙求瑤林』卷1(X87, p.52a17~19), "則天賜浴. (事苑一)唐武則天皇后. 嵩山老安, 北宗神秀入襟中供養, 因澡浴次, 宮姬給侍, 獨安怡然無他. 后歎曰. 入水始知有長人(云云)(당의 측천무후가 숭산 노안국사와 신수를 마음으로 공양하고자 목욕을 시키려고 하면서 궁중의 미녀를 시켜서 시봉하게 하니 편안하여 기뻐하는 것이 그 시녀가 없는 것과 같았다.)

324

[伊, 본래인]를 업고 자신을 찾는다고 하고 있다. 즉 자신의 얼굴을 잃어버리고 자신의 얼굴을 찾게 되는 것은 안목을 소승에서 대승으로 나아가지 않으면 죽은 사람이 되기 때문이다. 그러므로 선불교라고 하며 선교일치라는 말을 하는 것이다. 오온이 공(空)이라는 것을 아는 것을 무성(無性)이라고 하는 것이므로 이것을 깨달아야 하는 것이다. 사대(四大)안에 눈목(目)자(字)가 들어 있는 것은 자신의 안목이 중생심과 소승(성문·연각·보살)이 되는가에 따라 범부로 사는가 아니면 성자로 살게 되는 것이다. 그리고 견성이후에 이 ⊙상(相)으로 대답하는 것은 대승이 탄생하는 것을 말하는 것이고 이 卍상(相)은 최상승의 상(相)을 설한 것이다.

(28) 제불이 출세한 상

摩竭陀國, 親行此道, 毗耶黎城, 亦行此旨.[354] 又云. 遇暗卽明. 石頭云. 當暗中有明, 勿以明相覩. 有人問. 諸佛未出世時如何. 作此相十對之. 云. 出世後如何. (第三十四張) 作此相⊙對之.[355] 所以僧問, 靈雲和尙云. 混沌未

---

354) 『黃龍慧南禪師語錄』(T47, p.634b20~24), "我佛如來。摩竭陀國 親行此令, 二十八祖, 遞相傳授. 祖馬駒 蹋殺天下人. 臨濟德山棒喝, 疾如雷電. 後來兒孫泊後石頭 不肖, 雖擧其令 而不能行. 但逞華麗 言句而已, 黃龍出世."；『天聖廣燈錄』卷27(X78, p.562b2~3), "問. 摩竭陀國 親行此令, 如何是此令. 師云. 天下大行."；『維摩經文疏』卷2(X18, p.475a18~19), "此經旣是 方等敎攝 住於毗耶離城 說大乘方等 所可現身 亦應隨緣感現故."；『林泉老人評唱投子靑和尙頌古空谷集』卷5(X67, p.305b21~24), "昔維摩詰 假幻化色身示疾 於毗耶離城, 靈鷲祖翁 遣三十二 菩薩就彼問病, 摩詰以不二法門 勘當透法身句. 末後曼殊 利以無言 無說無示 無識離諸 問答爲酬. 曼殊復問. 摩詰默然."

分時如何. 云. 露柱懷胎. 分後如何. 云. 如片雲點大淸. 如有學
人, 作此相來問, 宗師應云. 闍梨, 你向什麼處見老僧. 其僧合
掌. 宗師云. 你未見老僧在. 僧云. 某甲不在黑山下.

☉. 마갈타국(摩竭陀國)에서 친히 이 도(道)로 행화(行化)하
셨고 역시 비야리성(毗耶黎城)에도 이 종지(宗旨)로 행화(行化)
하셨다.

또 말했다. 어둠(暗)을 만나야 밝음이 있다는 것을 아는 것이
다. (망념이 없어야(暗) 계합하는 것으로 바로 깨닫는 것이다.)

석두(石頭)께서 말했다. 어둠(暗)중에 밝음이 있는 것으로 밝
음으로만 서로 보려 하지 말아야 한다.

어느 스님이 물었다.

제불(諸佛)께서 출세(出世)하지 않았을 때는 어떻습니까?

이 상(相)에 십(十)자(字)를 그려 넣어서 대답했다.

또 말했다. 출세(出世)한 후에는 어떻습니까?(제34장)하니 이
☉상(相)을 그려서 대답했다. 그리하여 어느 스님이 영운화상
(靈雲和尙)에게 물어 말했다.

혼돈이 나누어지기 이전(混沌未分時)[356]에는 어떻습니까?

---

355) 『續傳燈錄』卷7(T51, p.510b2~5), "問諸佛未出世時如何. 師曰. 不識酒
望子. 曰出世後如何. 師曰. 釣魚船上贈三椎. 問如何是佛. 師曰. 留髭表丈
夫."; 『續傳燈錄』卷20(T51, p.604c17~19), "僧問. 諸佛未出世時如何.
師曰. 山河大地. 曰出世後如何. 師曰. 大地山河."; 『正法眼藏』卷2(X67,
p.599a7~8), "問諸佛未出世時如何. 曰不識酒望子. 云出世後如何. 曰釣
魚船上贈三椎."; 『五燈會元』卷6(X80, p.130c15~17), "問. 諸佛未出世
時如何. 師曰. 王宮絶消息. 曰. 出世後如何. 師曰. 榮枯各不同."

356) 혼돈미분시(混沌未分時): 『圓悟佛果禪師語錄』卷7(T47, p.745b9~11),
"僧問. 混沌未分時 如何露柱懷胎, 此意如何. 師云. 突出難辨. 進云. 分後
如何. 片雲點太淸. 是何宗旨. 師云. 高著眼."; 『景德傳燈錄』卷20(T51,
p.364a17~23), "僧問. 混沌未分時如何. 師曰. 混沌. 僧云. 分後如何. 師
曰. 混沌. 上堂示衆曰. 釋迦如來 出世四十九年 說不到底句, 今夜某甲 不避

영운화상(靈雲和尙)께서 대답했다.

노주(露柱)가 아이를 밴 것이다.

물었다. 혼돈(混沌)이 나누어진 이후에는 어떻습니까?

대답했다. 조각구름이 맑은 하늘에 점처럼 있는 것이다.

어느 스님이 이 상(相)을 그려서 물어오면 종사(宗師)께서 이에 응하여 대답했다. 사리(闍梨)여, 그대는 어디에서 이 노승(老僧)을 친견하겠는가?

그 스님이 합장(合掌)하였다.

종사(宗師)께서 말했다.

그대는 노승(老僧)의 경지를 친견하지 못한 것이다.

그 스님이 말했다.

저는 흑산(黑山)귀굴 속에 살지는 않습니다.

《해설》 이 ⊙상(相)은 제불의 출세를 설한 것이다. 즉 앞단에서 이 상(相)을 대승의 탄생이라고 한 것은 대승의 아라한이나 보살마하살이 되어야 이것을 알 수 있기 때문이다. 그래서 원상 안에 하나의 점을 찍은 것과 같다고 제불의 출세에 대하여 설명하고 있다. 부처의 출세에 대하여 혼돈미분전과 비교

羞恥. 與諸尊者 共譚師良久云. 莫道錯珍重. 僧問. 學人有病請師醫. 師曰. 將病來與汝醫. 曰便請師醫. 師曰. 還老僧藥價錢來.";『北山錄』卷1(T52, p.573b28), "混沌者未開通之貌也.";『盂蘭盆經疏新記』卷1(X21, p.456b 4~8), "混沌者 儒宗謂天地萬物本 於混元之氣 元氣生天地 天地生萬物 故愚智貴賤 貧富苦樂皆 推天命死生 變化終歸一氣然 天地陰陽未分之前 淸濁相和故名混沌.";『宗統編年』卷1(X86, p.69c3~10), "所云混沌者, 乃身光初失, 日月未出之時, 非眞天地開闢也. 詳見佛紀中, 世界無盡, 佛智乃知, 今就娑婆世界而言. 此世界在華藏莊嚴世界海中, 華藏海中央, 有香水海, 名無邊妙華光. 出一蓮華, 持一世界種, 名普照十方熾然寶光明, 中列二十重佛刹.(刹土卽界也)其第十三重爲娑婆世界, 毗盧遮那佛之報土, 釋迦文佛其分身."

하여 본래의 상태에서 주객이 나누어 지기 이전에 차별분별이 없는 것과 같다고 설하고 있다. 그러므로 혼돈(混沌)에서 생사(生死)와 차별이 생겨 있어도 제불(諸佛)이 출세(出世)하면 모두가 원상(圓相)안에서 살아가게 된다고 '혼돈미분후'라고 조도를 점(點, 點)으로 설하고 있다.

(29) 노지백우가 공양하는 상

有人問. 露地白牛, 飮噉何物, 乃以此相示之. 所以僧問, 投子和尙. 如何是露地白牛. 投子云. 吒吒. 飮噉何物. 云. 喫喫.[357] 大凡所食, 無過一味草料. 故云. 一味之法, 隨力爲說.[358] 潙山和尙, 見尼來便云. 老牸牛你來也. 尼云. 今日臺山有齋, 和尙還去無. 潙山便放身倒勢.[359] 有俗行者, 接待僧喫食有, 行脚僧到彼云. 行者接待不易. 行者云. 有什麼不易, 譬如餧驢餧馬. 僧無語. 潙山又云. 老僧百年後, 向山下作一頭水牯牛.[360] 僧云. 某甲隨和尙, 來還得麼. 山云. 你若來

---

357) 『禪宗頌古聯珠通集』卷25(X65, p.629a16~17), "投子因僧問. 如何是露地白牛. 師曰. 吒吒. 曰飮噉何物. 師曰. 喫喫."; 『古尊宿語錄』卷36(X68, p.233c20~21), "問. 如何是露地白牛. 師云. 吒吒. 學云. 飮噉何物. 師云. 喫喫."

358) 『妙法蓮華經』卷3(T09, p.20b6~7), "我雨法雨, 充滿世間, 一味之法, 隨力修行."

359) 『潭州潙山靈祐禪師語錄』(T47, p.581a26~28), "師. 一日見劉鐵磨來. 師云. 老牸牛汝來也. 劉云. 來日臺山大會齋, 和尙還去麼. 師乃放身作臥勢. 劉便出去."; 『虛堂和尙語錄』卷6(T47, p.1027c19~21), "擧. 潙山見劉鐵磨來. 山云. 老牸牛汝來也. 磨云. 來日臺山大會齋, 和尙還去否. 山放身作臥勢. 磨便出去."

360) 『潭州潙山靈祐禪師語錄』(T47, p.581c25~29), "師上堂云. 老僧百年後, 向山下作一頭水牯牛, 左脇下書五字云, 潙山僧某甲. 當恁麼時, 喚作潙山

時 含取一莖草來.361) 忽有人作 此相來問, 宗師但去 裏面書牛
字對之.

Ᏸ. 어느 스님이 물었다. 노지백우(露地白牛)는 무엇을 음식
으로 먹습니까? 하니 이내 이 상(相)을 그려 제시(提示)하였다.
이것으로 인하여 어느 스님이 대동 투자화상(投子和尙, 819～
914)362)에게 물었다. 무엇을 노지백우(露地白牛)라고 합니까?

僧, 又是水牯牛. 喚作水牯牛, 又是潙山僧, 畢竟喚作甚麼卽得. 仰山出禮拜
而退."
361) 『五燈會元』卷3(X80, p.75b2～5), "師將順世, 第一座問. 和尙百年後向
甚麼處去. 師曰. 山下作一頭水牯牛去. 座曰. 某甲隨和尙去還得也無. 師
曰. 汝若隨我, 卽須銜取一莖草來."; 『萬松老人評唱天童覺和尙頌古從容
庵錄』卷5(T48, p.270b29～c4), "泉將順世, 首座問. 和尙百年後向何處去.
泉云. 山下作一頭水牯牛去. 座云. 某甲隨和尙去得否. 泉云. 汝若隨我, 須
嘲取一莖草來. 此異類話, 南泉首唱, 潙山和之. 道吾雲巖傳授, 今爲曹山三
墮."
362) 대동(大同): 『景德傳燈錄』卷15(T51, pp.319a2～320ab5), "舒州投子山
大同禪師 本州懷寧人也. 姓劉氏. 幼歲依洛下 保唐滿禪師出家. 初習安般
觀, 次閱華嚴敎 發明性海. 復謁翠微山法席 頓悟宗旨(語見翠微章)由是放
任 周遊歸旋故土, 隱投子山 結茆而居. 一日趙州諗和尙 至桐城縣, 師亦出
山途中 相遇未相識. 趙州潛問俗士知是投子. 乃逆而問曰. 莫是投子山主
麼. 師曰. 茶鹽錢乞一箇. 趙州卽先到庵中坐. 師後携一缾油歸庵. ... 師乃
隨宜說法, 魁渠聞而拜伏, 脫身服施之而去. 師乾化四年 甲戌四月六日 示
有微疾, 大衆請醫. 師謂衆曰. 四大動作 聚散常程, 汝等勿慮, 吾自保矣,
言訖跏趺坐亡. 壽九十有六. 詔諡慈濟大師. 塔曰眞寂."; 『祖庭事苑』卷
7(X64, p.414a12～20), "投子 師名大同, 舒州懷寧人也. 姓劉氏, 少從西
洛滿禪師 出家爲沙門, 習安那般那. 後謁京兆 終南山無學禪師, 問西來密
旨. 無學駐步少時. 師曰. 乞師垂示. 學云. 更要第二杓 惡水作麼. 師由是
領旨, 晚歸里閈, 結茅於投子山, 學者如輻湊. 師謂衆曰. 汝等來者 裏覓箇
甚麼. 我老人家 氣力稍劣, 脣口遲鈍. 且無攢花四六 新鮮語句, 終不說向
上向下 蹲坐繫縛汝等, 師示衆凡此類也. 唐昭宗乾寧四年示寂, 壽九十六,
諡慈濟大師."; 『五燈會元』卷5(X80, p.122a15～18), "舒州投子山大同禪
師 本州懷寧劉氏子, 幼歲依洛下 保唐滿禪師出家, 初習安般觀, 次閱華嚴
敎, 發明性海. 復謁翠微, 頓悟宗旨(語見翠微章). 由是放意周遊, 後旋故土,
隱投子山, 結茅而居."; 『祖堂集』卷6(B25, p.412a2～3), "師於甲戌歲 四
月六日 跏趺端坐, 俄然順化. 春秋九十六, 僧夏七十六矣.(투자화상께서 갑
술년 4월 6일에 결가부좌하여 단정히 앉아서 초연히 입적하니 춘추는 96

투자(投子)께서 대답했다. 허허[질질(叱叱)].

물었다. 노지백우(露地白牛)는 무엇을 음식으로 먹습니까?

대답했다. 그냥 먹는다[끽끽(喫喫)]. 대체로 일미(一味)의 풀이라고 헤아리는 허물없이 먹는다.

그러므로 말했다. 일미(一味)의 법(法)을 역량에 따라 수행하게 설(說)하는 것이다.

위산(潙山靈祐, 771~853)화상이 비구니(比丘尼)가 오는 것을 보고 바로 말했다. 늙은 암소로서 그대가 무엇 때문에 오는가? *(이류중행363)하는 것이다.)

비구니(比丘尼)가 말했다. 금일 오대산(五臺山)에 공양이 있는데 화상께서 가지 않겠습니까?

위산(潙山)께서 바로 방신(放身)하며 넘어지는 시늉을 했다.

어느 속가 행자(行者)가 스님들에게 음식을 접대하고 있는데 어느 행각승(行脚僧)이 그곳에 도착하여 말했다. 행자가 수행자(修行者)를 접대하는 일은 쉬는 일이 아닙니다.

행자가 말했다. 무슨 어려움이 있겠습니까? 비유하면 나귀[驢]나 말[馬]에게 먹이를 주는 것과 같이 생각하고 있습니다.

그 행각승(行脚僧)이 아무 말을 하지 못했다.364)

세이며 승랍은 76세였다.)"

363) 이류중행(異類中行): 대승과 최상승으로서 중생들을 제도하는 것. 일체 중생과 함께하며 행동으로 보여주며 제도하는 것으로 일체의 분별을 초월한 최상승의 생활. ; 『萬松老人評唱天童覺和尙頌古從容庵錄』卷5(T48, p.275c10~11), "若是箇中人, 有時佛祖頭上行, 有時人天路上走, 水牯牛隊裏, 異類中行." ; 『楞嚴經宗通』卷6(X16, p.875b6~10), "嚴把住曰. 如何是祖師西來意. 遽答曰. 神前酒臺盤. 嚴曰. 不虛與我同根生, 後不知所終, 此所謂異類中行者也. 南泉因東西兩堂爭貓兒, 泉遇之, 白衆曰. 道得卽救取貓兒, 道不得卽斬却也. 衆無對. 泉便斬之."

364) 『五燈會元』卷4(X80, p.97c22~23), "泉便打破鍋子, 甘常接待往來, 有僧問曰. 行者接待不易. 甘曰. 譬如餧驢餧馬. 僧休去." ; 『指月錄』卷12(X83, p.539a15~17), "師見杏山僧衆相隨, 潛入碓坊碓米. 杏曰. 行者接待不易,

위산화상(潙山和尙)께서 또 말했다. 노승(老僧)이 입적한 후에 산 아래에 한 마리 수고우(水牯牛)가 될 것이다.

어느 스님이 물었다. 제가 위산화상을 따라가면 되겠습니까?

위산께서 대답했다.

그대가 만약 나를 따라온다면 일경초(一莖草, 불법의 대의)를 받들어 취하고 와야 한다. 그런데 홀연히 어느 스님이 이 상(相)을 그려 와서 물으면 종사(宗師)께서는 단지 그 상(相)을 지우고 그 안에 우(牛)자(字)를 써서 대답하셨다.

《해설》 노지백우가 무엇을 먹는가라고 질문을 한 것은 노지백우는 어떻게 생활하는가 라는 질문이므로 여래나 조사가 어떻게 살아가는가 라는 질문에 대한 대답이다. 그래서 이 ⍟상(相)으로 대답을 한 것이다. 원상을 관(卅)자(字)와 비슷한 상(相)으로 받들고 있는 모습이다. 원상을 받들고 있는 것은 자신의 불성(佛性)이나 공(空)이므로 근원적인 것을 상징한다고 볼 수 있다. 그리고 마지막 부분에 이 ⍟상(相)으로 질문을 하면 아랫부분을 지우고 원상 안에 우(牛)자를 넣은 이 노지백우상(相)인 이 ⊕상(相)으로 대답한 것이다.

그리고 "일미지법(一味之法), 수력위설(隨力爲說)"에서 진여의 지혜는 각자의 역량에 따라 수행하는 것이라고 하는 것을 설하는 이것은 여래라는 지표가 있으므로 누구나 할 수 있는 것을 말하는 것이지 석가모니와 똑같이 수행해야 하는 것은 아니다. 만약에 석가모니와 같이 하려고 하면 왕궁에 태어나고

貧道難消. 師曰. 開心椀子盛將來, 無盖盤子合取去, 說甚麼難消. 杏便休."

결혼을 하고 출가해야 하는 문제가 있는 것이다. 그래서 석가 모니를 전지전능한 부처로 몰고 가는 일불사상의 소승에서 벗어나야 각자가 여래로 살아갈 수 있는 것이다. 일미의 법이라는 것은 누구나 먹을 수 있지만 대승이상이 되어야 하는 것이고 최상승이 되어야 노지백우로 살아가게 되는 것이다. 그러므로 백우가 된다고 하여서 형상이나 생활하는 지위가 똑같아야 하는 것은 아닌 것이다. 그러므로 중생이 여래가 되어도 모습을 바꾸지 않는다고 하는 것365)이다. 흑우가 백우가 되어도 자신의 생활이나 모습은 그대로라는 것을 설하고 있다. 이것은 삼업이 청정하면 여래가 탄생하는 것이므로 제법을 여의하게 사용할 줄 아는 사람을 여래라고 하고 있다. 그래서 아직도 증득해야할 법이나 수행해야할 법이 남아있다고 말하면 증상만이 있는 사람이라고 하고 있다.

(30) 오온이 공(空)인 상

 有人問. 作麼生得, 五蘊皆空, 乃以此相對之. 或云.

---

365) 『少室六門』(T48, p.372b17~18), "蛇化爲龍, 不改其鱗, 凡變爲聖, 不改其面."；『景德傳燈錄』卷28(T51, p.441a12~24), "經云. 心佛與衆生是三無差別, 身口意淸淨名爲佛出世. 三業不淸淨名爲佛滅度. 喻如嗔時無喜 喜時無嗔. 唯是一心實無二體, 本智法爾 無漏現前. 如蛇化爲龍 不改其鱗, 衆生迴心作佛 不改其面. 性本淸淨 不待修成, 有證有修卽同增上慢者. 眞空無滯 應有無窮 無始無終, 利根頓悟 用無等等. 卽是阿耨菩提, 心無形相, 卽是微妙色身. 無相卽是 實相法身, 性相體空 卽是虛空無邊身. 萬行莊嚴 卽是功德法身. 此法身者 乃是萬化之本, 隨處立名, 智用無盡 名無盡藏, 能生萬法 名本法藏, 具一切智 是智慧藏, 萬法歸如 名如來藏. 經云. 如來者卽諸法如義."

從上什麼人, 得此相對. 云. ㉑ 唯此人得之. 審後來, 還有人得
也無. 云. 我不辭向汝道, 恐你信之不及. 某甲深信, 請和尚指
出. 遂作此相 ⊕示之. 學云. 在宅者, 出宅者,366) 露地者,367)
異路者,368) 迴來者, 未審是何等類. 對云. 你也. 學問. 稍是子
細, 不是麤心人. 今之學者,(第三十五張) 並不分緇素, 我今爲汝
說之. 且在宅者, 出宅者, 異路者, 則分得未全. 露地者, 迴來者,
方全. 你不見, 善財龍女, 一念一生,369) 能辦此事. 且吾輩信,
向而已其, 奈五箇漢子, 朝暮相逐不忘, 云何而可希冀. 莫開大
口, 幽淸擾動, 同分生機,370) 猶自未識, 豈況餘事.

㉒. 어느 스님이 물었다. 어떻게 하여야 오온(五蘊)이 모두
공(空)이라는 것을 체득(體得)할 수 있습니까? 하니 이내 이

---

366) 『法華經指掌疏』卷2(X33, p.548a21~22), "衆生求此, 如彼長者諸子, 爲
　　求鹿車 出宅者無異.";『法華義疏』卷5(T34, p.525b19~21), "如來若不以
　　三乘化之令 出宅者, 衆生善根不生, 無紹佛種, 如子被燒, 如來化工 於是
　　亦絕."
367) 『十誦律』卷12(T23, p.85a29~b1), "露地者, 無壁障, 無衣幔障, 無席
　　障.";『法華義疏』卷5(T34, p.526b10~11), "露地者, 既斷四諦 下正使盡
　　亦無蓋纏, 故稱露地也."
368) 『涅槃經疏私記』卷8(X37, p.285a9~10), "經云 無異路者, 造惡造善 皆無
　　異路. 何以故, 若發菩提心 必至佛性泉. 若起闡提心, 必至三惡泉.";『涅槃
　　經疏三德指歸』卷18(X37, p.586a17), "經無異路者 若發菩提心 必至佛性泉
　　也."
369) 『宗鏡錄』卷19(T48, p.522b13~25), "答. 言久修善根者, 即在三乘教攝,
　　從三乘入一乘, 即是一念 始修具足. 故經云. 初發心時, 便成正覺. 譬衆川
　　入海, 纔入一滴, 即稱周大海, 無始無終. 若餘百川水之極深, 不及入大海之
　　一滴. 即用三乘中修多劫, 不及一乘之一念. 又此時劫不定. 或一念即無量
　　劫, 無量劫即一念. 一生即無量生, 無量生即一生. 如十玄門, 時處無礙. 又
　　大乘明一念 成佛義有二. 一者, 會緣以入實, 性無多少故, 明一念成佛. 二
　　者, 行行纔滿, 取最後念, 名爲一念成佛. 如人遠行, 以後步爲到. 若一乘明
　　一念成佛者, 如大乘取後 一念成佛, 即入一乘. 以後即初, 初念即是成."
370) 『楞嚴經正脉疏』卷10(X12, p.468b13~14), "同分生機者, 即同生基也.
　　基表生之根, 機明動之始, 其意一也.";『楞嚴經通議』卷10(X12, p.651c1
　　7~18), "以衆生生死 皆依行陰生滅 故爲同分生機."

⊞∩상(相)을 그려서 대답하였다.

혹은 물었다. 지금까지 어느 사람이 이 상(相)을 체득(體得)하여 대답한 사람이 있습니까?

대답했다. 이 ⊛상(相)은 오직 이 사람(此人, 본래인, 知音)만 체득(體得)하는 것이다.

물었다. 이후에 어느 사람이 이것을 체득(體得)하는 사람이 있겠습니까?

대답했다. 내가 그대에게 말해주는 것은 사양하지 않겠지만 그대가 믿어서 깨닫지 못할 것을 걱정하는 것이다.

말했다.

저는 깊이 믿으니 화상(和尙)께서 지시하여 나타내 주십시오.

그리하여 이 ⊕상(相)을 그려 제시(提示)하였다.

학인(學人)이 물었다. 집에 있는 이[在宅者], 집에서 나온 이[出宅者], 노지(露地)에 있는 이[露地者], 다른 길에 있는 이[異路者], 돌아온 이[廻來者]는 어느 부류와 같습니까?

대답했다. 그대가 배우고자 묻는 것은 자세한 것이고 추(麤)한 마음을 말하는 것은 아니다. 지금 수행하는 이들은(제35장) 모두(並) 검고 흰[緇素]것도 구분하지 못하는데 내가 지금 그대를 위하여 설(說)해 주겠다. 또 집에 있는 이[在宅者], 집에서 나온 이[出宅者], 다른 길에 있는 이[異路者]는 부분만 체득(體得)하여 아직 온전한 것이 아니다. 노지(露地)에 있는 이[露地者], 돌아온 이[廻來者]는 비로소 완전하게 체득한 것이다. 그대는 선재동자(善財童子)와 용녀(龍女)가 일념(一念)으로 일생(一生)에 자신들이 차사(此事)로 판별(辦別)하여 깨달았다는 것을 들어 보지 못했는가?

또한 우리들이 이미 그것[一念一生]을 믿고 향(向)하여 구하면서도 어찌하여 다섯 개[五蘊]가 밤낮으로 서로 따르면서도 잊지 않으려고 하니 어찌 가히 깨달아 마치겠는가? 입만 크게 [大口] 열어서 맑은 현지(玄旨)를 어지럽히지[擾動] 말아야 동분(同分, 중생심)이 지혜로 되는 것인데 오히려 자신의 의식도 알지 못하면서 어찌 하물며 다른 나머지 일대사(一大事)를 안다고 할 수 있겠는가?

《해설》 이 ㊐상(相)은 오온이 모두 공(空)이 되어야 하는데 사각형 네 개는 원상 안에 있는 것이므로 수상행식(受想行識)의 마음을 말하는 것이고 원상 밖의 하나는 색(色)은 육체나 물질 등의 색계의 법을 말하는 것이다. 이 오온이 유위법으로 구성되어서 자신이라는 아상(我相)이 있는 것인데 이것을 공(空)이라는 사실을 체득하여야 견성하여 바른 깨달음을 체득하게 되는 것이다. 이것이 공(空)이 되려고 하면 유위법이 아닌 무위법이 되어야 하는 것을 석공이 아닌 체공이 되어야 한다고 하는 것이다. 즉 원상안의 수상행식(受想行識)과 원상 밖의 색온이 모두 공(空)이 되어야 하는 사실을 아직 체득하지 못한 것을 유위법으로 추구하고 있는 상(相)이다. 모두가 이것을 근본으로 해서 깨달음을 체득하여야 하므로 이 ㊀상을 제시한 것이다. 이 상(相)은 지음(知音)의 경지가 되어야 한다는 것이고 이 ㊉상(相)은 노지백우가 되어야 하는 것이다. 그러므로 능단(能斷)이라고 하는 것이고 스스로 자각 하여야 한다고 하는 것이다.

(31) 할

呚(咄), 或有人問. 和尙叅見什麼人, 便得與麼, 作此相對之. 學云. 百丈再叅見馬祖,[371] 莫如此不. 云. 你大不識好惡, 向鼻孔裏, 何(肩, 屓)未能打得汝.

呚(咄) 할[咄, 喝]하고 어느 스님이 물었다. 화상(和尙)께서는 어느 사람을 참견(叅見)하고 바로 이와 같은 것을 체득하였습니까? 하고 물으니 이 ⊕상(相)을 그려 대답했다.

학인이 말했다. 백장(百丈)께서 다시 마조(馬祖)를 참견(叅見)했을 때에는 이와 같이 간단하지는 않았습니다.

대답했다.

그대는 아주 좋고 나쁜 것을 전혀 모르니 비공(鼻孔, 본래심)을 향하여도 어찌 능히 그대에게 체득하게 하겠는가?

《해설》 마조가 백장에게 하였던 것처럼 설명하여도 알지 못한다는 질책이다. 마조의 할! 한마디에 백장이 언하대오를 한 것인데 속인이 마조를 처음 만나서 이렇게 된 것은 아니다. 백장이 마조문하에서 많은 수행을 하였다는 것을 나타낸 것으로 소승의 돈오점수에서 돈오돈수의 수행자가 되어서도 마지막의 최상승의 수행자가 되기까지의 의미 때문에 '재참견(再叅見)'이

---

371) 『佛果圜悟禪師碧巖錄』卷6(T48, pp.187c23~188a1), "正眼觀來却 是百丈具正因. 馬大師無風起浪, 諸人要與 佛祖爲師. 參取百丈, 要自救不了, 參取馬祖大師. 看他古人 二六時中, 未嘗不在箇裏. 百丈卅歲離塵, 三學該練, 屬大寂闡化南昌, 乃傾心依附. 二十年爲侍者, 及至再參, 於喝下方始大悟. 而今有者道, 本無悟處, 作箇悟門 建立此事."

라는 말을 사용하고 있다.

學云. 放一線道容, 某甲請益. 只如百丈, 黃蘗, 臨濟, 三聖,
興化, 南院等諸尊宿, 皆用此機. 今之以謂, 金剛王寶釼(劍), 踞
地師子, 探竿影草, 作問行. 或先爲照後爲用, 或先爲用後爲照,
或同時, 或點破, 或賓(賓)主各二, 或賓(賓)主互換, 或謂之三玄
三要, 爲一家門風之, 正宗體用, 此等諸般, 未識如何. 某甲未
曉, 願決所疑, 使今之人, 知是玉石.372)

---

372) 『五家正宗贊』卷4(X78, p.613b8~16), "上堂. 夫爲宗師, 須是驅耕夫之
牛, 奪飢人之食, 遇賤卽貴, 遇貴卽賤. 驅耕夫之牛, 令他苗稼豊登. 奪飢人
之食, 令他永絕飢虛. 遇賤卽貴, 握土成金. 遇貴卽賤, 變金爲土. 老僧亦不
驅耕夫之牛, 亦不奪飢人之食. 何謂, 耕夫之牛我何用, 飢人之食復何飡, 我
也不握土成金, 也不變金作土. 何也, 金是金, 土是土, 玉是玉, 石是石, 僧
是僧, 俗是俗, 古今天地, 古今日月, 古今山河, 古今人倫. 雖然如此, 打破
大散關幾箇 迷逢達磨.(越州天衣義懷가 상당하여 설했다. 대부분 종사는
밭일하는 농부의 소를 빼앗고 굶주린 자의 음식을 빼앗으며 천한사람을
만나면 귀하고 귀한사람을 만나면 미천해진다. 밭일하는 농부의 소를 빼
앗으면 그의 곡식이 풍년들고 굶주린 자의 음식을 빼앗으면 그의 배고픔
을 영원히 없앤다. 천한사람을 만나 귀해지는 것은 흙으로 금을 만들게
하는 것이고 귀한사람을 만나 천해지는 것은 금으로 흙을 만드는 것이다.
노승은 역시 밭일하는 농부의 소를 빼앗은 일도 없고 역시 굶주린 자의
음식을 빼앗은 일도 없다. 무엇 때문이냐 하면 밭가는 농부의 소를 내가
어디에 사용할 것이며 굶주린 자의 음식으로 다시 무엇을 하겠는가? 나는
흙으로 금을 만들지도 않고 금으로 흙을 만들지도 않는다. 왜냐하면 금은
금이고 흙은 흙이며, 옥은 옥이고 돌은 돌이며, 스님은 스님이고 속인은
속인이며, 고금부터 천지와 일월, 산하, 인륜은 있는 그대로 자연스런 것
이기 때문이다. 비록 이렇다고 해도 조사의 관문을 몇 사람이나 타파하여
미혹에서 벗어나 달마를 친견[逢]하겠는가?)" ; 『五燈全書』卷99(X82,
p.572c7~10), "示衆. 執之失度, 必入邪路, 放之自然, 體無去住. 祖師恁
麼道, 也是玉石不分, 金沙混雜, 若據衲僧門下, 天地懸隔. 且衲僧門下, 有
甚長處, 靈苗瑞草和根拔, 滿地從敎荊棘生.(집착하여 구하려고 하면 법도
(法度)를 상실하게 되어 중생심으로 삿된 일을 겪게 되는 것이니 그 마음
을 놓으면 자연스럽게 여시하게 되어 진여의 지혜로 생활하게 되니 어디
에서도 청정하게 되네. 조사가 이렇게 설해도 옥석을 구분하지 못하면 금
과 모래가 혼합되어 있어 납승의 문하에서는 천지와 같이 차이가 있다.

학인이 물었다. 일선도(一線道)373)를 베풀어[放行] 수용하게 저(某甲)에게 가르쳐 주십시오.

단지 백장(百丈), 황벽(黃蘗), 임제(臨濟), 삼성(三聖), 흥화(興化), 남원(南院)등의 존숙(尊宿)들께서 모두 이와 같은 지혜를 사용한 것뿐이다. 그런데 지금은 이것을 금강왕보검(金剛王寶釖)이라고 하고, 땅에 웅크린 사자라 하고, 장대로 고기를 유인하는 풀[探竿影草]이라 하며 물으면 대답하여 행하는 것뿐이라고 한다. 혹은 먼저 관조(觀照)하고 뒤에 활용하게 하는 것이라고 하고, 혹은 먼저 활용하고 뒤에 관조(觀照)하는 것이라고 하고, 혹은 동시(同時)에 활용하는 것이라 하고, 혹은 점검하여 간파한다고 하고, 혹은 빈주(賓主)가 둘이라고 하고, 혹은 빈주(賓主)가 서로 바뀌었다고 하고, 혹은 그것을 삼현삼요(三玄三

납승의 문하에서는 무슨 장점이 있는가하면 영묘한 근기의 사람을 근본에서부터 잘못 뽑아내어버리면 교학이 모두가 번뇌 망념이 되는 것이네.)"

373) 일선도(一線道): 『撫州曹山元證禪師語錄』(T47, p.530a27~28), "南泉日 饒汝十成猶較 王老師一線道也."; 『雲門匡眞禪師廣錄』卷2(T47, p.559b12~17), "擧僧問南泉. 牛頭未見四祖時, 爲什麼百鳥銜花獻. 泉云. 步步躡佛階梯. 僧云. 見後爲什麼不銜花獻. 泉云. 直饒不來, 猶較王老師一線道. 師云. 南泉秪解步步登高, 不解從空放下. 僧云. 如何是步步登高. 師云. 香積世界. 僧云. 如何是從空放下. 師云. 塡溝塞壑."; 『宗鏡錄』卷1(T48, p.417b19~22), "答. 斯言遣滯, 若無宗之宗, 則宗說兼暢. 古佛皆垂方便門, 禪宗亦開一線道, 切不可執 方便而迷大旨."; 『景德傳燈錄』卷12(T51, p.292a18~20), "問 如何是放一線道. 師云. 量才補職. 又問. 如何是不放一線道. 師云. 伏惟尙饗, 新到僧參."; 『景德傳燈錄』卷21(T51, p.374b20~24), "問如何是南泉一線道. 師曰. 不辭向汝道恐較中更較去. 問如何是佛法大意. 師曰. 七顚八倒. 問. 學人根思遲迴, 乞師 曲運慈悲 開一線道. 師曰. 遮箇是老婆心."; 『宗門拈古彙集』卷15(X66, p.87b12~18), "黃檗一日揑拳曰. 天下老和尙 總在者裏, 我若放一線道, 從伊七縱八橫. 若不放過, 不消一揑. 僧便問 放一線道時如何. 檗曰 七縱八橫. 曰不放過不消一揑時如何. 檗曰 普. 雲門偃因 僧問 如何是七縱八橫. 偃云 念老僧年老, 如何是普. 偃云 天光回照. 如何是天光回照. 偃云 髂䏶少人知."; 『萬松老人評唱天童覺和尙拈古請益錄』卷1(X67, p.468c9~10), "僧問睦州. 如何是放一線道. 州云. 量才補職."; 독자적인 법문, 스승이 제자를 위하여 제시하는 방편법문. 불법(佛法)의 진실한 삶. 진여의 지혜로 생활.

要)라고 설명하는 것 등을 한 가문(家門)의 종풍(宗風)으로 하여 바른 종지(宗旨)와 체용으로 삼는데 이와 같은 것들이 모두 무엇을 위하여 설하는지 모르는 것이다.

제가 아직 밝히지 못하였으니 원하오니 의심을 풀어주어 지금의 사람들로 하여금 옥과 돌[玉石]을 구분하여 알게 하여 주십시오.

噫象末之季, 佛法淪墜, 使今天下, 之不振者, 非不由此也. 且先德尊宿, 建立法幢, 非但此之法門, 乃至一言半句, 擧動施爲, 一棒一喝, 應機接物.374) 猶如飛鳥高空, 雖叫喚其聲, 不可尋逐, 雖飛行其跡, 不可見討. 又不可謂之不叫喚, 不可謂之不飛行.(第三十六張) 飛行叫喚, 聲跡何在.

아[噫]! 상법(像法)과 말법(末法)시대의 마지막에는 불법(佛法)이 추락하여 지금 천하(天下)에서 불법(佛法)을 펼치지 못하는 것이 이것으로 말미암은 것이다. 또 선덕(先德)과 존숙(尊宿)께서 법당(法幢, 법의 깃발)을 건립(建立)하신 것이 비단 이 법문(法門)만이 아니고, 나아가 일언(一言)이나 반구(半句)로 거동(擧動)하여 베풀었으며, 일방(一棒)과 일할(一喝)은 그 기연(機緣)에 따라 응(應)하여 중생을 제접(提接)한 것이다. 마치

---

374) 『人天眼目』卷1(T48, p.304a11~16), "師一日示衆云. 我有時先照後用, 有時先用後照, 有時照用同時, 有時照用不同時. 先照後用有人在, 先用後照有法在. 照用同時, 驅耕夫之牛, 奪饑人之食, 敲骨取髓, 痛下針錐. 照用不同時, 有問有答, 立主立賓, 合水和泥應機接物."; 『楞嚴經疏解蒙鈔』卷10(X13, p.893a4~7), "道不用修, 但莫污染. 何謂污染, 但有生死, 造作趣向, 皆是汙染. 若欲直會其道, 平常心是道. 只如今行住坐臥, 應機接物."

새가 하늘을 높이 날아가는 것과 같아서, 비록 새가 우는 소리는 들리나 따라가서 찾을 수는 없고, 비록 날아가기는 하였지만 그 종적은 찾아 볼 수는 없는 것이다. 또 울지 않았다고 말할 수도 없는 것이고, 날아가지 않았다고 할 수도 없는 것이다.(제36장) 날아가고 울어도 그 소리와 종적은 어디에 있는가?

近代繼續先蹤 爲師匠者, 識度不明, 正見不曉, 何於古聖法上, 悞生知解. 作此等諸般, 路布差別, 途徑開張, 以謂古德, 眞實如此, 苦哉, 痛哉. 末代進學者, 善根微薄, 遭逢此之宗師, 被伊送向, 万(萬)丈深坑, 何時得出. 此㨾宗師, 不墮地獄惡道, 更是何人. 所以謗法之罪, 經有明文. 汝聞此等見解, 速須離却. 若已學了, 速須葉捨, 別求正眞. 時不待人, 佛法難値, 千劫難聞, 決須改悔, 不是等閑, 子細子細.

근대(近代)에는 선덕(先德)의 종적(蹤迹)을 계승하여 사장(師匠)이 되었다고 하는 자들도 식도(識度)가 분명하지 못하고 정견(正見)을 깨닫지 못했으면서도 어찌하여 고성(古聖)의 법상(法上)에서 그릇된 지해(知解)를 일으키고 있다. 즉 이와 같이 모든 노상(路上)에 차별을 펼쳐서 첩경이라고 열어 확장하면서 말하기를 고덕(古德)께서도 진실로 이와 같이 했다고 설하고 있으니 괴롭고 고통스러운 것이다. 즉 말대(末代)에 수행자들은 선근(善根)이 매우 적어서 이와 같은 종사(宗師)를 만나게 되면 그에 의하여 만길(萬丈)의 깊은 구렁텅이 속으로 빠지게 되니 언제 그곳에서 벗어나 출세(出世)하겠는가? 이와 같은 형태의 종사(宗師)들이 지옥과 악도에 떨어지지 않는다면 다시 어느 사람이 (지옥과 악도에) 떨어지겠는가? 그리하여 불법(佛法)을 비방한 죄를 경(經)에 분명하게 기록되어 있는 것이다.

그대가 이와 같은 견해(見解)를 듣는다면 반드시 빨리 벗어나야 한다. 그리고 만약에 이미 배웠다면 속히 반드시 그것에 대한 집착을 포기하고 특별히 바른 진실한 법을 구하여야 한다. 세월이 사람을 기다려 주지 않는 것처럼 바른 불법(佛法)을 만나기 어려운 것은 천겁이 지나도 듣기 어려운 것이니 반드시 결단하여 잘못을 뉘우치고 고쳐야 하니 등한히 하지 말고 자세히 간(看)하고 잘 살펴보아야 한다.

《해설》 소승과 대승 그리고 최상승을 구분하고 공안과 화두도 판단하여야 대승의 선수행자가 되어 심병(心病, 禪病, 空病)에 떨어지지 않게 되는 것이다. 여기에서 고성(古聖)들의 제도법과 석가의 불법(佛法)이 동일하다고 설하고 있다. 그러면서 임제에 대하여 많이 할애를 하고 있는데 임제가 수행자를 제도한 법으로는 삼구와 삼현삼요, 사조용, 사료간, 사빈주, 사할, 사종무상경이 있는데 이것을 소승의 입장에서 보면 어려울 것이지만 대승의 입장에서 보면 자기 자신을 움직이고 있는 그 사람은 자신인 것이다. 즉 그 사람이 진인이고 자신이 되므로 자신이 자신을 구제하게 하는 것이다. 그러므로 결국에 모두가 자신이 무위진인이 되어야 하는 것이다. 수행자의 근기에 따라 교화의 방편으로 여러 가지로 설하지만 그 내용은 수행자가 일개성자라는 사실을 깨닫게 하기 위한 것으로 소승에서 대승으로 최상승으로 인도하기 위한 것이다. 즉 선지식이 수행자를 제도하는 법으로 '줄탁동시'가 되도록 하고 있다. 자신이 진여의 지혜로 바른 안목을 구족하여야 소승의 수행자에서 언하돈오하여 대승으로 나아가고 최상승의 진인이 되는 것이다. 할이나 봉을 사용하는 것은 수행자의 선병을 치료하기 위한 것이다. 그러므로 소승들은 대상 경계를 명구와 형상이나 음성으로 알려고 하는 선병이 있지만 대승들은 자신이 진여의 지혜로 살아가는 진인이라고 확신하여 대상경계를 무념(無念)으로 알고 무상(無相)으로 무주(無住)를 실천하며 살아가는 것이다.

정각국사 지겸은 근대에는 선덕의 종적을 계승하여 사장(師匠)이 되었다고 하는 자[近代繼續先蹤 爲師匠者]들도 식도(識度, 識見과 度量)가 분명하지 못하고 바른 견해[正見]가 없이 정각(正覺)하지 못했으면서도 누구의 법계를 계승했다고 하며 석가여래의 몇 대 적손(嫡孫)이라고 하는 자들이 그 당시에도 많았던 것으로 추측된다. 지금과 같은 말법시대에서 어떻게 수행하여야 하는가를 지적하고 있다. 자신이 잘못된 수행을 하고 있다는 사실을 모르는 것이 문제이지만 알면 반드시 빨리 벗어나야 한다고 지적하고 있다. 이들은 하는 말마다 고성(古聖)의 법을 인용하면서 자기마음대로 해석하여 옛 성인들도 모두 자신과 같이 수행했다고 그릇된 지해(知解)를 일으킨다고 설하고 있다. 즉 소승들이 자신이 대승인 것처럼 착각하여 큰스님이라는 명칭만 사용하는 지해종사들이 수행자들을 미혹의 구렁텅이로 더 깊게 밀어 넣고 있는 것이다. 그러므로 수행자들은 이런 말을 지금 들었으면 빨리 벗어나고 만약 지금까지 그렇게 익혔다면 빨리 포기하고 바른 수행법을 구해야 한다고 지겸은 설하고 있다. 그러므로 세월이 사람을 기다려 주지 않듯이 바른 불법을 만나기는 어려운 것이기에 '백천만겁난조우'라고 하는 것이고 그 다음 구절이 '아금문견득수지'라고 하는 것이며 지금 듣고 수지하였으면 바로 실행하기를 바라는 마음으로 '원해여래진실의'라고 하는 것이다. 개경게의 첫 구절을 '무상심심미묘법'이라고 하는 것도 능단(能斷)의 의미라는 것을 말하기 위하여 '미묘법'이라고 하는 것은 누구나 알 수 있는 것이다. 지금 보고 들어 알았으면 빨리 벗어나야 한다고 하는 것도 죽고 나서 다시 환생한다는 육도윤회의 착각에서 벗어나게 하려고 하는 것이다. 지금 이시간이 지나고 나면 다시 돌아오지 않는다는 사실을 모르는 것이 아니면서도 이상한 영혼사상에 떨어져 헤어나지 못하는 말법시대의 현상은 언제나 있었던 것으로 추측된다.

현대에는 큰 스님이나 석가의 몇 대 손(孫)이라고 하며 선어록이나 공안을 거들먹거리면서 화두라고 하며 '척판구중'이나 '판치생모', '백척간두진일보', '시심마' 등을 말하고 있으니 화두와 공안을 구분하지 못하는 것이다. 그러면서 학회나 학위의 권위에 빠져 철학이 종교가 되는 시대에 살고 있으니 어렵고 어려운 일이다. 이것으로 호의호식(好衣好食)하는 자들이 넘쳐나는 세상에 살고 있는 것은 단순한 몇 가지의 문제만 있는 것은 아니다. 이런 것을 두고 오탁악세(五濁惡世)라고 하는 것이다. 즉 오탁악세를 말세라고 하는데 다시 보면 명탁(命濁)은 지혜로 살지 못하고 지식으로 사는 세상을 말하는 것이고 중생탁(衆生濁)은 윤리 도덕은 없고 탐진치만 가득한 세상이며 번뇌탁(煩惱濁)은 바른 생각이 없고 물질과 명예와 권력의 노예가 된 세상이고 견탁(見濁)은 바른 견해가 없어 신이 존재하여 죽어서 부활한다는 집단적인 신앙과 지식과 지혜 등의 사소한 것의 바른 견해가 없는 세상이며 겁탁(劫濁)은 전쟁과 부조리 등을 자기네 권력이나 집단유지를 위해 마음대로 휘둘러 개인의 생명은 관심도 없는 세상을 말하는 것으로 현대와 같은 시대를 오탁악세라고 하고 있다. 무엇이 좋고 나쁜 것도 모르게 하여 자신들의 집단신앙으로 끌어들여서 권력을 남용하는 자들이 생겨나 합법이라는 미명하에 세속에서 군림하고 있으니 악세인 것이다. 이렇다는 것을 알았으면 빨리 벗어나야 하고 모른다면 자신을 잘 살펴보아 대장부로 살아가야 할 것이다.

(32) 불불불상견하는 상

有官員問, 請師說法, 乃以此相對之. 官員云. 何謂如此. 對云. 不見道, 不動寂場, 而遊鹿苑.[375] 今以鹿苑, 法門示官員. 忽有人作, 此相來問宗師, 宗師應爲圓. 却子向伊道, 日面佛, 月面佛.

---

375) 『妙法蓮華經玄義』卷1(T33, p.683c17~21), "雖高山頓說, 不動寂場, 而遊化鹿苑. 雖爲四諦生滅, 而不妨不生不滅. 雖爲菩薩說佛境界, 而有二乘智斷. 雖五人證果, 不妨八萬諸天獲無生忍.(고산에서 대승의 돈(頓)을 설하는 것은 적멸도량에서 부동(不動)을 설한 것으로 녹야원에서 오비구를 제도한 것과 같다. 비록 생멸사제를 설할지라도 대승의 불생불멸에는 방해가 되지 않는다. 비록 보살에게 불경계를 설할지라도 이승에게는 지덕과 단덕이 있어야 하는 것이다. 비록 오비구가 소승과를 증득하게 설하였지만 팔만의 모든 천인들이 무생법인을 증득하는 것은 방해를 받지 않는다.)"; 『天台四敎儀』(T46, p.775a4~6), "第二漸敎者(此下三時三昧, 總名爲漸) 次爲三乘根性 於頓無益故. 不動寂場 而游鹿苑, 脫舍那珍御之服, 著丈六弊垢之衣.(제2 점교는(이 아래의 삼시와 삼미는 모두 점교이다) 다음으로 삼승의 근성에게는 대승의 돈교가 아무 이익이 없다. 그래서 적멸도량에서 부동한 것이고 녹야원에서 법륜을 펼친 것이며 노사나불의 진귀한 어복(御服)을 벗고 장육신의 헤어진 옷을 입은 것이다.)"

Ｃ 어느 관원(官員)이 선사에게 설법을 청(請)하니 이내 이 Ｃ 상(相)을 그려 대답했다.

관원이 말했다. 무엇을 이렇게 설명하십니까?

대답했다. 그대는 열반적정의 도량에서 부동(不動)하는 것이 녹야원에서 유행(遊行)한 것이라는 말을 들어 보지 않았는가? 지금 이것이 녹야원의 법문(法門)을 관원(官員)에게 제시(提示)한 것입니다.

홀연히 어느 스님이 이 상(相)을 그려 와서 종사(宗師)에게 물으니 종사(宗師)께서 원상(圓相)으로 응(應)하여 대답하였다. 그리고 도리어 그대가 그[伊]를 일면불 월면불(日面佛 月面佛)376)이라고 말하는 것이다.

---

376) 일면불월면불(日面佛月面佛): 시공간을 초월한 부처의 경지에서 항상 진여의 지혜로 살고 있는 것으로 수명에 연연해하지 않는 초연한 경지를 말함. ; 『大方廣佛華嚴經隨疏演義鈔』卷28(T36, p.215c15~16), "月面佛壽一日一夜, 日面佛壽一千八百歲." ; 『法演禪師語錄』卷2(T47, p.657a4~8), "上堂擧. 馬大師不安, 院主問云. 和尙近日尊位如何. 大師云. 日面佛月面佛. 師云會麼, 如不會. 白雲與儞頌出. 髻鬟女子畫娥眉, 鸞鏡臺前語似癡, 自說玉顔難比並, 却來架上著羅衣." ; 『圓悟佛果禪師語錄』卷8(T47, p.747c12~23), "上堂. 僧問. 日面佛月面佛, 意旨如何. 師云. 翻來覆去看. 進云. 金烏急玉兔速 又作麼生, 兩重公案. 進云. 只如道三世諸佛 六代祖師同一舌說, 未審同那一舌說. 師云. 便是同也 截斷了也. 進云. 未審將什麼截. 師云. 將無舌底. 進云. 草賊大敗. 師云點. 師乃云. 大衆, 月生一, 快鷹俊鷂趁不及. 月生二, 德山臨濟失巴鼻. 月生三, 文殊普賢特地參, 忿怒那吒把須彌. 一擊百雜碎, 折脚鐺子 撞破無底籃兒, 大悲千手 一隻手中 一隻眼也 提不起, 無言童子却解道. 前三三後三三, 還委悉麼. 萬仞峯頭都放却, 多年破衲衲太襤褸." ; 『五燈會元』卷18(X80, p.381a8~10), "擧馬大師 日面佛月面佛, 後來東山演和尙頌曰. 丫鬟女子畫蛾眉, 鸞鏡臺前語似癡, 自說玉顔難比竝, 却來架上著羅衣." ; 『證道歌註』(X65, p.466c20~23), "了了見, 無一物(日面佛月面佛). 亦無人, 亦無佛(東涌西沒南涌北沒). 大千沙界海中漚(一箭落雙鵰). 一切聖賢如電拂(蹉過了也). 縱使鐵輪頂上旋(胡孫上樹尾連天). 定慧圓明終不失(垂手過膝)." ; 『禪宗頌古聯珠通集』卷9(X65, p.526b10~20), "日面佛月面佛, 五帝三皇是何物, 二十年來曾苦辛, 爲君直下蒼龍窟, 屈. 堪述, 明眼衲僧莫輕忽.(雪竇顯) 日面月面, 左旋右轉, 大唐擊鼓, 新羅發箭. 流水前溪後溪, 落花三片五片, 聾人不聽忽靁聲, 空向雲中看閃電.(佛慧泉) 少年公子忽猖狂, 半夜穿雲入洞房, 二八仙娥百般巧, 眼睛

《해설》 소승들이 들으면 깨달음을 이루는 것이고 대승이 들으면 아라한이나 보살마하살이 되는 것이며 최상승이 들으면 한도인으로 살아가는 것이다. 녹야원에서 사성제의 초전법륜을 펼치지만 듣는 이의 경지에 따라 소승과 대승이나 최상승이 탄생하는 것을 말한다. 그러므로 불불불상견(佛佛不相見)이라고 하는 것인데 부처와 부처는 대상으로 알지 않는다는 것이다. 즉 최상승이 되어야 최상승의 경지를 아는 것이지 최상승의 말을 소승들이 어떻게 알겠는가 하는 말을 하고 있다. 그래서 일면불이면 어떻고 월면불이면 어떻겠는가? 수명에 연연해하지 않고 지금 이 자리에서 항상 능단(能斷)하는 진여의 지혜로 살아가는 것을 중요시하고 있다.

(33) 자신의 부처를 확신하는 상

 或有人問. 三摩提名, 大佛頂首楞嚴王, 具足萬行, 十方如來, 一門超出, 妙莊嚴路,377) 作麼生. 乃作此相對

之上繡鴛鴦.(野軒遵). 日面佛月面佛, 夜夜朝朝好風物, 馬駒踏殺天下人, 軒轅照破精靈窟.(揚無爲). 大地山河俱是寶, 不識之人入荒艸, 日面月面佛現前, 閃爍珊瑚光杲杲.(白雲端).”;『指月錄』卷5(X83, p.454b2~6), “院主問. 和尙近日尊候如何. 師曰. 日面佛月面佛. 雪竇顯頌云. 日面佛月面佛, 五帝三皇是何物, 二十年來曾苦辛, 爲君幾下蒼龍窟, 屈. 堪述. 明眼衲僧莫輕忽.”

377)『大佛頂如來密因修證了義諸菩薩萬行首楞嚴經』卷1(T19, p.107a22~29), “爾時, 世尊在大衆中, 舒金色臂摩阿難頂, 告示阿難及諸大衆. 有三摩提 名大佛頂首楞嚴王, 具足萬行, 十方如來 一門超出 妙莊嚴路, 汝今諦聽. 阿難頂禮, 伏受慈旨. 佛告阿難. 如汝所言 身在講堂, 戶牖開豁 遠矚林園, 亦有衆生在此堂中, 不見如來 見堂外者. 阿難答言. 世尊, 在堂不見如來 能見林泉, 無有是處.”;『楞嚴經宗通』卷10(X16, p.946b12~18), “乃能超十信 十住十行十迴向 四加行心, 及菩薩所行 金剛十地, 證於等覺. 等覺圓明, 入於如來妙莊嚴海, 卽妙覺位也. 前云 有三摩提, 名大佛頂首楞嚴王, 具足萬行, 十方

之. 彼云. 奇哉妙哉. 如來於無見頂中 放百寶光明, 化佛宣
說,378) 以至七處徵心,379) 非眞非妄, 二種根本, 非眞非妄, 然後
從妄辨眞. 五陰, 六入, 十二處, 十八界, 七大性, 皆如來藏, 次
復從眞辨妄, 三種相續後, 乃眞妄和合. 離卽離非, 是卽非卽,380)
五濁 四大, 六根, 二十五法,381) 七趣,(第三十七張) 五位十二類

如來一門 超出妙莊嚴路, 卽此謂也. 圓滿菩提, 歸無所得. 若有一法可得, 然
燈佛卽 不與我授記. 故得無所得. 證無所證, 卽是見性, 能見性, 卽成佛也."

378) 『大佛頂如來放光悉怛多般怛羅大神力都攝一切呪王陀羅尼經大威德最勝
金輪三昧呪品』(T19, p.182a26～27), "爾時化佛, 無見頂相, 於其光中, 出
大梵音, 宣說如是 歸命警悟群迷."

379) 『楞嚴經義疏釋要鈔』卷1(X11, p.82c16～20), "七處徵心者 如來欲破阿
難心是虛妄 先詰心在何處 譬如國王爲賊所侵 發兵討除是兵要當知賊所在
阿難遂計心在身內身外 潛根隨合等 悉被如來 破無所在 如下詳辯.";『般
若心經解』(X26, p.908b8～c2), "楞嚴經七處徵心 先示三觀, 爲開佛知見
之根本. 次破妄心不在內, 而靈知之心, 在六根門頭. 明明不昧, 了了常知.
二掃除執心在外. 三破心不隨根. 心見山河, 亦應見眼. 若使心能見眼, 眼反
爲心 所緣之境, 不是能生之根. 四破見暗不成見內. 合眼見暗之時, 名爲反
觀身中, 是則開眼見明之時, 應反觀己面. 若不見面, 內對不成. 五破心不隨
合. 謂法有定相, 心無定體, 既無定體, 則無合處. 六因執中間. 先爲審定中
間在身在境, 而後兩破其中, 俱無定在. 七破無著. 世尊在般若會中, 談無著
眞宗, 不在內外中間. 正言心無處所, 無處住心, 不應復有所著. 法身無在,
而無不在. 始阿難計心在內在外 潛根雙計 隨合中間, 是以心爲有在. 故世
尊以無在破之, 及至第七. 又計心爲無在. 世尊復以相有則在破之. 總顯無
在無不在之旨.

380) 『大佛頂如來密因修證了義諸菩薩萬行首楞嚴經』卷4(T19, p.121a24～28),
"卽大涅槃, 卽常卽樂, 卽我卽淨, 以是卽俱世出世故. 卽如來藏 妙明心元, 離
卽離非, 是卽非卽. 如何世間 三有衆生 及出世間 聲聞, 緣覺. 以所知心 測度
如來 無上菩提, 用世語言 入佛知見.";『首楞嚴義疏注經』卷4(T39, p.880a2
9～b3), "卽如來藏 妙明心元, 離卽離非, 是卽非卽. 此約二門不二 唯是一心,
雙遮眞俗. 故曰離卽離非, 雙照眞俗, 故云是卽非卽. 三諦一體, 是故皆云 卽如
來藏.";『楞嚴經義疏釋要鈔』卷4(X11, p.134a24～b5), "是卽非卽者 是卽是
非卽也 皆云卽如來藏者 卽眞卽俗卽中也 三義體一 非三而三 非一而一 三一
平等 名不思議圓融 三諦言卽言非猶帶 名言今顯卽非 與非卽非俱泯 方爲絕待
妙體圓彰也. 二通經義. 離卽非卽 無非不非者 所謂離卽離非 卽無非無不非也
卽遮照俱泯 唯一妙乘也.";『楞嚴經文句』卷4(X13, p.285c12～13), "以是俱
卽世出世 故卽如來藏 妙明心元 離卽離非 是卽非卽."

381) 『大般涅槃經』卷39(T12, p.593a2～8), "瞿曇. 從性生大, 從大生慢, 從
慢生十六法. 所謂地水火風空, 五知根. 眼耳鼻舌身, 五業根. 手脚口聲男女
二根, 心平等根, 是十六法. 從五法生 色聲香味觸, 是二十一法. 根本有三,

生, 五種觀行, 五十魔境, 皆不離此相者, 諸佛寂照之根本. 所以
云. 性覺本覺,382) 十方佛母如有. 作此相來, 但以非幻相對之㉑.
所以云. 非幻尚不生, 幻法云何有.383) 或以意語對之 ㉒.

㉒. 혹은 어느 스님이 물었다. 삼마제(三摩提)라고 하는 대불
정수능엄왕(大佛頂首楞嚴王)이라는 것은 만행(萬行)을 구족한
것으로 시방(十方)의 여래(如來)가 이 일문(一門)을 초월하여
출세(出世)한 것으로 현묘하게 장엄한 향상일로인데 어떻게 하
는 것입니까? 라고 하니 이내 이 상(相)을 그려 대답했다.

그를 위해 말했다. 기이하고 현묘(玄妙)한 일이다. 여래(如來)
께서 무견정상(無見頂相)384)에서 온갖 보배의 광명을 방광(放光)
하여 화불(化佛)로서 널리 설(說)하였고, 칠처(七處)에서 미심(微
心)을 밝힌 것은 진망(眞妄)을 모두 초월한 것으로 이종(二種)의
근본도 진망(眞妄)을 모두 초월한 연후에 망(妄)에 따라 진(眞)

一者染, 二者麤, 三者黑. 染者名愛, 麤者名瞋, 黑名無明. 瞿曇. 是二十五
法 皆因性生.”；『大般涅槃經疏』卷32(T38, p.220c12～13), “文言是二十
五法 皆性生者, 其實性生 二十四法, 能所合數故二十五.”；『刪定止觀』卷
1(X55, p.705a3～4), “所謂二十五法者, 謂具五緣, 訶五欲, 棄五蓋, 調五
事, 行五法.”

382) 『楞嚴經集註』卷4(X11, p.346a7～9), “蓋性覺本覺 中道之體也. 妙明明
妙 空假之用也. 體用不二, 空假相卽. 如來藏性 髣髴在茲, 然此句義. 與性
色眞空 性空眞色, 辭異意同.”

383) 『大佛頂如來密因修證了義諸菩薩萬行首楞嚴經』卷5(T19, p.124c25～26),
“不取無非幻, 非幻尚不生, 幻法云何立.”；『楞嚴經集註』卷5(X11, p.414a9),
“自心取自心, 非幻成幻法, 不取無非幻, 非幻尚不生, 幻法云何立.(자신의 마
음으로 자신의 마음을 취하면 환상 아닌 법이 환상의 법을 이루게 되지만
취하지 않으면 환상이 아님도 없고 환상 아닌 법도 생겨나지 않을 것이니
환상의 법이 어느 곳에 있겠는가?)”

384) 무견정상(無見頂相): 『楞嚴經觀心定解』卷7(X15, p.766c21～23), “無見
頂者, 華嚴九地知識 自說爲佛 乳母初生 疾捧持諦 觀不見頂. 示頂法不可
以見見也.”；『楞嚴經觀心定解』卷7(X15, p.771c8～9), “前云 無見頂相
無爲心佛 從頂發輝 坐寶蓮華 所說心呪 今云肉髻 卽無見頂相也.”

을 판별한 것이다. 오음(五陰), 육입(六入), 십이처(十二處), 십팔계(十八界), 칠대(七大)의 성(性)이 모두 여래장(如來藏)이므로 다시 진(眞)에 따라 망(妄)을 판별하는 것은 삼종(三種)상속(相續)에서 초월한 후에야 진망(眞妄)이 화합하는 것이다. 깨달음이 없이는 초월하는 것도 없는 것이고 바르게 깨달으면 다른 것도 깨닫게 되는 것으로 오탁(五濁), 사대(四大), 육근(六根), 이십오법(二十五法), (제37장) 칠취(七趣), 오위(五位), 십이류생(十二類生), 오종관행(五種觀行), 오십마경(五十魔境)이 모두 이 상(相)에서 벗어나지 않게 되는 것으로 제불(諸佛)이 적조(寂照, 止觀, 境智, 진여가 진여를 간(看)하는 것)하는 근본이 되는 것이다. 그리하여 말하기를 성각(性覺)과 본각(本覺)은 시방(十方) 부처의 어머니가 있는 것과 같은 것이라고 하신 것이다.

이 ⊚상(相)을 그려 와서 물으면 단지 환상(幻相)을 초월하게 이 ◉상(相)으로 대답했다. 그리하여 말하였다. 환상(幻想)을 초월한 것도 오히려 불생(不生, 생기지 않음)인데 어찌 환법(幻法)이 있다고 하겠는가? 혹은 뜻(意)을 말하는 대답으로는 이 ◉상(相)으로 대답했다.

《해설》 삼마지(등지)에 대한 설명으로 삼종상속에서 벗어나는 것은 세간, 중생, 업과에서 출세간, 여래, 중도(中道)가 되어 중도의 실천을 해야 한다고 설하고 있다. 즉 소승의 공가중에서 대승의 실천을 조사선이라고 설하는 것이다. 여기에서도 깨달음이라고 하는 것은 소승의 견성을 말하는 것으로 자신의 마음을 공(空)이라고 깨닫는 것을 말한다. 그런데 일반인들의 중생심을 가라앉히는 것을 견성이라고 알고 있으면 어느 세월에 깨달아 정각을 이루겠는가? 그래서 견성한 이후에 이 ⊛상(相)을 가져온 것은 견(堅)자(字)가 원상 안에 있는 것이므로 견성하여 소승이 견고하게 되었다는 것을 말한다. 그러므로 화택의 열반성에서 나오기를 바라는 마음으로 이 ⊛상(相)을 그려 제시한 것이다. 이 상(相)은 환(幻)자(字)가 원상 안에 들어 있으므로 소승의 경지도 환상(幻想)이므로 화택에서 벗어나야 한다고 한 것이다. 이렇게 하면 또 환법(幻法)이 있다고 생각하는 것이므로 이 ⊛상(相)을 그려 제시하고 있다. 이 상(相)은 흑(黑)자(字)가 원상 안에 있는 것이므로 무명(無明)도 없다는 것을 설하고 있는 것이다. 즉 '번뇌즉보리(煩惱卽菩提)'와 '중생시불(衆生是佛)'이라는 대승과 최상승을 설하고 있다.

(34) 천성부전의 지음(知音)

僧問. 釋迦老子, 六代祖師, 俯爲何事, 作此相對之者, 三七日後.[385] 或曰. 菩提場爲首, 至于法華, 示其前事, 非唯拈花微笑, 大庾嶺頭, 豈越玆乎. 有人作此相來, 以涅槃相對之. 意云. 因地而倒.[386]

---

385) 『能顯中邊慧日論』卷1(T45, p.411a10~11), "三七日後, 方趣鹿園, 說四諦教, 始度五人." ; 『華嚴一乘敎義分齊章』卷1(T45, p.483a10~11), "或三七日後說, 如法華經." ; 『攝論章卷第一』(T85, p.1033a19), "三七日後 說 修多羅大集經." ; 『法華經指掌疏懸示』(X33, p.481b3~4), "卽如來於三七日後, 爲五比丘等, 轉四諦法輪處也."
386) 『大方廣佛華嚴經隨疏演義鈔』卷15(T36, p.114b2~3), "如人因地而倒, 亦因地而起." ; 『新華嚴經論』卷14(T36, p.812b29~c1), "如人因地而倒 因地而起, 一切衆生因自心根本智而倒, 因自心根本智而起以是義故."

⑲. 어느 스님이 물었다. 석가(釋迦)노자(老子)와 육대(六代)의 조사(祖師)가 부촉하신 일대사가 무엇입니까 라고 하니 이 개(開)상(相)을 그려 대답한 것은 삼칠일(三七日, 깨달음을 얻고 보리수 아래에서 삼매에 드셨던 시기에 초전법륜을 설한 시기)이후라는 것이다.

혹은 이렇게 말했다. 보리(菩提)의 도량에서 시작하여 법화(法華)에 이르기까지 모두 이 앞의 일대사를 제시(提示)한 것으로, 오직 염화미소(拈花微笑)뿐만 아니라 대유령 고개에서의 일도 어찌 이것을[玆] 초월하겠는가?

어느 스님이 이 상(相)을 그려 와서 물으면 열반상(涅槃相)으로 대답(對答)하였다. 이 의미를 말하면 인지(因地)387)에서 전도(顚倒)된 것은 인지에서 일어나야 하기 때문이다.

《해설》 불법(佛法)이 무엇인지를 묻는 것으로 석가나 달마가 초전법륜을 설하여 5비구를 제도한 것과 달마의 안심법문388)이 모두 중생자신의 마음을 개시오입(開示悟入)389)하게 한 것이라

---

387) 인지(因地):『大乘起信論略述』卷2(T85, p.1109c2~5), "諸佛如來本因地者, 此明能起用大之人, 卽初發心凡夫人也. 依此因人發用大故, 發大慈悲者. 此明所起用大之因, 大悲發用大故.";『大乘起信論廣釋卷第三.四.五』卷4(T85, p.1150a7~8), "本在因地者, 此明初起用大之時, 卽在凡位發心時也.";『華嚴經要解』(X08, p.466a14~15), "次開敷因地者, 善財問開敷本所發心. 開敷擧往古有佛出興 名普照法界智.";『楞嚴經證疏廣解』卷4(X14, p.104a16~17), "言因地者 謂同前發心 觀圓湛性 合涅槃空 則以無生滅性爲 本修因卽乘 此因圓滿果地功德 故指虛空 壞烈爲喩 此審因也."; 과지(果地)와 상대되는 말로 불도(佛道)를 수행(修行)하는 지위를 말함.

388)『祖堂集』卷2(B25, p.335a6~13), "又問. 請和尙安心. 師曰. 將心來, 與汝安心. 進曰. 覓心了不可得. 師曰. 覓得豈是汝心, 與汝安心竟. 達摩語惠可曰. 爲汝安心竟, 汝今見不. 惠可言下大悟. 惠可白和尙. 今日乃知一切諸法本來空寂. 今日乃知菩提不遠. 是故菩薩 不動念 而至薩般若海. 不動念而登涅槃岸. 師云. 如是如是. 惠可進曰. 和尙此法 有文字記錄不. 達摩曰. 我法以心傳心 不立文字."

는 것이다.

　사성제(四聖諦, 苦集滅道)를 설하지만 소승이 아니라 대승이 알아듣는 것이고 염화미소(拈花却笑)나 달마의 안심법문(安心法門)도 대승으로 살아가기를 바라는 자비심이다. 소승으로는 양무제가 무공덕(無功德)이란 말도 알아듣지 못하는 것이며, 석가모니가 꽃을 든[靈山會上擧拈花] 의미나 곽시쌍부(槨示雙趺)390)가 모두 대승이상이 되어야 알아듣게 되는 것이다.

---

389) 『金剛頂瑜伽中發阿耨多羅三藐三菩提心論』(T32, p.574a26～b4), "『法華經』中 開示悟入四字也. 開佛知見, 雙開菩提涅槃, 如初阿字, 是菩提心義也. 示字者, 示佛知見, 如第二阿字, 是菩提行義也. 悟字者, 悟佛知見, 如第三暗字, 是證菩提義也. 入字者, 入佛知見, 如第四惡字, 是般涅槃義. 總而言之具足成就, 第五惡字, 是方便善巧智圓滿義也."; 『金剛經纂要刊定記』卷2(T33, p.179c21～28), "由此一大事因緣, 所以佛出於世, 開示悟入者. 此之四句不出於二. 初二句能化, 後兩句所化. 能化有二, 謂大開而由示, 此屬於佛. 所化亦二, 謂始悟而終入, 此屬衆生. 若準『法華論』釋. 開者雙開菩提, 涅槃二無上果. 示者別示法身, 顯三乘同體. 悟者知義, 別指報身. 二乘不知說令知故, 入者因義, 修因契入故."; 『妙法蓮華經玄義』卷2(T33, p.693a5～6), "爲令衆生, 開示悟入 佛之知見."; 『妙法蓮華經玄義』卷5(T33, p.735b11～13), "卽譬開示悟入 四十位也. 直至道場, 卽是究盡實相, 妙覺位也."
390) 『禪家龜鑑』(X63, p.737c19～20), "三處者, 多子塔前分半座一也, 靈山會上擧拈花二也, 雙樹下槨示雙趺三也."; 『祖庭事苑』卷1(X64, p.317b12～22), "槨示雙趺. 涅槃, 爾時, 迦葉與諸弟子 在耆闍崛山 入于正定. 於正受中, 忽然心驚, 擧身戰慄, 從定中出. 見諸山地皆大振動, 卽知如來 已入涅槃. 於是將諸弟子 尋路疾行, 悲哀速往, 正滿七日, 至拘尸城. 右遶寶棺七匝. 盈目流淚, 說偈贊嘆. 其略云. 世尊, 我今大苦痛, 情亂昏悶迷濁心. 我今爲禮世尊頂, 爲復哀禮如來肩, 爲復敬禮大聖手, 爲復悲禮如來腰, 爲復敬禮如來臍, 爲復深心禮佛足. 何因不見佛涅槃, 唯願示我敬禮處, 世尊大悲. 卽現千輻輪相出於棺外. 回示迦葉, 從千輻輪放千光明, 徧照十方一切世界. 然後還自入棺, 封閉如故."

(35) 불이법문(不二法門)이 법문

迦葉於雞足山, 入滅盡定,[391] 待彌勒傳付衣, 後現神
變已化,[392] 三昧火焚身,[393] 歸于寂滅. 千聖化緣逗
誘,[394] 終歸此相. 有人作此相問宗師, 應以此◻對之.

---

391) 『金剛經註解鐵銙鉐』卷1(X24, p.852b23~c16), "無得無說之正路, 乃是
佛祖西來之妙訣. 昔日如來, 在靈山會上, 世尊青蓮目瞬示, 四衆無人領其密
意, 惟摩訶大迦葉, 一笑. 佛云. 吾正法眼藏 涅槃妙心, 付囑與汝, 汝當流布,
勿令斷絕. 偈曰. 法本法無法, 無法法亦法, 今付無法時, 法法何曾法. 大迦
葉於雞足山, 入寂滅定. 後達磨西來, 見梁武帝, 帝問曰. 朕造寺. 寫經齋僧,
不可勝紀, 有何功德. 師曰. 並無功德. 帝. 曰何無功德. 師曰. 此但人天小
果, 有漏之因, 如影隨形, 雖有非實. 帝曰. 如何是眞功德. 師曰. 淨智妙圓,
體目空寂, 如是功德, 不以世求. 帝 又問. 如何是聖諦第一義. 師曰. 廓然無
聖. 帝曰對朕者誰師曰. 不識帝, 不領悟師, 知機不契渡江, 寓于少林寺. 終
日, 面壁而坐. 有僧神光, 晨夕參見 立雪過膝, 師憫而問. 久立雪中, 當求何
事. 光 悲淚曰. 惟願和尚慈悲, 開甘露門. 師曰. 諸佛妙道, 曠劫精勤, 難行
能行, 非忍能忍. 豈以小德小智, 輕心慢心. 光卽取刀斷臂. 師知法器, 乃曰.
諸佛最初求道, 爲法忘形, 汝今斷臂我前, 求亦可在易, 名慧可."; 『首楞嚴
經義海』卷15(P168, p.557a8~9), "迦葉於雞足山 尙入此定 以待彌勒."
392) 『頻婆娑羅王經』(T01, p.825c24~28), "尊者迦葉 於四方虛空 現神變已,
還攝神力, 前詣佛所 合掌頂禮, 而白佛言. 我師世尊, 我是大聲聞. 又復白
言. 我師世尊, 我是大聲聞. 佛報迦葉言. 我是汝師, 汝是大聲聞."; 『大阿
羅漢難提蜜多羅所說法住記』(T49, p.14c11~14), "時彼尊者 現神變已, 卽
於空中 結跏趺坐. 捨諸壽行 及諸命行, 入無餘依 般涅槃界, 先定願力 火
起焚身. 於虛空中 雨身遺骨, 時諸大衆 悲歡希有."; 『阿育王經』卷7(T50,
p.156c10~13), "時辟支佛卽爲商主 現十八變, 現神變已卽入涅槃. 商主供
養其身作此誓願. 我於此比丘 修諸功德, 以此善根 如其所得 我當得之, 時
商主者我身是也."
393) 『木人剩稿』卷4(J35, p.502a26~27), "人壽八萬歲時 釋迦如來法已 將滅
彌勒佛 不久出世 十六尊者 聚集天上 人間釋迦 如來所有 舍利建七寶塔 禮
拜供養訖 舍利卽下 入金剛際十六尊者 上昇虛空 自出三昧火焚 身入滅矣."
394) 『四分律疏』卷1(X41, p.539c11~21), "第三五師任持者, 大聖化緣既周.
衆生感盡, 將欲涅槃, 以三藏法, 付大迦葉. 於佛滅後, 任持理, 行二教, 具足
無缺. 將欲滅度, 卽以此法, 付屬阿難. 於雞足山, 現十八變, 立誓入滅盡定,
待彌勒佛出世. 阿難有二弟子, 一名商那和修, 二名末田地. 阿難將欲滅度,
付此二人三藏教法, 付屬已竟, 在恒水中 船上入滅. 商那和修在中國教化, 末
田地在罽賓國流通. 商那和修將欲滅度, 復以此法, 付屬憂波毱多. 此人善能
說法, 度人無量. 但無三十二相, 時人號爲 無相好佛, 傳通聖教, 具足無缺.

應云. 與麼又不與麼, 不與麼却與麼, 不住於法, 亦不住非法,395) 一切賢聖, 皆以無爲法,396) 而有差別.397) 亦云. 寂而常照, 照而常寂.398)

㈜. 가섭(迦葉)이 계족산(雞足山)에서 멸진정(滅盡定)에 들어 미륵(彌勒)을 기다려서 의발(衣鉢)을 전하고 불법(佛法)을 부촉한 이후에는 신변(神變)을 나타내어 화분신(火焚身)삼매(三昧)에 들어서 적멸(寂滅)에 드는 것이다. 천성(千聖)들도 화연(化緣)으로 인도하여서 결국에는 이 폐(閉)상(相)으로 돌아가는 것이다.

然此五人皆懷明內朗, 體道殊方, 任持聖教. 秉宗被時, 仍令一部大毗尼藏, 號八十誦."

395) 『守護國界主陀羅尼經』卷8(T19, p.562c7~9), "知如筏喻 既悟法體, 不住於法 及與非法 是般若業. 善能修行 苦集滅道 是般若母, 滅諦現前 是般若業."; 『能斷金剛般若波羅蜜多經論頌』(T25, p.885b5~7), "證不住於法, 爲是隨順故, 猶如捨其筏, 是密意應知. 化體非眞佛, 亦非說法者."; 『金剛般若論會釋』卷2(T40, p.751c24~29), "故此論中不解 不住於法, 以可覺故. 不住非法者, 謂非法無我故. 卽顯不住法者 不住法無我理中. 不應住非法者, 亦不住非是法 無我理中. 卽顯有法我, 故名爲非法. 亦令不住執法有我 於非法我及法我, 二皆不住故."

396) 『金剛經宗通』卷2(X25, p.8c2~3), "不住於法, 不住於非法, 無相何以爲果, 無住何以爲因, 法身無爲."

397) 『金剛般若疏』卷3(T33, p.107c11~17), "云何可取, 卽此如淨名 仁王所辨, 其說法者 無說無示. 其聽者 無聞無得. 一切賢聖皆 以無爲法 而有差別者, 所以有此文來者. 成上非法非非法 非有無無義也. 以一切賢聖皆 體悟無爲, 無爲無有無無. 是故當知 諸法實相 非有非無, 豈可取說."; 『金剛般若經贊述』卷1(T33, p.135c21), "所以者 何一切賢聖 皆以無爲法, 而有差別."

398) 『宗鏡錄』卷1(T48, p.415a10~16), "鑒體寂而常照, 鑒光照而常寂, 心佛衆生, 三無差別. 國初吳越永明 智覺壽禪師, 證最上乘, 了第一義. 洞究教典, 深達禪宗, 稟奉律儀, 廣行利益. 因讀楞伽經云. 佛語心爲宗. 乃製宗鑑錄, 於無疑中起疑, 非問處設問, 爲不請友."; 『宗鏡錄』卷20(T48, p.528a1~2), "所以寂而常照, 照而常寂. 故終日知見 而無知見也."; 『宗鏡錄』卷39(T48, p.646c1~7), "皆不離薩婆若, 能觀之智, 照而常寂, 名之爲念. 所觀之境, 寂而常照, 名之爲處. 境寂智亦寂, 智照境亦照. 一相無相, 無相一相, 卽是實相, 實相卽是一實諦, 亦名虛空佛性, 亦名大般涅槃. 如是境智, 無二無異, 如如之境, 卽如如之智. 智卽是境, 說智及智處, 皆名爲般若."

어느 스님이 이 폐(閉)상(相)을 그려 와서 종사(宗師)에게 물으면 ㄓ(갈 지)자(字)를 그려 대답했다.

응(應)하여 말했다. 이와 같이 하는 것이 또 이와 같이 하지 않는 것이고, 이와 같이 하지 않는 것이 도리어 이와 같이 하는 것으로, 법(法)에도 집착하지 말아야 하고 역시 법(法)이 아닌 것에도 집착하지 않는 것이 모든 현성(賢聖)들이 모두 무위법(無爲法)인 진여의 지혜로 생활하는 것을 차별한다고 하는 것이다. 역시 말했다. 적정하게 항상 관조하는 것은 정혜가 있는 것이고 관조하는 것이 항상 적정(寂定)해야 하는 것은 불이법문(不二法門)을 설하는 것을 말한다.

《해설》 불법(佛法)을 계승하여 부촉하는 것이 구경의 내용이다. 천성들도 입멸하는 것인데 속인들이 허무주의에 떨어지는 것을 염려하고 있다. 무위법의 차별이나 공가중의 실천을 불이법문이라고 설하는 것이다. 법이나 비법도 초월하여 진여의 지혜로 생활하는 한도인의 생활에 대하여 설하고 있다.

(36) 여래 수량(壽量)상

佛壽量[399]相, 山斤海滴, 地塵空界, 不可爲喩.[400]

---

399) 『大寶積經』卷48(T11, p.284c7~10), "彼佛壽量 滿八十歲 便般涅槃. 正法住世 經五百歲, 像法住世 亦五百歲, 舍利流布. 如我今者 般涅槃後, 供養舍利 當流布相." ; 『法華義疏』卷10(T34, p.610c23~24), "以聞佛壽量 初證無生, 無生是聖位根本."

400) 『金光明經玄義抬遺記』卷1(T39, p.13a8~12), "四佛說偈 山斤海滴 地塵空界, 皆不能比 釋尊壽命. 此之四喻 虛空最大, 以山等三 依空立故. 虛又云. 五百千万(萬)億那由他, 阿僧祇世界, 持以爲塵, 過五百千万(萬)億那由他, 阿僧祇世界外下一點, 如是展轉, 點與不點, 盡抹爲塵, 一塵一劫, 我實成佛已來, 復過是數 無量百千万(萬)億.401) 於其中間, 或說然燈佛等. 或有問. 釋迦佛幾時 滅度. 以此相對. 或書本字對.(第三十八張) 或書迹字對. 或云. 本高迹下, 本下迹高.402)

이 ㉕상(相)은 부처님 수명의 수량(數量)에 대한 상[佛壽量相]으로 산(山)의 무게를 다는 것과 같은 것이고, 바닷물을 물방울로 하여 숫자를 세는 것과 같은 것이며, 땅을 먼지로 하는 숫자이며 허공의 양(量)을 다는 것으로 비교할 수 없는 수명(壽命)인 것이다.

空雖大 而是妄心 變起之境, 迷眞故生 悟性則滅, 與眼作對 心緣所及, 安能盡喻, 不可思議 金光明耶.";『宗鏡錄』卷89(T48, p.902b26~c3), "一心眞如 性無盡故, 卽十方諸佛之壽量, 是以山斤海滴. 尙可比方, 空界地塵, 猶能知數. 況如來常樂我淨 法身慧命, 豈窮邊際乎. 故云法性壽者, 非得命根, 亦無連持. 强指不遷不變, 名之爲壽. 此壽非長量, 亦非短量, 無延促, 强指法界, 同虛空量. 此卽非身之身, 無壽之壽, 不量之量也."

401)『妙法蓮華經玄義』卷6(T33, p.761b14~16), "乃下一點, 點與不點, 盡抹爲塵, 一塵一劫. 復過是數 無量無邊 百千萬億 阿僧祇劫."

402)『大方廣佛華嚴經疏』卷27(T35, p.704b23~24), "此卽本下迹高, 若佛爲菩薩, 則本高迹下.";『大方廣佛華嚴經隨疏演義鈔』卷19(T36, p.144b14~15), "一本高迹下, 如佛爲菩薩. 二本下迹高, 如菩薩爲佛.";『維摩經玄疏』卷4(T38, pp.545c29~546a4), "若理事明 本迹卽是理卽. 若約理敎明 本迹卽是名字卽. 若約理行明 本迹正是 觀行卽相似卽. 今約體用 權實明本迹. 應須四句分別, 一本迹俱下, 二本下迹高, 三本高迹下, 四本迹俱高. 今明此義復須四種分別.";『維摩經玄疏』卷4(T38, p.546a18~21), "所言本下迹高者, 能迹現上 地之形聲也. 而不得言 本高迹下者, 爾前無本之可高也. 亦不得言 本迹俱高者, 爾前無眞應之可高也.";『楞嚴經熏聞記』卷4(X11, p.747a16~17), "證眞云 若初住能現 妙覺是本下迹高 若妙覺現 菩薩等像是本高迹下."

또 말했다.

오백 천 만억 나유타 아승기겁 세계를 가지고 먼지로 하고 오백 천 만억 나유타 아승기겁 세계를 지나면서 그 밖에서 하나씩 세면서 이와 같이 계속하여 모두 세어 다하여서 그 먼지가 다하는 것으로 하며 한 먼지를 일 겁으로 하여도 내가 성불하여 온 것은 이것보다 숫자로 하면 무량 백 천만억 보다 많은 것이다. 그 중간에 혹은 연등불 등에게 설하기도 했다.

혹은 어느 스님이 물었다.

석가불(釋迦佛)은 언제 멸도(滅度)하셨습니까?

이 상(相)으로 대답했다. 혹은 본(本)자(字)를 써서 대답했다. (제38장) 혹은 적(迹)자(字)를 써서 대답했다.

혹은 말했다. 근본이 숭고하면 종적(蹤迹, 자취)을 하열하게 하는 것이고, 근본이 낮으면 종적(蹤迹, 성과, 업적)을 숭고하게 하는 것이다.

《해설》 이 ㉮상(相)으로 여래의 수명을 이렇게 말하는 것은 소승들이 대승과 최상승에 대하여 불신(不信)하므로 비유할 수 없다고 설하고 있다. 그래서 석가모니의 수명에 대하여 질문하므로 본(本)자(字)를 제시한 것이고 또 지금까지 석가모니의 이름이라는 흔적이 있으므로 "본고적하(本高迹下), 본하적고(本下迹高)."라고 설하고 있다. 그러나 고하(高下)라는 마음 없이 본래부터 청정하다는 것을 설하는 것이다.

(37) 한도인의 생활상

水 空不空有不有相.[403] 今之學者, 滯泥一切言句, 及意地行相, 事理差別, 見聞知覺,[404] 万境我我所, 八十八

---

403) 『華嚴遊心法界記』(T45, p.650b1~6), "華嚴經云. 所謂如說能行 如行能說等. 此卽空有一體 兩相不亡. 何者卽彼 空不空之 空有不有 之有是也. 問. 若言此眞空妙有 是直顯不待遮 故名直顯空有者. 云何乃言空不空 有不有也. 答. 此是顯言 不是遮說, 何者直明 此空不空, 有不亦有爾, 取意思之."; 『永嘉禪宗集註』卷2(X63, pp.315c23~316a5), "第六重出觀體者 祇知一念 卽空不空, 非有非無, 不知卽念 卽空不空, 非非有非非無, 祇知, 照也. 不知, 寂也. 卽照而遮, 故卽空不空 而雙非也. 卽寂而照, 故雙照也. 非去非有, 乃是照空, 非去非無, 乃是照有. 前出觀體者, 且正顯中. 重出觀體者, 中亦不立, 存然亡然, 不可得而名焉, 斯臻元妙."; 『法華玄論』卷8(T34, p.427a14~18), "又生死是空. 而今通言不見 空不空者, 涅槃爲不空. 亦不見有不有. 若爾卽不見生死 空不空, 亦不見涅槃 有不有. 故非空非有 非生死非涅槃, 卽是無諦."; 『華嚴經探玄記』卷2(T35, p.140a9~13), "佛性論云. 眞諦無人法故不有, 顯二空故不無. 又人法無不無, 二空有不有. 於俗諦分別性故不有, 依他性故不無. 又分別不定無, 依他不定有, 是故二諦俱離有無也."; 『大般涅槃經集解』卷60(T37, p.565a16~17), "捨空著有, 譬慧少也. 於空不空, 於有不有, 定慧等捨之用也."; 『大般涅槃經疏』卷12(T38, p.117b4~5), "此有不有故非有, 此無不無故非無. 非有非無(중도)故言三世不攝."; 『大般涅槃經疏』卷20(T38, p.159b6~8), "此經明生生 卽不生生, 卽生不生 卽不生不生, 故爲深邃. 亦是卽有不有, 卽空不空, 卽非空非不空, 是故深邃."; 『注維摩詰經』卷3(T38, p.354b9~13), "二法俱盡 乃空義也. 肇曰. 小乘觀法緣起 內無眞主爲空義. 雖能觀空而 於空未能都泯, 故不究竟. 大乘在有不有, 在空不空, 理無不極. 所以究竟空義也."; 『說無垢稱經疏』卷2(T38, p.1020c23~24), "佛說諸法不有, 不有空也."; 『金剛經大意』(X25, p.183a22~23), "灼然幻有不有, 眞空不空也."; 『金剛新眼疏經偈合釋』卷1(X25, p.231b10~15), "眞空不空, 妙有不有. 妙有不有, 有而性常自空. 眞空不空, 空而性常自有, 遮照無礙, 存泯自由. 不可得而思議者, 其惟實相歟, 因而有空, 緣空而有, 緣空而有. 回萌蘖於焦芽, 因有而空. 挽狂惡於醉象, 聖凡俱益, 大小同軌. 亦不可得而思議者, 其惟金剛般若經歟, 故我正覺."; 『金剛新眼疏經偈合釋』卷2(X25, p.269c1~3), "無實故, 無妨如來 說一切法. 以說有不有, 說空不空故. 無虛故, 說有說空 皆是佛法. 以說有不有爲妙有, 說空不空 爲眞空故."; 『金剛經註講』卷2(X25, p.723b9~11), "無實無虛. 以無寔故無妨, 如來說一切法, 以說有不有, 說空不空也. 以無虛故, 說有說空, 皆是佛法. 說有不有爲妙有, 說空不空爲眞空."

404) 『解深密經疏』卷2(X21, p.218a9~12), "問. 見聞知覺 有何差別. 答曰. 有三種信. 見名現在信, 聞名信賢聖語, 知名比知, 覺名分別. 三種信慧, 此

見, 十界百界. 建立門庭語句, 荅對報酬, 賓(賓)主能所. 筌罤魚
兔, 聖凡行位, 部屬門風, 宗旨去來, 淨穢相狀. 法相棒喝, 對機
代別, 辨問得失, 嗣續傳授. 無數百千, 建化事理, 無不用意思.
措定誠實, 作解作會, 便云. 我得佛法宗旨, 祖師要妙. 噫, 以智
德窮研, 盡是著有爲有作, 有住有得, 有悟有入. 皆爲法中大病,
生死大緣, 眼之大翳, 苟非金針, 無以挑去, 更有空見,405) 不能細
述. 雖經云. 二邊純莫立, 中道不須安,406) 其奈凡夫比丘, 無量劫
來, 根塵意地難捨. 故於法上, 不得自在云. 我得上人法. 成大妄
語, 此過非輕. 若有人問, 作麼生. 乃以此相示之.

氺. 이것은 공불공유불유상(空不空有不有相)이다.

지금의 수행자들은 일체의 언구(言句)와 의지(意地)의 행상
(行相)에 빠져서 사리(事理)로 나누어 견문각지(見聞覺知)하는
모든 경계를 나와 나의 것이라고 하여 88견407)(八十八, 使見

　　三種慧, 或皆是實, 或皆顚倒, 具如彼說."
405) 『楞嚴經秘錄』卷3(X13, p.95b14〜21), "四大外更有空見 識三大者. 如
　　阿難止云 四大和合, 雖曰四大. 所謂一切世間之 諸變化相 未能盡攝, 以故
　　對四大之 色說一空大. 色空既明, 所謂之塵 盡於此矣. 既有所對 之塵必有
　　能對之根. 以故色空之外 說一見大 而兼收乎六根. 所謂之根盡於此矣. 既
　　有根塵 必有了別之識. 以故根塵之外 說一識大 而爲了別之者. 所謂之識
　　盡於此矣. 如是一切世間 之諸變化 無不具備, 所以從四大 更開乎三也."
406) 『註華嚴經題法界觀門頌』卷1(T45, p.699b18〜22), "有無俱不計 二邊純
　　莫立, 中道不須安, 此頌法性宗. 謂佛說終頓經等. 圓覺云. 有無俱遣, 是則
　　名爲 淨覺隨順. 又法華涅槃會上, 呵小讚大 會權歸實, 三乘同會一佛乘,
　　五性皆歸一佛性, 方盡大乘終實 至極之說也."; 『少室六門』(T48, p.366b
　　4〜7), "遠離一切顚倒夢想. 二邊純莫立, 中道勿心修, 見性生死盡, 菩提無
　　所求. 身外覓眞佛, 顚倒一生休, 靜坐身安樂, 無爲果自周."; 『御製秘藏詮
　　』卷1(K35, p.825a16〜17), "二途俱妄爲(眞假二途 非虛與妄 攝歸一性 廓
　　徹眞空 金剛頌云 二邊純莫立 中道不湏安)"
407) 『阿毘達磨品類足論』卷3(T26, p.702a8〜15), "九十八隨眠, 幾欲界繫, 幾
　　色界繫, 幾無色界繫. 答. 三十六欲界繫, 三十一色界繫, 三十一無色界繫. 此
　　九十八隨眠, 幾見所斷, 幾修所斷. 答八十八見所斷, 十修所斷. 欲界繫三十六

惑)을 내어 십계백계(十界百界)408)라고 한다. 선문의 종파[門庭]을 건립하는 어구(語句)를 만들어 대답하며 빈주(賓主)와 능소(能所)라고 한다. 그리고 물고기와 토끼를 잡는 방편의 통발과 그물[筌罤]이라 하고는 성범(聖凡)의 행위(行位)를 종문의 가풍[門風]에 부속(部屬)시키고, 종지(宗旨)를 거래(去來)하면서 정예(淨穢, 청정함과 더러움, 승속)를 서로 비교[相狀]하고 있

隨眠, 幾見所斷, 幾修所斷. 答. 三十二見所斷, 四修所斷. 色界繫三十一隨眠, 幾見所斷, 幾修所斷. 答. 二十八見所斷, 三修所斷. 無色界繫三十一隨眠亦爾.";『阿毘達磨俱舍論』卷2(T29, p.10b17~23), "十五界者, 謂十色界及五識界. 唯修斷者, 此十五界唯修所斷. 後三界者, 意界法界及意識界. 通三者, 謂此後三界各通三種. 八十八隨眠及彼俱有法并隨行得, 皆見所斷, 諸餘有漏皆修所斷, 一切無漏皆非所斷. 豈不更有見所斷法, 謂異生性及招惡趣身語業等, 此與聖道極相違故.";『阿毘達磨俱舍論』卷3(T29, p.16c8~11), "如是已說欲界繫等, 二十二根中幾見所斷, 幾修所斷, 幾非所斷. 頌曰. 意三受通三. 憂見修所斷, 九唯修所斷, 五修非三非.";『金剛經筆記』(X25, p.123a6~17), "須陀洹此云入流, 斷三界八十八見惑, 七往天上, 七來人間. 然已入聖流, 名爲入流. 不是別有所入, 但由不入六塵, 是名入流. 若作是念, 我得初果, 卽著四相. 復問. 斯陀含能作是念, 得二果不. 答言. 不作是念. 斯陀含此云一往來, 斷欲界前六品思惑, 一往天上, 一來人間, 得阿羅漢. 而實無往來之心, 是名一往來. 若作是念, 我得二果, 卽著四相. 復問. 阿那含能作是念, 得三果不. 答言. 不作是念. 阿那含此云不來, 斷欲界九品思惑, 一往天上, 寄居五不還天, 不來人間受生, 故名不來, 而實無不來之心. 若作是念, 我得三果, 卽著四相.";『梵網菩薩戒經義疏發隱』卷1(X38, p.140a1~7), "斷八十八見, 惑盡, 名見地, 齊藏教初果也. 薄地者, 體愛卽空而發眞, 斷思惑六品, 齊藏教二果也. 離欲地者, 體欲界受卽眞, 斷欲界五下分結, 九品思惑, 故云離欲, 齊藏教三果也. 已辦地者, 體色無色愛卽眞, 斷五上分結七十二品, 見思惑至此竭盡. 所作已辦, 無復煩惱, 名已辦地, 齊藏教四果也."

408)『大般涅槃經疏』卷24(T38, p.180a1~4), "故下合云佛性亦爾, 豈可在衆生時唯是衆生. 況一切衆生, 一一無不念念具足, 十界百界依正因緣, 故界界中無非佛性, 故內外之言意兼多義.";『維摩經略疏垂裕記』卷9(T38, p.820c21~26), "荊溪云. 一切衆生具十界法者此從實理談其意也. 旣云十法不同, 是則凡聖事理因果行位俱十, 十界百界三千世間俱在一念. 若凡夫人迷中三千若兼圓別, 應知次與不次有除不除. 若唯圓者理性三千一向不除. 故云而不除法.";『止觀輔行傳弘決』卷5(T46, p.289c7~8), "一念因心實具十界百界因果.";『圓覺經夾頌集解講義』卷11(X10, p.367a10~13), "此假從本性空中, 具一切法, 十界百界千如, 森羅萬象, 天堂地獄, 皆本來性具, 謂之假. 此性具法, 不損一法, 法法宛然. 假也者, 立於一切法, 不造作立之, 本來具也."

다. 또 법상(法相)을 방(棒, 봉)과 할(喝)로 하며, 기연(機緣)에 대하여는 대어(代語)409)와 별어(別語)410)로 대답하며, 질문을 판별하여 득실(得失)을 알아보고는 스승과 제자라고 하며 서로 계승하여 전수(傳授)하고 있다. 그러므로 무수(無數)한 백 천(百千)가지를 사리(事理)로 건립하면서 마음의 생각[意思, 중생심, 분별심]으로 작용(作用)하지 않는 것이 하나도 없다. 이와 같이 하는 것을 성실하게 한다고 고정시켜 놓고는 깨달아 이해하였다고 하며 바로 말하기를 나는 불법(佛法)의 종지(宗旨)와 조사(祖師)의 중요한 현지(玄旨)를 체득했다고 말한다.

아[噫]! 슬프도다. 지덕(智德)으로 궁구(窮究)하고서는 모두 유위(有爲)와 유작(有作)으로 집착하여서 머무를 곳도 있고(有住), 얻을 것도 있고(有得), 깨달음도 있고(有悟), 체득할 것도 있다(有入)는 것에 집착을 한다. 이것이 모두 법(法)중에 큰 병이 되고 생사(生死, 망념)의 큰 연(緣)이 되는 것으로 정법의 안목(眼目)을 모두 가리는 것[翳]이 되니, 진실로 금침(金針, 正法, 佛法)이 아니면 신심(信心)이 생기게 치료할 수 없는 것이고, 여기에 다시 또 공견(空見)까지도 가지고 있으니 이것을 더 상세하게 설명하기는 어려운 것이다.

비록 경(經)에서 양변(兩邊)을 확실하게 세우지 말고 중도(中道)에 반드시 안주(安住)하지 말아야 한다고 설(說)하였으나, 범부와 비구들은 무량겁(無量劫)동안 오면서 육근과 육진[根塵]으로 인한 마음[意地]에서 벗어나기 어려운 것이다. 그리하여

---

409) 대어(代語): 선가에서 수시(垂示)할 때에 타(他人, 古人)를 대신하여 대답하는 것.
410) 별어(別語): 선어(禪語)로서 선승이 타인의 대화 문답 중에서 바로 지시하는 것이고 타인이 이미 대답한 것을 취하여 별도로 자기의 견식에 더하여 대답하는 말.

불법(佛法)으로 임운자재(任運自在)하는 것을 체득하지 못하였으면서도 말하기를, 나는 상인법(上人法)을 얻었다고 하는 대망어(大妄語)를 하고 있으니 이 허물은 결코 가볍다고는 할 수 없다. 만약에 어느 스님이 어떻게 해야 합니까하고 물으면 이내 이 상(相)을 그려 제시하여 대답한다.

《해설》 불법(佛法)을 알음알이로 가르치는 사람들을 경계하는 것인데 소승법으로 인도하는 것은 아무 이익이 없다는 것을 설하고 있다. 『금강경』에도 소승은 '불능청수독송위인해설'411)이라고 하고 있듯이 소승들이 하는 것은 철학이 된다는 것을 말하고 있다. 즉 사견(四見)이 남아 있으면서 상인법(대승법)을 얻었다고 하는 것을 대망어(大妄語)라고 하는 것은 승가의 계율을 어기는 것이 된다고 설하고 있다.

(38) 여시(如是)를 분명하게 함

明　　一切世間, 及出世間, 不出是與不是. 故經首云, 如是. 又云. 是諸法, 是法住法位.412) 世俗云. 是高是下, 是男是女等. 又經云. 非色非空,413) 非眼耳鼻等,

---

411) 『金剛般若波羅蜜經』(T08, p.750c19~20), "不能聽受讀誦爲人解說."

412) 『妙法蓮華經』卷1(T09, p.9b8~10), "諸佛兩足尊, 知法常無性, 佛種從緣起, 是故說一乘. 是法住法位, 世間相常住."；『諸法集要經』卷10(T17, p.513a7), "善達諸法性, 是法住法位."

413) 『首楞嚴義疏注經』卷2(T39, p.847b19~20), "非色非空, 拘舍離等昧爲冥諦 不可見故非色. 緣會有故非空."；『華嚴經行願品疏』卷1(X05, p.56c14~18), "第二攝歸眞實者, 卽上十門皆是眞空, 頓絕諸相, 非色非空, 無卽不卽, 無相不相, 無得不得, 言迹頓絕, 此絕亦滅, 儻然靡據. 故經云. 法性

是卽非卽,414) 是亦一口, 非亦一口, 是不是亦一口, 非不非亦一口.415) 似影隨形,416) 無彼無此,417) 無非彼非此, 彼亦自彼(第三十九張), 此亦自此, 不忘形而就影, 不棄影而求身, 身影兩忘, 不忘身影, 以此相而示之, 可思也.418) 故石頭云. 寧可永劫沉(沈)淪, 不求諸聖解脫.419)

明. 일체(一切)의 세간(世間)과 출세간(出世間)은 여시(如是)와 여시(如是)아님에서 벗어나지 못하는 것이다. 그러므로 경(經)의 시작 부분에 말하기를 여시(如是)라고 하는 것이다. 또

本空寂, 無取亦無見, 性空卽是佛, 不可得思量. 若知一切法, 體性皆如是."

414) 『首楞嚴義疏注經』卷4(T39, p.880a29~b3), "卽如來藏妙明心元, 離卽離非, 是卽非卽. 此約二門不二唯是一心, 雙遮眞俗. 故曰離卽離非, 雙照眞俗. 故云是卽非卽, 三諦一體, 是故皆云卽如來藏."

415) 『圓覺經夾頌集解講義』卷1(X10, pp.248c23~249a10), "爾時世尊, 於菩提場處師子座, 一切法上, 成等正覺, 智入三世, 悉皆平等. 其身充滿一切世間, 其音普順十方國土, 普見一切衆生, 悉皆成佛. 此之謂一口吞盡十方世界, 更無凡聖. 其間衆生, 根劣障重, 承當不得, 遂放開一線曲. 爲今時故, 說十信十行十回向十地等覺妙覺, 此正是漸該枝末, 今經亦爾. 於此段經文, 亦一口吞盡十方世界. 恐無人承, 當下遂便與開解開行. 爲上根人說二空觀, 爲中根人說三觀諸輪, 爲下根人說道場加行. 此是漸該枝末, 皆依圓照者. 此簡二乘及菩薩偏局之照. 若了得圓照, 便是佛, 佛是圓照者."

416) 『宗鏡錄』卷71(T48, p.815c10~13), "故知因果相酬, 唯識變定, 如鏡現像, 似影隨形. 無有影而不隨形, 無有鏡而不現像, 斯則無有作而不受報, 無有果而不酬因, 法爾如然."

417) 『宗鏡錄』卷10(T48, p.473c16~20), "古德云. 若言衆生心性, 同諸佛心性者, 別教也. 圓教心性, 是一寂光, 無彼無此, 極十方三世佛, 及衆生邊際, 成一大圓鏡, 但是一鏡, 無有同異也. 佛及衆生, 一鏡上像耳.";『金剛經心印疏』卷1(X25, p.829a18~21), "無諍者, 華嚴經云. 有諍說生死, 無諍說涅槃. 卽古云. 諍是勝負心, 與道相違背. 今云無諍, 是無我無人, 無彼無此, 無高無下, 無聖無凡, 一相平等, 無住眞空."

418) 『大方廣佛華嚴經疏』卷54(T35, p.914c13~14), "後一切聲聞下合大會不見, 並可思也.";『華嚴一乘成佛妙義』(T45, p.785a23), "又爲十住菩薩, 可思也."

419) 『明覺禪師語錄』卷1(T47, p.671a22~23), "石頭云. 乍可永劫沈淪, 不求諸聖解脫. 便歸."

말하기를 여시(如是)한 것을 제법(諸法)이라고 하고, 여시(如是)하게 법(法)에 맞게 생활하며(住), 여시(如是)하게 법위(法位)를 자각하는 것이라고 말하는 것이다. 세속(世俗)에서는 말하기를 이것은 높은 것이고, 이것은 낮은 것이고, 이것은 남자이고, 이것은 여자이다 등으로 차별하는 것이라고 말한다.

또 경(經)에 말하였다. 색(色)도 아니며 공(空)도 아니고, 안이비(眼耳鼻)등도 아니라고 한 것은 여시(如是)하게 깨닫고 초월하여 깨닫는 것으로 역시 여시(如是)라는 한마디의 말[一口]에 포용되는 것이고, 초월하는 것도 역시 이 한마디에 포용되는 것이며, 여시(如是)와 여시(如是)아니라는 것도 역시 이 한마디[一口]에 포용되는 것이고, 초월과 초월 아님도 역시 이 한마디에 포용되는 것이다.

마치 그림자가 형상을 따르는 것과 같아서 저것도 없고 이것도 없는 것으로 저것도 아니고 이것도 아닌 것도 없는 것이다. 저것 역시 자신이 저것이고, (제39장) 이것 역시 자신이 이것이므로 그 형상이 영상(影像, 그림자, 지식)을 취하는 것을 잊을 수 없어서 영상은 그 몸체를 구하는 것을 포기하지 못하므로 자신의 몸체와 영상을 모두 잊은 것과 몸체와 영상을 잊지 못하는 것을 이 상(相)으로 제시(提示)한 것이라고 가히 생각할 수 있다. 그러므로 석두(石頭)께서 말했다. 가령 영겁(永劫)토록 생사에 윤회(沈淪)할지언정 모든 성자(諸聖)의 해탈을 추구하지 않겠습니다.

《해설》 明자(字)는 분명하게 밝히는 것이다. 즉 성자의 종적420)을 따르지 않아야 한다는 것을 분명하게 밝히고 있다. 이

말은 먼저 자신이 돈오하여 견성하지 않으면 되지 않는 것[421)]
이다. 돈오하고 점수하여 언어문자를 초월해서 대승으로 나아
가야 일구(一口)에 시방세계를 포용하게 되는 것이다. 성자의
행리처를 추구하면 소승에서 벗어나기 어렵다고 대승이 되어야
원효가 말한 "착한 일도 하지마라."는 말의 뜻을 알게 된다고
여시(如是)를 설하고 있다.

(39) 심왕이 여래가 되는 상

僧問古德云. 万(萬)戶俱開即不問, 萬戶俱閉時如何.
古德云. 堂中事作麽生.[422)] 云. 誰人接得渠後宿. 德
云. 誰人識得渠[423)]金針. 云. 渾家不喜見,[424)]玉殿夜
蕭條.[425)] 或云. 不得無禮.[426)] 或有人問, 如何是本源,[427)] 作此

---

420) 『潙山警策註』(X63, p.227c6〜7), "昔年行處, 寸步不移. 古云. 但改舊
　　時行履處, 莫改舊時人."
421) 『禪家龜鑑』(X63, p.739c20〜24), "古德云. 只貴子眼正, 不貴汝行履處.
　　昔仰山答潙山問云. 涅槃經四十卷總是魔說, 此仰山之正眼也. 仰山又問行
　　履處. 潙山答曰 只貴子眼正. 云此所以先開正眼而後說行履也. 故云若欲修
　　行先須頓悟."
422) 『宏智禪師廣錄』卷1(T48, p.15c3〜5), "祇如雲蓋問石霜. 萬戶俱開即不
　　問, 萬戶俱閉時如何. 霜云. 堂中事作麽生. 蓋無語.";『禪林類聚』卷3(X67,
　　p.20c15〜18), "雲蓋安禪師因僧問石霜 萬戶俱閉時如何. 霜云堂中事作麽
　　生. 僧經半年方始道得云. 無人接得渠. 霜云道也太煞道, 祇道得八九成. 師
　　聞却禮請石霜爲道. 霜不道.";『景德傳燈錄』卷15(T51, p.321a8〜12), "雲
　　蓋問 萬戶俱閉即不問, 萬戶俱開時如何. 師曰. 堂中事作麽生. 曰無人接得
　　渠. 師曰. 道也大殺道也, 只道得八九成. 曰未審和尚作麽生道. 師曰. 無人
　　識得渠."
423) 『續傳燈錄』卷20(T51, p.604c5〜6), "若能識得渠, 一任歲月改. 且道誰
　　人識得渠."
424) 『天聖廣燈錄』卷15(X78, p.490b16〜17), "問. 大舸飄空, 如何舉棹. 師
　　云. 自在不點胸, 渾家不喜見."

相示之. 畢竟事如何. 以手拂三拂. 所以僧問趙州. 万(萬)法歸一, 一歸何所. 州云. 我在靑州 作一領布衫 重七斤半.[428] 或有人作此相來問宗師 宗師應叉手對之.

㊀. 어느 스님이 고덕(古德)에게 물었다. 모든 문이 모두 열린 사람[견성한 사람]에 대하여는 묻지 않겠습니다만 모든 문이 모두 닫힌 사람[견성하지 못한 사람]은 어떻게 하겠습니까?

고덕(古德)이 대답했다. 그대 자신의 법당(法堂, 사람, 자기 자신의 불법)중의 일대사는 어떻게 하겠는가?

물었다. 어느 사람이 그(渠, 본래인)를 체득하고는 머무르게 하겠습니까?

대답했다. 어느 사람이나 그(본래인)의 금침(金針, 金剛針, 佛法, 진여의 지혜)을 알고 체득하여야 한다.

말했다. 혼가(渾家, 禪家, 온 집안)에는 희견(喜見, 喜見性, 喜見天)이 없으므로 옥전(玉殿)의 밤은 깊고 한가(閑暇)하여 고요한 것이다. 혹은 말했다. 예의가 없어서는 체득할 수가 없는 것이다.

혹은 어느 스님이 무엇이 본원(本源)입니까 하고 물으면 이상을 그려서 제시(提示)하였다.

---

425) 『林泉老人評唱丹霞淳禪師頌古虛堂集』卷4(X67, p.359b1), "到這裏直得混然寂照永夜蕭條."; 『肇論疏』卷1(T45, p.163b19~20), "蕭然謂蕭條然也."; 소조(蕭條): 적막, 유유자적함.

426) 『五燈會元』卷17(X80, p.362a22~24), "致問曰. 直歲還知露柱生兒麼. 師曰. 是男是女, 黃擬議. 師揮之. 堂謂曰. 不得無禮. 師曰. 這木頭, 不打更待何時. 黃大笑."

427) 『景德傳燈錄』卷19(T51, p.355b18~20), "問欲達無生路應須識本源, 如何是本源. 師良久却問侍者, 適來僧問什麼. 其僧再擧, 師乃喝出. 曰我不患聾."

428) 『景德傳燈錄』卷10(T51, p.278a2~3), "僧問. 萬法歸一 一歸何所. 師云. 老僧在青州作得一領布衫重七斤."

물었다. 필경(畢竟)의 일대사는 무엇입니까 하니 손을 올려 세 번 털었다.

그리하여 어느 스님이 조주(趙州)에게 물었다.

만법이 하나로 돌아가면 그 하나는 어디로 돌아갑니까?

조주(趙州)께서 대답했다. 내가 청주에 있을 때에 삼베로 옷을 한 벌을 만들었는데 무게가 일곱 근 반이었다. 혹은 어느 스님이 이 상(相)을 그려 와서 종사(宗師)에게 물으면 종사(宗師)께서는 차수(叉手)로 응(應)하여 대답했다.

《해설》 소승으로는 '불능청수독위인해설'이라는 것을 강조하는 것은 조사 관문을 통과하지 못하면 이해하기 어렵다는 것이다. 만법귀일(萬法歸一)에서 만법은 자신의 만법이므로 하나로 돌아간다는 것은 공(空)으로 견성하여야 한다는 것이고 일귀하소(一歸何所)라고 하는 것은 견성하고 나서 진여의 지혜로 살아가야 하는 것이다. 그러므로 견성하지 못하면 지금의 대화는 이해하기 어렵다는 것이다. 그리고 자신의 본심을 나타내어야지 스승에게 가르침을 받을 수 있는 것이라고 양심이 있어야 한다고 무례하지 말라고 하고 있다.

(40) 이사(理事)를 초월하는 상

 事中有理, 理中有事,[429] 未有事而無理者, 未有理而無事

---

429) 『宗鏡錄』卷26(T48, p.565c3~5), "三終教. 約理事融顯門, 以卽事中有理, 理中有事故. 以本覺爲佛寶, 恒沙性德爲法寶, 性德不二爲僧寶."

者430). 事則一卽一切, 理則一切卽一, 一卽一切,431) 非減非增.432) 一切卽一, 非增非減.433) 非減故, 理自玄應,434) 非增故, 事自無涯. 理事之道, 非心思口議,435) 可盡其終極也, 則万(萬)化有無, 莫得然矣. 有人作此相來, 以非理非事436)相 **◖** 對之.

◎. 생활[事]하는 중에 지혜[理]가 있어야 하는 것이고 지혜[理]에 맞게 생활하여야 하는 것인데, 아직 자신의 일대사에 대하여 알지 못하면 지혜[理]가 없는 것이 되고, 아직까지 자신의 진여의 지혜[理]를 자각하지 못하였다면 진여의 지혜로 생활하지 못하는 것이다.

진여의 지혜로 생활[事]하는 것은 하나(본래, 진여)의 지혜[一]를 자각하면 일체(一切)의 생활을 할 수 있는 것이며, 진여의 지혜[理]에 맞게 일체(一切)에서 생활하는 것을 진여의 지혜[一]로 일체의 생활을 하는 것이므로 지혜는 줄어드는 것[減]도

---

430) 『法華經文句格言』卷3(X29, p.616b9〜10), "凡諸所說 有是理者 必有是事 未有理而無事者 使其說通 於理不通 於事是未得 爲善說也."
431) 『起信論疏』卷1(T44, p.205c9〜11), "但此佛音 無障無礙. 一卽一切, 一切卽一. 一切卽一, 故名一音. 一卽一切, 故名圓音."
432) 『大般若波羅蜜多經』卷595(T07, p.1078a12〜13), "一切法非減非增, 如是一切法非減非增, 是謂般若波羅蜜多."
433) 『大般若波羅蜜多經』卷533(T07, p.737b14〜15), "本性空理 非增非減, 本性空中 無增減法, 無增減者.";『阿毘達磨大毘婆沙論』卷59(T27, p.308a24〜28), "自性於自性非增非減故名爲攝. 諸法自性攝自性時, 非如以手取食指捻衣等. 然彼各各 執持自體 令不散壞 故名爲攝, 於執持義 立以攝名, 故勝義攝唯攝自性."
434) 『御製逍遙詠』卷2(K35, p.964b3〜4), "妙用天然法(理自玄應生之無主 雖修鍊之門有 諸而自然之用顯著矣"
435) 『阿彌陀經義疏聞持記』卷3(X22, p.533a3〜4), "莫非彌陀大悲 願行從因至果 功德利益殆 非心思口議所及."
436) 『宗鏡錄』卷15(T48, p.496b20〜22), "若入宗鏡, 頓悟眞心, 尚無非理非事之文, 豈有若理若事之執. 但得本之後, 亦不廢圓修.";『摩訶止觀義例纂要』卷4(X56, p.53a24〜b1), "如理如事 如非理非事 故名爲是."

아니고 늘어나는 것[增]도 아닌 것이다. 모든 곳에서 진여의 지혜[一切]로 생활하는 것이므로 진여[一]는 늘어나는 것[增]도 아니고 줄어드는 것[減]도 아닌 것이다. 지혜가 줄어드는 것[減]이 아니므로 진여[理]는 현지(玄旨)와 정확하게 상응[應]해야 하는 것이고 진여는 늘어나는 것[增]이 아니므로 진여의 지혜로 생활[事]하는 것은 무애자재하게 되는 것이다.

진여의 지혜로 생활[理事]하는 것[道]은 마음으로 생각하고[心思] 입으로 의논(議論)하는 것을 초월하여야 그 궁극적인 것을 옳게 모두 다하게 되는 것이므로 즉 만법(萬法)을 유무(有無)로 판단하여서는 이것을 깨달아 체득할 수 없는 것이다.

어느 스님이 이 상(相)을 그려 와서 물으면 진여의 지혜로 생활한다는 생각도 초월해야 하므로 비리비사상(非理非事相)인 이 ◖상(相)으로 대답했다.

《해설》 대승은 언어문자를 초월하므로 이사(理事)를 초월하여 이심전심(以心傳心)하는 것이라고 하고 있다. 즉 비리비사상(非理非事相)이라는 사실 조차도 뛰어넘어 원수(圓修)해야 한다고 하는 것이다. 그러므로 비심사구의(非心思口議)라고 하는 것처럼 의심즉차(擬心卽差)라고 하는 것이다.

30) 원상의 의미

○. 問. 此法門, 云何謂之暗機, 云何謂之學[437] 云何謂之義

---

437) 云何謂之學 {編}

海, 云何謂之默論,438) 云何謂之字義門439), 云何謂之圓相, 云何謂之意語,440) 此七種呼喚, 同耶異耶. 乃作此相對之. (第四十張)

○. 물었다. 이 법문(法門)에서 무엇을 암기(暗機, 이심전심, 向上一機)라고 설명하고, 무엇을 학(學)이라고 설명하고, 무엇을 의해(義海, 無量妙義 一時收盡)라고 설명하고, 무엇을 묵론(默論, 언어문자를 벗어난 것, 默默知歸)이라고 설명하며, 무엇을 자의문(字義門, 문자의 진정한 의미, 世間文字 無不統攝)이라고 설명하며, 무엇을 원상(圓相, 直顯大月輪三昧)이라고 설명하며, 무엇을 의어(意語, 자신의 본심에서 나오는 말, 元從自心流出)라고 설명하는지, 이 일곱 가지를 같다고 합니까, 다르다고 합니까 하니 이에 이 상(相)을 그려 대답했다. (제40장)

---

438) 『萬松老人評唱天童覺和尙頌古從容庵錄』卷1(T48, p.236a29~b2), "示衆云. 未語先知, 謂之默論. 不明自顯, 謂之暗機. 三門前合掌, 兩廊下行道, 有箇意度. 中庭上作舞, 後門外搖頭, 又作麼生.(시중하여 설했다. 언어문자로 설하지 않고 먼저 깨닫게 하는 것이 묵론(默論)이고 마음을 지식으로 밝히지 않아도 저절로 나타나는 것을 암기(暗機)라 한다. 삼문(三門) 앞에서 합장(合掌)하고 양랑(兩廊)아래서 행도(行道)를 하면서도 어떤 성자가 있다고 사량하는 것이다. 중정(中庭) 위에서 작무(作舞)하고 후문 밖에서 요두(搖頭)하는 것은 어떤 것인가?)"

439) 자의문(字義門)과 학(學)을 합쳐 자학이라고 한 것이라고 사료됨. ; 『父子合集經』卷10(T11, p.948a27~28), "阿者無願, 無所不願, 如是解已, 知非戱論, 是名入解阿字義門." ; 『法華玄論』卷10(T34, p.448a20~24), "觀音卽是明菩薩字義門. 普門卽是實德門. 字義門者, 釋論云菩薩字有無量義. 今釋觀音字 有無量功德義, 故是字義門. 普門明三密實德, 故是實德門也." ; 『大品經義疏』卷4(X24, p.234a6), "般若字義門."

440) 『五燈會元續略』卷1(X80, p.472b20~c1), "以潙仰宗論之. 卽此一喝, 直顯大月輪三昧, 謂之圓相. 卽此一喝 示向上一機, 謂之暗機. 卽此一喝 元從自心流出, 謂之意語. 卽此一喝 見者聞者 默默知歸, 謂之默論. 卽此一喝 無量妙義 一時收盡, 謂之義海. 卽此一喝 四十二字母 及世間文字 無不統攝, 謂之字海."

《해설》 암기(暗機), 학(學), 의해(義海), 묵론(默論), 자의문 (字義門), 원상(圓相), 의어(意語)라고 7가지로 나누어 설하고 있는데 후대에는 자학(字學)이라고 학(學)과 자의(字義)를 합쳐 설한 것441)으로 사료된다. 내용에 대하여 이 책에 설명하고 있는 것을 살펴보면 다음과 같다.

(1) 암기(暗機)

乃曰. 暗機442)者, 不明用音聲語言荅對, 但以相而示之. 則事理意度 玄妙非不盡也.

이에 설명하였다. 암기(暗機, 이심전심, 염화미소)라는 것은 음성(音聲)과 언어(言語)문자를 사용하여 분명히 대답할 수 없는 것이므로 단지 원상(圓相)을 그려 제시하는 것을 말한다. 즉

---

441) 『萬松老人評唱天童覺和尙頌古從容庵錄』卷5(T48, p.276a18~20), "圓相總六名. 一圓相, 二義海, 三暗機, 四字學, 五意語, 六默論."; 『人天眼目』卷4(T48, p.321c11~19), "遂目爲潙仰宗風, 明州五峯良和尙, 甞製四十則, 明教嵩禪師, 爲之序稱道其美. 良曰. 總有六名, 曰圓相, 曰暗機, 曰義海, 曰字海, 曰意語, 曰默論. 耽源謂仰山曰. 國師傳六代祖師圓相, 九十七箇, 授與老僧國師示寂時, 復謂予曰. 吾滅後三十年, 南方有一沙彌, 到來大興此道. 次第傳授, 無令斷絕, 吾詳此讖事在汝躬, 我今付汝, 汝當奉持."

442) 『人天眼目』卷4(T48, p.322a7~23), "暗機. 仰山親於耽源處, 受九十七種圓相, 後於潙山處, 因此〇相頓悟, 後有語云. 諸佛密印豈容言乎. 又曰. 我於耽源處得體, 潙山處得用, 謂之父子投機. 故有此圓相, 勘辨端的. 或畵此⊙相乃縱意. 或畵⊛相乃奪意. 或畵⊘相乃肯意. 或畵〇相, 乃許他人相見意, 或畵⊖相, 或點破或畵破, 或擲却或托起, 皆是時節因緣. 纔有圓相, 便有賓主 生殺縱奪 機關眼目 隱顯權實, 乃是入 垂手. 或開眼, 師資辨難, 互換機鋒. 只貴當人 大用現前矣. 一日梵僧來參, 仰山於地上畵〇此相示之. 僧進前添作〇相, 復以脚抹却, 山展兩手, 僧拂袖便行. 仰山閉目坐次, 有僧潛來身邊立, 山開目見, 遂於地上畵⊛相, 顧示其僧, 僧無對."

사리(事理)로 현묘(玄妙)한 진여의 지혜를 의탁(意度, 마음대로 사량)하여도 다할 수 없는 것을 원상으로 제시한 것을 암기(暗機)라고 한 것이다.

《해설》 암기(暗機)라고 하는 것은 대승의 경지를 말하는 것으로 염화미소나 이심전심의 경지이므로 돈오돈수이고 불립문자라고 설명할 수 있다. 대승에서는 언어문자를 초월해야 하는 것이므로 견성하여 정각을 이룬 경지에서 아라한이나 보살마하살로서 생활하는 것을 말한다고 언어문자로 설명할 수 있다. 암기라는 것을 어두운 지혜라고 번역을 한다면 번뇌 망념이 없는 것을 어둡다고 하는 것이고 이런 지혜를 구족한 것을 암기라고 설하고 있다.

(2) 자학(字學)

字學者, 以文字現其意. 如仰山, 有梵僧來問. 還識字否. 山云. 隨分. 梵僧, 從東邊, 過西邊. 仰山於地上, 畫一畫.[443] 後不

---

[443] 『宏智禪師廣錄』卷2(T48, p.25b12~21), "擧僧問仰山. 和尙還識字否. 山云隨分. 僧乃右旋一匝云, 是什麽字. 山於地上書箇十字. 僧左旋一匝云, 是甚麽字. 山改十字作卍字. 僧畫一圓相, 以兩手托, 如脩羅掌日月勢云, 是什麽字. 山乃畫一圓相, 圍却卍字. 僧乃作樓至勢. 山云. 如是如是, 汝善護持. 頌曰. 道環之虛靡盈, 空印之字未形, 妙運天輪地軸, 密羅武緯文經. 放開捏聚, 獨立周行. 機發玄樞兮, 靑天激電. 眼含紫光兮, 白日見星."; 『銷釋金剛經科儀會要註解』卷1(X24, p.663b8~19), "羅漢, 來參於仰山和尙. 仰山者, 乃羅漢, 稱爲小釋迦再來也. 得法於潙山祐禪師, 號潙仰宗 有九一六種圓相 以爲宗旨. 後有一梵僧來參仰曰, 問云, 還識字否. 山曰隨分. 僧乃右旋一匝云, 是甚麽字. 山於地上, 書箇十字. 僧又左旋一匝云, 是甚麽字. 山乃改十字, 作卍字. 僧畫一圓相以兩手托如修羅掌日月勢云, 是甚麽字. 山書圓相圍却卍字. 僧作婁至勢. 山曰如是如是, 汝善護持. 僧禮拜畢,

盡, 擧云云.

　자학(字學)이라는 것은 문자를 익혀 그 뜻의 근원을 알아내
야 하는 것이다. 예를 들면 앙산(仰山)에게 어느 인도 스님이
찾아와 물었다.
　앙산(仰山)께서는 문자를 좀 아십니까?
　앙산(仰山)께서 말했다. 조금 안다[隨分].
　그 인도 스님이 동쪽에서 서쪽으로 갔다. 앙산(仰山)께서 지
상(地上)에다 일(一)자를 그었던 것인데 이후의 것은 다 들어
(擧) 말하지 않겠다.

《해설》 언어문자로 설한 경전을 언어문자의 색채를 따라가
구경의 경지를 파악하여 불성을 자각하여 생활하게 하는 것을
말하고 있다. 간단명료하게 원상이라는 문자를 제시하고 있다.
나한이나 범승이라고 기록하며 허공으로 날아갔다고 하는 것을
소승에게 설한 것인가 대승에게 설한 것인가를 파악해야 한다.

出門騰空而去. 時有一道者, 請問仰山云. 五日前問和尙還識字的僧. 是何
處人山曰汝曾見否. 道者云, 正見出門騰空而去. 山曰此是西天羅漢, 故來
探吾宗旨也.”; 『鍪絶老人天奇直註天童覺和尙頌古』卷2(X67, p.457b13〜
23), “僧問仰山. 和尙還識字否(探竿在手). 山云隨分(影草隨身). 僧乃右旋
一匝云是什麽字(大用爲驗). 山於地上書一十字(大用相酬). 僧左旋一匝云是
什麽字, 山改十字爲卍字. 僧畫一圓相以兩手托如修羅掌日月勢, 云是什麽
字. 山畫一圓相圍却卍字, 僧作樓至勢. 山云. 如是如是. 善自護持(賓主之
機總明大用) ○(主意當央直示　旨明大用全提)總結(作家相見). 道環之虛靡
盈(這僧道滿環虛, 杳然無相可比). 空印之字未形(仰山如印印空, 文彩十分
難辨). 妙運天輪地軸(天左轉, 地右轉, 明僧左右兩匝). 密羅武緯文經(文爲
經, 武爲緯, 交織成錦, 明山十字卍了無空缺). 放開捏聚(山之收放), 獨
立周行(僧之施爲). 機發玄樞兮青天激電, 眼含紫光兮白日見星(二人之妙具
乎不測, 如空閃電, 眼目淸明, 直教陪中看出).”

(3) 의해(義海)

義海444)者, 亦仰山云. 覺海變爲義海445) 蓋此門義理深邃幽遠
無涯無際 廣大用而無盡446) 其若大海 故云義海

의해(義海)라고 하는 것을 역시 앙산(仰山)께서 말했다.

각해(覺海)가 변하여 의해(義海)가 되는 것으로 이 법문(法
門)의 뜻과 이치는 깊고도 유현(幽玄)하여 아득하고 끝이 없으
며 한계가 없으니[無際] 아무리 많이 사용하여도 다함이 없으
므로 이것을 마치 대해(大海)와 똑같다고 하신 것이다. 그러므
로 의해(義海)라고 한다.

---

444) 『人天眼目』卷4(T48, p.322a24~b11), "義海. 仰山在洪州觀音寺, 粥後
坐次, 有僧來禮拜, 山不顧. 僧問山. 識字否. 山云隨分. 僧乃右旋一匝云.
是什麼字. 山於地上書十酬之. 僧又左旋一匝云. 是什麼字. 山乃改十作卍
酬之. 僧又畫〇相, 以兩手托, 如修羅擎日月勢云. 是什麼字. 山畫㊌相對
之. 僧乃作婁至勢. 山云. 如是如是. 此是諸佛之所護念, 汝既如是, 吾亦如
是, 善自護持, 善哉善哉好去. 僧乃禮謝騰空而去. 時有一道者, 見後經五日
遂問山. 山云. 汝還見否. 者云. 見出三門外騰空而去. 山云. 此是西天阿羅
漢, 特來探吾宗旨. 者云. 某甲雖覩此種種三昧, 不辨其理. 山云. 吾以義爲
汝解釋, 此是八種三昧. 覺海變爲義海, 體同名異. 然此義合有因有果, 卽時
異時, 總別不離隱身三昧也."
445) 『袁州仰山慧寂禪師語錄』(T47, p.586b26~c2), "師云. 此是西天羅漢,
故來探吾道. 道者云. 某雖覩種種三昧, 不辨其理. 師云. 吾以義爲汝解釋.
此是八種三昧, 是覺海變爲義海. 體則同然, 此義合有因有果, 卽時異時, 總
別不離隱身三昧也." ; 『楞嚴經宗通』卷1(X16, p.764b11~17), "若知仰山
覺海變爲義海三昧, 則佛胸卍字涌出寶光. 亦不思議中妙用耳. 必以護妙微
密性淨明心爲本. 潙山嘗問仰山. 妙淨明心, 汝作麼生會. 仰曰. 山河大地,
日月星辰. 潙曰汝祇得其事. 仰曰和尙適來問甚麼. 潙曰. 妙淨明心. 仰曰.
喚作事得麼. 潙曰. 如是如是. 只緣仰山會得妙淨明心, 得淸淨眼. 故識字三
昧, 逈出尋常."
446) 『注維摩詰經』卷7(T38, p.396b11~12), "肇曰. 其權智之道無涯無際, 雖
復衆聖殊勝辯猶不能盡."

《해설》 원상을 의해(義海)라고 하며 식자삼매(識字三昧)라고
하는 것은 반야의 바른 의미를 파악하여 아무리 사용하여도 다
하는 것이 없는 것이라고 설하고 있다. 이것은 대승으로 살아
가야 산사람이라고 하는 말과 맥락이 통하는 설법이다.

(4) 묵론(默論)

默論[447]者, 一 則不明以音聲說授, 因緣比喩棒喝等, 以方圓
多種相示之. 二 以諸法從本以來, 未嘗偏, 未嘗圓, 未嘗是, 未
嘗不是, 非可指, 非可授, 非音聲語言所及. 卽一切施, 爲應機提
唱, 俱非此旨. 故云默論.

묵론(默論)이라는 것은 첫째로 즉 음성으로 설하여 수기하거
나 인연(因緣), 비유(比喩), 봉(棒), 할(喝)등을 사용하여도 분명
하게 알지 못하므로 다양한 도상(圖相)으로 제시한 것이다.

두 번째는 제법(諸法)은 본래부터 지금까지 일찍이 치우친
적도 없고, 둥근 적도 없고, 옳은 것도 없고, 틀린 것도 없고,
지시(指示)할 수 있는 것도 아니고, 전해 줄 수 있는 것도 아니

447) 『汾陽無德禪師語錄』卷3(T47, p.621b11~12), "有圓相有默論 千里持來
目視瞬, 萬般巧妙一圓空, 爍迦羅眼通的信(已上是潙仰宗派)." ; 『正法眼藏』
卷1(X67, p.577a1~12), "二十五祖婆舍斯多因 與外道無我尊論議. 外道
曰請師默論不假言說. 祖曰不假言說孰知勝負. 曰但取其義. 曰汝以何爲義.
曰無心爲義. 曰汝既無心安得義乎. 曰我說無心當名非義. 曰汝說無心當名
非義, 我說非心當義非名. 曰當義非名誰能辨義. 曰汝名非義此名何名. 曰
爲辨非義是名無名. 曰名既非義亦非義, 辨者是誰, 當辨何物, 如是往返
五十九翻, 外道杜口信伏. 妙喜曰. 婆舍斯多何用忉怛, 當時若見佗道請師
默論不假言說, 便云義墮也. 卽今莫有要與妙喜默論者麼. 或有箇衲僧出來
道義墮也. 我也知你在鬼窟裏作活計."

고, 음성과 언어로 도달할 수 있는 것이 아니다. 즉 일체(一切)를 시설(施說)하는 것이고 기연(機緣)에 따라 제창(提唱)하는 것은 모두 이 뜻(旨)를 초월해야 하는 것이다. 그러므로 묵론(默論, 黙論)이라고 한다.

《해설》 묵론(默論)은 언어문자를 뛰어넘는 것을 도상으로 나타내어 불성을 자각하게 하여 생활하게 하는 것을 말한다. 불법(佛法)은 언어문자를 벗어난 것이기에 이름조차도 남기지 않는 몰종적을 말하는 여래이므로 최상승의 설법을 묵론(黙論)이라고 하고 있다. 그래서 도상으로 표현한다고 하는 것이다.

(5) 자의문(字義門)

字義門者, 如般若經, 四十二字,[448] 或三十六字, 或五十二字,[449] 或二十四字,[450] 諸經皆不同. 所謂先阿, 後茶等以至, 諸經神呪章句. 或一字三,[451] 或多字句.[452] 或僧伽吒,[453] 或摩尼

---

448) 『大智度論』卷89(T25, p.686c1~6), "四十二字義, 如摩訶衍中說. 一字盡入諸字者, 譬如兩一合故爲二. 三一故爲三, 四一爲四, 如是乃至千萬. 又如阿字爲定, 阿變爲羅, 亦變爲波. 如是盡入四十二字, 四十二字入一字者, 四十二字盡有阿分, 阿分還入阿中."

449) 『翻譯名義集』卷5(T54, p.1144b29~c5), "又十二章, 悉名爲半, 自餘經書記論爲滿. 類如此, 方由三十六字母而生諸字. 澤州云. 梵章中, 有十二章. 其悉曇章以爲第一, 於中合五十二字. 悉曇兩字是題章總名, 餘是章體. 所謂惡阿乃至魯流盧樓."

450) 『迦樓羅及諸天密言經』(T21, p.338c12~16), "二十四字密言伽伽(引)擬義糞遇藝□虞牛驗虎婀(去)阿伊(上)縊鄔訪翳愛汗奧暗惡誦此二十四字密言. 一切鬼神及病者, 見行人形同加婁羅."; 『法華經文句輔正記』卷10(X28, p.798a21~23), "但宣二十四字者 經從我深敬 汝等至輕慢 九字標也. 所以者何 下汝等皆行 菩薩道當得作佛 一十五字釋也."

達,454) 字字皆是, 微妙不思議,455) 解脫法門.456) 所以誦之者,
皆獲有爲, 善根報應.

자의문(字義門)이라는 것은 『반야경(般若經)』에 있는 42자
(字)와 혹은 36자(字), 혹은 52자(字), 혹은 24자(字)와 같은 것
들이니 모든 경(經)마다 모두 같지는 않은 것이다. 소위(所謂)
처음은 아(阿)로 시작하여 마지막은 다(茶)로 되는 것과 모든
경(經)의 신주(神呪)와 장구(章句)를 말하는 것이다. 혹은 한
자이기도 하고 혹은 셋, 혹은 여러 자로 이루어진 구(句)이기도
하다. 혹은 승가타(僧伽咤, 僧伽吒), 혹은 마니달(摩尼達)등의
자자(字字)가 모두 미묘하고 부사의(不思議)한 해탈의 법문이

---

451) 『圓悟佛果禪師語錄』卷5(T47, p.734a17), "一字三句同源, 圓相境致殊
別."

452) 『大法炬陀羅尼經』卷8(T21, p.693c9～10), "更能教人 從一字句 至多字
句, 乃至義味如是具演."

453) 『僧伽吒經』卷1(T13, p.959c23～26), "爾時世尊告一切勇菩提薩埵. 有法
門名僧伽吒. 若此法門在閻浮提有人聞者, 悉能除滅五逆罪業, 於阿耨多羅
三藐三菩提得不退轉."

454) 『銷釋金剛經科儀會要註解』卷7(X24, p.727a11～12), "一毛頭上爲拈花
笑倒傍邊老作家 要問相逢端的意 摩尼達哩吽癹吒."

455) 『大乘密嚴經』卷3(T16, p.746a24～25), "嗚呼大乘法, 微妙不思議, 如來
之境界, 佛子應頂禮."; 『集諸法寶最上義論』卷2(T32, p.155a6～8), "我所
稱讚最上法, 初中後善理相應, 總攝最上眞實句, 甚深微妙不思議, 集諸功德
量無邊, 普施一切衆生界."; 『法華經演義』卷1(X33, p.59a8～12), "善入佛
慧. 所言善入者無他, 卽能契法界之理者是也. 而十行菩薩, 能修法界, 微妙
不思議行, 契乎法界不思議理, 而入佛之慧矣. 此卽是佛慧, 而起法界行, 還
以法界行, 而入乎佛慧."

456) 『維摩詰所說經』卷2(T14, p.547a11～14), "若有菩薩信解不可思議解脫
法門者, 一切魔衆無如之何. 大迦葉說是語時, 三萬二千天子皆發阿耨多羅
三藐三菩提心."; 『維摩經義疏』卷4(T38, p.964b15～18), "若有菩薩信解
不思議解脫法門者一切魔衆無如之何, 但能信解, 魔不能嬈. 何況行應者乎,
大迦葉說是語時三萬二千天子皆發阿耨菩提心."; 『說無垢稱經疏』卷6(T38,
p.1114a11～13), "眞如離繫, 名爲解脫. 法門者, 能詮教也. 教法能顯所詮
義也."

다. 그리하여 이를 암송하는 자는 모두 유위(有爲)를 선근(善根)에 응하여 얻게 되는 것이다.

《해설》 경전이 있게 된 것은 석존이 제도(濟度)하기 위한 법문을 결집하여 한자로 번역하여 한글로 풀이하지만 그 뜻이 전달되지 않으므로 도상으로 표현한 것이다. 즉 실담자를 산스크리트어로 표기[457])하여 전한 것을 진언이라고 하며 중요시한 것은 불법(佛法)이 사라지는 것을 염려하였기 때문이다. 그래서 불법의 내용을 소승이 아닌 대승으로 알아야 하는 것이므로 아뇩다라삼먁삼보리의 마음에서 불퇴전하는 반야의 지혜를 구족해야 하는 것이다. 그러므로 견성하여 성불하여야 하는 것이다. 이것의 내용을 언어문자로 표현한 것이 경전인데 그 전체의 뜻을 파악하기 어려워하는 것이기에 도상으로 표현한 것이라고 하고 있다.

자의문(字義門)에서 자(字)는 언어문자를 말하는 것이고 의(義)는 올바르다는 청정한 뜻이 되므로 불법을 바르게 알고 대승으로 들어가는 문(門)이라는 뜻이 된다. 그러므로 여러 도상들도 올바른 깨달음을 성취하여 최상승의 여래로 살아가기를

---

457) [네이버 나무위키] 실담: https://namu.wiki/RecentDiscuss. 2025. 5. 18. 검색에 의하면 "실담(悉曇, Siddham)은 브라흐미계 문자의 일종으로, 인도 아대륙의 굽타 문자에서 발달하여 산스크리트어 표기에 쓰이면서 6세기경 중국으로 들어와 동아시아에 퍼졌다. 범자(梵字)는 브라흐미계 문자를 통칭하는데, 주로 이 실담을 특정하는 경우가 많다. 그 밖에 실담자(悉曇字), 실담범자(悉曇梵字), 실담 자모(悉曇字母), 싯담 문자 등으로도 불린다. 가로쓰기로 왼쪽에서 오른쪽으로 적는다. 동아시아 불교에서는 진언이나 다라니를 실담으로 적는 경우가 많다. 가장 흔히 볼 수 있는 예로, 염주에 실담으로 '옴'이라는 소리를 적어놓는 것. 그 외에 관세음보살 육자진언(六字眞言)이나 광명진언 등을 실담으로 적어 부적처럼 사용하기도 한다." 실담자를 진언이나 주문이라고도 한다.

바라는 경전과 같다는 것을 설명하고 있다. 즉 언어문자로 설명하여 깨달아 살아가는 것이나 이 도상의 의미를 파악하여 깨달아 살아가는 것과 같다는 것을 설하고 있다. 대승에서부터는 이심전심이고 염화미소라는 것을 설하여 불립문자를 도상으로 나타냈지만 구경에는 이것도 버려야 하기에 허공에다 원상을 그려서 버리는 것이다.

(6) 원상(圓相)

圓相458)者, 非方非圓,459) 非不方不圓. 且以圓爲号(號)爾, 則

---

458) 『祖庭事苑』卷2(X64, p.332a19~23), "圓相. 圓相之作, 始於南陽國師付授侍者耽源, 源承讖記, 傳于仰山. 今遂目爲潙仰家風. 明州五峯良和上嘗製四十則, 明[((子-(今-(合-口)))+分)*夂]子潛子爲之序, 稱道其美. 良云. 圓相總六名. 一圓相, 二義海, 三暗機, 四字海, 五意語, 六默論.";『五家宗旨纂要』卷3(X65, p.278b16~18), "仰山設九十六種圓相, 開爲百二十, 合爲九十六, 共一十九種門設施. 圓收在於六門. 一圓相, 二義海, 三暗機, 四多字學, 五意語, 六默論.";『宗範』卷2(X65, p.333b15~22), "人天眼目載圓相總六名. 曰圓相, 暗機, 義海, 字海, 意語, 默論. 有曰⊙縱義. ⊙奪義. ⊙相肯. ⊙許相見. ⌒此爲擧函索盖. 答以⌒則函盖相稱. ⊙此抱玉求鑒, 書某字答. ⊙此鉤入索續, 於厶字側加亻, 答成寶器相. ⊕已成寶器相. 書土字答, ⊙此玄印玄旨相衆相不著也. 是猶市賈私爲誌驗, 謂入聖位者 所建法幢 乃如是乎. 又以三種生爲 大圓宗旨. 想生, 相生, 流注生. 此出楞伽經, 示辨中解.";『宗統編年』卷14(X86, p.172c4~5), "⊙此爲相肯"; *『宗範』의 △는 人으로 사료됨. 그리고 已成寶器相에서 (佀-禾)은 仏(佛)자(字)이므로 ⊕상을 말함. 私에서 禾를 제거하면 厶(厶)가 남는데 弗에 亻자를 첨가하여 사람이 佛이라고 만든 것으로 생각됨.

459) 『摩訶般若波羅蜜經』卷6(T08, p.262c6~12), "佛告須菩提. 汝所言衍與空等, 如是如是. 須菩提, 摩訶衍與虛空等. 須菩提, 如虛空無東方, 無南方西方北方四維上下. 須菩提, 摩訶衍亦如是, 無東方, 無南方西方北方四維上下. 須菩提, 如虛空非長非短, 非方非圓. 須菩提, 摩訶衍亦如是, 非長非短, 非方非圓.";『五燈會元』卷16(X80, p.344c14~16), "祖師心印, 非長非短, 非方非圓, 非內非外, 亦非中間. 且問大衆, 決定是何形貌. 拈拄杖曰. 還見麽."

一切聖凡, 依正事理,460) 聞見知覺, 根塵陰處盡,461) 眼耳所到不
到, 皆相也. 學者既不曉, 遂以方圓變態, 而曲巧示之. 所以謂圓
相爾462).(第四十一張)

원상(圓相)이라는 것은 모가 난 것도 아니고 둥근 것도 아니
며, 모가 나지도 않고 둥글지 않은 것도 아니다. 또 원(圓)을
이(爾)라고도 부르는 것은 즉 일체(一切)의 성범(聖凡)은 올바
른 사리(事理)에 의하여 견문각지(見聞覺知)하여 근진(根塵, 육
근, 육진)과 오음(陰處)을 다하는 것[盡]으로 안이(眼耳)로서 도

---

460) 『維摩經略疏垂裕記』卷7(T38, p.802a19~21), "故圓教中因果 依正事理
　　 既其不二, 理既圓具, 記亦何疑果有因, 無無常果耳. 故大經下引證者大旨
　　 亦然, 故亦且從權教以說."

461) 『大佛頂如來密因修證了義諸菩薩萬行首楞嚴經』卷4(T19, p.119c14~18),
　　 "我等會中登無漏者, 雖盡諸漏, 今聞如來所說法音尙紆疑悔. 世尊, 若復世
　　 間 一切根塵陰處界等, 皆如來藏清淨本然. 云何忽生山河大地諸有爲相, 次
　　 第遷流終而復始."

462) 『長阿含經』卷2(T01, p.11a26~27), "若能爾者, 長幼和順, 轉更增盛, 其
　　 國久安, 無能侵損.";『大般若波羅蜜多經』卷438(T07, p.206c1~2), "若不爾
　　 者, 聞說如是 甚深般若波羅蜜多, 心定驚惶, 恐怖猶豫.";『小品般若波羅蜜
　　 經』卷6(T08, p.561b18~20), "世尊, 若究竟相, 一切法亦爾者, 菩薩皆應得
　　 阿耨多羅三藐三菩提. 何以故, 是中無有分別故.";『佛說無量清淨平等覺經』
　　 卷1(T12, p.281b9), "不爾者, 我不作佛.";『五門禪經要用法』(T15, p.332
　　 c24~25), "若不爾者, 必生兜率天, 得見彌勒, 定無有疑也.";『大乘起信論
　　 義疏』卷1(T44, p.180a10~11), "所以爾者, 心眞如門, 猶前立義是心眞如相
　　 也.";『起信論疏筆削記』卷13(T44, p.367b1~4), "熏習者, 合云習熏, 以對
　　 下資熏故. 若不爾者, 何成解釋耶. 論以熏下是無明熏習之功, 眞如雖是淨法,
　　 被無明染法熏故, 而起妄心. 如楞伽云. 不思議熏變是現識因等.";『南嶽思
　　 大禪師立誓願文』(T46, p.788b25~26), "若不爾者, 不取妙覺.";『禪宗永嘉
　　 集』(T48, p.391b14~19), "第一言其法爾也. 夫心性虛通, 動靜之源莫二, 眞
　　 如絕慮, 緣計之念非殊. 惑見紛馳, 窮之則唯一寂, 靈源不狀, 鑒之則千差.
　　 千差不同, 法眼之名自立, 一寂非異, 慧眼之號斯存. 理量雙消, 佛眼之功圓
　　 著. 是以三諦一境, 法身之理恒清.";『五燈會元』卷3(X80, p.79c14~19),
　　 "藏曰. 若爾者, 眞如卽有變易也. 師曰. 若執眞如有變易, 亦是外道. 曰. 禪
　　 師適來說眞如有變易, 如今又道不變易, 如何卽是的當. 師曰. 若了了見性者,
　　 如摩尼珠現色, 說變亦得, 說不變亦得. 若不見性人, 聞說眞如變易, 便作變
　　 易解會, 說不變易, 便作不變易解會."

달하고 도달하지 못하는 모두가 이 상(相)이다. 수행자들이 아직 깨닫지 못하여서 이윽고 모나고 둥근 모양으로 변화시켜서 왜곡되고 교묘(巧妙)히 제시(提示)하게 된 것이다. 그리하여 원상(圓相)을 이(爾)라고 하는 것이다. (제41장)

《해설》 원상(圓相)을 이(爾)자(字) 한 글자로 표현하고 있다. 『선종영가집』에서는 법이(法爾)라고 하며 진여(眞如)라고 설하고 있다. 그래서 본성(本性, 佛性)의 근본에서는 적정(寂靜)한 것이지만 능견하지 못하고 소견으로 보면 천차만별이 있게 되는 것이다. 그러므로 법안(法眼)이 있어야 자립(自立)할 수 있고 본성이 적정(寂定)하다는 것을 아는 것이므로 혜안(慧眼)이 있어야 하는 것이고, 여리지(如理智, 眞如)와 여량지(如量智, 俗諦)를 모두 소화(消化, 사용)하는 불안(佛眼)이 있어야 하는 것이라고 하고 있다. 즉 이것은 삼제(三諦)가 각각에 작용하므로 법신(法身)의 여리지(如理智)가 항상(恒常)하여 삼지(三智)로 관조(觀照)하는 것이 진여의 지혜가 되어 경계지성(境界之性)이 된다. 그리고 근기(根機)에 따라 해탈하는 것으로 이것을 자유자재하게 사용하면 원이삼점(圓伊三點, 법신·반야·해탈)의 도를 현묘(玄妙)하게 깨닫게 되는 것이라고 설하고 있다. 원상을 법이(法爾)나 이(爾)로 원이삼점 등으로 표현하며 자연(自然)이나 천연(天然)이라고 하기도 하며 여래(如來), 여여(如如), 여시(如是), 진여(眞如), 중도(中道) 등으로 나타낼 수 있다. 법안과 혜안을 구족하여 불안(佛眼)이 있어 공덕(功德)이 있어야 한다고 하는 것도 원상으로 제시하고 있다.

(7) 의어(意語)

意語者,463) 可以意中玄解, 不同語言問荅. 除非知者, 一見便
曉. 其不知者, 徒自佇立. 已上諸法門學者, 乍見乍聞, 不可謂
之, 葛藤見解, 而便起謗. 蓋汝學力未深, 況佛道廣大無邊, 法門
性海. 古聖經百千劫, 近佛菩薩, 知識歷學, 尙未證菩提. 今凡夫
人, 且莫草草, 前□464)大有事在 莫訝忉忉 負識者465)必自詳委
耳.

의어(意語)라고 하는 것은 불법(佛法)에 맞게 올바르게 의
(意, 뜻, 생각)중에서 현지(玄旨)를 깨달아야 하는 것이기에 언
어문자로 문답하여도 생각하는 의지(意旨)가 같지 않게 되는
것이다. 그러므로 오직 깨달아 아는 이는 한번 친견하면 바로
깨닫게 되는 것이다. 그러나 이것을 깨닫지 못하여 대상으로
아는 이들은 오래도록 기다리며 우두커니[佇] 오래도록 고정관
념에서 벗어나지 못하게 되는 것이다.

---

463) 『妙法蓮華經文句』卷3(T34, pp.38c29~39a3), "隨他意語者, 卽一切法
權. 隨自意語者, 卽一切法實. 雙取, 卽一切法亦權亦實. 雙非, 卽一切法非
權非實." ; 『大方廣佛華嚴經隨疏演義鈔』卷6(T36, p.40a19~23), "言隨他
意語者, 佛有三語. 一隨自意語, 說自所證一實等故. 二隨他意語, 一向方便
引衆生故. 三隨自他意語, 半稱自證, 半隨機故. 今分後之二語, 不分初一隨
自意也." ; 『法華經文句記箋難』卷2(X29, p.511b18~19), "隨自意語者 我
說一切衆生 悉有佛性等." ; 『爲霖禪師雲山法會錄』(X72, p.677c13~17),
"師云. 諸佛說法, 有二種語. 一者隨自意語, 二者隨他意語. 隨自意語者,
如來出世, 無非爲一大事因緣. 所謂欲令衆生 開示悟入 佛之知見, 無奈衆
生積習濃厚, 不能領荷. 只得隨他意語, 始于鹿野苑, 爲憍陳如五比丘, 三轉
四諦法輪. 四諦者, 謂苦集滅道也."

464) 정(程)인지 의심스럽다고 (『한국불교전서』6, p.86c5.)에 기록하고 있음.

465) 『宗鏡錄』卷2(T48, p.426b8~10), "眞如是識性, 識旣該萬法, 卽是有爲
無爲諸法平等之性." ; 『高麗國普照禪師修心訣』(T48, p.1006b2), "識者知
是佛性, 不識者喚作精魂(죽은 사람의 넋)."

이상의 모든 법문을 배우는 이들이 잠깐 보고 잠깐 듣고 설명하는 것이 불가능한 것은 갈등(葛藤)된 견해(見解)로 바로 비방하는 마음이 생기기 때문이다. 그대들은 배운 능력도 깊지 못하면서 더군다나 불도(佛道)의 광대무변(廣大無邊)한 법문(法門)과 성해(性海)를 알 수 있다고 생각하고 있다. 그래서 고성(古聖)들께서 백 천겁 동안 불(佛)보살(菩薩)을 가까이하며 지식(知識)을 모두 배우고도 오히려 고정된 보리(菩提)는 증득하지 못한다고 하는 것이 이것이다. 그러므로 지금의 범부들은 또 경솔하지 말고 앞에 위대한 일대사가 있다는 것에 놀라거나 걱정하지 말고 자신이 불성(佛性)의 지혜를 짊어지고서 반드시 자신을 자세히 밝혀서 깨달아야 하는 것이다.

《해설》 의어(意語)에 대하여 『묘법연화경문구』권3에 "수타의어자(隨他意語者) 즉일체법권(卽一切法權) 수자의어자(隨自意語者) 즉일체법실(卽一切法實)"라고 하고 있듯이 석존의 초전법문과 경전이 일체법을 설한 방편이지만 자신이 대승으로 능단하면 진실이 모두 드러나게 되는 것이기에 원상으로 제시한 것이라고 하고 있다. 원상을 능단하지 못하면 방편의 도구로 다시 전락하게 되는 것이다. 즉 원상이 다시 언어문자라는 도구가 되는 것이다.

31) 의우의 도상으로 선문답

法昌遇禪師,[466) 大寧寬禪師,[467) 至遇畫地作此 ⊖相,[468) 便
曳钁出. 翌日未陞座謂寬曰. 昨日公按如何. 寬畫此⊕相, 卽抹
撒之. 遇曰. 寬禪頭名下無虛人. 乃坐曰. 忽地晴天霹靂聲, 禹門
三級浪崢嶸, 幾多頭角爲龍去. 鰕蟹依前努眼睛.[469)

법창(法昌)우(遇, 倚遇, 1005～1081)선사(禪師)를 대령(大寧)
관(寬)선사(禪師)가 찾아오니 땅에다 이 ⊕상(相)[470)을 그려 놓

---

466) 『續傳燈錄』卷5(T51, p.496c17～29), "北禪智賢禪師法嗣 潭州興化紹銑
禪師泉州人. 上堂拈拄杖曰. 一大藏教是拭不淨故紙, 超佛越祖之談, 是誑
諕閭閻漢. 若論衲僧門下, 一點也用不得, 作麼生是衲僧門下事. 良久曰. 多
虛不如少實, 擊香臺下座. 洪州法昌倚遇禪師漳州林氏子. 幼棄家依郡之崇
福得度. 有大志自受具遊方, 名著叢席. 浮山遠和尙甞指謂人曰. 此後學行
脚樣子也. 參北禪賢, 問近離甚處. 師曰. 福嚴. 賢曰. 思大鼻孔長多少. 師
曰. 與和尙當時見底一般. 賢曰. 且道老僧見時長多少. 師曰. 和尙大似不曾
到福嚴. 賢笑云. 學語之流."
467) 『正法眼藏』卷1(X67, p.562a22～b2), "大寧寬和尙示衆云. 佛法無事, 人
自迷源, 祖佛出來, 大家整頓. 故有教流沙界道播四方, 盡皆捨短從長. 窮究
本性, 本性若達, 一切皆通, 信手拈來, 千般受用. 且道恁麼說話 還合得祖
宗門下事麼. 良久云. 啼得血流無用處, 不如緘口過殘春."
468) 『禪林僧寶傳』卷28(X79, p.547b4～9), "喝一喝云. 但能一念回心, 卽脫
二乘羈鎖. 大寧寬禪師至, 遇畫地作此⊕相, 便曳钁出. 翌日未陞座, 謂寬
曰. 昨日公按如何, 寬畫此⊕相, 卽抹撒之. 遇曰. 寬禪頭名下無虛人. 乃陞
座曰. 忽地晴天霹靂聲, 禹門三級浪崢嶸, 幾多頭角爲龍去, 鰕蠏依前努眼
睛."
469) 『萬松老人評唱天童覺和尙頌古從容庵錄』卷5(T48, pp.276c27～277a8),
"道環之虛靡盈, 人牛不見處, 是月明時. 慈覺道, 誰知末後一著, 却是未分
以前. 道環, 莊子樞始得其環中, 以應無窮. 天童借頌圓相托呈勢, 空印之
字. 雖十字改卍字, 其實非世間文字可執, 道副對達磨, 如某甲所見. 不執文
字, 不離文字, 而爲道用. 大寧寬禪頭到法昌, 遇公作⊕此相, 寧便出作務.
明日上堂, 法座前曰. 昨日公案作麼生, 寧作⊕此相了, 復以脚擦却. 昌曰.
寬禪頭名不虛得. 遂陞座曰. 忽地晴天霹靂聲, 禹門三尺浪泙淘, 幾多頭角
爲龍去, 鰕蟹依前努眼睛."
470) 『禪林僧寶傳』이나 『從容錄』에 의하면 ⊖상(相)은 이 ⊕상(相)을 잘못

고는 바로 괭이를 끌고 나가 버렸다.

　다음 날 법좌(法座)에 오르기 전에 관(寬, 寬)선사(禪師)에게 말했다. 어제의 일을 공(公)은 어떻게 생각하는가?

　관(寬)선사(禪師)가 이 ⊕상(相)을 그리고는 바로 지워버렸다.

　우(遇)선사(禪師)가 말했다. 관(寬)선두(禪頭)라는 이름아래의 진여의 지혜로 생활하는 사람[無虛人]도 있구나.

　그리고 이내 법좌에 앉아 말했다.

　홀연히 천지에 청천벽력(靑天霹靂)소리가 나고,

　우문(禹門, 龍門)의 삼단에 험난한 물결을 뛰어넘어,

　얼마나 많은 두각(頭角)들이 용이 되었건만,

　새우와 게(鰕蟹, 중생, 곤충류)는 눈앞에 보이는 것에만 의지하여 살아가네.

　《해설》 관선사가 ⊕상(相)을 회전시킨 ⊕상(相)으로 기록하고 있는데 ⊕은 견성성불상(見性成佛相)이므로 이 상(相)조차도 지워버리는 것은 최상승의 내용을 설하고 있는 것이다. 그러므로 하해(鰕蟹)라고 하는 것은 법해(法海)에 사는 것을 비유한 것으로 소승의 수행자들이 알아듣지 못하는 것을 질책(叱責)하고 있다.

　南禪師作偈曰. 頭戴華巾離少室, 手攜席帽出長安, 鷲峯峯下重相見, 鼻孔元來搋一般. 又畫此 ⊗相示之. 遇和曰. 葫蘆棚上

　기록한 것으로 생각됨.

掛多瓜，麦(麥)浪堆中釣得鰕，誰在畫樓沽酒處，相邀來喫趙州茶．又畫此 ⊙相 荅之．471) 南公曰．鐵牛對對黃金角，木馬雙雙白玉蹄．爲愛雪山香草細，夜深乘月過前溪．又畫此 ⊖相示之．遇和曰．玉麟帶日離霄漢，金鳳銜(銜)花下綵樓．野老不嫌公子醉，相將攜手御街游．又畫此〇相荅之．472)

---

471) 『續傳燈錄』卷5(T51, p.497b18〜22)，"乃作偈云．頭戴華巾離少室，手携席帽出長安，鷲峯峯下重相見，鼻孔元來總一般．又畫此〇示之．師曰．葫蘆棚上摘多瓜，麥浪堆中釣得蝦，誰在畫樓沽酒處，相邀來喫趙州茶．又畫此⊡荅之．"；『禪宗雜毒海』卷3(X65, p.71a8〜9)，"高名少小重如山，選佛猶嫌豈選官，頭戴華巾離少室，手攜席帽出長安(弘覺忞二)．"；『續古尊宿語要』卷2(X68, p.372a23〜24)，"頭戴華巾離少室，手携席帽出長安，鷲峯峯下重相見，鼻孔元來總一般．〇(黃龍)．"；『續古尊宿語要』卷2(X68, p.372b1〜2)，"胡蘆棚上掛多瓜，麥浪堆中釣得蝦，誰在畫樓沽酒處，相邀來喫趙州茶．⊗(法昌)"；『天童弘覺忞禪師北遊集』卷1(J26, p.290b7〜9)，"手攜席帽出長安，頭戴華巾離少室，一箇閒人天地間，清風匝地有何極．"

472) 『續傳燈錄』卷5(T51, p.497b23〜27)，"鐵牛對對黃金角，木馬雙雙白玉蹄，爲愛雪山香草細，夜深乘月過前溪．又畫⊖示之．師曰．玉麟帶月離霄漢，金鳳銜花下綵樓，野老不嫌公子醉，相將携手御街游．又畫此〇荅之．"；『禪林僧寶傳』卷28(X79, p.547b4〜21)，"喝一喝云．但能一念回心，卽脫二乘羈鎖．大寧寬禪師至，遇畫地作此⊕相．便曳钁出．翌日未陞座，謂寬曰．昨日公按如何，寬畫此⊕相，卽抹撒之．遇曰．寬禪頭名下無虛人．乃陞座曰．忽地晴天霹靂聲，禹門三級浪崢嶸，幾多頭角爲龍去，鰕蟹依前努眼睛．南禪師至，遇方植松．南公曰．小院子，栽許多松作麼．遇曰．臨濟道底．曰．我得多少．遇曰．但見猿啼鶴宿，聳漢侵雲．南公指石曰．這裏何不栽．遇曰．功不浪施．曰．也知無下手處．遇却指石上松曰．從什麼處得此來．南公大笑曰．蒼天蒼天．乃作偈曰．頭戴華巾離少室，所攜席帽出長安，鷲峰峰下重相見，鼻孔元來總一般．又畫此〇相示之．遇和曰．葫蘆棚上掛多瓜，麥浪堆中釣得蝦，誰在畫樓沽酒處，相邀來吃趙州茶．又畫此⊙相答之．南公曰．鐵牛對對黃金角，木馬雙雙白玉蹄，爲愛雪山香草細，夜深乘月過前溪．又畫此⊖相示之．遇曰．玉麟帶月離霄漢，金鳳銜花下綵樓，野老不嫌公子醉，相將攜手御街遊．又畫此〇答之．"；『指月錄』卷24(X83, p.671b19〜c10)，"南大笑曰．蒼天蒼天．乃作偈曰．頭戴華巾離少室，手携席帽出長安，鷲峰峰下重相見，鼻孔原來總一般．又畫此⊗相示師．師和曰．葫蘆棚上挂多瓜，麥浪堆中釣得蝦，誰在畫樓沽酒處，相要來喫趙州茶．又畫此⊗相答之．南又作偈曰．鐵牛對對黃金角，木馬雙雙白玉蹄，爲愛雪山香草細，夜深乘月過前溪．又畫此⊖相示師．師復和偈曰．玉麟帶月離霄漢，金鳳銜花下彩樓，野老不嫌公子醉，相將携手御街遊．復畫此〇相答之．大寧寬禪師至，

남(南, 黃龍慧南, 1002~1069)선사(禪師)가 게송(偈頌)을 지어 말했다.

머리에 화건(華巾, 華鬘)473)을 쓰고 소실봉(少室峯)을 떠나,474)

손에 석모(席帽, 불법, 비유하면 벼슬)를 수지하고 장안(長安)에 가서,

영취산(靈鷲山)475)봉우리 아래에서 다시 상견(相見)하니,

비공(鼻孔)476)은 원래 모두 똑같은 것이네.

또 이 ✹상(相)을 그려서 제시하였다.

師畵地作此✹相, 便曳钁出. 翌日未陞座, 謂寬曰. 昨日公案如何, 寬畫此
✹相, 卽抹撒之. 師曰. 寬禪頭名下無虛人. 乃陞座曰. 忽地晴天霹靂聲, 禹
門三級浪崢嶸, 幾多頭角爲龍去, 蝦蟹依然努眼睛. 寶覺心禪師問曰. 不是
風兮不是幡, 黑花猫子面門斑, 夜行人只貪明月, 不覺和衣渡水寒, 豈不是
和尚偈耶. 師曰是. 覺曰. 也大奇."

473) 『維摩義記』卷3(T38, p.490a1~2), "深心華鬘者, 信樂愨至名曰深心,
能嚴法身如世華鬘. 此華唯取莊嚴義也.";『維摩經略疏垂裕記』卷10(T38,
p.839a4~5), "華鬘者 梵言俱蘇摩. 此云華.";『佛頂尊勝陀羅尼經敎跡義
記』卷1(T39, p.1023c25~26), "言華鬘者, 謂西國以綖貫華名之爲鬘.";『楞
嚴經熏聞記』卷3(X11, p.743a7~8), "疊華巾者 谷響云 疊卽布名字 或作氎
下文 又云寶疊者貴之耳.";『大乘本生心地觀經淺註』卷1(X20, p.903a20~
21), "華鬘者(察字義, 鬘是美髮也. 經中往往用之, 不知何意, 將非譯人之忽
略, 幔之誤也. 今作幔釋, 卽帷幕也. 以華貫之, 故曰華鬘)"
474) 『虛舟普度禪師語錄』(X71, p.88c15~20), "達磨不曾離少室, 父子雖親妙
不傳, 一花五葉成狼藉, 海風吹起怒濤寒. 截流過者脚不濕, 道在中庸, 梅香
巖石. 破沙盆子響玲瓏, 要在當人善拋擲. 以拂子, 打一圓相. 又擊一下, 汝
等諸人, 還知落處麼. 若也未知, 更待當來問彌勒."
475) 『大般若波羅蜜多經』卷538 : 「薄伽梵住王舍城鷲峯山中, 與大苾芻衆千
二百五十人俱, 皆阿羅漢, 諸漏已盡無復煩惱, 得眞自在心善解脫、慧善解
脫」(T07, p.763b7~10)
476) 『佛說觀佛三昧海經』卷4(T15, p.663c10~11), "諸佛滿中, 一一佛眼, 眉
睫, 鼻孔放大光明, 亦復如是.";『爲霖禪師旅泊菴稿』卷2(X72, p.694c5),
"有鼻孔者 苟不知此.";『五燈全書』卷37(X82, p.35c14), "祇者氣息, 有
鼻孔者辨."

《해설》 달마의 불법이 육조에게 전해져도 석존의 불법과 조금도 다르지 않다는 것을 설하고 있다.

우(遇)선사(禪師)가 화답하여 말했다.

조롱박 익는 누각에서 동과(冬瓜)를 마음속에 품고서,[477]

바람에 보리이삭이 물결처럼 흔들거리는 속에서 새우를 낚으며,[478]

누군가 화려한 누각에서 술을 먹고 있으니,[479]

서로 초대하여서 조주(趙州)의 차를 마시게 하고 싶네.[480]

또 이 ✪상(相)을 그려서 화답하였다.

---

477) 『華嚴經探玄記』卷2(T35, p.135b27~c2), "第二十一鳩槃茶. 依正法華經名厭媚鬼, 噉人精氣等. 亦名冬瓜鬼. 王名毘樓勒, 此云增長, 主是南方, 天王領二部鬼. 一名鳩槃茶, 二名薜荔多, 從所領爲名.";『十一面神呪心經義疏』(T39, p.1008a24), "九鳩槃茶此云 冬瓜鬼也.";『翻譯名義集』卷2(T54, p.1086a21~25), "鳩槃茶, 亦云槃查. 亦云俱槃茶, 此云甕形, 舊云冬瓜. 此神陰如冬瓜, 行置肩上, 坐便踞之, 卽厭魅鬼. 梵語烏蘇慢, 此云厭. 字苑云. 厭眠內不祥也. 蒼頡篇云. 伏合人心. 曰厭. 論衡曰. 臥厭不寤者也. 字本作厭, 後人加鬼.";『列祖提綱錄』卷41(X64, p.305a13~15), "瞎堂遠禪師開爐上堂. 天無門, 地無壁. 葫蘆棚上種冬瓜, 兩手扶犂水過膝, 跳金圈, 吞栗棘, 氈拍板對無孔笛. 屈屈."
478) 『楚石梵琦禪師語錄』卷15(X71, p.630a3~5), "心不是佛, 知不是道, 南北東西, 何處尋討, 稀復稀少復少. 二千年事只虛傳, 三寸舌頭胡亂掃, 麥浪堆中釣得蝦, 紅爐燄上拈來草."
479) 『舍利弗阿毘曇論』卷14(T28, p.620a15~17), "云何已行處. 有六非已行處. 若婬女處, 寡婦處, 大童女處, 不能男處, 比丘尼處, 沽酒處, 是名六非已行處."
480) 『黃龍慧南禪師語錄』(T47, p.635b24~25), "撥草占風辨正邪, 先須拈却眼中沙, 擧頭若味天皇餅, 虛心難喫趙州茶.";『廬山蓮宗寶鑑』卷10(T47, p.349c25~29), "昔趙州和尙, 見僧問曰. 汝曾到此不. 僧云. 曾到. 州云. 喫茶去. 又問僧云. 曾到此不. 僧云. 不曾到. 州云. 喫茶去. 院主問曾到, 且從不曾到如何也喫茶去. 州乃喚院主. 主應諾. 州云. 喫茶去. 叢林因此有趙州茶話公案.";『虛堂和尙語錄』卷8(T47, p.1047a8~9), "人在畫樓沽酒處, 相邀來喫趙州茶."

《해설》 소승에서 대승으로 나아가지 않으면 어디에서 무엇을 해도 조주의 차를 마시지 못하고 흉내만 내는 것이 되는 상이다. 불교라는 미명하에 부처라고 하는 부처에 접근하려고 하나 원상과 비슷하기만 하므로 이 상을 제시한 것이다. 자신이 부처라는 사실을 알지 못하고 소승에 빠져 살고 있는 이들을 대승으로 이끌어가는 상(相)이다.

　남(南)공(公)이 말했다.
　철우(鐵牛, 鐵牛, 무심)와 짝을 하면 황금 뿔이 되고,[481]
　목마(木馬, 무심)와 짝이 되면 백옥(白玉) 발굽이 되어,
　좋아하는 설산(雪山)향초(香草)를 먹고 백우의 미세한 향기가 나고,[482]
　깊은 밤에 심월(心月)을 타고 앞의 계곡을 건너네.
　또 이 ⊖상(相)을 그려 제시하였다.

《해설》 무심의 경지에서 향초만 먹고 피안의 세계에서 살아가는 모습을 나타낸 상이다.

　우(遇)선사(禪師)가 화답하여 말했다.
　옥으로 된 기린[483]이 진여의 지혜로 살아가니 천상계를 벗어

---

481) 『續燈正統』卷17(X84, p.504a6~7), "大笑曰. 快活快活. 今日當陽用得親, 鐵牛隊隊黃金角."
482) 『楞嚴經秘錄』卷7(X13, p.149b23), "故以大白牛表之, 白牛所食唯雪山香草." ; 『百丈清規證義記』卷2(X63, p.388a1), "卽雪山白牛, 純食雪山香草."

나고,

　황금 봉황은 꽃을 물고 화려한 누각(綵樓)으로 내려오니,484)

　노인(野老, 遇禪師)이 공자(公子, 南公)의 취(醉)기를 싫어하
지 않고,

　서로 손을 잡고 어가(御街, 왕이 다니는 길, 진여의 지혜로
살아가는 곳)에서 유유자적하네.

　또 이 ○상(相)을 그려 대답했다.

《해설》 소승을 벗어나 최상승의 한도인으로 살아가는 모습
을 비유하여 설하고 있다. 원상 안에 일(一)자(字)가 있다는 것
은 진여의 지혜로 어가(御街)에서 살아가는 모습을 나타낸 상
이다. 그래서 다시 원상으로 대답하는 것은 진여의 지혜라는
생각도 하지 않고 생활하는 몰종적을 설하고 있다.

32) 계숭의 원상으로 설법

明敎嵩和尙云. 吾欲謂禪, 必資知見, 乃得. 而論曰.(第四十二
張) 得悟, 不得言有, 不得言無, 不得言有無, 不得言, 非有非無,
非非有, 非非無, 亦無, 一切心行處滅, 言語道斷.(此見大論) ○
此吾烏, 敢不謂禪宗以悟, 而爲其師則, 者至至也.

483)『金剛經纂要刊定記』卷1(T33, p.177b19), "麟者瑞獸."
484)『天童山景德寺如淨禪師續語錄』(T48, p.135a16~20), "上堂云. 時節因
　緣佛性義, 共移靈棹渡頭舟, 玉麟帶月離雲漢, 金鳳銜花下彩樓. 若能如是
　通自己心, 又合萬象體. 所以洞山大師道, 盡底來徹底恁麼見. 畢竟如何, 內
　旣不可得, 外又不思議. 還會麼.(掛拂子於禪床角云)是什麼."

명교(明教, 明教) 숭(嵩, 契嵩, 1007~1072)화상(和尙)485)께서 말했다. 내가 선(禪)을 설명하려고 하지만 이것은 반드시 지견(知見)이 있어야 체득하는 것이다. 그래도 논해 설명해보면 다음과 같다.(제42장) 깨달음을 체득하는 것을 유(有)라고 말할 수도 없고, 무(無)라고도 말할 수 없고, 유무(有無)라고도 말로 할 수 없으며, 비유비무(非有非無), 비비유(非非有), 비비무(非非無)라고 말할 수 없는 것도 역시 없으므로, 일체의 심행처(心行處)가 멸(滅)한 것이라고 하며 또 언어도단(言語道斷)이라고 하는 것이다.486)(이 견해는 『대지도론』에 나온다)

이 **〇**(相)을 내가 어찌 감히 선종(禪宗)의 깨달음이라고 설하지 않으면서 그 스승의 법칙으로 지극하게 도달한 이라고 하겠는가?

夫禪旣以, 一心一實而變名, 入乎諸部. 諸部但得, 其殊名耳, 其一實者, 何甞異耶. 一實猶地, 雖物名万(萬)出于地, 而地竟一種也. 然禪在佛微, 例其意者, 密者玄者要者最効. 而吾謂禪爲,

---

485) 명교계숭선사(明教契嵩禪師): 『佛祖歷代通載』卷19(T49, p.668c3~6), "(壬子) 明教契嵩禪師, 字仲靈, 藤州鐔津李氏子也. 七歲出家, 既受具, 甞戴觀音像誦其名號, 一日十萬聲. 經傳雜書靡不博究, 得法洞山聰公.";『禪林寶訓音義』(X64, p.436b20~c3), "明教 杭州佛日明教契嵩禪師. 字仲靈自號潛子藤州譚津李氏子. 嗣洞山曉聰, 清源下十世. 七歲出家, 十三得度, 十九遊方. 常戴觀音像一軸, 日誦聖號十萬, 率以爲常. 世間經書莫不徧覽, 作原教論十萬餘言, 儒釋之道一貫. 以抗韓愈排佛之說, 知開封府龍圖王公素, 歐陽修. 程師孟奏進, 仁宗覽之嘉歎, 付編修入藏. 曰輔教篇三卷, 賜紫衣方袍明教之號也."
486) 『大智度論』卷54(T25, p.448b4~9), "須菩提 所說般若波羅蜜, 畢竟空義, 無有定相, 不可取, 不可傳譯得悟. 不得言 有, 不得言 無, 不得言 有無, 不得言 非有非無, 非非有非非無 亦無, 一切心行處滅, 言語道斷故, 是故諸天子驚疑迷悶."

大教(敎)之宗, 何不然乎. 昔佛垂般涅槃, 以是密付 大迦葉曰.
清淨法眼, 涅槃妙心.487) 微妙正法488)者, 乃此禪也.

　무릇 선(禪)이란 처음부터 일심(一心)으로 일실(一實)을 말하
는 다른 이름으로 모든 부류[諸部]에도 들어 있는 것이다. 모든
부류에서는 단지 그 이름만 다르게 했던 것으로 그 일실(一實,
진여의 지혜로 앎)은 어찌 일찍이[甞, 嘗] 다른 적이 있었겠는
가? 일실(一實, 진여의 지혜로 앎)은 땅(地, 心地)과 같은 것으
로 비록 사물의 명칭(名稱)인 만법이 모두 심지(心地)에서 나오
는데 심지에서 나온다는 것만 궁극적으로[竟] 같은 종(種)인 것
이다. 그러므로 선(禪, 진여의 지혜로 생활)도 부처(佛)의 미묘
(微妙)한 마음인 심지를 사용하는 것으로 그 의미를 나열하면
밀(密, 비밀)489)이고, 현(玄, 현묘)490)이고, 요(要, 요긴, 出離,
解脫)491)라고 하는 것이 제일 좋은 설명일 것이다. 그래서 내

---

487) 『黃龍慧南禪師語錄』(T47, p.631c15〜20), "示滅雙林, 謂人天大衆曰.
　　吾有正法眼藏, 涅槃妙心, 付囑摩訶大迦葉. 敎外別行, 傳上根輩, 是法非有
　　作思惟之所能解, 非神通修證之所能入. 不可以有心知, 不可以無心得. 悟
　　之則頓超三界, 迷之則萬劫沈淪."; 『圓悟佛果禪師語錄』卷4(T47, p.733a
　　2〜3), "正法眼藏傳, 持涅槃妙心了也."
488) 『宗鏡錄』卷97(T48, p.937c23〜26), "復告摩訶迦葉. 吾有淸淨法眼, 涅
　　槃妙心, 實相無相, 微妙正法, 付囑於汝, 無令斷絶. 聽吾偈曰. 法本法無
　　法, 無法法亦法, 今付無法時, 法法何曾法."
489) 『大乘悲分陀利經』卷5(T03, p.269a23〜24), "欲入如來祕密者, 解不求他
　　說."; 『金剛頂瑜伽中發阿耨多羅三藐三菩提心論』(T32, p.574b13〜16),
　　"所言三密者. 一身密者, 如結契印 召請聖衆是也. 二語密者, 如密誦眞言
　　文句 了了分明無謬誤也. 三意密者, 如住瑜伽相應白 淨月圓觀菩提心.";
　　『大品經遊意』(T33, pp.64c28〜65a1), "波羅此云彼岸, 密者言度. 又賢劫
　　經云. 波言岸, 密者言究竟也."
490) 『金剛經纂要刊定記』卷1(T33, p.177b3), "玄者妙也."
491) 『十住毘婆沙論』卷8(T26, p.64a16), "要者知宿命"; 『金剛經纂要刊定記』卷
　　2(T33, p.183c13), "要者皆得"; 『阿彌陀經要解便蒙鈔』卷3(X22, p.871b9),
　　"卽法門要, 要者妙也."

가 선(禪)을 대교(大敎)중에서 최고라고 말하는데 어찌 맞지 않겠는가? 지난날 부처님께서 반열반(般涅槃)하시면서 이것을 대가섭에게 밀지(密旨)를 부촉하고는 말씀하셨다. 청정(淸淨)이 법안(法眼)이고, 열반(涅槃)이 현묘(玄妙)한 불심(佛心)이다. 그러므로 이와 같은 미묘(微妙)한 정법(正法)이라는 것은 바로 이 선(禪)을 말하는 것이다.

《해설》 선(禪)이 불법(佛法)이라는 것을 설명하는 것으로 염화미소의 내용이 진여의 지혜이고 청정한 법안(法眼)이라고 설하고 있다. 그리고 이 법안(法眼)이 있어야 자신에게 불심이 있다는 혜안(慧眼)을 체득하게 되어 불안(佛眼)의 미묘한 정법으로 살아가는 것을 선(禪)이라고 설명하고 있다.

33) 관(寬)·회(會)·용(勇)·연(璉)의 원상으로 선문답

大寧寬和尙僧問. 飮光正見爲什麽 拈花却笑. 曰. 忍俊不禁. 問. 天下禪客爲什麽, 出這箇○不得. 曰. 往往如斯.[492]

대영(大寧) 관(寬)화상(和尙)에게 어느 스님이 물었다. 음광(飮光, 가섭)의 정견(正見)이 무엇이기에 부처가 꽃을 드는 것

---

492) 『御選語錄』卷15(X68, p.640a13∼19), "大寧道寬禪師 僧問. 如何是露地白牛. 師以火筯橫火鑪上, 曰. 會麽. 曰. 不會. 師曰. 頭不欠, 尾不剩. 問. 天下禪客爲甚麽出這箇○不得. 師曰. 往往如斯. 僧問. 敎中云, 始知衆生本來成佛, 爲甚麽有煩惱菩提. 師曰. 甘草甜, 黃連苦. 曰. 却成兩箇去也. 師曰. 你不妨會得好."

을 보고 도리어 가섭이 웃은 것입니까?

대답했다. 이 질문에 대하여 웃지 않을 수 없구나.

물었다. 천하의 선객(禪客)들이 무엇 때문에 이것[這箇, 불법]을 〇상(相)에서 출세하여 체득하지 못합니까?

대답했다. 흔히들[往往] 이와 같이 그렇게 생각한다.

《해설》 염화미소(拈華微笑)나 이심전심의 경지를 묻는 자체는 소승들의 이야기이므로 소승들이 대승이 되지 못하는 것을 단적으로 설명하고 있다. 간략하게 설명하면 소승들은 고정관념으로 일불(一佛)사상(思想)이나 진공(眞空)을 추구하는 것과 사상(四相)을 벗어나지 못하기 때문에 사견에 대한 집착이 있는 것이므로 우스운 일이라고 하고 있다.

楊岐山, 普通禪院, 會和尙,[493] 因慈明先師, 忌晨設齋衆集. 師至眞前, 以兩手捏拳, 安頭上(統要云, 以兩手捏拳, 向頭上作角勢), 以坐具劃一 劃打一〇 便燒香退身三步 作女人拜. 首座云. 休捏怪. 師云. 首座作麼生. 首座云. 和尙休捏怪. 師云. 兎

---

493) 『古尊宿語錄』卷19(X68, p.123a6~17), "袁州楊岐山普通禪院會和尙語錄 江寧府保寧禪院嗣法小師 仁勇 編: 師在筠州九峰山, 受疏了, 披法衣, 乃拈起示衆云. 會麼. 若也不會, 今日無端走入 水牯牛隊裏去也. 還知麼. 筠陽九曲, 萍實楊岐. 乃陞座. 時有僧出衆. 師云. 漁翁未擲釣, 躍鱗衝浪來. 僧便喝. 師云. 不信道, 僧撫掌歸衆. 師云. 消得龍王多少風. 問. 師唱誰家曲, 宗風嗣阿誰. 師云. 有馬騎馬, 無馬步行. 進云. 少年長老, 足有機籌. 師云. 念你年老, 放你三十棒. 問. 如何是佛. 師云. 三脚驢子弄蹄行. 進云. 莫只者便是. 師云. 湖南長老. 問. 人法俱遣, 未是衲僧極則. 佛祖雙亡, 猶是學人疑處. 未審和尙如何爲人. 師云. 你只要看破新長老.";『正法眼藏』卷1(X67, p.578b2~5), "揚岐會和尙示衆. 拈拄杖云. 一卽一切一切卽一. 畫一畫云. 山河大地天下老和尙百雜碎. 作麼生是諸人鼻孔. 良久云. 劍爲不平離寶匣, 藥因救病出金瓶. 喝一喝, 卓一下."

子喫牛嬭. 第二座近前, 打一 ○ 便燒香, 亦退身三步, 作女人拜. 師近前作聽勢. 第二座擬議, 師打一掌, 云. 這柒桶也亂做.494)

양기산(楊岐山) 보통(普通)선원(禪院)의 회(會, 996~1046)화상(和尙)께서 스승이셨던 자명(慈明)선사(先師)의 기일(忌日)날 아침에 재(齋)를 준비하여 대중이 모였다. 회(會)화상께서 진위(眞位) 앞으로 나아가 양 손을 모아 주먹을 쥐고 머리 위에 얹고는 (통요(統要)에는 양손을 모아 주먹을 쥐고 머리 위에서 뿔 모양을 만들었다고 하고 있다.) 좌구(坐具)로 일(一)자(字)를 한 획 그리고 나서 일(一)자(字)를 지우고는 이 ○원상(圓相)을 그리고 바로 향을 올리고는 세 걸음(三步) 물러나(退身) 여인처럼 예배하였다.

수좌가 말했다. 괴상하게 행동하지 마십시오.

회(會)화상께서 말했다. 수좌(首座)는 지금 어떻게 하겠는가?

수좌(首座)가 말했다.

화상(和尙)께서 더 괴상하게 행동하지 마십시오.

회(會)화상(和尙)께서 말했다. 토끼새끼(소승)가 소젖(牛嬭, 백우가 먹는 향초)을 먹는 것이다.

제이(第二)수좌(首座)가 앞으로 나아가서 일자(一字)를 지우고 이 ○원상(圓相)을 그리고는 바로 향을 올리고 역시 세 걸

---

494) 『禪宗頌古聯珠通集』卷39(X65, p.720c7~15), "楊岐因慈明忌辰設齋, 衆纔集. 師於眞前以兩千捏拳安頭上, 以坐具畫一畫打一圓相, 便燒香退身三步, 作女人拜. 首座曰. 休捏怪. 師曰. 首座作麼生. 座曰. 和尙休捏怪. 師曰. 兔子喫牛妳. 第二座近前打一圓相, 便燒香亦退身三步, 作女人拜. 師近前作聽勢, 座擬議. 師與一掌曰. 這漆桶也亂作. 頌曰. 楊岐聽勢印千差, 今古令人愛作家, 但握祖師三印在, 不妨捏怪亂如麻."

음(三步) 물러나(退身) 여인처럼 예배하였다.

회(會)화상(和尙)께서 수좌 앞으로 다가가서 본성으로 듣는 모습을 하셨다.

제이(第二) 수좌(首座)가 물으려고 하자마자 회(會)화상(和尙)께서 한 번 손뼉을 치고는 말했다. 이놈아! 대승이 칠통(柒桶)이 되려고 난리를 치는구나[這柒桶也亂做].

《해설》 보통 기일에 하는 의례를 하지 않고 회 화상이 일자(一字)를 지우고 원상을 그려 기일에 법문을 하고 예배를 한 것을 수좌도 똑같이 행한 것을 인가하는 것이다. 마지막의 ‘저 칠통야난주(這柒桶也亂做)’에서 이심전심의 맥이 통한 것이다.

保寧勇和尙, 寄勾容葛道人,[495] ◉是相, 不圓非相,[496] 不見. (第四十三張) 潙山仰山, 日面(面)月面(面).[497]

---

495) 『淨土聖賢錄』卷9(X78, p.306c9～15), "紀氏, 句容 葛濟之妻, 劉宋時人也. 濟之爲葛洪之後, 世學儒術, 紀氏獨心樂佛法, 存誠不替. 一日方織, 仰首見雲 日開朗, 空中淸明, 忽有寶蓋幡幢, 自西方來, 中擁一如來. 金色晃耀照徹雲 表, 紀氏停梭諦觀, 中懷踊躍, 曰. 經說無量壽佛, 此其是邪, 便頭面作禮. 仍 引濟之, 指示佛處, 濟之但見半身, 及諸幡蓋, 俄而隱沒. 於時鄕里老幼, 咸共 覩聞, 從而歸佛者甚衆(冥祥記)."；『善女人傳』卷1(X88, p.401b5～6), "紀氏 句容葛濟之妻, 劉宋時人也. 濟之爲稚川後, 世學儒術, 紀氏獨心樂佛法."

496) 『正法眼藏』卷2(X67, p.598c9～11), "保寧勇和尙示衆云. 大方無外, 大 圓無內, 無內無外 聖凡普會, 瓦礫生光 須彌粉碎, 無量法門 百千三昧. 拈 起拄杖云. 總在遮裏, 會麼."

497) 『佛果圜悟禪師碧巖錄』卷1(T48, p.142c29), "日面佛月面佛(開口見膽, 如兩面鏡相照於中無影像)"；『證道歌註』(X65, p.466c20), "了了見, 無一 物(日面佛月面佛)."；『古尊宿語錄』卷45(X68, p.297c1～2), "僧請問馬大 師日面佛. 月面佛. 日面月面, 胡來漢現, 一點靈光, 萬化千變."；『長靈守 卓禪師語錄』(X69, p.267b16～17), "日面佛, 月面佛. 大海波翻, 須彌突 兀, 磕破腦門, 額頭汗出. 明眼衲僧未辨明, 擡頭好看沖天鵠."；『無準師範 禪師語錄』卷5(X70, p.265a19), "日面月面, 突出難辨, 擬欲擡眸, 空中兩

396

보영(保寧)용(勇)화상(和尙)[498]이 구용(句容)의 갈제(葛濟)도인(道人)에게 이 ◉상(相)을 제시(提示)하고는 불원비상(不圓非相)이라고 하는 것을 들어보지 못했는가?(제43장) 위산(潙山), 앙산(仰山)은 일면불(日面佛) 월면불(月面佛)이라고 했다.

《해설》 소승들이 진공(眞空)이나 성공(性空)을 구하고자 하지만 구경에는 불원비상(不圓非相)이 되는 것이므로 일면불이고 월면불이라고 한 것이다.

大宋仁宗禪頌,[499] ⊕璉師[500]云. 凡聖同源,[501] 妙體無物. 因

片.";『華嚴經疏論纂要』卷20(B03, p.420a5), "月面佛, 壽一日夜. 日面佛, 壽一千八百歲."

498) 『大慧普覺禪師宗門武庫』(T47, p.953b26~c3), "保寧勇禪師, 四明人. 初更衣依雪竇顯禪師問道. 雪竇呵爲央庠座主, 勇不意, 堂儀纔滿, 卽抽單望雪竇山禮拜誓曰. 我此生行脚參禪, 道價若不過雪竇, 定不歸鄉. 勇至長沙雲蓋, 參見楊岐會和尙. 與白雲端和尙爲弟昆, 後出世住保寧. 勇道播叢林, 果如其言. 信人之志氣, 安可不立耶."

499) 『圓宗文類』卷22(X58, p.549c7~16), "三寶讚 大宋仁宗皇帝製. 讚佛. 天上天下, 金僊世尊, 一心十號, 四智三身. 度脫五陰, 超踰六塵, 生靈歸敬, 所謂能仁. 讚法. 萬法惟心, 心須至淨, 由彼一念, 能生萬行. 背覺爲妄, 悟眞則聖, 稽首法門, 昭然佛性. 讚僧. 六度無懈, 四恩匪常, 爲人眼目, 助佛津梁. 體潤一雨, 心薰衆香, 道無不在, 此土他方.";『嘉泰普燈錄』卷11(X79, p.358a19~b3), "大宋 仁宗皇帝有修心偈曰. 初祖安禪在少林, 不傳經敎但傳心. 後人若悟眞如理, 密印由來妙理深. 敢問諸人. 如何是眞如之性, 如何是密印妙理. 假使目連鶖子無礙辨才, 到此也須亡鋒結舌. 唯有山僧今日幸逢快便, 爲國開堂. 得路便行, 豈畏旁觀笑怪. 擧拂子曰. 看看. 豈不是諸人眞如之性. 竪兩指曰. 豈不是諸人密印妙理, 於斯薦得. 同報國恩, 其或未然, 別容理論(叙謝已)"

500) 『傳法正宗記』卷8(T51, p.760b17~21), "大鑒之九世, 曰汝州首山省念禪師, 其所出法嗣五人. 一日汾州善昭者, 一日襄州谷隱蘊聰者, 一日幷州承天智嵩者, 一日汝州廣惠元璉者, 一日汝州葉縣歸省者, 一日智門空和尙者."

501) 『大方廣圓覺修多羅了義經略疏』卷1(T39, p.528b16~18), "與一切佛同

而轉變, 十字縱橫.502)

대송(大宋) 인종(仁宗)의 선송(禪頌)에 대하여 이 ⊕상(相)을 그리고는 연(璉)선사(禪師)가 말했다.

범성(凡聖, 범부와 성자)의 근원(源, 佛性)은 같은 것이므로,

현묘한 진여의 지혜에는 아무 망념도 없는 것[無物]이고,

이것으로 인하여 전변(轉變)503)하니,

십자가두(十字架頭)에서 종횡(縱橫)하네.

《해설》 이 ⊕상(相)은 원상을 십(十)자(字)로 가로질러 내외를 관통한 상(相)이므로 성자가 대승에서 자유자재하게 '입전수수'하는 것을 십자가두(十字架頭)에서 종횡(縱橫)한다고 설하고 있다.

住衆生清淨覺地. 現諸淨土, 菩薩主伴 皆入三昧, 同一佛境. 以表因果無異凡聖同源."; 『圓覺經要解』卷1(X10, p.544a22~24), "上與一切諸佛, 下及菩薩衆生, 同住清淨覺地. 現諸淨土, 皆入三昧, 同一佛境. 以表因果無異凡聖同源."

502) 『保寧仁勇禪師語錄』(X69, p.278a13~16), "僧云. 兔角杖頭挑日月, 龜毛拂子指乾坤. 答. 十字縱橫. 僧云. 香煙迴徹清霄外, 朝蓋光臨證祖機. 答. 踏破草鞋赤脚走, 新羅國裏問知音."

503) 『大智度論』卷5(T25, pp.97c25~98a3), "轉變者, 大能作小, 小能作大, 一能作多, 多能作一. 種種諸物 皆能轉變, 外道輩轉變, 極久不過七日. 諸佛及弟子轉變自在, 無有久近."; 『瑜伽師地論』卷37(T30, p.492a15~16), "轉變者, 謂佛菩薩依定自在."; 『成唯識論』卷7(T31, p.38c25~28), "或轉變者, 謂諸內識 轉似我法 外境相現, 此能轉變 卽名分別, 虛妄分別 爲自性故. 謂卽三界 心及心所. 此所執境 名所分別, 卽所妄執 實我法性."; 『楞伽阿跋多羅寶經註解』卷2(T39, p.373a9~14), "轉變者, 謂轉藏識事識, 爲自覺聖智境界, 名爲涅槃. 然一切衆生卽涅槃相, 何轉變之有, 所謂名轉而體不轉也. 諸佛及我者, 佛謂此究竟涅槃, 我及諸佛同證. 證無別證 但了生死 卽是涅槃, 涅槃之性亦不可得, 是爲空事境界."

34) 홍영의 원상으로 선문답

渤潭英和尙,504) 開堂日僧問. 如何是佛. 曰. 眉分八字眼似流
星. 僧云. 如何是祖師西來意. 曰. 一棒一條痕. 僧云. 大衆證明
學人禮謝. 英呵呵大笑. 僧禮拜起以左手畫 一〇相, 英以拂子穿
向右邊. 僧以右手畫一〇, 英以拂子穿向左邊. 僧以兩手畫〇拓
呈, 英以拂子畫一畫云. 三十年來, 未曾逢溈仰子孫, 今日却遇著
箇, 踏土墼(墼)漢.505)

늑담(渤潭) 영(英, 洪英, 1012~1070)화상(和尙)께서 개당(開
堂)506)하던 날에 어느 스님이 물었다. 무엇이 부처입니까?

---

504) 『續傳燈錄』卷15(T51, p.567b4~10), "洪州渤潭洪英禪師, 姓陳氏邵武
軍人. 幼警敏讀書五行俱下, 父母愛之使爲書生習進士. 師不食自誓懇求出
家, 及成大僧卽行訪道. 東游至曹山依止耆年雅公, 久之辭去登雲居. 睿岩
壑勝絶爲終焉之計. 閱華嚴十明論, 至爲眞智慧無體性. 不能自知無性故爲
無性之性, 不能自知無性故名曰無明.";『續傳燈錄』卷15(T51, p.568b19),
"言卒而逝, 閱世五十有九, 坐四十三夏.";『正法眼藏』卷1(X67, p.564a1
9~23), "渤潭英和尙開堂日, 僧禮拜起便垂下袈裟角云. 脫衣卸甲時如何.
曰. 喜得狼烟息, 弓梢壁上懸. 僧却攬上袈裟云. 重整戈甲時如何. 曰. 不到
烏江畔, 知君未肯休. 僧便喝. 英曰驚殺我. 僧拍一拍. 英曰也是死中得活.
僧禮拜.";『正法眼藏』卷3(X67, p.609a5~8), "渤潭英和尙示衆. 擧南泉
歸宗麻谷三人同去禮拜忠國師. 到中路南泉於地上畫一圓相云. 道得卽去,
道不得卽不去. 歸宗便於圓相中坐. 麻谷作女人拜. 南泉云恁麼則不去也.";
늑담 홍영(渤潭 洪英)은 황룡 혜남의 법을 계승함.
505) 『續傳燈錄』卷15(T51, p.568a3~11), "僧問. 如何是佛. 師曰. 眉分八字
眼似流星. 僧云. 如何是祖師西來意. 師曰. 一棒一條痕. 僧云. 大衆證明學
人禮謝. 師呵呵大笑. 僧禮拜起以左手畫一圓相. 師以拂子穿向右邊. 僧以
右手畫一圓相. 師以拂子穿向左邊. 僧以兩手畫圓相托呈. 師以拂子畫一畫
曰. 三十年來未曾逢溈仰子孫. 今日却遇著箇踏土墼漢, 還更有問話者麼.
良久無問.";『正法眼藏』卷1(X67, p.564a24~b6), "僧問如何是佛. 曰眉
分八字眼似流星. 僧云如何是祖師西來意. 曰一棒一條痕. 僧云大衆證明學
人禮謝. 英呵呵大笑. 僧拜起以左手畫一圓相, 英以拂子穿向右邊. 僧以右
手畫一圓相, 英以拂子穿向左邊. 僧以兩手畫圓相托呈, 英以拂子畫一畫云.
三十年來未曾逢溈仰子孫, 今日却遇著箇踢土墼漢."

대답했다. 눈썹은 팔(八)자(字)로 되어 있고 안목(眼目)은 유성(流星)과 같은 것이다.

그 스님이 물었다.

무엇이 달마조사께서 서쪽에서 오신 뜻입니까?

대답했다. 일방(一棒)에도 하나의 흔적(痕)이 있는 것이다.

그 스님이 말했다.

대중에게 증명하여 주신 것을 학인(學人)이 감사드립니다.

영(英)화상(和尙)이 하하! 하고 크게 웃었다.

그 스님이 예배하고 일어나서 왼손으로 하나의 ○상(相)을 그리니 영(英)화상(和尙)이 불자(拂子)로 꿰어 오른쪽으로 옮겼다.

그 스님이 오른손으로 하나의 ○상(相)을 그리니 영(英)화상(和尙)이 불자(拂子)로 꿰어 왼쪽으로 옮겼다. 그 스님이 양손으로 ○상(相)을 그려서 제시하니 영(英)화상(和尙)이 불자(拂子)로 일(一)자(字)를 쓰고는 말했다.

30년 동안 위산(潙山)문하의 자손(子孫)을 만나지 못했었는데 금일(今日)에야 도리어 저개(著箇, 일개성자)를 만났는데 토격(土墼, 墼, 아직 굽지 않은 진흙 벽돌)507)을 차버리는 놈이구나.

---

506) 개당(開堂): 선(禪)에서 처음으로 설법하는 것으로 개당설법의 준말. ;
『鎭州臨濟慧照禪師語錄』(T47, p.495b22), "出廣長舌相 爲人開堂演法." ;
『佛果圜悟禪師碧巖錄』卷1(T48, p.146a8), "師開堂說法" ; 『祖庭事苑』卷
8(X64, p.430b21〜c2), "開堂. 開堂迺譯經院之儀式, 每歲誕節, 必譯新經
上進, 祝一人之壽, 前兩月. 二府皆集, 以觀飜譯, 謂之開堂. 前一月, 譯經
使. 潤文官又集, 以進新經, 謂之開堂. 今宗門命長老住持演法之初. 亦以
謂之開堂者. 謂演佛祖正法眼藏, 上祝天筭. 又以爲四海生靈之福, 是亦謂
之開堂也." ; 『御製揀魔辨異錄』卷1(X65, p.193b19〜21), "天下祖庭係 法
藏子孫開者, 卽撤鐘板, 不許說法. 地方官卽擇天童下別支 承接方丈."

507) 『毗尼止持會集』卷9(X39, p.424b21), "墼 音吉. 土墼未燒塼坏也." ; 『四
分律名義標釋』卷5(X44, p.441a8〜9), "墼石 古歷切, 音吉, 土磚也. 廣韻
云. 土墼未燒塼坏也."

《해설》 토격(土墼)은 벽돌이 되기 전의 상태를 말하는데 벽돌이 되면 모든 것을 완성하는 것인데 토격을 차버린다고 하는 것은 인가증명하는 것을 말한다.

35) 자각의 원상으로 선문답

長蘆慈覺大師508)云. 古佛未生前, ○正當恁麽時, 古佛已前事, 混沌未分, 父母未生, 胞胎未具, 箇箇踢突彎, 通身無縫鏬. 假饒釘觜鐵舌也 卒話會不及.509) 可謂向上一路, 千聖不傳矣.510) 頌曰. 古佛未生前, 凝然一相圓, 釋迦猶不會, 迦葉豈能傳.511)

장로(長蘆) 자각(慈覺)대사께서 말했다. 고불(古佛)이라는 말도 생기기 이전을 ○상(相)으로 나타낸 것이 바로 마땅히 이와

---

508) 『廬山蓮宗寶鑑』卷4(T47, p.324c16～24), “長蘆慈覺禪師 師諱宗賾, 號慈覺, 襄陽人也. 父早亡, 母陳氏鞠養於舅氏. 少習儒業志節高邁學問宏博. 二十九歲禮眞州長蘆秀禪師出家, 參通玄理明悟如來正法眼藏. 元祐中住長蘆寺, 迎母於方丈東室, 勸母剪髮, 甘旨之外. 勉進持念阿彌陀佛, 日以勤志始終七載, 母臨終際果念佛無疾吉祥而逝. 師自謂報親之心盡矣.”
509) 『明覺禪師語錄』卷2(T47, p.684a10～12), “上堂擧. 在衆日. 僧問如何是佛. 師云. 四衆圍繞. 如何是涅槃. 師云. 雙林樹下. 復云. 便是釘觜鐵石漢也, 卒話會不及歸堂.”
510) 『圓悟佛果禪師語錄』卷4(T47, p.728c5～8), “所以諸佛出世罕遇作家, 祖師西來承虛接響, 向上一路千聖不傳. 學者勞形如猿捉影, 到這裏不拘格式.”
511) 『禪家龜鑑』(X63, p.737b11～18), “一物者何物. 古人頌云. 古佛未生前, 凝然一相圓, 釋迦猶未會, 迦葉豈能傳. 此一物之 所以不曾生不曾滅, 名不得狀不得也. 六祖告衆云. 吾有一物無名無字, 諸人還識否. 神會禪師卽出曰. 諸佛之本源, 神會之佛性. 此所以爲六祖之孽子也. 懷讓禪師自嵩山來, 六祖問曰. 什麼物伊麼來. 師罔措, 至八年方自肯曰. 說似一物卽不中. 此所以爲六祖之嫡子也.”

같았으므로 고불(古佛) 이전(已前)의 일대사(一大事)는 혼돈(混沌)이 나누어지기 이전[未分前]이므로 부모라는 말이 생기기 이전[未生前]의 일이며 즉 포태(胞胎)에 생명이 갖추어지기 이전의 일이니 개개가 우뚝 솟은 산을 차서 없앤 것이니 통신(通身)이 되어 꿰맨 흔적이 없는 것이다. 그러므로 가령 아무리 좋은 정(釘)의 부리[觜]에 쇠로 된 혀와 같이 아주 말을 잘하는 이가 있다고 하여도 끝내 소승들의 말로는 깨달아 도달하지 못하는 것이다. 그래서 향상일로(向上一路)라고 설명하여도 천성(千聖)도 언어문자로는 전할 수 없는 것[千聖不傳]이라고 하는 것이다.

그래서 이것을 다시 게송(偈頌)으로 설했다.

고불(古佛) 미생전(未生前)이니,

응연(凝然)512)하여 하나의 원상(圓相)이고,

석가(釋迦)도 오히려 대상으로 알지 않는 것인데,

가섭(迦葉)이 어찌 능단(能斷)하는 진여의 지혜를 전하겠는가?

《해설》 '부모미생전'이나 '고불미생전'이라고 하는 것은 사량분별이 전혀 없어야 하는 것을 설하고 있는 것이다. 즉 부모(父母)나 조불(祖佛)이라는 생각도 하지 않고 진여의 지혜로 살아가는 향상일로의 경지를 설하는 것을 원상이라고 설하고 있다. 즉 언어문자로 표현하기 어려우므로 원상을 사용하였다고

---

512) 응연(凝然): 불변(不變) ; 『宗鏡錄』卷60(T48, p.757b24~29), "問. 教云, 眞如爲凝然常, 既不隨緣, 豈是過耶. 答. 聖說眞如爲凝然者, 此是隨緣成染淨時, 恒作染淨而不失自體, 即是不異無常之常, 名不思議常. 非謂不作諸法, 如情所謂之凝然也. 不異無常之常, 出於情外, 故名眞如常."

하는 것이 위앙종의 종풍이라고 할 수 있다.

末後句〇 諸佛到此, 智證雙亡.513) 源本無功, 隨緣自在.514)
撥開向上一路,515) 截斷千聖路頭, 祖佛位中留他不住.516) 誰知
末後一著, 却是未生已前可謂. 雖然舊閣, 閑田地一度, 嬴來方始
休. 英頌曰. 有得非爲得, 無功却有功. 一輪千聖外, 元是舊家
風.(第四十四張)

말후구(末後句)는 〇상(相)으로 제불(諸佛)도 이곳에 도달하
여서는 진여의 지혜를 증득했다는 생각도 모두 없는 것이다.
그러므로 근본적으로 본래부터 공용(功用)이 없어야 시절 인연
[隨緣]에 따라 자유자재하게 생활하게 되는 것이다.

향상일로(向上一路)를 활짝 열어 펼치면 천성(千聖)의 경지
(路頭)도 절단(截斷)하게 되어 조불(祖佛)의 경지에도 그[他, 본
래인]는 머무르지 않는 것이다.

누구나 말후(末後, 궁극)의 일착(一著)을 깨달으면 도리어 미
생(未生)이전(已前)을 가히 올바르게 설명하게 되는 것이다. 비

---

513) 『萬松老人評唱天童覺和尙拈古請益錄』卷1(X67, p.478c11~14), "貴要
迴光返照, 忽然自肯直下承當, 本自圓成. 不勞修證, 眼不見眼, 心不知心,
於無了知, 不辨眞實, 智證雙亡, 打成一片. 故曰. 聖人不會, 情存一念悟,
寧越昔時迷."

514) 『新華嚴經論』卷1(T36, p.721a10~12), "不可以行得, 功亡本就行盡源
成, 源本無功能 隨緣自在者 卽此毘盧遮那也."

515) 『了菴淸欲禪師語錄』卷2(X71, p.313c22~24), "今朝月旦拈香, 撥開向
上一路, 誰言射虎不眞, 枉發千鈞之弩."

516) 『萬松老人評唱天童覺和尙頌古從容庵錄』卷4(T48, p.264c13~15), "本
是釣魚舡上客, 偶除鬚髮著袈裟, 祖佛位中留不住, 夜來依舊宿蘆花.";『古
尊宿語錄』卷34(X68, p.222a4~5), "醉眠醒臥不歸家, 一身流落在天涯, 祖
佛位中留不住, 夜來依舊宿蘆花."

록 이와 같지만 오래된 누각과 묵은 밭[閑田]을 불법(佛法)에 맞게 제도(一度)하여 승리[贏]해야만 비로소 근본적으로 쉬게 되는 것이다.

영(英)화상께서 이것을 게송(偈頌)으로 설(說)했다.

깨달아 체득했다고 해도 체득했다는 생각을 초월해야 하니,

공용(功用, 유위법)이 없어야 도리어 공덕이 있는 것이고,

깨달음의 법륜(法輪)은 천성(千聖)이 전한 것 이외의 것이며,

처음부터 진여의 지혜로 생활하는 것은 이전부터 전해오던 선가의 가풍(家風)이었네.(제44장)

《해설》 사견(四見)이 없어야 무공용(無功用, 8지)이 되어 대 승(大乘)에서 최상승(最上乘)으로 살아가는 것이 선가(禪家)의 종풍(宗風)이다.

36) 법사의 도상으로 선문답

大潙牧菴法思和尙, 宗敎正心論, 亦名心印連環訣. 問曰. 禪定 一門, 最是入道之要. 然而迷方便者, 返致勤苦, 愈求愈遠, 終身 疲役, 而不見其成功. 未審以何法門, 何要訣, 今學者, 省力易 悟. 荅曰. ●.

대위(大潙)의 목암(牧菴)법사(法思, 法忠)[517]화상(和尙)의 궁

---

517) 『嘉泰普燈錄』卷16(X79, pp.391a20~391b8), "隆興府黃龍牧庵法忠禪 師 四明人, 族姚氏, 七歲師鄞縣國寧道英, 十九試經得度. 習台敎, 悟一心 三觀之旨 而未能泯跡, 歷扣名緇, 至龍門, 覩水磨旋轉, 發明心要. 述偈曰.

극적인 가르침[宗教]인 『정심론(正心論)』10권의 이름을 역시 심인연환결(心印連環訣, 마음과 무생법인을 연결하는 비결)이라고도 한다.

물었다. 선정(禪定)의 일문(一門)은 입도(入道)하는 최고의 요문(要門)이다. 그러나 방편에 미혹한 이는 부지런히 고생만 하게 되어 구하면 구할수록 점점 멀어지니 종신(終身)토록 고통스럽게 노력하여도 성공(成功)할 수 없습니다. 무슨 법문(法門)과 요결(要訣)을 어떻게 알아야 지금의 수행자들이 노력하여 분명하게 깨달을 수 있겠습니까?

대답하여 말했다. ●.

《해설》 선정(禪定)518)의 바른 지혜 없이 수행하는 것은 불

轉大法輪, 目前包裏, 更問如何, 水推石磨. 呈佛眼. 眼曰. 其中事作麽生. 云. 澗下水長流. 眼曰. 我有末後一句, 待分付汝. 師卽掩耳而出. 乃之廬山, 於同安枯樹中絶食淸坐. 宣和間, 湘潭大旱, 禱不應, 師躍入龍淵, 呼曰. 業畜, 當雨一尺, 雨隨至, 居南嶽後洞, 木食澗欲. 侶虎豹猿狄二十年, 著正心論十卷. 每跨虎出游, 儒釋望塵而拜. 紹興甲寅秋, 樞密折公彦質染疏親往, 以勝業力挽開法. 師嘉其勤渠乃赴, 未幾, 移南木. 雲蓋, 謝事, 復應二聖越壇及大潙之請. 晚居黃龍.";『敎外別傳』卷10(X84, p.285a20~b2), "黃龍法忠禪師(龍門遠法嗣) 隆興府黃龍牧庵法忠禪師, 四明姚氏子. 習台敎, 悟一心三觀之旨. 未能泯跡, 徧參名宿, 至龍門, 觀水磨旋轉, 發明心要. 乃述偈曰. 轉大法輪, 目前包裏, 更問如何, 水推石磨. 呈佛眼, 佛眼曰. 其中事作麽生. 師曰. 澗下水長流. 佛眼曰. 我有末後一句, 待分付汝. 師卽掩耳而去."

518) 『大智度論』卷81(T25, p.631b29~c1), "禪定者, 攝諸心, 心數法一處和合, 名爲禪定.";『金剛經纂要刊定記』卷4(T33, p.202c17~19), "解脫者, 證也, 卽三乘聖果. 禪定者, 行也, 卽漏無漏大小乘事理等定也. 多聞者, 解也, 卽頓漸徧圓空有等.";『維摩義記』卷2(T38, p.458c17~19), "隨禪定者 修自利行, 少欲知足 守護根等 能生禪定, 故說爲隨.";『宗鏡錄』卷44(T48, p.677a3~6), "有禪定者, 如夜見電光, 卽得見道. 破無數億 洞然之惡, 乃至得成 一切種智, 善巧方便 種種緣喩. 廣讚於止, 卽會眞如, 是名隨第一義 以止安心也.";『石屋淸洪禪師語錄』卷1(X70, pp.663c20~664a5), "若不斷婬 修禪定者, 如蒸砂石 欲其成飯, 經百千劫, 祇名熱砂. 何以故, 此非飯本 砂石成故. 汝以婬身 求佛妙果, 縱得妙悟, 皆是婬根, 根

가능하다는 것을 말하고 있는 것은 소승(小乘)으로는 아무리 수행을 한다고 하여도 수행하는 것이 오히려 멀어진다고 하는 것이다. 즉 자신이 견성하여 수행하는 소승(小乘)도 되지 않고 대승(大乘)이 되기를 바라는 것은 우물가에서 숭늉 찾는 격이고 소승(小乘)이 되어서도 점수(漸修)하여 대승(大乘)으로 나아가지 않으면 언하돈오의 경지에 이를 수 없다고 설하고 있는 것이다. 그래서 ●상(相)을 제시하는 것은 자기 자신을 알지 못하면 아무것도 이룰 수 없다고 이 상(相)을 제시하고 있다. 선정의 지혜로 돈오돈수를 행하는 것은 소승이 돈오점수 하고 체공으로 대승이상이 되어야 한다는 것을 말하고 있다.

問曰. 學人心路未明, 如何曉會. 荅曰. ○. 問曰. 豈無方便令學人流通耶.[519] 荅曰. ☰. 此三圓相, 如摩醯首羅, 面(面)上三目, 非妙契默證, 印自心光者, 難與指陳. 然不可以, 義路推思, 意相卜度, 直須如盲人觀掌去, 却有小分相應. 問曰. 此三相外, 還更有法門否. 荅. 於空中畫一○, 隨以手撥三下.

本成婬, 輪轉三途, 必不能出. 又道. 若不斷殺 修禪定者, 譬如有人 自塞其耳, 高聲太叫, 求人不聞. 此等名爲 欲隱彌露, 清淨比丘, 於岐路行, 不踏生草, 況以手拔. 云何大悲, 取諸衆生 血肉充食, 名爲釋子. 又道. 若不斷偷 修禪定者, 譬如有人 水灌漏卮, 欲求其滿, 縱經塵劫, 終無平復. 若諸比丘, 衣鉢之餘, 分寸不畜, 乞食餘分, 施餓衆生."
519) 『大慧普覺禪師語錄』卷24(T47, p.914b14~17), "妙道曰. 豈無方便令學人趣向. 雲門曰. 若論方便則心無迷悟, 性無向背. 但人立迷悟, 見執向背, 解欲明此心見此性, 而此心此性." ; 『景德傳燈錄』卷7(T51, p.256a2~5), "僧云. 豈無方便門令學人得入. 師云. 觀音妙智力能救世間苦. 僧云. 如何是觀音妙智力. 師敲鼎蓋三下云. 子還聞否."

물었다. 학인(學人)이 심로(心路)를 밝히지 못했는데 어떻게
하면 환하게 깨닫겠습니까?

대답했다. ○.

물었다.

어찌 학인이 깨달아 유통(流通)하게 하는 방편이 없습니까?

대답했다. 이 삼(三) ☰원상(圓相)은 마혜수라(摩醯首邏) 얼
굴의 삼목(三目, 법신·반야·해탈)[520]과 같아서 현지(玄旨)와
계합하고 묵연(默然)하게 증득하는 것을 초월하여서 자기가 불
심(佛心)의 지혜를 확신(印)하여도 지시하여 진술해 주기[指陳]
는 어려운 것이다.

그리하여 의로(義路)를 사량으로 추론하는 것이 불가능하고,
의상(意相, 생각)으로 추측하고 헤아리는 것도 맹인이 손바닥을
보는 것과 같은 것이어서 도리어 상응하는 것이 조금이라도 있
겠는가?

물었다. 이 세 삼(三) 상(相) 이외에 다시 다른 법문(法門)이
있습니까?

대답했다. 허공에 하나의 이 ○원상(圓相)을 그리고는 이어
서 손을 아래로 세 번 뿌리쳤다.

---

520) 『大般涅槃經』卷2(T12, p.376c12〜17), "如摩醯首羅面上三目, 乃得成伊
三點. 若別亦不得成, 我亦如是, 解脫之法亦非涅槃, 如來之身亦非涅槃, 摩
訶般若亦非涅槃, 三法各異亦非涅槃. 我今安住如是三法, 爲衆生故, 名入
涅槃, 如世伊字."; 『大般涅槃經集解』卷6(T37, p.401c22〜23), "面上三
目者, 般若居上, 身及解脫."; 『圓覺經疏鈔隨文要解』卷8(X10, p.104a1
7〜20), "謂伊字樣者∵ 天目樣者∴ 此其狀也 諸公何惑故 經具云 猶如伊
字三點 若竝則不成伊 縱亦不成伊 縱亦不成 如摩醯首羅面上三目 乃得成
伊."

《해설》 학인에게 방편으로 원이삼점을 설하고 있는데 원래 마음에는 미오(迷悟)가 없으므로 아무리 설명하여 주어도 자신이 능단(能斷)하는 지혜가 없으면 안 되는 것이라고 설하고 있다.『금강경』에도 능단이 빠졌다고 현장이 비판한 것처럼 자신이 하지 않으면 이루어지지 않는다고 설하고 있다. 그래서 신위도원공덕모(信爲道元功德母)[521]라고 하여 확신(確信)하는 것이 도(道)의 근원이라고 하는 것은 자신의 마음을 자신이 확신해야 실천할 수 있으므로 믿음을 공덕의 씨앗인 어머니라고 하는 것이다. 의심즉차(擬心卽差)나 동념즉괴(動念卽乖)라고 하듯이 생각으로 사량 분별해서는 이루어지지 않는다고 설하고 있다.

然學者, 若能曉此, 末後一相, 百千法界門, 一時頓印. 無有一法, 不從此相流出, 無有一法, 不從此相通貫, 無有一法, 不於此相隱攝. 所以古德云. 百千法門, 同歸方寸, 河沙妙義, 揔(揔)在心源, 不用外求, 豈勞他覓.[522] 汝但放捨, 緣慮擺脫, 根塵虛懷

521)『大方廣佛華嚴經』卷6(T09, p.433a26~27), "信爲道元功德母, 增長一切諸善法, 除滅一切諸疑惑, 示現開發無上道.(확신은 도(道)의 근원이며 공덕(功德)의 씨앗인 어머니이므로 일체의 모든 자신의 선법(善法)을 더욱 성장시켜 일체의 모든 의혹(疑惑)을 없애어 사라지게 하여야 발아뇩다라삼먁삼보리심의 깨달음으로 도(道)가 열리게 되어 나타나 확신하게 된다.)"
522)『眞心直說』(T48, p.1003a15~19), "四祖謂懶融禪師曰. 夫百千法門同歸方寸, 河沙功德總在心源. 一切戒門定門慧門神通變化, 悉自具足不離汝心據祖師語. 無心功德甚多, 但好事相功德者, 於無心功德自不生信耳.";『景德傳燈錄』卷4(T51, p.227a18~27), "祖曰. 夫百千法門同歸方寸, 河沙妙德總在心源. 一切戒門定門慧門神通變化, 悉自具足不離汝心. 一切煩惱業障本來空寂, 一切因果皆如夢幻. 無三界可出, 無菩提可求. 人與非人性相平等, 大道虛曠絕思絕慮. 如是之法 汝今已得 更無闕少, 與佛何殊更無別法. 汝但任心自在, 莫作觀行, 亦莫澄心, 莫起貪瞋, 莫懷愁慮. 蕩蕩無礙任意縱橫, 不作諸善不作諸惡, 行住坐臥觸目遇緣, 總是佛之妙用快樂無憂, 故名爲佛.";『佛祖歷代通載』卷12(T49, p.579a14~23), "祖曰. 夫百千法

靜坐, 自究自研, 豁爾開明, 更無餘事. 問. 從上先德, 如潙仰等, 多以圓相, 示人後人, 赤有注解商量者, 還是宗門中, 正眼否.

그리하여 수행자가 만약에 이 말후(末後, 궁극)의 일상(一相)을 능히 깨달으면 백 천 법계의 법문을 일시(一時)에 돈오하고 확인[頓印]하게 되는 것이다.

한 법(一法)도 이 상(相)으로부터 나오지 않은 법은 하나도 없고, 일법(一法)도 이 상(相)을 통관(通貫)하지 않는 법은 하나도 없고, 일법(一法)도 이 상(相)에 포섭(包攝)되지 않은 법은 없다. 그리하여 고덕(古德)께서 말했다. 백 천 법문(法門)이 모두 방촌(方寸, 본래심, 마음)으로 돌아가는 것이고, 항하사의 묘의(妙義)는 모두 심원(心源, 마음의 근원, 본래심)에 있는 것이므로 외부에서 구할 필요가 없는데 어찌 수고하며 그를 밖에서 찾아다니고 있는가?

그대가 단지 인연으로 인하여 일어나는 생각을 놓아 청정하게 되어[捨] 망념에서 해탈하여 육근(六根)과 육진(六塵)으로 일어나는 마음을 공심(空心)으로 하여 고요하게 좌선(坐禪)하게 되면 자신이 궁구하고 연마할 수 있게 되어 확연하게 분명히 깨닫게 되는 것이므로 다시는 다른 일이 없게 되는 것이다.

물었다. 예로부터 위산(潙山)이나 앙산(仰山)등과 같은 선덕(先德)들이 대개 원상(圓相)으로 후인(後人)들에게 본래인을 제

門同歸方寸, 河沙妙德盡在心源. 一切戒定慧門神通變化 悉自具足不離汝
心. 一切煩惱業障本自空寂, 一切因果皆如幻夢. 無三界可出, 無菩提可求,
人與非人性相平等, 大道虛曠絶思絶慮. 如是之法汝今已得, 更無欠少與佛
何殊. 汝但任心自在, 莫作觀行, 亦莫息心, 莫起貪嗔, 莫懷愁慮. 蕩蕩無礙
任意縱橫, 不作諸善不造衆惡, 行住坐臥觸目遇緣, 皆是佛之妙用快樂無憂,
故名爲道."

시(提示)한 것을 역시 주석을 하여 해석하고 상량(商量)하는 자들이 있는데 도리어 종문(宗門)중의 정법안목이 맞습니까?

苔. 悟於自心, 則爲正眼, 若也惟憑學解, 注記口傳, 此皆妄想攀緣, 於汝本分事中, 全無交涉. 問曰. 此正心論, 實爲至要, 爲自心所悟, 爲佛祖傳通, 願垂顯示. 苔曰. 自心契本宗, 佛祖共傳通, 無言言外旨, 朗月大虛中. 問曰. 末後一句, 幸冀宣揚. 苔曰. ㊀. (第四十五張)

대답했다. 자신의 마음을 깨달으면 곧 바로 정법의 안목이지만 만약에 오로지 학해(學海)[523]인 배워서 익힌 지식만 의지하여서 주기(注記)하고 구전(口傳)하여 사자상전(師資相傳)한 것이라면 이것은 모두 망상(妄想)에 얽히는 울연(鬱緣, 많은 인연)을 만드는 것이 되므로 그대의 본분사와는 전혀 관계가 없는 것이 된다.

물었다. 이 정심론(正心論)은 진실로 아주 중요한 것으로 자기의 마음을 깨닫게 하는 것이고 불조(佛祖)께서 전하여 유포하여 전하신 것을 말하는 것인데 원하오니 수시(垂示)하여 나타내주십시오[顯].

대답했다.

자기의 마음(心)이 본래의 종지(宗旨)와 계합하면,

그것이 불조(佛祖)께서 전하여 유포한 것이 되고,

---

523) 『宋高僧傳』卷3(T50, p.719c23~25), “太宗勅搜天下僧中學解者, 充翻經館綴文筆受證義等.”

무언(無言)이 언어문자를 초월한 이심전심의 종지(宗旨)라는
것을 깨달아 알면,

밝은 달이 넓은 허공에 있는 것과 같이 밝게 빛나게 되네.

물었다. 말후(末後)의 일구(一句)를 선양(宣揚)해 주시기를
간절히 바랍니다.

대답했다. ⊕.(제45장)

《해설》 언어문자를 벗어나 원상조차도 벗어나야 하는 것을
원상 안에 출(出)자(字)를 넣어 설하고 있다.

37) 불안의 원상으로 선문답

龍門佛眼, 和尙上堂云. 不動龍門內, 行叅古佛機. 親逢渠面
(面)目, 肯話自容儀.

凡聖心平等, 高(高)低路坦夷. 丹霞燒木佛, 院主落鬚眉. 何故.
〇下座.524)

용문불안(龍門佛眼, 1067~1120)525)화상(和尙)께서 상당(上

---

524) 『古尊宿語錄』卷28(X68, p.182a18~20), "上堂云. 不動龍門內, 行叅古
佛機, 親逢渠面目, 肯話自容儀. 凡聖心平等, 高低路坦夷, 丹霞燒木佛, 院
主落鬚眉. 何故〇. 下座."

525) 『楞嚴經疏解蒙鈔』卷10(X13, p.911a22~b3), "佛眼清遠師云. 現今山河
相對, 刹土從橫, 分別思惟, 千差萬別. 怎生說个是你底道理, 者裏若不了,
一切處礙塞殺人, 秖爲歷劫循塵, 爲物所轉. 你試拈來, 那个是物, 何者是
你. 僧問玄沙. 乞師指个入路. 沙云. 還聞偃溪水聲麼. 云聞. 沙云. 從者裏
入, 人不明了, 秖管道心性周徧, 更是誰聞. 如此言論, 有何交涉.";『禪林
寶訓合註』卷2(X64, p.493a10~11), "舒州龍門佛眼清遠禪師, 臨卭李氏子,

堂)하여 말씀하셨다.

등용문(登龍門)을 통과하여도 부동(不動)하는 것이,

고불(古佛)의 지혜를 행하는 것에 참예(參詣)하는 것이니,

그(渠, 본래인, 고불)의 면목을 자신이 직접 친견하여야,

자신의 용의(容儀, 본래면목)를 긍정하여 말하는 것이 되네.

범성(凡聖, 범부와 성자)의 마음(心)은 원래부터 평등하므로,

고저(高低, 범부와 성자, 빈부)의 일로(一路)도 평탄하니,

단하(丹霞)가 목불(木佛)을 태운 것으로 인하여,

원주(院主)의 수염과 눈썹[鬚眉]이 빠진 것이네.526)

　어찌 된 것인가? 이 〇원상(圓相)을 그려 제시하고는 법좌에서 내려 왔다.

《해설》　불안청원(佛眼清遠)이 천연(天然)단하(丹霞, 736~824)527)가 목불(木佛)을 태운 이야기528)를 제시하고 있다. 이것

嗣五祖演禪師, 南嶽下十四世也.” ; 『嘉泰普燈錄』卷11(X79, p.360b19~
c8), “舒州龍門佛眼清遠禪師 蜀之臨邛人, 族李氏. 爲人嚴正寡言, 年十四
圓具, 常依毗尼, 師因讀法華, 至是法 非思量分別之所能解, 持問講者, 莫
能對. 遂南游江淮, 首參眞覺勝禪師, 無契. 棄依太平, 事祖數載, 因丐於廬
州, 偶兩足趺仆地, 煩懣間, 聞二人交相惡罵. 諫者曰. 儞猶自煩惱在, 師於
言下有省, 及歸侍祖. 祖見師, 凡有所問. 卽曰. 我不如儞, 儞自會得好. 或
曰. 我不會, 我不如儞. 師愈疑, 每咨決於元禮首座. 禮一日見師欲訴意, 遽
引師耳繞圍爐, 旋行旋告之曰. 儞自會得好. 師曰. 憑公開發, 乃爾相戲耶.
禮曰. 儞他後悟去, 方知今日曲折耳. 後典賓海會, 雨夜讀傳燈錄, 至破竈墮
因緣, 忽撥火大悟. 作偈曰. 刀刀林鳥啼, 披衣終夜坐, 撥火悟平生, 窮神歸
破墮. 事皎人自迷, 曲淡誰能和, 念之永不忘, 門開少人過. 圓悟聞之.”
526)『大慧普覺禪師語錄』卷5(T47, p.830c22~24). “上堂. 丹霞燒木佛, 院主
眉鬚落, 鳥飛毛墜 魚行水濁. 喝一喝云. 是甚麼. 要識眞麒麟, 只有一隻角.
參.” ; 『了菴清欲禪師語錄』卷5(X71, p.346b20~c1), “丹霞燒木佛 高燒木
佛禦嚴寒, 和氣如春四體安, 自作要知當自受, 與他院主不相干. 丹霞燒木
佛, 院主眉須墮, 古今競商量, 往往成口過, 壽山爐排開, 與君重註破. 重註
破一 還知麼. 五熱炙身, 迷逢達磨.”
527)『教外別傳』卷14(X84, p.321a18~24), “丹霞天然禪師(石頭遷法嗣) 鄧州

412

은 소승의 일불사상으로는 이해하지 못한다는 것을 설명하는 것이다. 불상(佛像)과 부처를 구분하지 못하는 신앙에 떨어진 것을 소승이라고 하기 때문에 사리(舍利)의 문제를 제기하며 원주(院主)의 수미(鬚眉)가 빠졌다고 하는 것529)이다. 즉 이 말은 원주(院主)가 소승의 관법(觀法)만 수행하는 수행자였기에 이것을 제시하여 올바른 수행이 무엇인가를 설하고 있다. 대승으로 나아가야 법당을 건립하여 올바른 수행도 가능하지만 여기의 원주나 소승들은 법당에 모신 부처만 바라보고 수행하는 연각의 은둔 수행자이기에 이것의 문제점을 지적하여 제도하고 있다.

38) 정각의 도상으로 선문답

天童覺和尙, 因覽仰山, 小釋迦語成, 唱道二首.

천동(天童) 각(覺)화상(和尙)530)께서 앙산을 소석가(小釋迦)

丹霞天然禪師, 本習儒業, 將入長安應擧, 方宿於逆旅, 偶禪者問曰. 仁者何往. 曰選官去. 禪者曰. 選官何如選佛. 曰選佛當往何所. 禪者曰. 今江西馬大師出世, 是選佛之場. 仁者可往, 遂直造江西. 纔見祖. 師以手拓幞頭額, 祖顧視. 良久曰. 南嶽石頭是汝師也."

528) 『景德傳燈錄』卷14(T51, p.310c13~16), "後於慧林寺遇天大寒, 師取木佛焚之, 人或譏之. 師曰. 吾燒取舍利. 人曰. 木頭何有. 師曰. 若爾者何責我乎."

529) 『釋氏稽古略』卷4(T49, p.892a13~19), "太師秦檜問曰. 止觀一法耶二法耶. 智曰一法也, 譬之於水湛然而淸者止也, 可鑒鬚眉者觀也, 水則一耳. 以衆生心性有重昏巨散之病, 用止觀爲藥, 救而治之, 歸一法界之全體. 法界寂然名爲止, 寂而常照名爲觀. 止觀明靜之體豈有二耶. 檜悅首施錢五萬緡, 以建法堂.";『大川普濟禪師語錄』(X69, p.763c2~3), "丹霞燒木佛, 院主落鬚眉. 風頭稍硬, 煗處商量. 明招舌上有龍泉, 一隊上牢漆桶, 夢見少室單傳."

라고 하게 된 말씀을 열람하시고는 게송 두수(二首)를 설했다.

脫盡諸緣空不空,　杳無邊表喩難同⊙,　須知月蛙腸中物,　體取
雲犀角裏通◉,　建化何妨行鳥道,　廻途復妙531)顯家風Ｇ,　大平遊
子歸來也.

모든 인연(因緣)법을 모두 다 체득하여 해탈하니 공(空)으로
불공(不空)을 실천하는 것은,

심오하고 무변(無邊)하여 이어서 비유로 설명하여도 똑같이
설하기가 어려워 이 ⊙상(相)으로 제시한 것이니,

반드시 월와(月蛙, 본래심)의 마음(腸, 창자)속에 있는 무일

---

530) 『續傳燈錄』卷17(T51, p.579a11~25), “丹霞淳禪師法嗣　明州天童宏智
正覺禪師, 隰州李氏子. 母夢五臺一僧解環與環其右臂, 乃孕遂齋戒, 及生
右臂特起若環狀. 七歲日誦數千言. 祖寂父宗道久參佛陀遜禪師, 嘗指師謂
其父曰. 此子道韻勝甚非塵埃中人. 苟出家必爲法器. 十一得度於淨明本宗,
十四具戒十八遊方. 訣其祖曰. 若不發明大事誓不歸矣. 及至汝州香山, 成
枯木一見深所器重. 一日聞僧誦蓮經, 至父母所生眼悉見三千界. 瞥然有省,
卽詣丈室陳所悟, 山指臺上香合曰. 裏面是甚麼物. 師曰. 是甚麼心行. 山
曰. 汝悟處又作麼生. 師以手畫一圓相呈之. 復抛向後. 山曰. 弄泥團漢有甚
麼限. 師曰錯. 山曰. 別見人始得. 師應喏喏. 卽造丹霞.”

531) 『宏智禪師廣錄』卷3(T48, p.31b1~3), “雲巖云. 坐則佛, 不坐則非佛.
洞山云. 不坐則佛, 坐則非佛. 師云. 轉功就位, 轉位就功, 還他洞上父子.”
;『人天眼目』卷3(T48, p.316a26~b1), “僧問翠巖, 如何是轉功就位. 巖
云. 撒手無依全體現, 扁舟漁父宿蘆花, 如何是轉位就功. 巖云. 半夜嶺頭風
月靜, 一聲高樹老猿啼.”;『續傳燈錄』卷17(T51, p.580c2~5), “上堂轉功
就位是向去底人, 玉韞荊山貴. 轉位就功是却來底人, 紅爐片雪春, 功位俱
轉　通身不滯, 撒手亡依. 石女夜登機, 密室無人掃, 正恁麼時　絶氣息一句
作麼生相委.”;『青州百問』(X67, p.711b11~12), “名遂功成撒手行. 迴途
復妙幾人能. 退身三步參詳去. 不會休爭鬼眼精.”;『雪巖祖欽禪師語錄』卷
1(X70, p.597a6~7), “一心三觀, 一句三玄, 曾無彼此, 休分教禪, 迴途復
妙也.”

414

물(無一物)을 깨달아야 하고,

  구름(雲, 망념)에서 본체(本體)를 취하는 것은 물소의 뿔 속을 통과한 것이 이 ◉상(相)이니,

  법당을 건립하여 중생을 교화하는 것을 조도(鳥道)의 행으로 하면 무슨 방해가 될 것이며,

  지위를 초월하여 공훈을 행하는 진여의 지혜가 도리어 현묘한 가풍을 나타내는 이 ◖상(相)이면,

  태평성대하게 되니 방황하던 자식 돌아온 것이네.

雲鬢霜眉內轉532)功◎, 一念全超曠劫初〇, 玉人端坐白牛車◉,
徃(往)來歷盡傍叅妙◎, 廻首途中物物渠◖.533)

  귀밑머리가 흰 눈썹이 되어서야 내전(內轉)이 공덕이 되어야 하는 이 ◎상(相)은,

  일념(一念)으로 광겁(曠劫)의 시공간을 완전히 초월하여야 이 〇상(相)이 되어,

  옥인(玉人)이 백우(白牛)의 수레를 단정하게[端] 타고 좌선하

---

532) 『解深密經疏』卷2(X21, p.214a18~b1), "神通有三. 一者擧身如鳥飛空, 由定功能, 單身遠至, 恒須神通攝持. 若忘不攝, 身卽退落, 故名擧身, 三中下品. 二如意神通, 隨聖意欲, 轉遠令近, 轉近令遠. 或內或外. 若內轉者, 世界不促, 但身能遠至. 若外轉者, 身不遠至, 但促遠世界, 令其在近. 轉步則著, 此卽中品. 三心速疾通, 此通最勝, 八地已上獨所能得. 令身輕捷 至已成滿 止於一心 卽便至彼, 故令菩薩 以心速通 往彼世界."

533) 『宏智禪師廣錄』卷8(T48, pp.99c26~100a3), "因覽仰山小釋迦語成唱道二首. 脫盡諸緣空不空, 杳無邊表喩難同⊙, 須知月蚌腸中物, 體取雲犀角裡通◉, 建化何妨行鳥道, 迴途復妙顯家風◖, 太平游子歸來也. 雲鬢霜眉內轉功◎, 一念全超曠劫初〇, 玉人端坐白牛車◉, 往來歷盡傍參妙◎, 回首途中物物渠◖."

는 ⓑ상(相)이니,

왕래(往來)를 다하여[歷盡] 항상 묘지(妙旨)를 참구(參究)하는
대승의 ◎상(相)이고

도중(途中)에서 머리를 돌리면 물물(物物)마다 그(渠)가 되는
⑴상(相)이네.

《해설》 여러 도상으로 소승에서 수행하여 대승으로 나아가
최상승으로 생활하는 것을 설명하고 있는 부분이다.

又上堂云. 今日是釋迦老子, 降生之辰. 長蘆不解說禪, 與諸人
畫箇樣子, 祇如在摩耶胎時, 作麼生. 以拂子畫,⊙. 祇如以清淨
水, 浴金色身時, 又作麼生. 師畫㊉. 祇如周行七步, 目顧四方,
指天指地, 成道說法, 神通變化, 智慧辯才, 四十九年三百餘會,
說靑道黃,[534] 指東畫西,[535] 入般涅槃, 又作麼生. 師畫⊕. 云.
若是具眼衲僧, 必也點頭相許. 其或未然, 一一歷過始得.[536]

534) 『涅槃論』(T26, p.279b21~24), "其四者何. 一靑. 二黃. 三赤. 四紫磨.
    靑者喩外道, 黃者喩聲聞緣覺, 赤喩六波羅蜜菩薩, 紫磨喩如來. 閻浮金亦
    有靑黃赤白, 有四種諸色.";『五家宗旨纂要』卷1(X65, p.261c16), "不得
    葛藤裏說靑道黃 此是纏却縛手之病."
535) 지동작서(指東作西):『禪林寶訓』卷4(T48, p.1036a21~25), "有病在耳
    目者, 以瞠眉努目側耳點頭爲禪. 有病在口舌者, 以顚言倒語胡喝亂喝爲禪.
    有病在手足者, 以進前退後指東劃西爲禪. 有病在心腹者, 以窮玄究妙超情
    離見爲禪.";『禪林寶訓順硃』卷4(X64, p.601c10~12), "三有病在手足者,
    則認脚爲道, 而進前三步退後三步, 認手爲道, 而指東劃西指西劃東以爲禪
    焉."
536) 『宏智禪師廣錄』卷1(T48, p.13b12~20), "上堂云. 今日是釋迦老子降生
    之辰, 長蘆不解說禪, 與諸人畫箇樣子, 祇如在摩耶胎時作麼生. 以拂子畫
    ⊙. 祇如以淸淨水浴金色身時, 又作麼生. 師畫㊉. 祇如周行七步, 目顧四
    方, 指天指地, 成道說法. 神通變化, 智慧辯才, 四十九年, 三百餘會, 說靑
    道黃, 指東畫西, 入般涅槃. 又作麼生. 師畫⊕云. 若是具眼衲僧, 必也點頭

416

또 천동굉지정각선사(天童宏智正覺禪師)가 상당하여 말했다.

오늘(今日)이 석가(釋迦)노자(老子)께서 탄생(降生)하는 날이다. 그런데 장로(長蘆, 長蘆夫禪師法嗣, 長蘆宗賾禪師)[537]께서 선(禪)을 모든 사람들에게 설명하지 않고 이와 같은 모양으로 그려서 제시했는데 마침 마야부인의 태중에 있을 때를 어떻게 그리겠는가? 하니 불자(拂子)로 이 ☉상(相)을 그려 제시했다.

또 청정수(淸淨水)로 금색신(金色身)을 씻을 때는 어떻게 그리겠습니까? 하니 선사(禪師)께서 이 ⊕상(相)을 그리셨다.

그리고 사방으로 칠보(七步)를 걷고 나서 지혜의 안목으로 돌아보고(目顧)는 한 손은 하늘을 가리키고 한 손은 땅을 가리키고 성도(成道)하여 설법하고 나서 신통변화하는 지혜와 변재(辯才)로 49년 동안 300여 회를 청경관음(자비)을 설법하여 외도를 깨닫게 하고 삼승을 깨닫게 하며[說靑道黃] 지동화서(指東畵西)의 선병을 치료하시고 반열반(般涅槃)에 드신 것은 어떻게 그리겠습니까? 하니 선사께서 이 ⊕상(相)을 그렸다.

相許, 其或未然, 一一歷過始得."

537) 『廬山蓮宗寶鑑』卷4(T47, p.324c16~28), "長蘆慈覺禪師 師諱宗賾, 號慈覺. 襄陽人也, 父早亡, 母陳氏鞠養於舅氏. 少習儒業志節高邁學問宏博. 二十九歲禮眞州長蘆秀禪師出家. 參通玄理明悟如來正法眼藏. 元祐中住長蘆寺. 迎母於方丈東室, 勸母剪髮, 甘旨之外, 勉進持念阿彌陀佛. 日以勤志始終七載, 母臨終際果念佛無疾吉祥而逝, 師自謂報親之心盡矣. 乃製勸孝文, 列一百二十位, 撰葦江集坐禪箴. 仍遵廬山之規, 建蓮花勝會, 普勸僧俗同修念佛, 導以觀想其次立法, 預會日念阿彌陀佛. 自百聲至千聲, 千聲至萬聲, 回向發願期生淨土.";『五燈會元』卷16(X80, p.343b24~c9), "眞州長蘆宗賾慈覺禪師 洛州孫氏子. 僧問. 達磨面壁, 此理如何. 師良久. 僧禮拜. 師曰. 今日被這僧一問, 直得口瘂. 上堂. 冬去寒食, 一百單五, 活人路上, 死人無數, 頭鑽荊棘林, 將謂衆生苦. 拜掃事如何, 骨堆上添土, 唯有出家人, 不踏無生路. 大衆且道. 向甚麼處去, 還會麼. 南天台, 北五臺, 參. 上堂. 新羅別無妙訣, 當言不避截舌, 但能心口相應, 一生受用不徹. 且道如何是 心口相應底句. 良久曰. 焦甎打著連底凍, 參. 問. 六門未息時如何. 師曰. 鼻孔裏燒香. 曰. 學人不會. 師曰. 耳朵裏打鼓."

그리고 말했다. 만약에 안목을 구족한 납승이라면 반드시 인
정하고 그것을 상견할 것이다[相許]. 그러나 간혹은 그렇게 하
지 못하면 하나하나 수행하여 겪어 지나고 나서야 비로소 체득
해야 하는 것이다.

《해설》 이 ⊙상(相)은 숙명보살이 없다는 것을 말한 것이고
청정하면 이 ㉠상(相)을 누구나 깨달을 수 있다는 것을 말한
것이며, 이 ⊕상(相)에서 십(十)이라는 원수(圓數)538)를 넣은
것은 원만하면 소승에서 대승으로 나아갈 수 있다는 것을 나타
낸 것이다.

39) 자항과 운분의 도상으로 선문답

天童山景德寺, 慈航和尙擧, 無示和尙, 方丈前安坐, 倚香爐示
衆, 有頌曰.
波斯翫月甕裏坐, 新婦騎驢水上行, 古廟香爐539)安鼻孔, 十方
世界放光明.

---

538) 『大方廣佛華嚴經疏』卷19(T35, p.641a8~14), "唯令觀十法者, 一爲成圓
數, 二梵行緣體不離此十. 謂身口意三是行所依處, 三業行因三寶行緣, 戒
謂行體. 問以善三業歸於三寶, 得受隨戒何要觀耶. 答若不觀察, 取相堅持
同權小故, 見戒從緣起心持戒爲迷倒故. 云何觀耶, 廣在下文, 今略釋之. 意
云十中隨一."
539) 『林泉老人評唱丹霞淳禪師頌古虛堂集』卷3(X67, p.343c8~9), "寒灰枯
木去(切忌冷清清), 古廟香爐去(全無氣息)."；『朩絶老人天奇直註天童覺和
尙頌古』卷2(X67, p.460a9), "寒灰(更無執相)枯木去(不生花葉), 古廟香爐
去(了無交涉)."；『古尊宿語錄』卷26(X68, p.169c7~8), "問. 法身無形,
如何建立. 師云. 古廟香爐."

천동산(天童山) 경덕사(景德寺) 자항(慈航)화상(和尙)이 무시
(無示)화상(和尙)540)께서 방장(方丈)앞에서 좌선하며 향로(香
爐)에 대하여 시중 설법한 게송을 들어 말했다.

파사(波斯)541)가 완월(翫月)하며 항아리 속에 좌선하는 것이
니,542)

---

540) 『禪林寶訓順硃』卷2(X64, p.568a19~b2), "育王諶名介諶, 號無示, 性剛
毅, 臨衆合古, 有諶鐵面之稱, 長靈卓之嗣也. 仰山名行偉, 爲人性剛, 臨事
有法, 黃龍南嗣也. 遣首座事, 音義合註俱在, 仰山下貶侍僧, 不知何事, 俱
未詳, 隳毁也, 夙興早起也, 參會夜晚小參省會也. 求不足曰貪, 嗜不足曰
饕, 高菴示住持人. 當以法令爲先說住持大體格式, 當把作件事. 叢林者, 乃
佛祖家業也.";『五燈會元』卷18(X80, p.383c7~12), "慶元府育王無示介
諶禪師 溫州張氏子. 謝知事, 上堂. 尺頭有寸, 鑑者猶稀, 秤尾無星, 且莫
錯認. 若欲定古今輕重, 較佛祖短長. 但請於中著一隻眼, 果能一尺還他十
寸, 八兩元是半斤. 自然內外和平, 家國無事. 山僧今日, 已是兩手分付. 汝
等諸人還肯信受奉行也無. 尺量刀剪徧世間, 誌公不是閑和尙.";『五燈全
書』卷40(X82, p.73a18~b1), "高麗國坦然國師 少嗣王位, 欽慕宗乘, 因海
商方景仁, 抵四明, 錄無示語歸. 師閱之啟悟, 卽棄位圓顱, 作書以語要, 及
四威儀偈, 令景仁呈無示. 示答曰. 佛祖出興於世, 無一法與人. 實使其自信
自悟, 自證自到, 具大知見. 如所見而說, 如所說而行. 山河大地草木叢林,
相與證明, 其來久矣. 後復通嗣法, 其書略曰. 生死海中, 曠劫難渡, 得遇本
分宗師. 以三要印子, 驗定其法, 實謂盲龜値浮木孔耳."

541) 『長阿含經』卷6(T01, p.37b22~27), "今我親族釋種 亦奉波斯匿王, 宗
事禮敬, 波斯匿王 復來供養 禮敬於我, 彼不念言. 沙門瞿曇出於豪族, 我
姓卑下. 沙門瞿曇出大財富, 大威德家, 我生下窮鄙陋小家故, 致供養禮敬
如來也. 波斯匿王於法觀法, 明識眞僞, 故生淨信, 致敬如來耳.";『仁王護
國般若波羅蜜多經疏』卷1(T33, p.450a17~20), "波斯匿王者 如鴦掘摩羅
經云. 波斯匿者此云和悅. 既覩靈瑞作是思惟. 今佛現是希有之相 必說大法
雨. 我等諸王云何護國, 如來大悲普怖利樂, 一部之興起于茲矣.";『勝鬘寶
窟』卷1(T37, p.10a5~11), "波斯匿王者, 此翻爲和悅, 以其情用弘和, 故
云和悅. 又以德接民, 能令萬性和悅. 又翻爲月光. 如仁王經云月光王. 三藏
云. 性月. 而言光者, 聞法解悟, 得法光明, 故言光也. 有人言, 波斯匿王,
與佛同日生, 佛號日光. 國人言佛既號日光, 當號大王爲月光也. 因國人號
稱爲月光.";『勝鬘經述記』卷1(X19, p.898c11~12), "言波斯匿王者, 此
謬也, 應言鉢羅犀那恃, 此云勝軍. 其仁王經云, 波斯匿王, 是月光王也."
;『法苑珠林』卷44(T53, p.627a1~5), "如十二游經云. 波斯匿王者, 晉言
和悅. 迦維羅越國者, 晉言妙德. 舍衛國者, 晉言無物不有. 維耶離國者, 晉
言廣大, 一名度生死. 羅閱祇城者, 晉言王舍城. 鳩留國者, 晉言智士. 波羅
奈國者, 晉言鹿野, 一名諸佛國."

542) 『古尊宿語錄』卷38(X68, p.247c18~19), "問. 離却心機意識, 請師道一

원상으로 펼치는 부처의 세계 419

신부가 나귀를 타고 시어머니는 고삐를 잡고 물위를 평지에 걷듯이 행하여도,

고묘(古廟)의 향로(香爐)처럼 하니 비공(鼻孔, 본래면목)이 편안하여,

지금 이 자리에서 지혜광명을 방광(放光)하네.

《해설》 진제와 속제를 초월하여 진여의 지혜로 생활을 하는 대승이 되어야 살아있는 사람이 되는 것을 설하고 있다.

師和曰(第四十六張) 자항화상께서 화답하셨다.(제46장)

赤脚波斯入大唐⊙, 一家有事百家忙⊛,
如今四海淸如鏡〇, 擧土普天543)歸我王◎.

파사(波斯)가 적각(赤脚, 진여의 지혜)이 대당(大唐)에 들어간544) ⊙상(相)이며,

　　句. 師云. 道士著黃甕裏坐."
543) 『大方等大集經菩薩念佛三昧分』卷1(T13, p.834a9), "威德弘普, 天人愛敬."；『大乘本生心地觀經淺註』卷2(X20, pp.933c24~934a2), "長養之恩, 彌於普天. 憐愍之德. 廣大無比. 世間所高, 莫過山岳. 悲母之恩, 逾於須彌, 世間之重, 大地爲先. 悲母之恩, 亦過於彼."；『金剛經注解』(X25, p.738c16~18), "普天之下, 謂之小世界, 一千小世界. 謂之小千, 一千小千世界. 謂之中千, 一千中千世界. 謂之大千, 其實一大千耳, 斯爲三千大千世界."
544) 『密菴和尙語錄』(T47, pp.960c27~961a1), "月生一, 無角鐵牛眠少室. 月生二, 赤脚波斯入鬧市. 月生三, 水生於水, 靑出於藍. 驀拈拄杖, 橫按顧視云. 文殊堂裏萬菩薩, 夜來盡向此中參."；『正法眼藏』卷2(X67, p.592b 12~13), "問如何是佛. 曰蹋破草鞋赤脚走."；『古尊宿語錄』卷38(X68, p.249b17), "問. 如何是大道本源. 師云. 赤脚上船."；『人天眼目』卷2(T48, p.310c8~9), "南

일가(一家)에 일대사(一大事)가 있으면 모든 가문(家門)이 망념의 겨를이 없는 ✲상(相)이고,

지금 바로 사해(四海)가 거울과 같이 청정(淸淨)한 것 〇상(相)이니,

온 국토[舉土]545)의 모든 천왕(天)들이 나의 심왕에게 귀의하는 ◎상(相)이네.

《해설》 이 ⊙상(相)은 원상 안에 일점이 있는 것으로 대승은 파사가 제일가난한 사람이고 삼승이 일승으로 나아가는 ✲상(相)이므로 자신의 고경을 대승의 체공으로 알면 〇상(相)이 되는 것이다. 마지막의 이 ◎상(相)은 원상 안에 또 원상이 들어 있는 것으로 최상승의 몰종적을 다시 이렇게 나타낸 상(相)이다.

心聞賁和尙擧, 無示和尙示偈曰.

심문(心聞) 분(賁, 心聞名雲賁)화상(和尙)546)께서 무시(無示)

海波斯入大唐, 有人別寶便商量, 或時遇賤或時貴, 日到西峯影漸長.” ; 『續傳燈錄』卷7(T51, p.508a22~24), “南番人泛船, 塞北人搖櫓, 波斯入大唐, 須彌山作舞. 是甚麼說話.” ; 『禪宗頌古聯珠通集』卷19(X65, p.593a9~10), “趙州狗子無佛性, 萬疊靑山藏古鏡, 赤脚波斯入大唐, 八臂那吒行正令.(稠巖贊)”

545) 『妙經文句私志記』卷6(X29, p.279c18~19), “擧土者擧天下也 儒典云擧土之賓 莫非王民.” ; 『律苑事規』卷5(X60, p.111b21~22), “爾說禪講律 共趣佛乘 擧土普天 咸歸王化.”

546) 『禪林寶訓筆說』卷3(X64, p.705c20~24), “心聞賁和尙曰. 衲子因禪致病者多. 有病在耳目者, 以瞠眉努目側耳點頭爲禪. 有病在口舌者, 以顚言倒語胡喝亂喝爲禪. 有病在手足者, 以進前退後指東劃卤爲禪. 有病在心腹者, 以窮玄究妙超情離見爲禪. 據實而論, 無非是病.(심문 운문화상이 설했

화상이 제시한 게송을 들어 말했다.

南山白額千尋尾547)⊕, 東海赤梢三尺觜⊕.

夜半相逢笑一場⊕, 大家唱箇囉囉哩548)⊕.

남산(南山)백호[白額]의 꼬리가 천리나 되는 ⊕상(相)이고,

동해(東海)의 문어[赤梢, 선승]549)는 부리가 삼척(三尺)이나

다. 납자들이 선수행을 하다가 선병이 생기는 경우가 많다. 선병이 귀와
눈에 있는 이들은 눈썹을 올려서 눈을 크게 뜨는 것과 귀를 기울이고 고
개를 끄덕이는 것을 선이라고 생각한다. 선병이 입과 혀에 있는 자들은
전도된 말이나 언어문자에 조리가 없이 횡설수설하고 의미 없는 할을 하
는 것을 선이라고 생각한다. 선병이 손과 발에 있는 이들은 이리저리 앞
으로 나아갔다가 뒤로 물러갔다가 하며 본질을 깨닫지 못하고 이것저것을
사량 분별하여 논의 하는 것을 선이라고 생각한다. 선병이 마음속에 있는
이들은 현묘한 지혜로운 생활을 마음으로 궁구하여서 중생심을 초월하고
자기의 견해를 벗어나게 하는 것을 선이라고 생각한다. 이것을 진실에 의
거하여 논하면 어느 것이든 선병 아닌 것이 없는 것이다.)”; 『禪林寶訓順
硃』卷4(X64, p.601c3~5), “心聞名雲賁, 育王介諶之嗣也. 瞪直視貌, 劃
剖也. 剖判分說的意思, 錐刺也. 剳窒扎拔也. 搭滯, 言凝止不脫灑的意思,
心聞賁和尙, 直心直行.”

547) 『法演禪師語錄』卷1(T47, p.656a19~24), “上堂. 僧問. 如何是燃燈前.
師云. 令人疑著. 學云. 如何是正燃燈. 師云. 錯認定盤星. 學云. 如何是燃
燈後. 師云. 一場懡㦬. 乃云. 每月有箇十五, 無始劫來盡數數, 到彌勒下
生, 未免有甜有苦. 且道畢竟如何, 南山白額大蟲元是西山猛虎.”; 『梵網菩
薩戒經義疏發隱事義』(X38, p.226b17~18), “何爲三害. 曰. 南山白額猛
虎, 長橋下蛟, 并子爲三害.”; 『續古尊宿語要』卷5(X68, p.471b6~8), “又
作麼生. 逢佛殺佛, 逢祖殺祖, 逢父殺父, 逢母殺母, 生身陷地獄. 仰天大叫
苦. 只將此德報深恩, 嚇殺南山白額虎.”

548) 『正源略集』卷12(X85, p.73b12~15), “示衆. 說禪被禪迷, 說道被道礙,
不如總不提, 大家唱箇囉囉哩. 且道. 是何曲調. 良久云. 和者煩聽者厭, 若
要不煩不厭, 各人自討方便, 遂呵呵大笑. 下座.”

549) 적초린(赤梢鱗): 영리한 납승을 등용문을 통과한 잉어에 비유한 것으로
선불장을 통과한 선승을 赤梢魚(문어)에 비유한 것은 사견이 있으면 안 되
는 것. ; 『宏智禪師廣錄』卷2(T48, p.21c16~18), “搖頭擺尾赤梢鱗, 徹底無

되는 ⊕상(相)이며,

이들이 한밤중[번뇌 망념이 없음]에 상봉(相逢)하여 한 바탕(一場) 웃는 ⊕상(相)이니,

대가(大家, 온 나라)의 사람들이 깨달아 라라리(囉囉哩)하며 노래를 부르는 ⊕상(相)이네.

《해설》 원상에 십(十)이라는 원수(圓數)를 넣어서 대승으로 나아가는데 하나는 꼬리가 아래로 내려온 ⊕상(相)은 백호(白虎)의 꼬리라고 한 것이고 위로 올라간 것은 적초어(赤梢魚, 문어)의 부리라고 한 것이다. 대승의 수행자가 사견(四見)이 있으면 소승이 되는 것을 염려하여 야반(夜半)이 되어야 서로가 상봉하게 된다는 것을 설하고 있다. 대승의 선승이 되어야 국가가 진정으로 행복하게 된다고 설하고 있다.

師和曰.

심문(心聞) 운분(賁, 雲賁)화상(和尙)께서 화답했다.

依解轉身, 截斷舌頭饒有術, 拽回鼻孔妙通神. 夜明簾外兮風月如畫."；『萬松老人評唱天童覺和尙頌古從容庵錄』卷3(T48, p.251a13), "搖頭擺尾赤梢鱗(口貪香餌身掛網羅, 입에 맞는 좋은 음식만 탐하다가 그물에 걸린 것)"；『萬松老人評唱天童覺和尙頌古從容庵錄』卷3(T48, p.251a19~24), "師云. 洛浦辭臨濟. 濟云. 臨濟門下, 有箇赤梢鯉魚, 搖頭擺尾, 向南方去也. 徹底無依解轉身, 乃濟下事, 非轉位轉功全同也. 臨濟廣錄云. 唯有聽法無依道人, 是諸佛之母, 所以佛從無依生. 若悟無依佛亦無得. 若如是見得者, 是眞正見解."

玉麟憧忻兔兩角550)Ⓧ, 木馬却有虵四足✪,

驀然哮吼震乾坤⊖, 驚得石牛頭頸縮①.

옥린(玉麟)이 토끼의 두 뿔551)을 보고 즐기는 Ⓧ상(相)이고,

목마(木馬)에게 도리어 사족(蛇足)이 있는 것과 같은 ✪상(相)이며,

갑자기(驀然) 포후(哮吼)하니 천지가 진동하는 ⊖상(相)이니,

석우(石牛)가 놀라서 머리와 목을 움츠리는 ①상(相)이네.

《해설》 토(兎)자(字)와 면(免)자(字)의 오해 때문에 해석하는 것이 토끼가 되는 것과 기린의 뿔을 떼는 것으로 번역할 수 있다. 기린은 상서로운 동물로서 성자의 출현에 비유한다. 번역하는 문제가 대승의 성자가 뿔을 떼는 것이 되기도 하고 또 토끼의 귀를 뿔이라고 보고 즐기는 이 Ⓧ상(相)은 소승을 무시하는 것이나 대승으로 할 일을 하지 않는 문제를 제기한 것으로 보인다. 이것은 대승인 목마에게 다리는 사족(蛇足)이므로 이 ✪상(相)을 제시한 것이고, 대승의 선승으로 설법하는 이 ⊖상(相)은 석우(石牛)가 놀라 목을 움츠리는 것을 이 ①상(相)이라고 설하고 있다. 이 Ⓧ상(相)은 원상 안에서 차별을 하는 것

---

550) 『林泉老人評唱丹霞淳禪師頌古虛堂集』卷4(X67, p.354c18), "金烏玉兔兩交輝(日出連山, 月圓當戶)."

551) 『雜阿含經』卷35(T02, p.250b29〜c1), "譬如有牛, 截其兩角, 入空牛欄中, 跪地大吼." ; 『四分律行事鈔簡正記』卷15(X43, p.398b24), "齊兩角者, 上下兩角須齊也."

이라고 볼 수 있다. 그 다음 구절에서 목마의 사족을 말하고
있는 것으로 보아서 대승의 선승이 원상을 초월한 것이 이 ⊖
상(相)이라고 생각된다. 그 다음의 이 ⊕상(相)은 석우가 목을
움츠린다고 하는 것은 최상승이 되어야 한다고 설하는 것으로
보인다.

40) 운분의 일자(一字) 법문

又擧. 僧問雲門. 如何是道. 門云. 透出一字. 師云. 要識這箇
字麽. 上一劃長, 下一劃短, 左邊一丿上尖, 右邊直落倒卷. 玉篇
廣韻難尋覓, 梵語華言皆莫譯. 試問識書人, 如何通注釋. 良久
云. 開口卽錯, 閉口卽失. 碧眼胡僧暗點頭, 孔門弟子無人識.

또 심문 운분화상이 운문의 설법을 들어 말했다.
어느 스님이 운문(雲門)에게 물었다. 무엇이 도(道)입니까?
운문(雲門)께서 대답했다.
일(一)자(字)를 뛰어넘어 출세(出世)해야 한다[透出一字].
분(賁)화상(和尙)이 말했다. 이 일(一)자(字)의 저개(這箇, 근
본)가 무엇인지 알고자 하는가? 위로 상구보리하면 일자(一字)
라는 진여를 장양성태(長養聖胎)해야 하는 것이고 아래로 하화
중생(下化衆生)하면 진여는 번뇌 망념을 단절(短折)하여야 하는
것이며[위의 한 획은 길고 아래로 한 획은 짧으며], 왼쪽의 한
획은 끝이 뾰족하고 오른쪽에서 곧바로 내려와서 거꾸로 말아

올린 자(字)이다. 이 글자는 옥편(玉篇)과 광운(廣韻, 韻書)에도 찾아보기가 어렵고 범어(梵語)와 중어(中語)로도 모두 번역할 수 없다. 그래서 시험 삼아 글자를 아는 사람에게 물어보아도 누가 어떻게 주석(注釋)하여 통하게 할 수 있겠는가? 하고는 양구(良久)하다가 말했다.

입을 열어 해석하려고 하면 어긋나고 입을 닫고 대답하지 않아도 잘못된 것[失]이다.

벽안(碧眼)의 달마[胡僧]는 가만히[暗, 이심전심] 인가하여 전하지만,

공자(孔子)의 제자(弟子)는 아무도 아는 이가 없네.

《해설》 戎 융(戎, 병사들의 무기, 병사, 전쟁, 너, 오랑캐, 대)은 혼돈이라는 의미이지만 불교에서는 진여라는 무기이므로 옴이나 무(無)가 모든 망념을 파괴하는 것과 같다. 즉 염기즉각(念起卽覺)이면 각지즉실(覺之卽失)이라고 하듯이 여기에서는 개구즉착(開口卽錯)이라고 하며 사량분별을 모두 제거해야 하고 폐구즉실(閉口卽失)이라고 하여 오도 가도 못하게 하는 것은 대승이 아니면 해결할 수 없는 것이라는 것을 강조하고 있다. 이것을 달마가 혜가에게 안심법문을 하여 점두하고 10년을 시봉한 이후에야 입전수수하게 한 것이 이것이다. 그리고 유교의 문제점을 공자의 제자들은 아무도 이것을 아는 사람이 없다고 설하고 있다. 고려시대이지만 유교가 성행했다는 것을 암시하는 대목이라고 볼 수 있다. 그리고 운분은 진여의 지혜를 정확하게 알고 이 지혜조차도 초월하여 몰종적으로 실천해야 최상승의 도(道)라고 설하고 있다.

41) 선경이 설하는 원상의 유래

睦庵善卿師云. 圓相之作始, 於南陽國師, 付授侍者耽源, 源承
讖記, 傳于仰山, 今遂目爲 潙仰家風. 明州五峯良和尙, 甞(嘗)
製四十則, 明敎(敎)子潛, 子爲之序, 稱遵其美. 良云. 圓相摠六
名, 一圓相, 二義海, 三暗機, 四字學, 五意語, 六默論, 云爾.
(第四十七張)

목암(睦庵) 선경(善卿)[552]선사께서 말씀하셨다.

원상(圓相)을 그린 것의 시초는 남양혜충국사가 시자(侍者)인
탐원(耽源)에게 부촉하여 전해준 것을 탐원(耽源)께서 참기(讖
記)에 의하여 앙산(仰山)에게 전하여서 지금의 위앙(潙仰)의 가
풍으로 되었다고 하고 있다.

명주(明州) 오봉(五峯) 양(良)화상(和尙)[553]께서 일찍이 40칙
(則)을 지었는데 명교 자잠(子潛, 潛子)[554]이 그를 위하여 서문

---

552) 『祖庭事苑』卷1(X64, p.313b7~11), "上人生東越, 姓陳氏, 號善卿, 字
　　師節. 幼去家, 事開元慈惠師爲弟子. 訪道諸方, 元符中, 以母老不忍遠游,
　　而歸隱卿里, 昔睦州有尊宿, 姓陳氏. 親老無所歸, 織蒲屨鬻以自給. 上人竊
　　慕之, 因命所居曰睦庵, 其志識固可尙矣. 四明苾芻法英書."; 『中華大藏經
　　總目錄』卷4(B35, p.568a10), "祖庭事苑八卷(宋善卿編正, 法英序, 佚名跋,
　　師鑒跋, 紫雲跋.)"

553) 『人天眼目』卷4(T48, p.321c11~14), "遂目爲潙仰宗風, 明州五峯良和尙,
　　甞製四十則, 明敎嵩禪師, 爲之序稱道其美. 良曰. 總有六名. 曰圓相, 曰暗
　　機, 曰義海, 曰字海, 曰意語, 曰默論."; 『鐔津文集』卷11(T52, p.703c10~
　　20), "明州五峯良和尙語錄敍 始釋迦文佛, 經敎之外. 以大三昧命其高第弟子
　　大龜氏傳之. 然非不關經敎, 蓋經敎之所明也. 將以印正一切法門, 決定爲妙
　　覺之宗極, 及其菩提達磨承大龜氏. 二十八世方傳諸夏, 諸夏之至曹溪第六祖
　　益傳之. 往之時世, 未習熟諸祖師. 猶傍經以諭學者, 未卽純以眞要示之. 後世
　　至人親機而宜之. 遂直用此發人, 故其所爲人不復以經語. 故天下之守章句者
　　聽瑩. 謂其背經立異以非之, 噫是豈知夫變而通之殊契經也."

554) 『佛祖歷代通載』卷19(T49, p.668c3~6), "明敎契嵩禪師, 字仲靈, 藤州

을 써서 그 아름다움을 칭송하였다.

양(良)화상께서 말했다. 원상(圓相)은 모두(揔) 여섯 가지 이름이 있다. 첫째는 원상(圓相)이고, 둘째는 의해(義解)이며, 셋째는 암기(暗機)이고, 넷째는 자학(字學)이고, 다섯째는 의어(意語)이며, 여섯째는 묵론(黙論)이라고 말한 것이 바로 이것(爾)이다.(제47장) (第四七張)

宗門圓相集(종문원상집) 끝.

鐔津李氏子也. 七歲出家, 旣受具, 甞戴觀音像誦其名號, 一日十萬聲. 經傳雜書靡不博究, 得法洞山聰公.”；『角虎集』卷2(X62, p.215a8~15), “杭州佛日明教契嵩禪師(嗣洞山聰禪師) 師, 藤州鐔津人, 姓李, 七歲出家, 十三得度, 明年受具戒. 十九遊方. 常夜頂戴觀世音菩薩像, 而誦其號, 必滿十萬乃寢. 自是. 世間經書章句, 不學而能, 得法于洞山. 作原教論十萬餘言, 以抗宗韓排佛之說. 讀者畏服. 後居永安蘭若. 著禪門定祖圖, 傳法正宗記, 輔教編. 以萬言書上進, 宋仁宗嘉賞, 令編次八藏, 賜號明教大師. 晚住佛日山中, 作懷淨土詩云. ...”；『禪林僧寶傳』卷27(X79, p.544c4~6), “禪師名契嵩, 字仲靈, 自號潛子. 生藤州鐔津李氏, 七歲, 母鍾施以事東山沙門某, 十三得度受具, 十九游方.”；『觀音慈林集』卷3(X88, p.100b19~c2), “釋契嵩 明教契嵩禪師. 藤州鐔津李氏子, 七歲出家, 旣受具. 常戴觀音聖像, 誦其名號, 日十萬聲. 經傳雜書, 靡不博記, 得法於洞山聰和尙. 自號潛子, 一室翛然, 閉戶著書. 作輔教論十萬餘言, 明儒釋一貫. 又著定祖圖. 正宗記, 抱其書入京. 師因府尹龍圖王公素, 以書獻, 仁廟嘉嘆. 詔付法院編次, 旌以明教之號, 賜其書入藏.”

3. 몽여(夢如)의 발문(跋文)

　圓相之作始, 於南陽忠國師, 實從上佛祖之命脉也. 其旨趣幽
玄宏妙, 非智識所可擬議, 學者皆溟涬(滓)然, 莫有窺其涯涘者,
況能發揚之乎. 繇是南陽潙仰已後, 尠有弘傳之者也. 今王師, 華
藏寺大禪翁, 以獨見之明, 覷破先聖骨髓, 禪寂之外, 出一隻手,
搜集諸家禪錄中, 所著之相百七十則. 鳩工鏤板, 印施無窮, 雷大
法鼓(皷), 以演唱之. 豈非大法之興, 其有所待焉耳. 南陽華藏,
是二大老, 皆國師也.

　원상(圓相)을 그린 것의 시초는 남양(南陽)혜충국사(慧忠國
師)인데 이것은 진실로 위로는 불조(佛祖)의 명맥(命脈, 命脉)
을 계승하기 위하여 시작한 것이다. 그 종지(宗旨)는 유현(幽
玄)하고 굉묘(宏妙)하여 지식(智識)으로 가히 의의(擬議)하는
것을 초월하여야 하는데 수행자들이 모두 명행(溟涬)555)하여서
그 궁극적인 피안의 언덕에 조금도 더 나아가지 못하는 자들인
데 어찌 능히 (불법을) 널리 선양할 수 있었겠는가? 이리하여
서 남양과 위앙(潙仰)이 이것을 제시하여 선양(宣揚)한 이후에
널리 전하는 이가 약간 있었다.
　지금은 왕사(王師)인 화장사(華藏寺)의 대선옹(大禪翁)께서만
이 도상의 견해가 독자적으로 분명하여 선성(先聖)의 골수(骨
髓)를 살펴보고 간파한 것을 선적(禪寂, 좌선)이외의 시간에 일
척수(一隻手)를 내밀어 모든 가문의 선록(禪錄)중에서 애착하여
소장하고 있던 상(相) 170칙(則)을 찾아 수집한 것이다. 이렇게

---

555) 명행(溟涬): 아직 해가 뜨지 않아 컴컴한 모양. 혼돈(混沌).

수집하여 모은 것을 장인들을 모아 누판(鏤板, 목판에 글이나 도상을 판각하는 것)하고 인쇄하여 베풀어 대법고(大法鼓)를 크게 울려 연창(演唱)하여 널리 퍼지게 되었다. 그러니 이것이 어찌 대법(大法)이 크게 흥(興)하는 때를 기다렸다는 것이 아니 겠는가? 남양(南陽, 혜충)과 화장(華藏, 정각)화상(和尙) 두 분 은 위대한 노사(老師)이시고 모두가 국사(國師)이시다.

國師作之, 國師繼之, 可不謂希, 世之事耶. 庸詎知昔之作者, 非華藏乎, 今之繼者, 非南陽乎. 然於中有箇, 諸師畵不出, 華藏 收不盡底一相, 具眼衲子, 試請辨看. 時貞祐七年, 己卯四月八 日. 妙峰庵 夢如跋

그러므로 이것은 국사(國師, 南陽慧忠, 675∼775)께서 제작 한 것을 국사(國師, 靜覺志謙, 1145∼1229)가 계승한 것이므로 세간의 일로서 설명하는 것은 희귀할 것이다. 진실로 지난 것 을 알려고 하는 이는 화장(華藏)을 초월해야 하고, 지금 계승하 는 이는 남양(南陽)을 초월해야 하는 것이다[※ 이것의 번역을 "어찌 과거의 지음으로 제작한 이가 화장이 아니고 지금의 계 승자를 남양이 아니라고 하겠는가?"라고 하여도 의미는 비슷 함].

그리하여 이 중에서 깨달아 일개성자로 출세할 수 있는 것이 지만 조사들께서 직접 그려서 설명하여도 출세하지 못하고 있 어서, 화장(華藏)께서 모아서 정리하고 수집(收集)하였으나 하 나의 근본적인 상(一相)은 누구도 설명할 수 없는 것이니 안목을 구족한 납자는 스스로 판별하여 간(看)해야 한다.

정우(貞祐)7년(1219) 기묘년(己卯年, 고려 고종6년) 4월 8일 묘봉암(妙峰庵)에서 몽여(夢如, ?~1252)가 발문(跋文)을 쓰다.

※ 색인목록(가나다순)

원상으로 펼치는 부처의 세계

초판발행 | 2025年 9月 18日

著　者 | 良志

禪書畵 | 林成順

發行處 | 남청

경남 김해시 김해대로1017번길 54

ISBN 979-11-965143-8-9 (93220)

농협 351-1037-4373-13 (남청)

전화 010-3856-9852

값 30,000원